Die mythische Reise

Bibliografische Information:
Die Deutsche Bibliothek verzeichnet diese Publikation in der Deutschen Nationalbibliografie; detaillierte bibliografische Daten sind im Internet über http://dnb.ddb.de abrufbar.

Klappenbroschur Mai 2026
Originalausgabe 2022

Layout und Umschlaggestaltung: Sigrid Pomaska
Herstellung: Druck und Verlag Pomaska-Brand GmbH, Schalksmühle
www.pomaska-brand-verlag.de

ISBN 978-3-943304-44-2

Gertrude-Raven Croissier

Die mythische Reise

Der archetypische Weg des Helden und der Heldin

Wandlung und Heilung in der Transpersonalen Psychologie

Band 2

fabrica libri

OM –
asato ma sad gamaya
tamaso ma jyotir gamaya
mrityor ma amritam gamaya

OM –
Führe uns von der Täuschung in die Wahrheit
Vom Dunkel der Unwissenheit ins Licht der Erkenntnis
Von der Vergänglichkeit in die Erfahrung des Ewigen

INHALT

Teil II: Wandlung und Heilung

Anhang

Prolog

Himmelsreisen, Höllenreisen, Urlaubsreisen, Hochzeitsreisen, Sommerreisen, Abschiedsreisen, Winterreisen, Weltreisen, Inlandsreisen, Auslandsreisen, Geschäftsreisen, Unterweltsreisen, Lebensreisen, Bewusstseinsreisen, Seelenreisen, Zeitreisen, Traumreisen, Heldenreisen ...

Immer sind wir auf Reisen, immer unterwegs. Im Leben wie im Sterben, in der stofflichen so wie in der feinstofflichen Welt. Alles fließt, alles ist in Bewegung, unaufhörlich. Alles kreist, alles wandelt sich, unaufhörlich ...

Und wir Lebe-Wesen sind Teil dieses Ganzen, dieses kosmischen Kreisens, dieses ewigen Wandels. Jedes Wesen im Universum ist in seiner ganz einzigartigen Weise eingebunden in jenes kosmische Spiel. So ist auch jeder Mensch, Frau und Mann, persönlich und überpersönlich, gefordert auf dem Helden-Weg der universellen mythischen Reise.

Angesichts der unfasslichen Größe des Grenzenlosen Bewusstseins kann uns zuweilen die Furcht packen: Zaudern, Widerstand und wütendes Aufbegehren.

„Ich will nicht!" „Ich will nicht leben – Ich will nicht sterben!" Die Anforderungen der irdischen Lebens-Reise sind gewaltig, Angst und Schmerz können uns immer wieder überwältigen. Und dennoch – der kosmische Wagen rollt. Wir haben uns zu fügen, freiwillig einzufügen in den Kreislauf des ewigen Seins.

Wie das gelingen kann – personal und transpersonal – dazu kann dieses Buch, vielleicht, ein wenig Anregung und Hilfe geben: Theoretische Passagen ergänzt durch beispielhafte Tiefenerfahrungen, Erkenntnis-Fragen, lyrische Verdichtungen sowie Anleitungen und professionelle Hinweise für die therapeutische und die eigene Alltags-Praxis können die Leserinnen und Leser auf ihrer eigenen Heldenreise begleiten und ermutigen.

Individuell und kollektiv befinden wir uns in einer Zeit des beschleunigten evolutionären Wandels, einer hoch anspruchsvollen und herausfordernden

Wandlungs-Zeit. Die Ressourcen unserer Mutter Erde gehen zu Ende. Wir haben uns freiwillig heldenhaft zu beugen, innezuhalten und der Schöpfung zu dienen. Wir alle sind zu dieser persönlichen und gesellschaftlichen Bewusstseins-Reise gerufen. Alle haben der kosmischen Stimme, dem „Ruf", zu folgen:

Wacht auf!
Dient dem Leben!

Gertrude-Raven Croissier
14. November 2021

Hinweise zum Gebrauch dieses Buches
Dieses Buch folgt dem Ideal der Integration: Geist und Gefühl, Weiblich und Männlich, Theorie und Praxis, alles gehört zusammen, ist Teil des einen großen Ganzen. Dennoch will die Verschiedenheit in der Einheit gesehen und gewürdigt werden: Daher sind Theorie und Praxisbeispiele, die Innenwelt-Reisen der KlientInnen und meine eigenen Berichte durch unterschiedliche Schrifttypen gekennzeichnet.

Die Inhalte der Kapitel bauen aufeinander auf, müssen aber nicht hintereinander gelesen werden. Jedes Kapitel ist eine Einheit für sich und in sich selbst verständlich. Wiederholungen sind daher beabsichtigt, vorherige Informationen werden aufgenommen und weitergeführt.

Folgen Sie als Leserin und Leser bei der Auswahl der Kapitel dem Prinzip der Resonanz und Ihrem eigenen schöpferischen Impuls. Lassen Sie sich von meinen Worten ansprechen und finden Sie ihre eigenen Antworten …

Die mythische Reise.
Aphrodite reitet auf der Gans, griech. um 460 v. Chr.

Teil I

Die mythische Reise

Alle Reisen
haben eine heimliche Bestimmung,
die der Reisende nicht ahnt.

Martin Buber

Die Reise

Lauter immer lauter
Im Brausen des Windes
Und dem Säuseln der Blätter
Vernehme ich den Ruf
Mit den Wogen des Meeres
Brandet er gegen meine bloßen Füße

Was bleibt mir
Als mich aufzumachen
Vertraute Pfade in Frage stellen
Und hinter mir lassen

Wohl wissend
Dass hinter der Schwelle
Kein Pfad mich führt
Stelle ich mich dem Zaudern
Und stelle mich der Angst
Lege ich meine Panzer ab
Lege ich meine Waffen ab
Und mache mich auf
Den Dämonen zu begegnen

Ich lade sie ein
Zum Tee an meine Tafel
Und stelle mich ihrem Schrecken
Und stelle mich ihrer Macht
Ich schenke ihnen Anerkennung
Und schenke ihnen Nahrung
Ich nenne sie bei ihrem Namen
Bereit, sie zu erkennen

So erreiche ich den Ort
Des tiefsten Schreckens
Und der tiefsten Sehnsucht
Den Ort absoluter Stille
An dem nichts Bedeutung hat

Nichts mehr
Nicht wer ich war
Nicht wer ich bin
Nicht wer ich sein werde
Nicht mein Leib
Nicht mein Wesen

Hier erfahre ich Auflösung
Und erfahre ich Wandlung
Aus Verwirrung und Erschütterung
Werde ich neu
Am Ende meines Weges
Hinter der letzten Schwelle
Schenkt mir ein Cherub
Den Kreis, der offen
Und doch ungebrochen ist

(Bernd Bosbach, Ausbildungs-Seminar 2017)

Führung auf dem Weg. Griech. um 550 v. Chr.

Die Reise wagen
Mutig der Angst begegnen
Der Führung vertrauen

1. Der Sinn des Lebens – das Mysterium der Reise

> Ziel des Lebens ist Selbstentwicklung.
> Das eigene Wesen völlig zur Entfaltung zu bringen,
> das ist unsere Bestimmung.
>
> Oskar Wilde, 1854-1900

Jeder Mensch stellt sich, abhängig von seiner seelischen Reifung, irgendwann die Frage: Wer bin ich? Warum bin ich hier? Was ist der Sinn des Lebens? Und, was ist der Sinn *meines* Lebens?

Die Lebens-Reise, welch eine mystische, welch eine geheimnisvolle Reise das ist! Diese einzigartige Reise vom Anfang zum Ende, von der Geburt zum Tod. Was ist ihr Sinn? Was ist ihr Ziel?

Immer sind wir Reisende, unaufhörlich sind wir unterwegs, eingebunden auf verschiedenen Wegen gleichzeitig: Da ist die Reise der Seele aus der Einheit in die Vielheit und nach vielen Inkarnationen aus der Vielheit wieder in die kosmische Einheit. Da ist die kollektive Reise, die evolutionäre Entwicklung der Menschheit auf diesem Planeten, ihr Kommen und ihr Gehen. Und da ist diese eine persönliche Reise, dieser existentielle Weg, auf dem wir uns gerade bewegen, Tag für Tag, Schritt für Schritt durch Freude und Schmerz, Angst und Zuversicht. Wir kennen den Anfang dieser Reise, unsere Geburt, ihr Ende aber, der Tod, bleibt uns zunächst verborgen. Dies ist das Geheimnis der Seele.

Alle diese Wege folgen demselben Grundmuster: Anfang, Höhepunkt und Ende. In dieser Weise sind wir zwar vorbestimmt und dennoch sind wir nicht einfach Marionetten einer höheren Macht, nicht willenlose Opfer unseres Schicksals. Jede Seelen-Entwicklungs-Reise folgt einem persönlichen Mythos, einer eigenen ganz individuellen Geschichte. Selbst-Erkenntnis und Selbst-Verwirklichung machen es möglich, dass wir – im Rahmen gesellschaftlicher und kultureller Bedingungen – Weg und Ziel unserer Reise selbst bestimmen können, jeden Tag aufs Neue. Die Freiheit der Wahl, der eigene Wille, Selbst-Bestimmung und Schöpfungs-Macht – das ist es, was unser Menschsein ausmacht. Die Freiheit des Wahren Willens ist das göttliche Erbe des Menschen. Wir sind die Schöpferinnen und Schöpfer unseres Lebens! Wir haben die Wahl, uns täglich für Heilung oder für Unheil zu *entscheiden.*

Sinn und Sinnlosigkeit

Wenn das Leben heilsam, erfüllt, sinnvoll und das Lebensende gesegnet sein soll, dann beginnen wir mit der entscheidenden Frage: Was ist der Sinn des Lebens auf der Erde? Was ist der Sinn *meines* Lebens?

Eine Umfrage des Allensbacher Institutes von 2002 verdeutlicht, worin die Deutschen den Sinn des Lebens sehen: „Man fragt sich ja manchmal, wofür man lebt, was der Sinn des Lebens ist. Worin sehen Sie vor allem den Sinn Ihres Lebens?" Die Teilnehmer der Umfrage bekamen eine Liste mit Orientierungs-Möglichkeiten zu den Bereichen „privates Glück", „Beziehung zur Gesellschaft" und „ethische Verpflichtungen".

Das Ergebnis der Umfrage(1) macht deutlich: Genuss, Glück, Lebensfreude scheint den meisten Deutschen Sinn zu geben. Jedenfalls lebt die Mehrheit der Bevölkerung in dieser Vorstellung. Die „Vermächtnis"-Studie der Wochenzeitung „Die Zeit" vom Februar 2016 zeigt: „Mehr als 80 % der Deutschen möchten das Leben genießen." Dies ist verständlich und erscheint zunächst sinnvoll. Nur, wie soll das gehen? Glück und Lebensfreude sind innere Zustände, wir können sie nicht machen und nicht festhalten. Genuss und alles, was von außen kommt, ist immer vergänglich.

„Meine Familie, meine Kinder sind der Sinn meines Lebens", sagen manche. Auch das erscheint zunächst sinnvoll, aber die Kinder gehen irgendwann – hoffentlich – ihren eigenen Weg. Der Beruf ? Er kann und soll sinngebend sein. Aber Kündigung oder Alter setzen der beruflichen Erfüllung ein Ende. Die Jugend und mit ihr körperliche Kraft und Schönheit? Das alles vergeht im Laufe des Lebens, alles künstliche Nachhelfen bleibt letztendlich wirkungslos.

Nichts bleibt, alles vergeht. Wo aber bleibt dann der Sinn des Lebens? Ja, am Ende eines langen Weges scheiden nicht wenige Menschen unerfüllt und mit Bitterkeit über die vermeintliche Sinnlosigkeit ihres Lebens. Das Leben hat sein Versprechen nicht gehalten, es hat seinen Glanz verloren, gleichgültig, wie sehr man sich bemüht und an vielen Stellen poliert hat.

Tatsächlich, das menschliche Leben hat keinen *vorgegebenen* Sinn! Es hat keinen übergeordneten, keinen von „Gott" gegebenen Sinn. Keine einzige der patriarchalen Erlösungs-Religionen konnte dem menschlichen Leben einen Sinn verleihen. Jede angeblich Sinn stiftende Religion hat sich mit einer riesigen Last von Schuld selbst diskreditiert und damit ihre eigene Sinnlosigkeit offenbart. Zur Erinnerung: Die christliche Religion mit Kreuzrittertum, Inquisition, Kolonialisierung, Zwangs-Missionierung, Holocaust sowie sexualisierter Gewalt in allen ihren Institutionen. Das israelitische Judentum mit der gewaltsamen Zerstörung der matriarchalen Kulturen im Vorderen Orient sowie der Vertreibung und Entrechtung der Palästinenser. Der radikale Islam mit seiner systematischen Entwertung und Vernichtung der weiblichen Kraft, der Legitimierung von Gewalt und seinem weltweiten mörderischen Terror. Der Hindu-Nationalismus Indiens offenbart seine Schatten aktuell in ethno-religiösen Konflikten und jährlich zwei Millionen vergewaltigter und ermordeter Frauen. Und auch der Buddhismus mit seiner Ideologie der Weltverneinung und einer spirituell legitimierten und sexualisierten Gewalt an Kindermönchen in der Abgeschiedenheit buddhistischer Klöster belegt die Sinnlosigkeit religiöser Postulate.

Keine der Weltreligionen in ihrer patriarchalen Ausformung vermittelt wirksamen Lebenssinn, denn ihre postulierte Sinn-Gebungs-Ideologie liegt nicht in der Erfüllung, sondern der *Überwindung* des irdischen Lebens: Erlösung erwartet die Menschen in einer jenseitigen Existenz, ewige Glückseligkeit in einem jenseitigen Paradies. Im hinduistischen „Moksha" wird die Befreiung aus dem Kreislauf von Geburt und Tod erstrebt, das Ende von allem irdischen Leid. Und im Buddhismus wird im „Nirwana", die Erfahrung der absoluten Leere, der sinnerfüllende innere Frieden gesucht.

Die patriarchalen Religionen mit ihrer ins Jenseitige projizierten Sinnerfüllung haben – gemeinsam mit dem kapitalistischen Wachstums-Wahn – das irdische Leben an den Abgrund geführt. Da ist Sloterdijks „Vision"[(2)] wirklich ermutigend, auch wenn diese vermutlich von einer Portion Ironie geleitet ist:

> „Vielleicht wird die kollektive Klimasensibilität die letzte Weltreligion sein, überdies die erste, die alle erreicht. Ihren Häretikern darf man schwere Zeiten vorhersagen."

Spirituelle und wissenschaftliche Sensibilisierung des Irdischen, die Heiligung der Natur und ihrer Wesen, ja, das wäre alte Weisheit in einem neuen integralen Bewusstsein und zudem das Einzige, was die Menschheit noch retten könnte.

Derzeit ist das menschliche Leben vielfach gezeichnet von Angst, Schmerz, Gewalt und führt jeden von „Gott" gegebenen Lebenssinn ad absurdum. Wo ist der Sinn angesichts der dramatischen Zerstörung unseres Planeten? Auch viele Christen verzweifeln an der Theodizee-Frage: „Warum lässt Gott das zu?" Ein solcher Gott, so es ihn denn gäbe, der müsste ein grausamer Sadist sein, einer, der Freude hat am Leid seiner Geschöpfe.

Gerade ist das globalisierte menschliche Ego dabei, unseren Heimatplaneten zu zerstören, es ist schon weit nach zwölf Uhr. Woher soll angesichts dieser deprimierenden Lebensrealität noch Lebensfreude und Lebenssinn kommen? Tatsächlich hält ein dramatischer Zustand von Sinnlosigkeit viele Menschen gefangen. Depressionen gehören zu den häufigsten psychischen Erkrankungen. Nach einer Studie von 2016 sind allein im Laufe eines Jahres 5,3 Millionen Erwachsene in Deutschland an einer depressiven Störung erkrankt, Tendenz steigend. Der folgende Text einer Klientin gibt Einblick in das trostlose innere Erleben von Sinnlosigkeit:

> Sinnlosigkeit
>
> Ich sehe und spüre meinen Zustand körperlich und emotional, wenn ich nicht in der Lage bin, jemanden an mich „ran"zulassen, niemanden in meine Gedankenwelt und vor allem in meine Gefühlswelt zu lassen. Ich fühle mich kalt, unnahbar, unerreichbar. Ich fühle mich distanziert von mir selbst, von der Welt, von meiner spirituellen Anbindung, von allem. Ich könnte auch ein Schuhkarton auf einem Regal sein, der langsam vor sich hin staubt. Ich sehe mich selbst, wie gefangen ich in meinem eigenen System bin. Ich sehe den Druck in jeder Zelle meines Körpers plastisch vor mir und empfinde meinen ganzen Körper wie unter einer Druckerei-Presse liegend. (...)
>
> Ich muss husten, der Hustenreiz wird zum Würgereiz. Ich muss ausspucken und wenn ich etwas gegessen hätte, müsste ich mich wohl übergeben, und ich spüre den Geschmack von Galle in meinem Mund. – Ich hatte nie ein Zuhause und sehe nur Sinnlosigkeit.
>
> (Karin Sch., Holotropes Atmen, 2004)

Sinn-Gebung – Das Leben als schöpferisches Werk

> Der Sinn des Lebens besteht darin, deine Gabe zu finden.
> Und der Zweck des Lebens ist, sie zu verschenken.
>
> Pablo Picasso, 1881 - 1973

Wenn es keinen vorgegebenen Sinn gibt, dann ist es wohl unsere eigene Aufgabe, dem Leben selbst einen Sinn zu *geben.* Die mythische Reise des Helden und der Heldin, als Seelen- und Lebens-Reise, hat die einzigartige Aufgabe, diesen Sinn zu finden. Die HeldInnen folgen ihrem inneren Ruf, wagen die gefährliche Reise, auf der Suche nach dem Schatz, dem Sinn des Lebens.

Was aber beinhaltet der Sinn-Begriff? Das Wort „Sinn" ist von doppelter Bedeutung: Sinn als die „Fähigkeit der Lebewesen, bestimmte Reize der Außenwelt oder des Körpers mit Hilfe besonderer Sinnesorgane aufzunehmen." Die zentralen, über die entsprechenden Sinnesorgane vermittelten Sinne, sind beim Menschen: Sehen, Hören, Riechen, Schmecken sowie der Tastsinn. Und die weitere Bedeutung: „Sinn wird als gleichbedeutend mit Wesen, Zweck, Gehalt, Wert, Bedeutung angesehen." Das Wort „Sinn" ist entstanden aus einer Wurzelmischung von empfinden, wahrnehmen, beachten einerseits und andererseits auch von sich bewegen, nach etwas trachten, sich wandeln.(3)

Wir sehen, der Sinn-Begriff ist recht komplex: In ihm verbindet sich das, was über die Sinne aufgenommen wird, mit dem Wert des sinnlich Aufgenommenen und der Fähigkeit, das Aufgenommene zu bewegen und zu wandeln. Dieser Sinn-Komplex ist hilfreich für die Sinn-Suche, verweist er doch eindeutig auf das, was Sinn gebend ist.

Kriterien von Sinn-Gebung sind demnach:
- Die sinnliche Aufnahme
- Der Wert des Aufgenommenen
- Bewegung und Wandlung des Aufgenommenen

Allerdings, in den Industrienationen verbringen die meisten Menschen von Kindheit an bis ins hohe Alter – all die täglichen Stunden zusammengenommen – mehrere Jahre vor dem Fernseher oder im Internet. Was wird damit tagtäglich über Sehen und Hören ins Leibseelische aufgenommen? Welchen Wert hat das Aufgenommene für Körper und Seele? Und wie wird diese ständige sinnliche Überflutung mit dramatischen und gewalttätigen Inhalten innerlich bewegt und verarbeitet? Fast nicht – das alles führt zu einem emotionalen und energetischen Stau, zu Verfestigung und emotionaler Verhärtung. Eine Folge ist, unter anderem, das Erleben von Sinnlosigkeit und die rasante Zunahme depressiver Störungen und psychischer Erkrankungen.

„Wir verlangen, das Leben müsse einen Sinn haben," schrieb der beeindruckende Sinn-Sucher Hermann Hesse [(4)], „aber es hat nur ganz genau so viel Sinn, als wir selber ihm zu geben imstande sind." Das Leben hat keinen von oben verordneten Sinn. Damit ist es aber nicht sinn-los, es ist lediglich sinn-frei. Der Sinn des Lebens besteht darin, dass wir diesen Freiraum schöpferisch nutzen und ihm einen Sinn geben. Das ist unsere göttliche Freiheit! Zu diesem Zweck sind uns die Sinne gegeben: um die sinnlichen Geschenke des Lebens aufzunehmen, sie zu ehren und sie in der Seelentiefe sinngebend zu bewegen. Von Siddhartha, der nach Jahren geistiger und körperlicher Askese in die sinnliche Schönheit des irdischen Lebens erwachte, schreibt Hesse: [(5)]

> „Er blickte um sich, als sähe er zum ersten Male die Welt. Schön war die Welt, bunt war die Welt, seltsam und rätselhaft war die Welt! Hier war Blau, hier war Gelb, hier war Grün, Himmel floß und Fluß, Wald starrte und Gebirg, alles schön, alles rätselvoll und magisch, und inmitten er, Siddhartha, der Erwachende, auf dem Weg zu sich selbst." (...)
> „... und sein Herz war bezaubert. Er sah die Sonne überm Waldgebirge aufgehen und überm fernen Palmenstrande untergehen. Er sah nachts am Himmel die Sterne geordnet, und den Sichelmond wie ein Boot im Blauen schwimmend. Er sah Bäume, Sterne, Tiere, Wolken, Regenbogen, Felsen, Kräuter, Blumen, Bach und Fluß, Taublitz im morgendlichen Gesträuch, ferne hohe Berge blau und bleich, Vögel sangen und Bienen, Wind wehte silbern im Reisfelde."

Die Schönheit des Lebens und der natürlichen Welt erfreut unsere Sinne, bezaubert das Herz und gibt dem Leben Sinn. Wenn ich depressive und vom

Leben enttäuschte Menschen frage: „Was gibt Ihrem Leben noch Sinn?", dann antworten sie meistens: „Die Natur". Hesse schreibt zu Siddharthas sinnlicher Naturerfahrung [(6)]: „Sinn und Wesen waren nicht irgendwo *hinter* den Dingen, sie waren *in* ihnen, in allem."

In einem heilsamen Prozess der Sinn-Suche achten wir bewusst auf das, was wir täglich über die Sinne in unser System nehmen. Wir sind eingeladen, das sinnlich Schöne zu sehen, zu hören, zu riechen, zu schmecken, zu spüren und zu fühlen. Das erfreut Körper, Seele und Geist. Körper und Seele sehnen sich nach sinnlich guten Erfahrungen. Wenn wir den Wert einer solchen Erfahrung achten, dann sagen wir: „Ja, das war sinnvoll." Und wenn wir diese Erfahrung in uns bewegen, dann sagen wir: „Ich bin bewegt." In emotionaler Bewegtheit wandelt sich das sinnlich Wahrgenommene in uns, dies fördert den Prozess der Selbstwerdung, in dem wir zu unserem wahren Wesen, unserer göttlichen Essenz finden.

Die Erde, die Schöpfung ist so wunderbar. Manchmal ergreift mich dieser Zauber des Himmlischen im Irdischen, bewegt mich so tief, dass ich weine vor Glück angesichts von so viel Schönheit. Und manchmal kommen mir dann einfache, fast kindliche Worte wie diese:

Waldvöglein Du!
Von ferne hör ich dein Winterlied
Zärtlichkeit erfüllt mein Herz

Aber auch die unangenehme, schmerzliche Schatten-Erfahrung ist nicht sinnlos, sondern als Teil des Lebens häufig not*wendig* und damit ganz besonders sinnvoll. Mein Buch „Die magische Wunde" (Wandlung und Heilung in der Transpersonalen Psychologie, Band 1) handelt von der tiefen Sinnhaftigkeit schmerzlicher Erfahrungen, von Verlust, Trennung, Einsamkeit und Tod. Im Annehmen der Wunde offenbart sich deren Sinn, die verborgene Botschaft, der Weckruf zur Heldenreise als einem Weg der Selbst-Erkenntnis.

Sinn ist also etwas, das wesentlich von uns selbst abhängt. Es liegt in unserer Macht, ob das Leben sinn*voll* oder sinn*los* erscheint. Keine äußere Macht kann letztendlich dem Leben Sinn geben oder ihm den Sinn nehmen. Selbst unter einschränkenden Bedingungen, wie Haft oder einer schweren Erkrankung, muss der Lebenssinn nicht verloren gehen. Nicht selten kann er gerade unter diesen erschwerenden Umständen gefunden werden, was viele berührende Selbstzeugnisse belegen.

Ich allein bin verantwortlich für den Sinn meines Lebens. Der sinnvolle Weg geht über das eigene Innere, den inneren Raum der Liebe, über Besinnung und über Rückbesinnung. Es ist der Sinn des menschlichen Lebens, den Sinn der eigenen Existenz zu erkennen und ihn im Leben *schöpferisch* zu gestalten, ihm Form zu geben.

Aus spiritueller Sicht ist Sinn schon immer da, er existiert in allem, was ist:

Sinn ist im Wunder des Lebens.
Sinn ist in der natürlichen Ordnung.
Sinn ist im Wahren Selbst.
Sinn ist in innerer Freiheit.
Sinn ist in bedingungsloser Liebe.
Sinn ist in der universellen Einheit des Lebens.

Daher brauchen wir Sinn nicht angestrengt zu suchen, sondern findend und erfahrend anzunehmen. Denn Sinn gestaltet sich im Kreis des Lebens, im Kreis der fortwährenden Wandlung. Diesem beständigen Kreisen, den biologischen und kosmischen Zyklen in Freiheit und Würde zu folgen, das macht ein Leben sinnvoll.

Wir haben die *Wahl:* In der alltäglichen ganz persönlichen freien Wahl entscheiden wir uns für das Sinn*lose* oder das Sinn*volle.* Das heißt konkret: Entscheide ich mich für das, was dem Leben schadet? Oder entscheide ich mich für das, was dem Leben dient?

Erkenntnis-Fragen:
Schließen Sie die Augen und atmen Sie ein wenig tiefer. Gehen Sie an den Ort Ihrer inneren Wahrheit. Sie sind niemandem Rechenschaft schuldig, nur sich selbst. Und beantworten Sie sich folgende Fragen. Sinnvoll ist es, die Antworten aufzuschreiben:

- Was nehme ich alltäglich über die Sinnesorgane in mich hinein? Und wie heilsam ist das Aufgenommene für mich?
- Welchen Wert und welche Bedeutung hat das Aufgenommene für meinen Körper, meine Seele und meinen Geist?
- Wie verarbeite, wie bewege ich das Aufgenommene in mir?

- Was gibt meinem Leben wirklich Sinn? Was ist für mich sinn-gebend?
- Stellen Sie sich vor, Sie seien alt und Ihr Leben ginge zu Ende. Sie blicken auf Ihr Leben zurück und fragen sich: Ist mein Leben sinnvoll gewesen? Was war dann das Sinnvolle in diesem Leben?
- Danken Sie Ihrem Selbst für die Wahrheit und öffnen Sie die Augen.

Wer bin ich? Wer will ich sein?

Wer bin ich?
Eine lange ewige Suche
Schmerz und Leid
Opfer und Täter
Welch eine Gewalt
Welch ein Drama
Auf den ersten Blick sinnlos
Doch so essenziell lebendig

Ich bin so klein
Ich bin so groß
Und alles darf sein
Vielleicht muss ich all das sein
Anerkennen: Ich bin ... das alles

Wie möchte ich sein?, ist nun meine Frage
Die vielleicht alles ent-scheidende Frage
In dieser unendlichen Freiheit
Und dieser grenzenlosen Verantwortung
Wer bin ich? Und wie möchte ich sein?

Wer bin ich?
Ich weiß es nicht
Ich spüre
Ich bin

(Philipp G., Seminar Individuation, Nov. 2019)

Jede mythische Reise dient der Suche nach dem wahren Sinn des Lebens. Und diese Suche beginnt mit den entscheidenden Fragen:

– Wer bin ich?
– Wer will ich sein?
– Wie will ich sein?

Stellen wir uns diese Fragen, dann spüren wir, es gibt darauf keine schnelle Antwort, keine einfache, keine eindeutige verbindliche Antwort. Gleichzeitig gibt es unzählige Antworten auf vielen unterschiedlichen Erfahrungs-Ebenen. Seit Jahrhunderten beschäftigen sich Philosophie, Theologie und in jüngerer Zeit auch die Psychologie mit diesen Fragen, letztlich ohne verbindliche Antwort …

Der folgende Text verdeutlicht die Multidimensionalität unseres irdischen Seins:

Ich bin … alexandra
einst hingeweht in den schoss
der frau mit den dunklen haaren
ich bin das kind des vaters
mit dem großen herzen
aus wald geworden

ich bin das kind
des hügels der alten weisen frauen
das kind, das die einsamkeit des herzens kennt
von den wanderungen im dunklen wald
den blick ins weite land gerichtet
vom wilden stein

ich bin schmerzlich geboren
schmerzlich und sinnlich gewachsen
mein schmerz
meine freude
getragen vom tiefen grund
meiner alten seele

ich bin alt und jung zugleich
sterbend und aufs neue geboren
ganz ich einzigartig
ich bin die schöne
im angesicht
meiner inneren königin

(Alexandra B., Ausbildungs-Seminar, April 2009)

Um sich einer Antwort zu nähern, suchen wir zunächst in unserem ganz persönlichen, alltäglichen Leben: Wer bin ich in meinem aktuellen Leben? Welche Aufgaben, welche Positionen, welche Rollen erfülle ich? Lebe ich in einer Region, an einem Ort, der mir entspricht? Habe ich den Beruf, der mich erfüllt? Will ich mit diesem Partner, dieser Partnerin mein Leben teilen? Wie zufrieden bin ich mit diesem meinem Leben?

Diese ersten Fragen zur Selbst-Erkenntnis sind nützlich und im Kontext von Heilung unentbehrlich. Denn, was hilft es, wenn ich zwar *weiß*, dass ich ein grenzenloses Seelenwesen bin, aber nichts in meinem irdischen Leben am rechten Ort ist? Wenn ich in der Stadt lebe, obwohl ich am liebsten in der Natur bin? Wenn ich beruflich am Computer arbeite, obwohl ich gerne mit Menschen kommuniziere? Wenn ich mit einem Partner, einer Partnerin lebe, der oder die mir fremd ist? So wie eine Pflanze erst gedeihen kann, wenn sie den ihr entsprechenden Standort hat, so kann ein Menschenwesen erst wachsen und gedeihen, wenn es am rechten Platz ist. Dies entspricht einem natürlichen und damit kosmischen Gesetz, in dieser Weise finden wir den Sinn des Lebens.

Ja, welchen Sinn gebe ich meinem Leben? Die Antwort ist eng verknüpft mit den Fragen: Wer und wie will ich sein? Gerade in Situationen von Enge und Bedrängnis stelle ich mir häufig diese Fragen: Will ich eine sein, die sich ständig ärgert? Will ich eine sein, die über andere urteilt? Will ich eine Beleidigte, Engherzige, Nachtragende, Geizige sein? Nein, will ich nicht! Mit einer eindeutigen Antwort nähere ich mich meinem Wahren Selbst und dem Sinn meines Lebens.

In dieser Weise könnten wir uns alle selbst-kritisch und gleichermaßen wohlwollend fragen: Will ich eine unersättlich Gierige sein, die alles haben muss, was ihr angeboten wird? Will ich eine Egoistische sein, die nur an ihr eigenes Wohlergehen denkt? Will ich ein lüsterner Pornogucker sein, der die eigene sinnliche Leere mit entfremdeter Sexualität aufzufüllen versucht? Will ich ein rasanter Autofahrer sein, der den Mangel an sinnlich erlebter Manneskraft mit erhöhter Geschwindigkeit zu kompensieren sucht? Will ich ein träger, fauler Sack sein? Bin ich das?

Bei der wahrhaftigen Beantwortung dieser Fragen geht es keineswegs um Beurteilung, geht es nicht um Falsch oder Richtig, nicht um Gut oder Schlecht. Es gibt nichts zu beurteilen, nur zu erkennen.

Es geht ausschließlich um Selbst-Erkenntnis und Selbst-Verwirklichung, als Verwirklichung des Wahren Selbst: Wer bin Ich? Wie will ich sein? Und wie will ich mich verwirklichen als die oder der ich schon immer bin?

Die ehrliche Beantwortung dieser Fragen bestimmt Richtung und Ziel unserer Lebensreise und unserer Sinnsuche. Zuweilen verhalte ich mich unangemessen, wie andere auch. Wenn ich mir aber diese Fragen stelle, dann fällt es mir leicht, mein Verhalten zu korrigieren. In der entscheidenden Frage: *„Wie will ich sein?"* steckt eine ungeheure Wandlungs-Kraft, die Macht der eigenen *freien* Entscheidung. Wir mögen es nicht, wenn andere uns definieren, wenn sie sagen: „So Eine bist du" oder „So Einer bist du". Setzen wir doch unsere *Selbstdefinition* gegen die Fremddefinition, das schenkt Freiheit, das ist schöpferische Eigen-Macht. Die heilsame Beantwortung dieser Fragen lässt uns authentisch sein und gibt dem Leben Sinn. In dieser simplen Frage steckt die Magie der Wandlung.

Wir haben die großartige *Freiheit der Entscheidung.* Das ist unser göttliches Erbe, in dieser Weise wirkt das göttliche Licht in und durch uns.

Wofür kann ich Quelle sein? – Ein Erfahrungsbericht

In der folgenden Erfahrung geht es um diese entscheidende Frage: Wer bin ich und wer will ich sein? Willi durchlebte in einer Innenweltreise unterschiedliche Aspekte seines Selbst, Erfahrungen, Zustände, Rollen. In seinem Beruf als Pfarrer und auch in anderen Lebensbereichen befindet er sich gerade in einer Schwellensituation, er hat sich zu entscheiden.

Wofür kann ich Quelle sein?

Der Gehängte

Die Reise beginnt mit dem Gehängten, der kopfüber mit nur einem Bein an einem Baum herunterhängt. Ich spüre eine wohlige Wärme, die von meinem Hals ausgeht und über meinen Kopf fließt. Vor mir sehe ich eine große rote Fläche, eine Flüssigkeit. Langsam erkenne ich, dass es sich um mein Blut handelt, das mir aus dem Hals in einen Kelch tropft. Das Blut tropft in einzelnen Tropfen in die Mitte des Kelches und breitet sich von dort in Wellen kreisrund aus. Das sieht sehr schön aus; ich fühle mich angenehm und wohlig warm.

Obwohl das Bild schaurig ist, empfinde ich es als wohltuend, dort kopfüber zu hängen und auszubluten. Ich beobachte die Blutstropfen, die von oben herab in den Kelch fallen und dabei einen schönen Klang machen. Auch das Ausbreiten der Wellen im Kelch hört sich angenehm an und sieht schön aus. Leider kann ich nicht länger in diesem Bild verweilen.

Der Soldat

In der nächsten Szene sehe ich mich als mittelalterlichen Soldaten in einem Kettenhemd und Helm mit Nackenschutz, der aussieht wie das Kettenhemd. Ich denke darüber nach, was für eine filigrane Handarbeit dieses Kettenhemd war, welche hohe Kunst der Metallverarbeitung.

Der Waffenschmied

Die nächste Szene dauerte wesentlich länger und hat mich emotional sehr beschäftigt.

Ich bin in einer mittelalterlichen Burg und arbeite in meiner Schmiede am Amboss, als ein Hornsignal mich überrascht. Der Burgherr reitet mit seinem Gefolge, alle sind Panzerreiter, auf der Burg ein. Alle Burgbewohner versammeln sich auf dem Burghof, um den Burgherrn standesgemäß mit Kniefall zu begrüßen. Dabei senke ich jedoch nicht mein Gesicht zur Erde, sondern sehe hinauf zur Frau des Burgherrn und denke mir, wie schön diese ist. Obwohl es Winter und frostig kalt ist, ist die Burgherrin nur sehr dünn bekleidet.

Noch bevor ich auch nur einen Gedanken fassen kann, brüllt mich der Burgherr an, sofort in die Mitte des Hofes zum Burgbrunnen zu kommen.

„Du wagst es, meine Frau anzuschauen!?“ Ich sehe ihm trotzig in die Augen, begrüße ihn aber mit Kniefall. Sein Herannahen ist wie das Donnern eines Gewitters und Beklemmung steigt in mir auf.

Er lässt sich aus dem Sattel gleiten und schreitet auf mich zu. Das Gesinde duckt sich, jeder kennt den Jähzorn des Fürsten, der nicht davor zurückschreckt, einen mit der gleichen Gleichgültigkeit und Schnelligkeit zu töten, mit der man ein Huhn schlachtet.

Ich will etwas sagen ... „Halts Maul!“, tönt es, bevor ich überhaupt den Mund aufmachen kann.

Er befiehlt einem der Panzerreiter, herzukommen und meine rechte Hand auf den Brunnenrand zu legen. „Ich werde dir zeigen, was es heißt, meine Frau anzuschauen! Die Hand“, sagt er, „die rechte Hand auf den Brunnenrand.“ Mir bleibt vor Schreck der Mund offen stehen. Mit einer einzigen fließenden Bewegung zieht er seine Klinge aus der Scheide und lässt sie auf meine Hand niedersausen. Die Menge stöhnt auf, als die Hand herabfällt und ins Brunnenwasser klatscht. Ich starre auf meinen Armstummel, aus dem mein Blut in einem dicken Strahl herausschießt. Ich spüre keine Angst, in meinem Sinn ist nur die Frage, wie ich nun schmieden oder kämpfen kann ohne rechte Hand? Diese Frage beschäftigt mich sehr lange in dieser Reise. Die abgetrennte rechte Hand habe ich danach ins Mandala gemalt und auch das Blut im Kelch. –

Während des Nachdenkens kommt mir ein Text in den Sinn: „Gott, der das Eisen erschuf, der wollte keine Knechte!“ Später, zu Hause, finde ich durch Internetrecherche den Text, der mir während der Reise in den Sinn kam. Er ist aus dem „Vaterlandslied“ von Ernst Moritz Arndt, 1812 geschrieben. Ich kann mich nicht erinnern, woher ich dieses Lied kenne:

„Der Gott, der Eisen wachsen ließ,
der wollte keine Knechte,
drum gab er Säbel, Schwert und Spieß
dem Mann in seine Rechte;
drum gab er ihm den kühnen Mut,
den Zorn der freien Rede,
dass er bestände bis aufs Blut,
bis in den Tod die Fehde. ...

Wir wollen heute Mann für Mann
mit Blut das Eisen röten ..."

Später in der Atemreise kommt mir die Antwort auf meine Frage nach der rechten Hand: Ich bräuchte nur in den Brunnen hinab zu springen und die Hand herauf zu holen, dann würde diese wie von selbst wieder an meinem Arm anwachsen. Als ich aber in den Brunnen springen will, sehe ich, dass dieser voll ist mit meinem Blut – so wie der Kelch voll ist mit meinem Blut – darum springe ich nicht hinein.

Von einer inneren Stimme bekomme ich den Auftrag, dass ich das Blut austrinken soll. Das versuche ich, aber es geht nicht durch meinen Hals, es ist zu dick und zähflüssig, wie Schleim.

Der Pfarrer

In der nächsten Szene bin ich der Pfarrer, der den Kelch mit meinem Blut der Gemeinde reicht. Jedoch wollen die Menschen nicht trinken, warum auch, wenn ich es selbst nicht zu trinken vermag? Ich sehe mich als evangelischen Pfarrer – der ich ja heute auch bin – in meinem schwarzen Talar, aber mein Altar kommt mir reichlich seltsam vor: Es liegen dort nicht die Hostien, die ich für das Abendmahl bräuchte, oder die Kerzen, es liegen dort eine Münze (Gebt dem Kaiser, was des Kaisers ist?) und ein Schwert (Soldat Christi?). Neben mir habe ich einen Stock stehen und ich denke: Warum soll ich jetzt an Krücken laufen, mir fehlt doch nichts an den Beinen, die Hand ist ab ...

Ich überlege lange, wer ich nun bin und was ich in die Welt bringen kann oder soll, wenn ich nun kein Schmied und auch kein Soldat mehr sein kann. Und als Pfarrer ist es nun auch nicht mehr so einfach. Wofür kann ich noch Quelle sein? Was will sich durch mich in dieser Welt manifestieren?

(Willi G., Holotropes Atmen, 2017)

Willi, der evangelische Pfarrer, ist ein Suchender, auf der Suche nach der eigenen Wahrheit. Seine Kindheit war vernichtend: Im Alter von fünf Jahren wurde er in ein christliches Kinderheim verschleppt und hier von Christen-Menschen gedemütigt, gequält und sexuell missbraucht. Er entschied sich, Pfarrer zu werden, um der Welt zu zeigen, was Christentum essentiell bedeutet. Als sozial und menschlich engagierter Pfarrer einer kleinen Landgemeinde liebt er seinen Beruf, dennoch bewegen ihn aktuell zahlreiche kritische Fragen zu Religion, christlichem Glauben und der Kirche.

Auf der Ebene des Archetypischen kreist Willis Reise zentral um das mythologische Blut-Opfer und Ersatz-Opfer, um das Opfer des Soldaten, der sich für sein Vaterland opfert, und um das Opfer Christi, der – so die Mythe – gestorben ist für die Erlösung der Menschheit. Im Abendmahl, dem magischen Blut-Trinken und Gott-Essen, spricht der Pfarrer die rituelle Formel: „Trinket, denn dies ist mein Blut, vergossen für euch zur Erlösung der Sünden."

Der Gehängte. Tarotkarte

Aber, kein Ersatz-Opfer kann uns jemals erlösen. Der freiwillige *Ego*-Tod des Heros ist das einzige Opfer, das Heilung verspricht. Am Ende liegt die Antwort für Willi – vielleicht – im Anfang seiner Reise, in der Erfahrung des Gehängten, im freiwilligen Ego-Opfer als Symbol der Einweihung. Odin hing neun Tage und neun Nächte im Weltenbaum.

Etwa ein Jahr nach dieser Atemreise wird Willi ohnmächtig in seinem Pfarrbüro gefunden. Sein Zustand ist kritisch. In einer wochenlangen Erfahrung *hängt* er zwischen Leben und Tod. In dieser real körperlichen Todeserfahrung ist er in den Brunnen seines Unbewussten abgestiegen, er hat das erneuernde Blut seiner eigenen Wunde schließlich doch noch getrunken. Mit dem Anwachsen seiner rechten Hand wird Willi auch die *Hand*lungsfähigkeit zurückgegeben. Aber wofür? Die alten männlichen Identitäten, Schmied und Soldat, sind erlöst und auch den Talar des Pfarrers hat Willi inzwischen an den Nagel gehängt. Der Blutbrunnen wird nun zum Brunnen der Erneuerung, zum Jungbrunnen; in ihm sprudelt das Wasser des Lebens. Und damit stellt sich erneut die Frage:

Wofür kann ich Quelle sein? Was ist der Sinn meines Lebens?

Im Kelch, als Symbolbegriff, könnte der Schlüssel zur Antwort liegen: Im Kelch, Symbol für den „Heiligen Gral", für den Schatz, nach dem der Held sucht, ist das Wasser des Lebens gehalten, die innere Wahrheit des Selbst. Dieses Lebens-Wasser mit anderen zu teilen, in einem alltäglichen heiligen Abendmahl, und damit *für andere* Quelle zu sein, das könnte die Antwort sein. Quelle für andere zu sein, das gibt dem Leben einen Sinn.

Für uns alle, die wir auf dieser Erde wandeln, ist die Reise der Seele noch nicht zu Ende, die letzte Antwort auf existentielle Fragen noch nicht gefunden. Es braucht diesen langen Weg der Seele, die beständige Suche nach Erkenntnis, nach dem Schatz, als der Wahrheit des Selbst.

Eine vorsichtige Antwort auf die Frage „Wer bin ich?" könnte etwa so klingen: Ich Mensch bin ein grenzenloses Seelen-Wesen, geboren aus der göttlichen Einheit, das entschieden hat, sich in der irdischen Materie zu verkörpern. Hier in der Welt der Polaritäten bin ich bereit, die Einheit in der Vielheit zu erfahren, die Einheit von Mensch und Kosmos, von Dunkel und Licht, von Tod und Leben. Auf diesem langen Weg der Seele erkenne ich am Ende: „Ich bin in allem und alles ist in mir."

Erkenntnis-Fragen:

- Wer bin ich?
- Wie bin ich?
- Wie will ich sein?
- Wofür will ich Quelle sein?

Kelch – Der Heilige Gral
Glasfenster, Frankreich

2. Das Ich, das Ego und das Selbst

Die mythische Reise als Erkenntnis-Weg ist kein Weg, den wir uns *erdenken* können. Wir müssen ihn gehen, Schritt für Schritt, um den Sinn des Lebens, die Wahrheit zu *erfahren.* Dieser Weg vom personalen Ich zum ganzheitlichen Selbst erfordert immer wieder bewusste Entscheidungen und er erfordert Mut. Meist beginnt er nicht in „heiligen Hallen“, sondern in innerer Dunkelheit, in Verlorensein, Verwirrung und Angst. Das Wissen um die psychischen Instanzen Ich, Ego, Selbst kann die Orientierung auf dem Weg erheblich erleichtern.

Die Fachbegriffe *Ich, Ego* und *Selbst* werden in der psychologischen Literatur sowie in esoterischen Ratgebern meist ungenau, synonym und verwirrend gebraucht: Das Ego wird häufig mit dem Ich und das Ich mit dem Selbst gleichgesetzt. Um für dieses Buch eine eindeutige Sprachregelung zu finden, versuche ich eine vereinfachte begriffliche Bestimmung, die sich an gängigen Modellen der Tiefenpsychologie orientiert. Wichtige Erkenntnisse bezüglich Ich-Ego-Selbst verdanke ich auch Sylvester Walch, der sich schon früh um begriffliche Klärung bemüht hat. Seine differenzierte und kluge Darstellung [(1)] kann ich denjenigen empfehlen, die sich tiefer mit diesem Thema befassen möchten.

Allerdings ist zu beachten: Die Begriffe Es-Ich-Ego-Selbst sind lediglich Konstrukte, Modelle, die nicht der Gesamtheit der Psyche gerecht werden können. Auf der Ebene des personalen Denkens aber müssen wir die Ganzheit in Einzelteile zerlegen, um sie annähernd verstehen und beschreiben zu können. Für Fachleute mag die folgende Darstellung ermüdend, für Lernende aber könnte sie durchaus hilfreich sein.

Das Ich als vermittelnde Instanz

Geburt des Ich
Ich kämpfe mich aus der Verschlingung
Ich werde gehalten
Ich schreie und schreie

Ich stehe
Ich habe eine Mordswut
Ich habe Kraft
Ich bin da

Ich lebe
Ich liebe das Leben
Ich bin in meiner Kraft und tanze
Ich habe ein kräftiges rotes Herz

Ich kenne meine Schatten
Ich gebe ihnen Raum
Ich achte, ehre und segne sie
Ich bin auf dem Weg

Es ist grün
Ein großer Wald steht vor mir

(Inga P., Sequenz aus Atemreise 2001)

Das personale Ich ist eine bedeutsame, eine zentrale Kraft. Machen wir uns doch bewusst, wie häufig wir dieses Ich benennen, wie häufig wir „ich" sagen: „Ich bin, ich sage, ich denke, ich möchte, ich fühle …, ich, ich, ich. Das Ich ist die Mitte, der Kern unseres personalen Bewusstseins. Dieses Ich unterscheidet uns vom Du, es erlebt und definiert sich gleichermaßen in Beziehung und in Unterscheidung zum anderen und der Welt der anderen.

In der Psychoanalyse ist das *Ich* ein zentraler Begriff und wird hier verstanden als sowohl nach innen wirkende als auch nach außen handelnde Instanz. In Freuds *Strukturmodell* ist das Ich das Zentrum der drei psychischen Instanzen von „Es, Ich, Über-Ich", die in ihren Funktionen zusammenhängen und sich wechselseitig bedingen:

Das *Es* bezeichnet das Kleine in uns, das ganz Frühe, es beinhaltet alle drängenden, grundlegenden und triebgesteuerten Bedürfnisse: Selbsterhaltungstrieb, Aggressionstrieb und Sexualtrieb. Dieses Es stellt „ein Urreservoir an Triebenergien dar." (2) Es schätzt die Befriedigung der primären Bedürfnisse: Sättigung, Sicherheit, Wärme und dient damit dem körperlichen Überleben.

Das *Über-Ich* entwickelt sich wesentlich später, erst im 7. bis 9. Lebensjahr, und repräsentiert die moralischen und idealen Bestrebungen, das Gewissen und das Ich-Ideal. Es wird entscheidend geprägt durch die jeweiligen gesellschaftlichen und religiösen Wertvorstellungen.

Das *Ich,* als sowohl innerpsychische als auch nach außen hin handelnde Instanz, ist die Mitte zwischen den basalen Bedürfnissen des Es und den Idealen des Über-Ich. Mit seiner kontrollierenden, steuernden und ausgleichenden Funktion übernimmt es die Aufgabe eines Vermittlers im Konflikt zwischen den oft widersprüchlichen Bedürfnissen des Es und den idealen und zuweilen auch rigiden Ansprüchen des Über-Ich. In dieser Weise balanciert das Ich unentwegt: Verzichtleistung hier, genüssliches Nachgeben dort. Wenn dem Ich der Ausgleich nicht gelingt, dann hilft das strenge Über-Ich, die nötige Balance wieder herzustellen. Eine flexible Triade von Es, Ich und Über-Ich dient der alltäglichen Lebensbewältigung.

Den anspruchsvollen Balanceakt des Ich zwischen den Bedürfnissen von Es und Über-Ich möchte ich an einem simplen Beispiel verdeutlichen: Wenn ich jetzt darauf verzichte, den Freitagabend mit einem Glas Rotwein und ein paar Häppchen gemütlich vor dem Fernseher zu verbringen, um stattdessen an diesem Text zu arbeiten, dann ist dies eine gelungene *Ich-Leistung.* Würde ich nun aber jeden Abend arbeiten, dann wäre ich von einem rigiden *Über-Ich* beherrscht. Überließe ich mich allerdings ständig meinen – durchaus existierenden – Bedürfnissen nach Genuss und Befriedigung, so wäre ich mit einem frühkindlichen *Es* identifiziert.

Wenn wir in der therapeutischen Arbeit die drei psychischen Instanzen Ich, Es und Über-Ich zu Teilpersönlichkeiten werden lassen, die miteinander ins Gespräch kommen, dann wird das Abstrakte ganz konkret und praktisch. Dann könnte das vermittelnde Ich, wie eine liebevolle Mutter, zu dem faulen und gefräßigen kleinen Es sagen: „Mein Liebes, am Wochenende darfst du ausschlafen, dann legen wir uns in die Sonne und bald koche ich dir auch mal wieder Spagetti mit Tomatensauce." Und zu dem strebsamen Über-Ich könnte das mütterliche Ich anerkennend sagen: „Danke für deinen Eifer, ohne dich würde ich mein Ziel nicht erreichen, und jetzt ist mal gut." Und beide, Es und Über-Ich, nicken zufrieden.

So wie das Ich zwischen Es und Über-Ich vermittelt, so verbindet es auch das Unbewusste mit dem Bewussten. Das Ich ist die *Brücke* zwischen den

Ebenen des Bewusstseins, es balanciert Impulse und Informationen aus dem Unbewussten mit den Erfordernissen der aktuellen Lebenssituation.

Nach C.G. Jung (3) hat der „Ich-Komplex" – „eine Zusammensetzung von seelischen Elementen" – eine zentrale Brückenfunktion: Als Verbindung zwischen den Bewusstseinsebenen übersetzt er Impulse und Bilder des Unbewussten in erfahrbare Realität und ist daher Mittler zu den Seelenbildern, den Archetypen und ihren Schatten. Über die Erfahrung der Archetypen bereitet der Ich-Komplex den Weg zum Wahren Selbst. Ein entwickeltes Ich, als ein Komplex seelischer Inhalte, stellt sich „in den Dienst des Selbst", so Jung. Erich Neumann spricht in diesem Zusammenhang von der „Ich-Selbst-Beziehung".

Für uns, im Kontext der mythischen Reise, heißt das: Eine starke und gleichzeitig geschmeidige Ich-Kraft ist die Voraussetzung für heilsame magisch-mythische Erfahrungen und für das Gelingen der Reise.

Wichtige *Ich-Funktionen* sind unter anderem Realitätsprüfung, die Unterscheidung von Ich und Du, die Unterscheidung von inneren und äußeren Vorgängen, Frustrationstoleranz und Affektkontrolle.

Ein starkes und flexibles Ich begrenzt, schützt, ist durchlässig, beweglich und öffnet sich hin zum Du. Im folgenden Text beschreibt eine Frau, wie die bewegende Kraft ihres Ich die ersehnte Befreiung aus innerer Isolation und fließende Begegnung mit dem Du ermöglicht.

Das bewegende ICH

Es gibt eine Liebe, die alles vermag, die Licht bringt in die dunkelsten Ecken und Höhlen.

Und mein ICH, meine starke Überlebenskraft, hält dieses Leuchten in der Dunkelheit. Doch fühle ich mich oft einsam, darf mich nicht von der Stelle rühren, mache mich unbeweglich, muss alle Kraft in dieses Über-Leben geben ... Bis ich spüre, dass solches Denken und Festhalten mich immer einsamer macht.

Dann macht das ICH sich frei, macht sich auf den Weg und lernt andere „Überlebende" kennen. Wie Wassertropfen schließen wir uns zusammen und werden zum Strom und fließen dahin:

mal ober-, mal unterirdisch
mal schmal, mal breit
mal seicht, mal tief.

Ganze Seelenlandschaften durchfließen wir, zu allen Jahreszeiten. Und ich gewinne das Leben, und ich gewinne die Einsicht, dass in der Bewegung das Leben ist.

(Nanne D., Holotropes Atmen, Sept. 2001)

Erkenntnis-Übung:

- Schließen Sie die Augen und verbinden Sie sich mit Ihrem Ich.
- In welchem Zustand ist dieses mein Ich, wie sieht es aus?
- Fertigen Sie sehr schnell, ohne zu überlegen, eine Zeichnung von Ihrem Ich.
- Lassen Sie Ihr Ich einen Satz, eine Botschaft sprechen.
- Wiederholen Sie diesen Vorgang nun mit Ihrem Es und dann mit Ihrem Über-Ich.

Ich-Identität, Wille und Schöpfungsmacht

Ich-Erleben entwickelt sich in der Begegnung mit dem Anderen und dieses Andere ist zu Beginn des Lebens gewöhnlich die leibliche Mutter. Über die frühe symbiotische Beziehung zur Mutter und über die Identifizierung mit ihren Gefühlen, Eigenschaften und Haltungen – wie auch anderer naher Bezugspersonen – bildet sich vom Säuglingsalter an über die Jahre der Kindheit das, was die Psychoanalyse als *„Ich-Identität"*[(4)] bezeichnet.

Über frühe Spiegelung, Identifikation und Disidentifikation mit nahen Bezugspersonen und dem allmählichen Heraus-Differenzieren aus der primären symbiotischen Einheit mit der Mutter, gestaltet sich von Kindheit an bis ins Erwachsenenalter im Idealfall eine zunehmend reife, anpassungs- und gleichzeitig abgrenzungsfähige „Ich-Identität". In zwischenmenschlicher Begegnung, in Spiegel-Prozessen, erkennt sich das Ich im Anderen, es erfährt und gestaltet sich im Spiegel des Du. Zwischenmenschliche Spiegelung ist unerlässlich für gesunde Ich-Bildung und Ich-Identität: „Das bin ich, das bin ich nicht." „So will ich sein, so will ich nicht sein." Spiegelung bildet und stärkt die Ich-Funktionen, deshalb beinhaltet Psychotherapie, besonders bei frühgestörten Menschen, auch immer eine achtsame, liebevolle und zuweilen auch konfrontative Spiegelung.

Gesunde Ich-Identität entwickelt sich im Laufe der Kindheit durch heilsame Spiegelung vor allem durch die Eltern, durch ihre Bestätigung: „Kind, du bist gut, so wie du bist.“ Aber auch sinnliche Erfahrungen sind wichtig für die Bildung stabiler Ich-Identität, sie öffnen das Herz, stärken den Geist, fördern den Willen und die Schöpfungskraft. Ich-Identität, das Wissen um die eigene Würde, Kraft und Kompetenz ist wesentlich für die Entwicklung der Persönlichkeit. Sie macht es möglich, einen Platz in der Gesellschaft zu finden, eine Berufswahl zu treffen, sich für einen Partner, eine Partnerin zu entscheiden, Verantwortung für die Familie zu tragen und die herausfordernden Aufgaben der Elternschaft bereitwillig zu übernehmen.

Eine besondere Bedeutung im Kontext von Ich-Entwicklung und Ich-Identität hat der *Wille.* Die Möglichkeit zur Entfaltung des freien Willens fördert die Entwicklung von Ich-Identität. Und Ich-Stärke wiederum fördert im Umkehrschluss die Bildung von Willensstärke. Gesunde Ich-Identität stärkt die Willenskraft als die menschliche Fähigkeit, in emotionaler und geistiger Freiheit eine Entscheidung zu treffen und diese in gezielte Handlung umzusetzen. Wenn der gesunde Wille schwächelt, dann erliegen wir gern den extremen Bedürfnissen des Es oder auch des Über-Ich, das Maß der Mitte geht verloren. Ohne die Kraft meines Willens würde ich heute an diesem eiskalten Wintertag lieber lesend unter warmen Decken liegen, anstatt an diesem Buch zu arbeiten. Es ist der personale freie Wille, der uns befähigt, die saturnische Bürde des Lebens anzunehmen, die Mühe und Last des Alltags zu tragen und die hierzu notwendige *Verzichtleistung* zu bringen. Sylvester Walch schreibt in Anlehnung an Assagioli zur basalen Bedeutung des Willens [(5)]:

> „Auf der personalen Ebene hilft uns der Wille, Energien zu bündeln, die verschiedenen, oft in Konflikten befindlichen Teile unserer Persönlichkeit zu koordinieren und zum Ausdruck zu bringen. Er hilft uns, Entscheidungen zu treffen, unsere Fähigkeiten und Talente zu nutzen und in ihrem Ausdruck zu verfeinern. In diesem Sinne fungiert der Wille auf dieser Ebene als eine leitende Funktion in Richtung Integration der Persönlichkeit, die alles, was wir sind, mit einschließt. (…)
>
> Der Wille unterstützt das spirituelle Wachstum, weil er uns befähigt, festgefahrene Gewohnheiten aufzugeben, von rigiden Besitz-

ansprüchen loszulassen und destruktive Energien zu transformieren. (...) Auf der transpersonalen Ebene fordert uns der Wille auf, zu wachsen und uns der Mitwelt und dem größeren Ganzen zu öffnen. Er (...) gibt unserem Leben Richtung und Bedeutung. "

Ohne Willenskraft würden wir die mythische Heldenreise nicht wagen, ihre Prüfungen verweigern und in chronischer Depression versinken. Ohne Willenskraft ist der Individuationsweg nicht zu bewältigen, kann der Schatz, der Sinn des Lebens nicht gefunden werden. Entsprechend lautet ein Buchtitel des österreichischen Psychiaters Viktor E. Frankl (1905-1997) „Der Wille zum Sinn".

Wo aber der personale Wille nicht verbunden ist mit dem universellen Willen, da wird er zum Handlanger des Egos, zum Ego-Willen, der die Willensgrenzen anderer missachtet. Heilsamer Wille ist die Einheit von personalem und universellem Wille. Diesen ganzheitlichen Willen bezeichne ich als *„Wahren Willen"*.

Ich-Identität und der aus ihr folgende Wahre Wille erschafft heilsame *Schöpfungs-Macht,* die Macht, das zu erschaffen, was die Seele will, was dem Leben dient. Diese Schöpfungsmacht ist unser göttliches Erbe, sie ist die Macht, die uns ermöglicht, uns im irdischen Leben zu verwirklichen. Sie ist aber auch die Macht, die uns befähigt, den Tod anzunehmen und ihn zu transformieren:

Selbst-Schöpfung

Am Anfang kann ich mich nicht bewegen, ich bin wie festgeklebt am Boden und habe Atemschwierigkeiten. Dann sehe ich, wie ich als Frau einen Weg entlanggehe. Ich gehe langsam und trage ein totes Kind auf dem Arm, es ist etwa acht Jahre alt. Ich bringe es zur Grenze des grauen „Zwischenreichs". Hier warte ich und dann übergebe ich das Kind einer hellen Energie. Ich verabschiede mich und sehe hinterher, wie der Lichtpunkt immer kleiner wird. Dann drehe ich mich um und gehe zurück in die Alltagswelt mit dem Wissen, jederzeit wieder hierher kommen zu können. Ich gehe und gehe ...

Ich bin jetzt in einer Wüste oder Steppe, ich kriege (real) sehr schwer Luft. Ich gehe weiter, es ist so anstrengend zu atmen, alles ist so anstrengend. Deshalb beschließe ich, meine Körperfunktionen einzustellen, das erscheint mir sehr viel einfacher, als zu atmen. Anscheinend weiß ich, dass ich das kann. Mein normales Ich wundert sich: „Ah, so ist das. Das kannst du? Aber du sollst doch jetzt atmen." Ich stelle zuerst meine Arme und Beine ab, sie sind noch am Körper, aber schon tot. Dann stelle ich die Verdauung ab, nun langsam auch die Atmung, es wird ganz leicht ...

Gertrude kommt und stört mich und sagt: „Bring die Energie wieder in den Körper."

Da bin ich wieder hier, etwas ärgerlich, weil es gerade so schön friedlich war. Dann gebe ich mich dem Gefühl hin, dass es mir möglich ist, zu entscheiden, wann und wie ich aus dem Körper gehen will, und dass es ganz einfach sein kann.

Die Musik wechselt zu einem Trommelrhythmus: Ich fühle mich hochgehoben wie in einem Klangbett oder einer Klangsäule, zeitlos, fühle mich geborgen, getragen. Ich weiß, am Anfang war das Universum Klang: keine Musik, sondern Klang, hörbar und unhörbar (die Schwingung hinter dem Ton) und dennoch DA sein ...

Dann sehe ich mich im Kreis von sitzenden Indianerfrauen, die singen und klatschen. Ich liege am Boden als Wesen und „komme ins Leben." Ich wälze meinen Körper am Boden, im Lehm oder Schlamm, hin und her und baue Schicht für Schicht auf. Zwischendurch schäme ich mich, weil mich alle anschauen und sehen, was ich wohl werden will. Die Frauen ermuntern mich: „Mach weiter, du bist die Verbindung zwischen den Welten!" Daraufhin bin ich Amöbe im Wasser, Energie im Weltall und wieder Frau, die sich selbst erschafft, immer im Wechsel.

Ich sehe Wesen werden und vergehen, viele Wesen in großen immer währenden Zyklen. Ganz viele verschiedene Menschen kommen und gehen durch den Schlamm, werden geboren und vergehen wieder. Es ist alles im Einklang im Großen und Ganzen und Runden.

Ich erschaffe mich immer noch neu, jetzt kann ich schon meinen Körper erkennen. Ich spüre Freude auf das Leben und gleichzeitig spüre ich heftig den Schmerz des Lebens.

Es ist beides, ich weiß um beides und dennoch erschaffe ich mich zum Leben ... und spüre dabei Freude ... ICH BIN ...

(Ursula P., Atemprozess, April 2010)

Wir haben die Macht, uns selbst zu erschaffen als diejenigen, als die wir gedacht sind, so wie Ursula. Viele Jahre ihres Lebens lebte sie in einer Art inneren Wüste und trug „ein totes Kind auf dem Arm". Etwas in ihr war gestorben. Mit dieser Atemerfahrung aber wurde sie wieder lebendig, kam langsam ins Leben, erlebt nun Freude und schöpferisch-erotische Sinnlichkeit in der Begegnung mit einem Mann.

Wenn blockierte Ich-Kraft sich befreit, dann wird enorme schöpferische Energie freigesetzt, die sich im Leben manifestieren will. Wir kennen das: Auf eine depressive Phase, in der wir vieles schleifen und liegen lassen, folgt häufig Tatendrang. Wir räumen auf und um, ordnen die Dinge, gestalten die Räume, pflegen unseren Körper; wir gestalten unser Leben neu und wir wollen, dass es „schön" ist. Der Schöpfungs-Impuls ist erwacht. Der Wunsch nach Schönheit und das tiefe sinnliche Empfinden für natürliche Schönheit und Ästhetik gehören zum spirituellen Bewusstsein.

„Ich-Kraft will sich im Opus, im Werk vollenden", schrieb Jung. Wenn blockierte schöpferische Energie wieder ins Fließen kommt, dann drängt es uns zu schöpferischem Tun. Im Malen, Bildhauern, Schreiben, Tanzen oder Singen transformieren und gestalten wir unsere inneren Themen. Sie werden sichtbar, bekommen Gestalt, werden wesenhaft und können so heilsam in der Welt wirken. Im schöpferischen Impuls und im schöpferischen Ausdruck erfahren wir die Große Lebens-Mutter in uns, das Göttliche im Menschlichen. *Im schöpferischen Tun erfahren wir „Ich bin", wir erfahren, wer wir essentiell sind.*

Wo aber ein starkes Ich auf seinem Weg zum Selbst kein schöpferisches Ventil, keinen eigenen schöpferischen Ausdruck findet, da geht die Ich-Kraft leicht ins Ego, in persönlichen oder auch in spirituellen Narzissmus. Daher erachte ich es für absolut wichtig, Menschen auf ihrem Heilungsweg an ihre schöpferischen Fähigkeiten zu erinnern, die mythische Reise schöpferisch zu gestalten. Viele Texte und auch Bilder in meinen Büchern sind aus der schöpferischen Ich-Kraft meiner KlientInnen entstanden.

Es wurde deutlich: Ein starkes Ich und eine solide Ich-Identität bilden die Grundlage für Individuation, Transformation und spirituelle Entwicklung. Nur ein starkes und flexibles Ich ist den Anforderungen und Gefahren der spirituellen Reise gewachsen. Wo diese Basis fehlt, das sehen und erleben wir immer wieder, folgt auf den spirituellen Höhenflug notwendigerweise der Absturz in die Niederungen des Personalen.

Daher beschließe ich jede therapeutische Sitzung mit einer *bewussten Ich-Stärkung.* Ich bitte meine KlientInnen, die Augen zu schließen und noch mal nach innen zu spüren: „Wie fühle ich mich jetzt am Ende der Stunde? Sprechen Sie einen Satz von der Wahrheit des Herzens her, einen Satz der mit *Ich* beginnt." Dann kommen Sätze wie diese: „Ich fühle Angst und nehme die Angst an." „Ich fühle Ruhe in mir und bin dankbar." „Ich fühle Freude und gehe mutig meinen Weg."

Erkenntnis-Fragen

- In welchem Zustand ist meine Ich-Identität?
- Weiß ich um meine Würde, Kraft, Kompetenz?
- Achte ich meine Schwächen?
- Folge ich meinem Wahren Willen?
- In welchem schöpferischen Tun offenbart sich meine Ich-Kraft?

Ich-Verlust – „Paß auf, kleines Ich!"

Ich-Identität heißt: Ich weiß, wer ich (personal) bin, und ich weiß, was ich will. Ebenso weiß ich, was ich kann, und was ich nicht kann. Ein Mensch mit einer gesunden Ich-Identität weiß gewöhnlich, was er will, hat einen starken Wahren Willen und ist bereit, der inneren Wahrheit zu folgen. Was aber, wenn der eigene Wille früh beschädigt oder gar gebrochen wurde? Der vernichtende Elternsatz einer Freundin lautete: „Kinderwille ist Dreckswille!" Mit dieser Botschaft ist es schwer, heilsame Eigen-Willigkeit zu entwickeln.

Menschen mit geschwächter Ich-Identität zermürben sich häufig in Entscheidungs-Konflikten, sie wissen nicht, was sie wirklich wollen. Ohne inneren Boden, ohne Vertrauen in sich selbst, scheuen sie das Risiko einer Ent-Scheidung und blockieren somit ihre Ich-Selbst-Entwicklung.

Auch unter extremen aktuellen emotionalen Belastungen kann das personale Ich-Erleben, die Ich-Identität, gestört werden und selbst im Erwachsenenalter kann sie bei Extrembelastungen vorübergehend aussetzen: Als ich vor etwa fünfundzwanzig Jahren das Haus kaufen wollte, in dem ich jetzt lebe und arbeite, war diese Sache für mein Ich eine ungeheure Herausforderung:

Ich, ein eigenes Haus, ist das angemessen? Darf ich das? Steht mir das zu? Kann ich das? Als ich dann vor dem Sparkassendirektor saß und um einen Kredit bitten wollte, da hatte ich plötzlich vergessen, wer ich als Person bin. Mein Name, Geburtsdatum, Adresse, alles war gelöscht. Das war ein schockierender Zustand, ich saß da und weinte, bis das Ich-Bewusstsein mir langsam wieder dämmerte.

Viel dramatischer und andauernder kann ein *Ich-Verlust* sein, wenn er sich in der Kindheit und unter einem Extremtrauma ereignet: Hanne war acht Jahre alt, als sie mit ihrer Mutter zu mir kam. Nach einer sexuellen Gewalterfahrung war sie erstarrt, hatte aufgehört zu sprechen und zu fühlen, sie hatte vergessen, wer sie ist. Als sie in meinem Praxisraum zufällig ihr *Spiegelbild* in einem großen Wandspiegel sah, setzte ein Wieder-Erkennen und Wieder-Erinnern ein: Erst stutzte sie verblüfft, dann verzog sich ihr Gesicht zu einem Wimmern, aus dem wurde Weinen und mündete schließlich in einer befreienden aggressiven Entladung.

Es muss nicht immer ein extremes Trauma sein, auch ein dauerhaftes Ich-Verbot durch soziale und religiöse Konditionierung kann das Ich andauernd schwächen und einen pathologischen Ich-Verlust begünstigen. Eine Schülerin meiner Ausbildung litt unter chronischer Ich-Schwächung, Gefühls-Verweigerung und alltäglicher Selbstausbeutung. Sie musste immer absolut „gut" und für andere hilfreich sein, durfte ihrem eigenen Wahren Willen nicht folgen, was ihren Heilungsweg und ihre Selbst-Verwirklichung blockierte. Sie war in einer sehr fürsorglichen und sehr religiösen Beziehungs-Familie aufgewachsen, in der es wenig Raum für eigene Entwicklung gab. In einer therapeutischen Arbeit erinnerte sie sich unter Tränen an folgendes Kinderlied, das sie eindrücklich geprägt hatte.

Ich zitiere dieses Lied „Paß auf!" (verkürzt) aus dem Beitrag von Michael Paschko [(6)]:

„Eine Schar Kinder (...) stehen im Kreis und singen. Sie sind fünf oder sechs Jahre alt. Eine oder zwei Kinderstundenleiterinnen stehen dabei und leiten das Spiellied an.

Paß auf, kleines Auge, was du siehst!
Denn der Vater im Himmel schaut herab auf dich,
drum paß auf, kleines Auge, was du siehst!

Paß auf, kleines Ohr, was du hörst!
Denn der Vater im Himmel schaut herab auf dich,
drum paß auf, kleines Ohr, was du hörst!

Paß auf, kleiner Mund, was du sprichst!
Denn der Vater im Himmel schaut herab auf dich,
drum paß auf, kleiner Mund, was du sprichst!

Paß auf, kleine Hand, was du tust!
Denn der Vater im Himmel schaut herab auf dich,
drum paß auf, kleine Hand, was du tust!

Paß auf, kleiner Fuß, wo du gehst!
Denn der Vater im Himmel schaut herab auf dich,
drum paß auf, kleiner Fuß, wo du gehst!

Paß auf, kleines Herz, was du glaubst!
Denn der Vater im Himmel schaut herab auf dich,
drum paß auf, kleines Herz, was du glaubst!

Paß auf, kleines Ich, werd nicht groß!
Denn der Vater im Himmel schaut herab auf dich,
drum paß auf, kleines Ich, werd nicht groß!

Die Kinder zeigen mit dem Finger auf ihr Auge. ‚Paß auf kleines Auge', singen sie (zweimal hintereinander). Dann strecken sie ihre Hand über den Kopf und sehen nach oben zum ‚Vater im Himmel', um sogleich die Hand beobachtend über die Augen zu legen und nach unten hin und her zu blicken, genauso wie der Vater, der vom Himmel auf sie hinabschaut. Danach zeigen mit dem Finger auf ihr Ohr: ‚Paß auf, kleines Ohr.' Und wieder ahmen sie in Gesten nach, wie der Vater im Himmel auf sie hinabschaut …

So geht es Strophe um Strophe. ‚Paß auf, kleiner Mund', singen sie und zeigen auf ihren Mund.

‚Paß auf, kleine Hand', der Finger tippt auf ihre Hand. ‚Paß auf, kleiner Fuß', sie bücken sich und zeigen auf ihren Fuß. ‚Paß auf, kleines Herz', die Hand liegt auf dem Herzen. Und dann der Höhepunkt und Abschluss: ‚Paß auf, kleines Ich', der Finger zielt auf die Mitte ihrer Brust, ‚werd nicht groß', sie zeigen mit der Hand (…) über den Kopf … Die Kinderstundenleiterinnen lächeln …"

Das ist magische Konditionierung. Hier wird exakt mit Mitteln der Magie gearbeitet auf der frühen Ebene des magischen Bewusstseins: mit Aktivierung von Emotionen, mit ritueller Wiederholung und der Festigung geistiger Inhalte im materiellen Körper. Dies sind Methoden magisch-mythischer Heilarbeit, die dem Leben dienen sollten. In diesem perfiden Spiel aber werden sie manipulativ eingesetzt, um Ichstärke und Selbstwert zu kappen. Und eine übergroße und machtvolle Instanz, „der Vater im Himmel", passt Tag und Nacht auf, er sieht alles: Mir wurde als Kind gesagt: „Alle deine bösen Gedanken und Taten stehen auf deiner Stirn geschrieben."

Der Autor dieses Beitrags, Michael Paschko, schreibt im Alter von 27 Jahren zu seiner Kindheitserfahrung: „Dieses Lied hat in mir überdauert bis auf den heutigen Tag: ‚Paß auf!' Ständig und zwanghaft muss ich alle meine Äußerungen beobachten und bewerten, fühle mich bei allem beobachtet, selbst wenn ich ganz alleine bin. Ständig habe ich Angst, etwas falsch gemacht zu haben (…) und mein Ich ist klein geblieben, fühlt sich ständig kleiner als die Menschen um mich herum, fühlt sich schwach und machtlos. Auf diese Weise hat Gott, der HERR, in mir überlebt und seine Mörderhand drückt mir immer wieder die Kehle zu …"

Das Ich und seine schützenden Abwehrmuster

Um den ständigen Balanceakt zwischen heilsamen und unheilvollen Strebungen zu leisten, muss das Ich einigermaßen stabil und gleichzeitig elastisch sein. Wird es aber durch Störungen in der Kindheit geschwächt oder beschädigt, dann schützt sich dieses verletzbare Ich durch verschiedene *Abwehrmechanismen,* die zunächst dem emotionalen, geistigen und zuweilen auch dem körperlichen Überleben dienen. Hier nur die wichtigsten:

- *Verdrängung* dient dem Vergessen problematischer Erfahrungen
- *Verleugnung* dient der Angstabwehr dramatischer Erfahrungen
- *Rationalisierung* dient der Abwehr von starken unerwünschten Emotionen
- *Ich-Spaltung* dient dem Überleben in extrem traumatischen Erfahrungen
- *Projektion und Verschiebung:* hier werden nicht annehmbare Erfahrungen und Ich-Anteile bei anderen untergebracht

- *Regression* verhindert die Annahme schwer zu akzeptierender aktueller Ereignisse
- *Spiritualisierung,* die Flucht in spirituelle Konzepte, dient der Vermeidung irdischer Realität

In der Praxis der Psychotherapie geht es nicht nur um das Erinnern und Durcharbeiten schmerzlicher alter Erfahrungen, sondern auch um die Erkennung und Anerkennung der typischen Abwehrmuster. Denn das, was uns *heute* das Leben schwer macht, sind weniger die schweren Erfahrungen von damals, als vielmehr die heutigen, inzwischen unbrauchbar gewordenen alten Abwehrformen, die unser Verhalten bestimmen. Deshalb gebe ich dem Abwehrverhalten eines Menschen viel Aufmerksamkeit; bereits im therapeutischen Erstgespräch versuche ich diese Verhaltensmuster zu erkennen und auf ihrem biografischen Hintergrund zu verstehen.

Abwehrmechanismen sind *zunächst* wichtige, biografisch meist frühe, Angst abwehrende Schutzfunktionen der Psyche. Ursprünglich dienten sie dem seelischen Überleben, indem sie unannehmbare, konflikthafte, ängstigende oder beschämende Erfahrungen und Gefühle aus dem Ich-Bewusstsein ausschließen. Damit verändern sich Wahrnehmung, Erleben und Verhalten erheblich und das kindliche noch schwache Ich wird durch die Abwehr einigermaßen geschützt. Bei extremen Traumatisierungen kann die Abwehr in Form von Spaltungen das psychische und körperliche Überleben sichern. In der therapeutischen Praxis ist es daher wichtig und hilfreich, diese ursprünglich *nützliche Abwehr-Kraft* zu würdigen und ihr zu danken.

Wir stellen die Frage:

- Was wäre mit mir als Kind passiert, wenn ich diese Erfahrung, dieses notvolle Gefühl nicht hätte ausschließen können?
- Was hätte mein Vater, meine Mutter, mit mir gemacht, wenn ich mich voll und authentisch ausgedrückt hätte mit meinem Schmerz, meinem Zorn? Was wäre passiert?

Ein Beispiel aus meiner Praxis: Ich arbeite mit einer Frau, die immer wieder aus dem Kontakt geht, Blickkontakt meidet und dann energetisch verschwindet. In ihrer Kindheit war sie extremen Traumatisierungen ausgesetzt, von der Mutter täglich geschlagen und von einem mörderischen Vater dauerhaft gequält: Er hatte ihr eine kleine Zwergziege geschenkt, die war ihr einziger

Freund. Die kleine Ziege hieß „Liesel", und Marlies, meine Klientin, erinnert sich noch heute an den Geruch und die feuchte Schnauze ihrer kleinen Ziege. Eines Tages war Liesel verschwunden. Tagelang lief das Kind durch den Garten und rief vergeblich nach seiner Ziege. Irgendwann erfuhr es die Wahrheit: Der Vater hatte Liesel geschlachtet.

Marlies hatte als Kind einen kleinen Sprachfehler, sie lispelte. Bei Familienfeiern musste sie zur Erheiterung der Familie und der anwesenden Gäste einen Lispel-Text aufsagen, alle schüttelten sich vor Lachen. Als sie sich irgendwann weigerte, sich wieder zum Gespött zu machen, wurde sie vom Vater in den Keller gezerrt. Er legte ihren Kopf auf den Hackklotz, nahm das Beil in die Hand und drohte, ihr den Kopf abzuschlagen, wenn sie den Lispel-Text nicht wieder aufsagen würde.

Während Marlies emotional unbeteiligt von diesen und anderen verstörenden Erfahrungen berichtet, gerate ich in eine heilsam spiegelnde Gegenübertragung: *Ich* bin erschüttert, ich weine und zittere.

„Was wäre passiert, wenn *du* damals gezittert, geweint und geschrien hättest?", frage ich Marlies.

„Er hätte mich totgeschlagen. Deshalb habe ich mich einfach abgestellt." Dieses emotionale Abstellen ihrer Gefühle hat Marlies das emotionale, geistige und körperliche Überleben gerettet, sie hat früh gelernt, sich abzustellen, wenn eine Situation bedrohlich wurde. Diese einstige schützende Abwehr aber, der alte Totstell-Reflex, behindert heute ihren Heilungsweg.

Mit zunehmendem Alter und abnehmender aktueller Bedrohung, verlieren die Abwehrformen ihre unterstützende Funktion, denn sie blockieren die Emotionen und verhindern seelische Reifung, Transformation und Selbst-Verwirklichung. Nicht die vergangenen schmerzlichen Erfahrungen bereiten die größten *aktuellen* Probleme, sondern die unbrauchbar gewordenen ‚pathologischen' Abwehrstrategien beeinträchtigen jetzt das tägliche Leben. In der therapeutischen Situation kann achtsame *Konfrontation* erforderlich und hilfreich sein: „Sie reden sehr schnell und sehr viel. Kamen Sie in ihrer Kindheit zu Wort? Wurden Sie in ihrer Familie gehört? Wozu war es nützlich, schnell und viel zu reden?" Oder: „Auf jede meiner Fragen antworten Sie mit: ‚Ich denke …' Wozu war es damals nützlich, nicht zu fühlen, sondern zu denken?"

Nach einer deutlichen *Anerkennung und Würdigung* der alten Abwehr in ihrer Schutzfunktion geht es nun, im zweiten Schritt, um *Wandlung* der unbrauchbar gewordenen, rigiden Überlebens-Muster in flexible und angemessene Ich-Funktionen. Wenn Marlies mit ihrem gequälten inneren Kind vor Angst zittern, vor Schmerz weinen und vor Verzweiflung schreien kann, dann ist sie auf dem Weg der Heilung.

Am Ende dieses Kapitels finden Sie eine differenzierte Anleitung zur Heilung alter Abwehrformen.

Ich-Werdung, eine Höllenreise zur Menschwerdung

Im mütterlichen Spiegel erkennt ein Kind seinen Wert, seine Bedeutung, sein Lebensrecht. Im spiegelnden Geliebtwerden erfährt es sich selbst als liebendes Wesen. Was aber, wenn einem Kind, wie Susanne, von der Mutter immer und immer wieder Folgendes gesagt wird:

„Du bist ein böses, furchtbares und schreckliches Kind"
„Du machst mich ganz kaputt"
„Du bist schuld an den Krankheiten deiner Eltern"
„Du bist nichts wert"
„Du machst nur Arbeit und kostest Geld"
„Du machst Sauerei mit deinem Blut und versaust alle Sachen"
(nach einer Vergewaltigung im Alter von drei Jahren)
„Du bist Dreck"
„Keiner will dich"
„Ich hasse dich"
„Du verdienst es nicht, zu leben"
„Wie werd' ich dich nur los?"

Wie kann hier heilsame Ich-Identität und Selbst-Bewusstheit entstehen? Und dennoch ist Heilung möglich. Wenn die Trauma-Dämonen wach werden und eine Heilungskrise aktivieren, dann kann das alte Trauma vollständig erinnert werden. Befreiung ist möglich, wenn unter therapeutischer Begleitung die alte blockierte Erschütterung – auch über körperlichen Ausdruck – voll zugelassen wird.

Wenn alte Angst, alter Schmerz, alte Wut über Weinen, Schreien und Brüllen, über Zittern, Schlagen und Wüten voll ausgedrückt werden, dann kann die alte Wunde, auch bei extremer Traumatisierung, heilsam vernarben.

Das Trauma will aus seiner Verkapselung befreit werden, will sich öffnen, erst dann kann die Wunde heilen. Es ist wie mit einer Brandblase: Wenn sie sich öffnet, das Wundwasser abfließt, dann beginnt die Heilung. Dieser Heilungsweg ist oft mit Unsicherheit, Schmerz und Angst verbunden und sollte deshalb therapeutisch gut begleitet und gehalten sein. Denn zuweilen muss ein Mensch – entsprechend der mythischen Heldenreise – sehr tief in die eigene Trauma-Hölle absteigen, muss hier fremden und eigenen Dämonen begegnen und ihnen mutig in die Augen schauen, muss mit ihnen ringen, damit Heilung sich ereignen kann. So ist der HeldInnen-Weg, nur so findet jemand den ersehnten Schatz, das Wahre Selbst, den Sinn des Lebens.

Todes-Mutter. Die Mutter, die ihre Kinder frisst, Mandala von Rita N.

Um wirklich furchtlose BegleiterInnen unserer KlientInnen zu sein, sollten TherapeutInnen selbst bereit sein, sich heilsamen Erschütterungen auszusetzen. Dies ist der Grund, weshalb ich meinen LeserInnen immer wieder auch erschütternde Leseerfahrungen zumute. Wie könnten wir mitfühlend und anteilnehmend präsent sein, wenn wir nicht bereit wären, die Qualen der Menschen anzuhören? Als Therapeuten und Therapeutinnen haben wir einen *Erschütterungs-Auftrag:* Wir haben die Pflicht, qualvolle Realitäten ans Licht kommen zu lassen und sie kompetent zu begleiten. Das aber kann nur geleistet werden, wenn wir selbst bereit sind, uns persönlich erschüttern zu lassen. Nur in der Bewegung, nicht in der Erstarrung, können psychische Leiden heilen, kann sich Angst in Zuversicht, Schmerz in Freude und Hass in Liebe wandeln.

Susannes Kindheitsqual hat mich nachhaltig bewegt. Sie bekam die mütterlichen Vernichtungs-Sätze – wie sie oben aufgeführt sind – immer wieder zu hören und war in den Jahren ihrer Kindheit extremer elterlicher Gewalt ausgeliefert, wurde systematisch entmenschlicht und in ihrem Selbstwert vernichtet. In der elterlichen Wohnung eingesperrt, wurde sie von ihrer Mutter emotional und verbal entwertet und von ihrem Vater, einem sexual-sadistischen Gewalttäter, körperlich und sexuell misshandelt. Sie lebte als Kind in ständiger Todesangst und war sich sicher, dass ihre Eltern sie töten wollten. Im Alter von etwa drei Jahren wurde sie von ihrem Vater genital vergewaltigt. Sie hat so stark geblutet, dass die Mutter sie widerwillig in den Kinderwagen gesetzt und unter ständigen Beschimpfungen zum Kinderarzt gebracht hat. Der nähte die Wunde bis auf eine kleine Öffnung zu und entließ Mutter und Kind ohne weitere Maßnahmen nach Hause.

Susannes erschütternde Reise von der „Kreatur" zur „Menschwerdung" begleitete ich über drei Jahre. Während eines Aufenthaltes in einer psychosomatischen Klinik wurde sie von einem jungen Therapeuten ermutigt, sich differenziert an alles zu erinnern und darüber Berichte zu schreiben – für diesen Kollegen, der sich dieser Höllenreise aussetzte, fühle ich immer noch große Wertschätzung. Im Folgenden Auszüge aus Susannes Trauma-Berichten:

> Als Kind hatte ich furchtbare Todesangst und manchmal bin ich zu meiner Mutter ins Bett geflüchtet. Sie hat immer sehr ärgerlich und böse reagiert und gesagt: „Geh weg, ich will dich nicht haben, du bist ein furchtbares Kind, ich will dich nicht." Ich habe geweint, mich an sie geklammert und sie

um Hilfe angefleht. Sie hat mich dann in die Mitte des Bettes zu meinem Vater hingeschoben: „Mach was, sie ist furchtbar, ich halte das nicht aus.“

Mein Vater hat mich dann zurück in mein Zimmer gebracht. Ich habe dann geschrien, und er hat angefangen, mich zu schlagen. Er hat mir die Unterhose runter gerissen und mit aller Kraft zugeschlagen, immer und immer wieder. Er hat mich auch gegen den Kopf geschlagen, ich hatte das Gefühl, mein Kopf fliegt weg, mir war schwindelig, ich habe immer vor lauter Angst ins Bett gemacht.

Wenn meine Mutter nicht im Zimmer war, sehe ich immer sein erigiertes Glied vor mir, es war eklig. Er hat sich immer angefasst, und ich sollte ihn auch anfassen. Ich sollte Hoppe-Reiter spielen und auf seinem Glied rutschen, er hat dann mein Becken mit beiden Händen festgehalten und mich auf seinem Glied hin und her geschoben. Ich musste dann immer Pipi machen und er hat mich dafür gelobt. Er hat mich immer angefasst, mir seine Finger in den Mund geschoben und in die Vagina. Er hatte krumme Finger, und es hat sehr weh getan.

Es war immer alles total eklig und schleimig und mir wird heute noch total übel, wenn ich daran denke. Am schlimmsten ist der Geruch von seinem Sperma, ich habe heute noch das Gefühl, daran zu ersticken, es klebt an mir und geht nicht ab. Im Hals fühlte es sich total dickflüssig an, ich habe keine Luft mehr bekommen, ich hatte Todesangst ...

Manchmal lief mir nicht Pippi, sondern Blut die Beine runter. Wenn ich geweint habe, hat er mir gedroht. Eskaliert sind seine Wutausbrüche und sexuellen Exzesse immer in meinem Kinderzimmer. Manchmal war es da wie ein Schlachtfeld, Schleim, Blut, Pippi, mir war schlecht, ich hatte wahnsinnige Schmerzen im ganzen Körper, ich konnte mich nicht mehr rühren. Mein Vater hat dann immer das Bett abgezogen und geflucht und mich weiter geschlagen. Ich habe mich nicht mehr getraut zu weinen oder zu wimmern. Ich bin in Todesangst erstarrt ...

Es folgt nun Susannes zusammenhängender Bericht ihrer extremen Gewalterfahrung.

Ich liege wach und mit furchtbarer Angst in meinem Kinderbett und beobachte den Lichtspalt auf dem Vorhang vor meinem Fenster. Wenn der Lichtspalt größer wird, dann weiß ich, dass die Tür weiter aufgeht und mein Vater ins Zimmer kommt. Davor habe ich große Angst, Todesangst.

Ich mache vor lauter Angst ins Bett und fange an, leise zu weinen. Mein Vater hebt von unten die Bettdecke hoch und schreit wütend, dass ich ja wieder ins Bett gemacht habe. Er zerrt mich aus dem Bett hoch, reißt mir die Unterhose runter und schlägt mich, so fest er kann. Er schlägt fester und fester, schlägt sich immer mehr in Rage ...

Er wirft mich auf das Bett, ich schlage mit dem Rücken auf das Bettregal auf, ich höre das laute Krachen. Er stürzt sich auf mich, drückt meinen Kopf ins Bett und hält mir den Mund und die Nase zu. Ich kriege keine Luft mehr, strampele mit den Beinen, versuche mich zu befreien, aber ich schaffe es nicht. Mit der linken Hand hält er mir Mund und Nase zu, mit der rechten Hand drückt er mein Becken in das Bett. Sein ganzes Gewicht liegt auf mir, ich bekomme keine Luft mehr, kann nicht schreien. Sein Gesicht ist vor mir, es ist ganz rot, Speichel läuft ihm aus dem Mund, er ist völlig außer sich ...

Ich spüre wahnsinnige Schmerzen im Becken und im unteren Bauch, meine Beine zittern, mein ganzer Körper schmerzt, ich bekomme keine Luft mehr, mir ist total übel, ich habe Todesangst, mir wird schwindlig, ich sehe Sternchen, alles wird schwarz ... Alles ist nass, eklig, schleimig und blutig. Alles in meinem Körper tut weh, mir ist schlecht, mir ist schwindelig, wieder Sternchen, wieder schwarz ...

Dann sitze ich zusammengekauert im Buggy, für den ich eigentlich schon zu groß bin. – Ich weine leise vor mich hin, versuche, mich unsichtbar zu machen. Meine Mutter schiebt wütend den Buggy, schimpft unentwegt auf mich ein: „Du bist ein furchtbares Kind, du machst nur Ärger. Und jetzt so eine Sauerei, alles ist voller Blut, die ganzen Handtücher sind nicht mehr zu gebrauchen. Du bist ein schreckliches Kind, ich habe nur Arbeit und Ärger mit dir, du bist böse, ich hasse dich.“ Sie schüttelt immer wieder den Kopf, redet sich in Rage: „Du bist so schrecklich, so furchtbar ...“ Sie schlägt mit Worten auf mich ein, die prasseln nur so auf mich nieder. Ich versuche, mich kleiner und kleiner zu machen, meine Tränen laufen, ohne dass man es hört. Ich wäre am liebsten tot, nicht mehr in dieser Welt ...

Der Weg ist endlos lang. Wir kommen beim Kinderarzt an, in der linken Ecke des Zimmers steht eine große Liege mit einem dicken weiß-grauen Polster, rundherum ist ein Vorhang. Sie legen mich auf die Liege, der Vorhang wird zugezogen ...

(Susanne V., Febr. 2017)

Susanne hat das Martyrium ihrer Kindheit überlebt, allerdings mit schweren körperlichen und psychischen Folgestörungen, Depressionen und Suizidgedanken. Im Jugendalter gelang es ihr, die traumatischen Erfahrungen durch Alkohol-, Drogen- und Esssucht in der Abwehr zu halten. So war es ihr möglich, zu vergessen und zu überleben, Abitur zu machen und Pädagogik zu studieren. Erst im reiferen Alter, beim Anblick ihrer kleinen neugeborenen Tochter, die nackt und schutzlos vor ihr lag, öffnete sich die Erinnerung an ihr eigenes schutzloses Ausgeliefertsein. Über innere Bilder, Albträume, Ängste und verstärkte körperliche Schmerzen kam die Wahrheit allmählich ans Licht. Sie begann, sich an die Qualen ihrer Kindheit zu erinnern.

Mit Beginn der Wechseljahre nahmen die posttraumatischen Symptome dann dramatisch zu, Schuldgefühle, Körperschmerzen und häufige Panikattacken. Auf dem Höhepunkt ihrer Krise kam sie im Sommer 2016 zu mir in psychotherapeutische Begleitung. Hier berichtete sie von einem Traum, der sich ständig wiederholte: Sie liegt in ihrem Kinderbett und sieht einen Lichtspalt, die Tür geht auf. Ihr Stofftiger ist lebendig geworden, er stürzt sich auf sie und reißt ihr den Bauch auf …

Susannes Körper ist getrennt vom Ich-Bewusstsein, sie ist sich selbst fremd. Immer wieder klagt sie: „Ich fühle mich nicht als Mensch, ich fühle mich als Kreatur." Nach intensiver therapeutischer Heilungsarbeit, dem kathartischen Ausdruck von Angst, Schmerz und Wut sowie dem langen, sehr heilsamen Aufenthalt in einer psychosomatischen Klinik, erfährt sie in einer Holotropen Atemreise die wunderbare Wandlung von der „Kreatur" zum Menschen:

> Ich bin ein Mensch
>
> Ich bin auf einem Berg und vor mir brennt ein Feuer. Um mich herum ist unendlicher Wald, im Wald hinter mir spüre ich die Anwesenheit eines großen, grauen Wolfes, der mich beschützt und den ich vorher um Hilfe und Schutz gebeten hatte.
>
> Ich sehe aus wie „Ronja Räubertochter", aber ich fühle mich als Kreatur. Ich bin nackt.
>
> Ich spüre mich und meine Energie und reibe meine Haut mit dunkler Erde ein. Dabei fühle ich, wie die Kraft in mir wächst, ich stärker und stärker werde. Ich bereite mich auf einen Kampf vor und beginne, mit den Händen und Füßen kraftvoll auf die Erde zu schlagen und zu beten. Meine Kraft und meine Energie bekommen eine Stimme, dunkel, archaisch, rau und stark.

Ich, die ich sonst nur verzweifelt geschrien und gewimmert habe, genieße die starke Stimme in mir. Ich lebe meine ganze Kraft aus, kämpfe, wehre mich, verausgabe mich genussvoll, lasse alle angestaute Wut raus ....

In einer Phase der Erschöpfung versuche ich, zur Ruhe zu kommen, als plötzlich mein Herz schneller und schneller schlägt und ich Angst, Todesangst bekomme, Angst vor mir selbst, vor der Kreatur in mir. Ich beginne auf mich einzureden: „Du bist nicht böse, du bist nicht böse ..." Dann: „Ich bin nicht böse, ich bin nicht böse, ich bin nicht böse ... Ich bin ein Mensch!" Ja, ich bin ein Mensch! Ich berühre und fühle mein Gesicht, meinen Oberkörper, ich streichele mich, mein Gesicht, meine Arme, die Haut über meinem Herzen. *Ich bin ein Mensch, ich fühle es. Ich fühle mich!* Tränen der Erleichterung, der Erlösung fließen aus mir heraus. Ich halte mich und ich werde gehalten, eine wunderbare Erfahrung.

(Susanne V., Holotropes Atmen, Juni 2017)

Wie ist hier Heilung möglich? Resilienz, was ist das? Warum sind manche resilienzfähig und andere nicht? Auf diese Frage hat auch die Resilienzforschung keine befriedigende Antwort. In Susannes Kindheit und Familie jedenfalls sind keine heilsamen Kräfte zu finden; ihr Bruder, ebenfalls blutig geschlagen, wurde Alkoholiker und ist in jungen Jahren gestorben. Warum hat Susanne körperlich, geistig und spirituell überlebt? Nicht meine einfühlsame therapeutische Begleitung hat das Heilungs-Wunder bewirkt, ich war nur engagierte Begleiterin. Es war die Kraft ihrer Inneren Heilerin, der starke Wille zum Sein, das Wunder der Seele, was das scheinbar Unmögliche möglich machte.

Nach zweieinhalb Jahren beendete Susanne ihre intensive Therapie mit einem Heilungstraum: Auf dem Rücksitz ihres Autos findet sie einen verlorenen, neugeborenen Säugling. Sie empfindet große Liebe zu diesem, ihrem, Kind und hat das Bedürfnis, es zu sich nehmen, warm zu halten und zu nähren. So wird sie sich selbst eine gute und beschützende Mutter.

Jetzt im Herbst 2019 wird Susanne die dreijährige Transpersonale Psychotherapie-Ausbildung bei mir beginnen. Vielleicht wird sie einmal selbst Menschen durch Krisen begleiten wollen. Sie kennt den Weg durch die Unterwelt, die Toten-Hölle, sie ist ihn selbst gegangen. Deshalb kann sie nun anderen Opfern kompetente Wegbegleiterin sein, sie kann Menschen auf der HeldInnenreise begleiten.

Ego und Ego-Transformation

Es wurde deutlich: Ein gut entwickeltes, *stabiles und gleichzeitig flexibles Ich* ist wesentlich für die seelische Gesundheit sowie das persönliche und gesellschaftliche Leben eines Menschen; Frühstörungen beruhen meist auf einer Störung der Ich-Funktionen. Ein starkes Ich aber wird zum Ego, wenn der eigene persönliche Wille die Grenzen der anderen überschreitet und die eigenen Wünsche gewaltsam oder manipulativ durchgesetzt werden.(7) Mit einer starren Ich-Haftigkeit und Individualisierung der Persönlichkeit wird das starke Ich leicht zum Ego, zum Schatten-Ich. Das *Ego* kann somit als der *Schatten des Ich* verstanden werden.

Wie zeigt sich das Ego in unserer Lebens-Wirklichkeit? Der Psychotherapeut Sylvester Walch(8) charakterisiert das Ego so treffend, dass ich seine Darstellung mit Wertschätzung und Dank übernehme:

> „Untransformierte, starre und abgegrenzte Ich-Anteile sind die Bausteine des Ego, die loszulassen eine absolute Notwendigkeit in der menschlichen Entwicklung ist. Wie zeigt sich das Ego? In Spannungen und Verkrampfungen, in Neid, Verbissenheit, Gier, Eifersucht, Druck, Härte, Abwertung, Unversöhnlichkeit, in Allmachtsphantasien, Anerkennungssucht und Machtansprüchen. Dadurch bindet das Ego unsere kreativen und evolutiven Kräfte. Die göttliche Eingebung, der göttliche Kanal wird undurchlässiger, die selbstdestruktiven Kräfte übernehmen die Regie, wir entfernen uns immer mehr vom inneren Sinn unseres Lebens, so dass wir Leichtigkeit und Freude einbüßen. (…) Wir kämpfen dann gegen unser Schicksal ohnmächtig an und äußere Widerfahrnisse, die uns Neues lehren könnten, regen uns nur noch auf. Freiheit und Autonomie heißt, nicht alles tun zu können, sondern das zu tun, was richtig und stimmig ist. Dem Ego zuzuschreiben ist außerdem ein Festhalten an starren Bildern, ein Leben im Wartesaal der Zukunft und Vergangenheit, sich mehr mit Erwartungen und Befürchtungen auseinanderzusetzen als mit dem Hier und Jetzt und ein chronisches Selbsterleben als ‚Gesehener'. Ego ist also Einengung, Abwertung, Anhaftung und Schwere."

Das Ego bindet schöpferische und das Bewusstsein erweiternde Seelenkräfte, im Käfig des Egos geht der Lebenssinn verloren. Die Folgeerscheinungen können unheilvoll sein: Körperliche und seelische Erkrankungen, Suchtverhalten, früher Tod, psychische Erstarrung, geistige Einengung sowie Verlust von Freude und heilsamer Willenskraft: „Mein Leben ist sinnlos geworden. Ich weiß nicht, wer ich bin. Ich weiß nicht, was ich hier noch soll." Der Lebensquell sprudelt nicht mehr, das Wasser des Lebens ist versiegt. Obwohl doch so viel erreicht wurde – beruflicher Erfolg, Familie, Besitz –, ist das Leben fade geworden, leer, es gleicht einem ausgetrockneten Brunnen.

Hier kann eine heftige *Sinn-Krise* als Gnade, als Weckruf verstanden werden. Wenn der innere Heiler, die innere Heilerin ruft, wenn das Bewusstsein sich erweitern will, dann beginnt in der zweiten Lebenshälfte, häufig verbunden mit schmerzlichen Erschütterungen, ein heilsamer Wandlungsprozess vom personalen Ich – mit seinem Ego-Schatten – hin zum ganzheitlichen Wahren Selbst.

Jede mythische Heldenreise erfordert Ich-Transformation, die Bereitschaft zum Ego-Tod, und ist häufig mit einer seelischen Krise verbunden. Denn Ego-Transformation bedeutet zunächst Ver-Lust, sie fordert den Verzicht auf scheinbare Sicherheiten, Verzicht auf veraltete Abwehrmuster und auf alles, womit sich das Ego identifiziert: Besitz, Status, Titel, Macht, Aussehen. In einer solchen Krise bricht das Schatten-Ich, die Pseudo-Identität, zusammen, wir werden von Schmerz, Angst und Chaos überwältigt. Der wirkliche Held steigt nun freiwillig in den ausgetrockneten Brunnen seiner Psyche, er „geht zu Grunde". Hier im Dunkel sitzt er nun lange Zeit, Tage und Nächte, seine Sinne schwinden, alles wird bedeutungslos und gleich-gültig, das Ego darf sterben …

Ein solch heilsamer Zusammenbruch des Egos kann durch innere Impulse oder durch äußere Ereignisse ausgelöst werden, durch Trennung, Verlust der beruflichen Tätigkeit, Krankheit oder Tod eines nahen Menschen. Das, was vorher vielleicht noch sicher und sehr wichtig erschien, ist plötzlich vorüber; nichts ist mehr sicher, so wie mit dem Ausbruch der Corona-Krise im Frühjahr 2020.

Es ist der 8. März 2020, „Covid 19" hat eine kollektive Ego-Krise ausgelöst: Unsicherheit, Angst und Panik beherrschen die Menschenwelt. Doch auch Innehalten, Verzicht, Ruhe, Stille, Einkehr bestimmen das kollektive und persönliche Leben. Das menschliche Bewusstsein ist aufgerufen, sich zu wandeln …

Da habe ich einen bedeutsamen Traum: Ich sitze mit einigen Menschen auf der offenen hinteren Ladefläche eines Kleinlasters. Wir sind auf dem Weg zu einem sehr, sehr wichtigen Arbeitseinsatz. Der Kleinlaster fährt sehr schnell, er rast durch einen magisch-schönen Sommerwald. Ich sehe hohe Heidelbeerbüsche, Heidelbeerbäume auf sonnen-durchfluteten Waldlichtungen. Die Früchte sind vollreif, erntereif. Daher bitte ich den Fahrer des Lasters kurz anzuhalten; ich möchte ein paar Beeren pflücken. „Keine Zeit, die Arbeit muss erledigt werden. Sie ist sehr, sehr wichtig!", so die Antwort. Wir rasen weiter durch den Hochsommer-Wald …

Da rutsche oder falle ich plötzlich von der Ladefläche des Lasters. Und nun stehe ich ganz allein auf einer Waldlichtung inmitten von üppig tragenden Heidelbeersträuchern. Waldesstille, Sonnenwärme umfangen mich. Wohliges AlleinSein. Träumend erinnere ich mich: Das kenne ich doch, das war schon einmal. Lange, sehr lange, ist es her …

Was nun? –

Im Wachbewusstsein fühle ich Trauer. So viel Verlust, Trennung, Abschied von Gewohntem.

Ich habe Angst um meine behinderte Schwester im Pflegeheim, auch Angst um mich beim Anblick so vieler einsam sterbender Menschen in Italien, Spanien und anderswo in der Welt.

Da – gerade jetzt, in diesem Moment innerer Dunkelheit – musizieren Menschen vor meinem Haus. Sie singen: „Der Mond ist aufgegangen." Ich weine vor Dankbarkeit, Freude und Zuversicht. … Es keimt eine zaghafte Hoffnung auf Wandlung: Bewusstwerdung, partielles Erwachen der Menschheit. „Bewusstseins-Mutation oder Tod" hatte Gebser bereits vor vielen Jahren geschrieben.

In einer Transformations-Krise fällt der Mensch aus dem äußeren sinnlos gewordenen Leben und landet in seinem inneren Chaos. Gefühle von Verwirrung, Angst und abgrundtiefer Verunsicherung können ihn ergreifen. Wo vorher hektisches Tun, gewohnheitsmäßiger Stress, Identifikation mit Leistung und Ansehen das Leben bestimmten, gähnt nun diese große Leere: Lebensüberdruss und Gedanken an Sterben und Befreiung im Tod können nun bestimmend werden. Diese Phase kann lange andauern. Wie *Prometheus* sind wir angekettet und die Qual erscheint unendlich. Wenn ein Mensch hier keinen Beistand und keine Hilfe findet, dann kann sich sein Zustand

Die Qualen des Prometheus. Griech. um 530 v. Chr.

chronifizieren. Depressive Erstarrung, Abhängigkeit von Alkohol oder anderen betäubenden Suchtmitteln könnten folgen.

Gelingt es aber einem Menschen oder einem Kollektiv, heilsam „zu Grunde zu gehen", dann kann sich geistige und emotionale Wiedergeburt ereignen. Ein solcher Mensch weiß, wer er ist und wer er sein will. Er ist gesegnet mit einem geschmeidigen Ich, einem gesunden Selbst-Bewusstsein und einer tiefen Liebe zu allen beseelten Wesen. Sein Lebensquell sprudelt. Ein solcher individueller oder auch kollektiver Erneuerungsprozess folgt meist einem typischen Ablauf. Eine Phase, die kurz oder auch lang andauern kann, folgt auf die nächste:

- Zusammenbruch der Pseudo-Identität, des Egos
- Chaos im inneren und zuweilen auch äußeren Leben
- Gefühl von Leere und Sinnlosigkeit
- Wandlung in Selbst-Erkenntnis, Authentizität im Wahren Selbst
- Ganzheitliche Selbst-Verwirklichung

Eine Ego-Krise kann sich zu einer *„Psycho-Spirituellen-Krise"* (9) gestalten, in der sich personale und transpersonale Inhalte verbinden und einen heilsamen Reinigungsprozess auf mehreren Ebenen des multidimensionalen Bewusstseins initiieren. Sie mündet – im Extrem- oder auch Idealfall – in eine „Ego-Tod-Erfahrung", die heilsame und gleichermaßen erschütternde Auflösung all dessen, was unser fassadenhaftes Leben zuvor bestimmt hat, und ermöglicht einen seelischen Wachstumsprozess hin zum Wahren Selbst. Das Ego muss sterben, damit das Wahre Selbst sich entwickeln kann.

Das *Ego* muss sterben, *nicht* das Ich. Deshalb sind Begriffe wie „Ich-

Tod-Erfahrung“ oder „Zerschlagung des Ich“ irreführend und unsinnig. Denn ohne gesunde Ich-Identität wären wir in einer polaren Welt nicht lebensfähig. Ohne die heilsame balancierende Arbeit eines starken und gleichzeitig geschmeidigen Ich wären wir kaum in der Lage, die Schatten des Egos anzuerkennen und zu wandeln.

Die in einer Ego-Tod-Erfahrung transformierten Ego-Anteile – als ursprüngliche Ich-Energien – fließen nun wieder zurück zum Ich und geben ihm neue Nahrung: Stärke, Flexibilität und Heiterkeit. Ego-Transformation stärkt das Ich und öffnet somit den Weg zum ganzheitlichen Selbst. Rücknahme von Projektionen und der Verzicht auf Abwehrmuster wie Spaltung und Leugnung werden möglich, psychische und körperliche Gesundung werden gefördert, der transpersonale Wahrnehmungskanal kann sich öffnen und uns mit der göttlichen Wahrheit, dem Wahren Selbst, verbinden.

Der Gestalttherapeut Paul Rebillot[(10)] soll einmal gesagt haben: „Wir müssen bereit sein, das Leben, das wir geplant hatten, aufzugeben, um das Leben zu bekommen, das auf uns wartet.“

Erkenntnis-Fragen:

- Kenne ich mein Ego, das Schatten-Ich?
- Wie zeigt es sich und wo, in welchen Lebensbereichen?
- Welche Erfahrungen von Ego-Transformation kenne ich?

Das Selbst und das Wahre Selbst

Vom Ich zum Selbst

Ich bin auf dem Weg zu mir selbst
Dankbar nehme ich all meine Anteile an
Ich kann meiner Wahrheit vertrauen
Meinen Gefühlen Raum geben
Schon lange bin ich auf dem Weg der Einsamkeit
Nun gehe ich den Weg des Allein-Seins
Hier bin ich in Frieden glücklich und frei
In Ruhe und Gelassenheit
Aus den Tiefen der Einsamkeit wächst eine zarte Pflanze
Dem Licht entgegen ...

(Marit H., Ausbildungs-Seminar 2016)

Der Begriff des „Selbst", die Einheit von Körper, Seele und Geist umfassend, fand erst spät (um 1970) Eingang in die Psychoanalyse und in die sich hieraus entwickelnde Humanistische Psychologie. Gebräuchlich wurden hier die Begriffe *„Wahres Selbst"* in Unterscheidung zum pathologischen *„Falschen Selbst"* der Als-ob-Persönlichkeit. Zum „Wahren Selbst" schrieb Laing (11):

> „Ein starkes Gefühl eigener autonomer Identität ist nötig, damit man als ein menschliches Sein zu dem anderen in Beziehung sein kann. Sonst bedroht jede Beziehung das Individuum mit dem Verlust der Identität."

Übereinstimmend geht es um ein kontinuierliches Erleben von sich selbst, der Integration aller geschwächten Ich-Anteile und um Selbst-Verwirklichung als Lebensziel. Das Wahre Selbst schenkt Freude, Leichtigkeit, Wachstum, Lebensfülle und gibt dem Leben seinen Sinn.

In der Analytischen Psychologie von C.G. Jung ist *„Das Selbst"* ein zentraler Begriff. Es bezeichnet hier die „Gesamtheit aller psychischen Phänomene", drückt die Ganzheit der Gesamtpersönlichkeit aus und umfasst sowohl das Bewusstsein als auch das Unbewusste. In Jungs Konzept (12) ist das Selbst dem Ich überlegen; es ist der zentrale konstellierende Archetyp, in dem das Ich enthalten ist. Das Selbst ist nach Jung das Primäre, das schon immer Vorhandene, „aus dem das Ich hervorgeht", und umfasst die *Gesamtheit der Psyche,* aus der heraus sich die Persönlichkeit entfaltet. Das Selbst ist das Allumfassende, der Kreis, in dem alles gehalten ist. Es ist *das Göttliche in uns,* als solches ist es letztendlich namenlos und unbenennbar. Jung bezeichnete das Selbst auch als „numinos", als heilige, faszinierende und zugleich erschreckende Wirklichkeit. Das Selbst ist die „kosmische Quelle" in uns, das Wasser des Lebens. Etty Hillesum, 1943 in Auschwitz ermordet, schrieb in ihren Tagebüchern (13):

> „Ich ruhe in mir selbst.
> Und jenes Selbst,
> das Allertiefste und Allerreichste in mir,
> in dem ich ruhe, nenne ich ‚Gott'."

Der *Archetyp des Selbst* umfasst in seiner Ganzheit Licht und Schatten, Weiblich und Männlich, das Gute und das Böse, er ist das „Große Runde"

(Erich Neumann), in dem alles enthalten ist. Archetypische *Selbst-Symbole* wie Kreis, Kreuz, Krone, Schale, Mond oder archetypische Gestalten wie KönigIn, HeldIn, MagierIn erscheinen in Träumen, Märchen und Mythen. Zum „Symbol des Selbst" kann alles werden, was eine „umfassendere Ganzheit voraussetzt" und damit die personale Begrenztheit übersteigt.[(14)] Der Weg vom Ich zum Selbst, die mythische Reise, gestaltet sich über die Erfahrung und Integration der Archetypen und ihrer Symbole, wie sie uns im Traum geschenkt werden.

Dieses ganzheitliche Wahre Selbst, das „Große Runde", in dem alles enthalten ist, umfasst alle Gegensätze und hält sie in der Einheit. In einem Kreis-Modell aus der Tradition von C.G. Jung ist das personale Ich der *Kern* des ganzheitlichen Selbst. Dieses Ich oder *Ich-Bewusstsein* ist umgeben vom *Individuellen Bewusstsein,* das sich in das *Individuelle Unbewusste* erweitert. Und dieses *Individuelle Unbewusste* ist wiederum umgeben vom *Kollektiven Unbewussten,* welches sich letztlich ins *Grenzenlose Bewusstsein* öffnet. Das *Grenzenlose Bewusstsein,* das Göttliche, ist das, was alles hält und in dem alles gehalten ist:

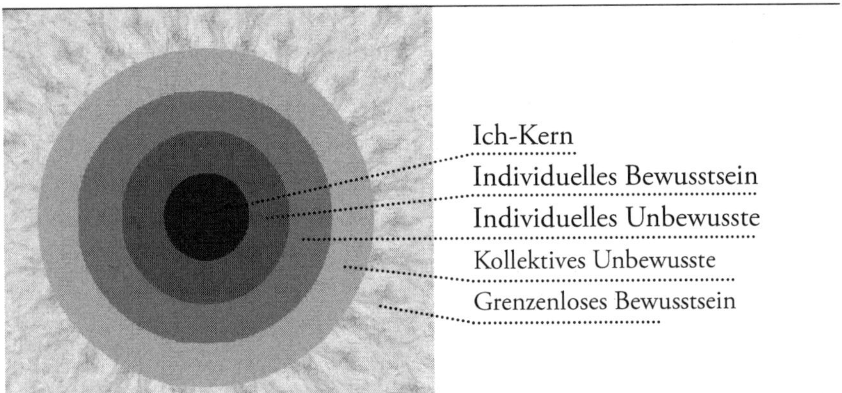

Das Selbst in der Tiefenpsychologie

Aber Vorsicht: Das Selbst als das Göttliche, das Spirituelle, das unbegreiflich Namenlose, es übersteigt unser personales Fassungsvermögen. Bei einem schwachen Ich und kompensatorischem starken Ego kann es gefährlich werden. Einseitige *Identifikation mit dem Selbst* führt leicht zu einer *spirituellen*

Inflation: Größenphantasien, Realitätsverlust, Psychosen, spiritueller Wahn sind mögliche Folgen: „Ich bin Gott, ich bin die Auserwählte, ich bin der Erlöser" … Je schwächer das personale Ich, desto größer ist die Gefahr, sich mit Aspekten des Selbst, des Größen-Selbst, zu identifizieren und in einen spiritualisierten Wahn zu entgleiten.

Um die heilsame Entwicklung des Selbst haben wir uns aktiv zu bemühen. Bewusstmachung personaler und insbesondere egoistischer Strebungen ist das, was heilsame Selbstwerdung fördert. Jung schreibt hierzu [(15)]:

> „… man legt sich Rechenschaft ab über seine Motive und versucht, sich ein möglichst vollständiges, objektives Bild seines eigenen Wesens zu formen. Es ist ein Akt der Selbstbesinnung, der Sammlung des Zerstreuten und nie recht in gegenseitige Verbindung Gebrachten und eine Auseinandersetzung mit sich selber zum Zwecke der völligen Bewusstwerdung. (…)
> Selbstbesinnung ist aber dem vorwiegend unbewussten Menschen das Schwierigste und Widerwärtigste. Die menschliche Natur selber hat eine ausgesprochene Scheu vor der Bewusstwerdung. Was aber den Menschen doch dazu treibt, ist eben das Selbst, welches Opfer verlangt, indem es gewissermaßen sich uns opfert."

Bewusstwerdung als der Heldenweg vom Ich zum Wahren Selbst ist nicht immer vergnüglich. Alte Wunden öffnen sich, wir begegnen unseren eigenen Schatten, der seelische Schmerz kann stark werden. Jean Gebser [(16)] verweist auf den Schmerz der Bewusstwerdung und die Bereitschaft zu heilsamer Leidensfähigkeit, wenn er schreibt:

> „… jeder Bewusstwerdung, und handle es sich um die geringfügigste des alltäglichsten Alltags, und mit ihr auch jeder Ich-Gewinnung, ist das erduldende Leiden eingefügt: das passive Moment ergänzt gegenpolig das aktive: der Freude am denkend-handelnden Finden entspricht das Leid des duldenden Verlierens. Und es ist dieser Anspruch der Bewusstwerdung, das Leid zu ertragen, den der abendländische Mensch (…) kaum mehr zu erfüllen vermag, da er einseitig dem aktivierenden, dynamischen Prinzip verfallen scheint."
>
> „Und jeder, der nicht nur die Erde, sondern auch das Leben würdig bestehen will, der das Leben leben will, statt von ihm gelebt zu werden, muss einmal durch diese Schmerzen der Bewusstwerdung gehen."

In einem Klagelied besingt Stella ihren Weg ganzheitlicher Selbstwerdung:

Ich-Selbst

Ich selbst in einem Meer
ein Klagelied der endlosen Stille
in den Fluten der Stürme Ich selbst
so klein so schmerzvoll so so Ich selbst
in Freude in Freude durch das Kleine
ja das Eine trägt mich in meiner Kleinheit
ich bin aufgehoben ich muss nicht
Ich selbst bin einfach einfach und getragen
und falle hinunter in jedes Wellental
Ich selbst stürze und werde emporgehoben
ich darf schwimmen lernen
ich darf meinem Selbst vertrauen
Ich selbst im Meer endlos und gebündelt
im kleinen roten Stein
Ich-Selbst

(Stella B., Seminar Individuation, Nov. 2019)

Wie zeigt sich das heilsame Wirken des Wahren Selbst in unserem alltäglichen Leben? Vor allem in Demut und Dankbarkeit. Dankbarkeit ist eine starke spirituelle Kraft, die dem Wahren Selbst entspringt und heilsam ins Leben wirkt. Karin hatte in ihrem Atemprozess bedeutsame Erkenntnisse zum Wahren Selbst. Sie schreibt:

Das Selbst hat gar keine Definition, spüre ich. Das Selbst hat keine Beschreibung, wie rund, nett oder so ein Charakterzug. Es ist ein Zustand. Es ist Sein in Vollkommenheit, ohne Bedingung, ohne Wollen, ohne Tun und es ist energetischer Teil des großen runden Ganzen, des Göttlichen. Das Selbst ist Teil der göttlichen Energie, auf der Ebene des Einzelnen. Im Kleinen ist es grenzenlos, ohne Wertung, ohne Beschreibung. Es ist pures Sein in einer warmen Hülle. –

Dankbarkeit ist ganz nahe am inneren Selbst, ist ganz nahe an der Essenz des höheren Selbst. In seiner Wirkung ist Dankbarkeit eine große magische Kraft. Reine Dankbarkeit fühlt sich warm, vollendet an, mit Grund

und Boden, ohne hin und her. Dankbarkeit ist bedingungsloses Sein und macht somit „zufrieden“. Alles ist da. Wir brauchen nicht mehr. Wir ringen nicht mehr. Wir streben nicht mehr. Wir sind erfüllt.

Dankbarkeit holt uns aus der Bedürftigkeit raus – raus aus dem Denken „die anderen sollen was tun“. Dankbarkeit macht eigenständig. Dankbarkeit macht frei. Dankbarkeit ist Sein. Echte, klare, reine Dankbarkeit ist nur möglich, wenn ich im Selbst angekommen bin.

(Karin S., Dez. 2007)

Übung: Alte Abwehrmuster heilen

Abwehrmuster können nur durch *Gefühls-Arbeit* geheilt werden! Wenn das hinter der Abwehr liegende Gefühl angenommen und gehalten ist, braucht es keine Abwehr mehr. Im Folgenden eine von mir entwickelte Methode zur Heilung alter Abwehrformen:

I. Beobachten der eigenen Abwehrmuster

- Erinnere dich an eine bedrohliche oder schwierige Situation in deinem jetzigen Leben, lass sie ganz zu, stell sie dir bildlich vor.
- Frage dich: Welche Abwehrformen benutze ich, wenn ich mich bedroht oder unsicher fühle?
- Wähle ein bis zwei deiner gebräuchlichsten Abwehrmuster.
- Erlebe dich nun selbst in deiner Abwehr: wie du z.B. dich klein machst oder wie du groß tust, wie du rationalisierst, wie du projizierst, kontrollierst, wie du dicht machst, in Aggression, Groll, Ablehnung, Entwertung oder in den Angriff gehst, wie du einen Sachverhalt ignorierst, beschönigst oder leugnest oder wie du spiritualisierst usw. Beobachte dich selbstkritisch und liebevoll gleichzeitig.
- Welches sind deine Gefühle und Empfindungen hierbei?
- Sehe dich nun von außen in deinem Abwehrverhalten, mit den Augen der anderen: Was sehen sie? Was erleben sie? Wie sehen sie dich?

II. Erkennen der eigenen Abwehrmuster als schützende Ich-Kräfte in der Kindheit

- Frage dich nun: Wann und wo habe ich dieses Muster entwickelt?

- Erinnere dich an eine bedrohliche Situation in deiner Kindheit, eine traumatische Erfahrung, der du nicht entkommen konntest. Geh ganz in diese Erfahrung hinein. Was erlebst du?
- Durch wen kamst du in diese Bedrängnis? Mutter? Vater? Eine andere Person?
- Frage dich: Welche Gefühle wollte ich nicht fühlen? Warum?
- Welches Abwehrmuster setzte ich ein, um nicht zu fühlen?
- Wozu habe ich dieses Muster damals gebraucht? Wozu war es hilfreich?
- Visualisiere nun deine Abwehr als eine Gestalt, ein lebendiges Wesen.
- Schaue liebevoll auf diese Gestalt, erkenne, dass sie dein körperliches, seelisches oder geistiges Überleben geschützt, vielleicht sogar gerettet hat. Sie verkörpert dein *Überlebens-Muster.*
- Danke ihr von Herzen dafür.
- Wenn du mehrere Abwehrmuster entdecken kannst, dann bearbeite sie nacheinander.

III. Entscheidung fällen, auf die Abwehr zu verzichten

- Sieh dich wieder als erwachsene Person in der bedrohlichen *aktuellen* Situation und mit deinem üblichen Abwehrmuster.
- Frage dich nun: Was wäre, wenn ich jetzt auf dieses Muster verzichten würde?
- Wie würde ich mich fühlen, wenn ich mich nicht mehr von meinen wahren Gefühlen abtrennen, wenn ich nicht mehr in Kälte, Entwertung, Kleinheit, Anmaßung, Leugnung gehen würde?
- Welches Gefühl taucht auf, wenn ich mir vorstelle, auf das alte Muster zu verzichten: Angst, Bedrohung, Schmerz?
- *Wo* spürst du das aktuelle Gefühl im Körper? Wo ist sein Zentrum?
- *Wie* spürst du das Gefühl im Körper, was sind seine spezifischen Empfindungen?
- Wie groß ist das Gefühl? Wie viel Platz braucht es im Körper?
- Welche Farbe hat das Gefühl?
- Halte es eine Weile und atme in das Gefühl hinein, bis es sich von selbst verändert.
- Erkenne, dass heute nichts Schlimmes passiert, wenn du auf das alte Muster verzichtest und dich für wahres Fühlen und für Authentizität entscheidest.
- Sage deinem inneren Gegenüber oder deinem aktuellen Konfliktpart-

ner die gefühlte Wahrheit: „Ich habe Angst vor dir und ich nehme meine Angst an“ oder „ich fühle mich unsicher mit dir und ich nehme meine Unsicherheit an.“

- Triff nun eine freiwillige *Entscheidung*, ob du zukünftig bereit bist, auf deine Abwehrmuster zu verzichten.
- Visualisiere nun wieder deine *Abwehr-Gestalt* und erkläre ihr deine Entscheidung.
- Erkläre ihr, dass ihre Energie nicht verloren geht, sondern zurückfließt zum Ich und dieses stärken wird.
- Verabschiede dich nun in Liebe und Achtung von deiner Abwehr-Gestalt.
- Vielleicht kannst du visualisieren, wie sie heimgeht zu ihrem Ich und sich mit ihm verbindet.

Abwehr – der innere Widersacher. Mandala von Inga S., 2021

3. Individuation – Der Weg vom Ich zum Wahren Selbst

Der weite Weg
Ich sehe einen weiten Weg
und bin dankbar,
dass ich jetzt – endlich – wage,
ihn bewusst und mutig zu beschreiten.

Ich nehme die Dunkelheit an,
meine Angst und meine Scham,
empfinde Mitgefühl und Zuversicht.

Ich fühle mich Eins mit Allem,
spüre die Wärme und Weite
im Innern und um mich herum.
Alles fließt in Freiheit und Liebe.

(Ute J., Ausbildungs-Seminar 2012)

Wenn wir zu einer Reise aufbrechen, dann starten wir von einem bestimmten Ort, dem Ort unserer momentanen Heimat. Wir verlassen diesen Ort und nehmen die Mühen eines unsicheren Weges auf uns: Das Ein- und Auspacken, die materiellen Kosten, die körperlichen und psychischen Strapazen, das Risiko des Unbekannten. Warum tun wir das? Was suchen wir? Es muss etwas sehr Kostbares sein, was uns erwartet.

Wir suchen nach etwas Neuem, nach etwas, das wir vermissen. Wir suchen nach dem Unbekannten, und dennoch ist es das schon immer Gekannte, denn sonst würden wir es nicht vermissen und nicht nach ihm suchen. Wir vermissen und suchen nur etwas, das wir bereits kennen, an das wir uns erinnern. Wenn wir einen Alltagsgegenstand, den Schlüssel oder die Brille vermissen, dann stellen wir die ganze Wohnung auf den Kopf, wir suchen in allen Ecken und Schubladen. Wir scheuen keine Anstrengung, bis wir den verlorenen Gegenstand gefunden haben. Im Prozess des Suchens steckt großes Engagement und eine große Wandlungs-Kraft.

So suchen wir bei jeder Reise nach dem Verlorenen. Ob auf einer äußeren oder inneren Reise, einer Seelen-Reise, immer sind wir auf der Suche nach

Erfahrung von uns selbst, auf der Suche nach Selbst-Erkenntnis. In mythologischen Erzählungen ist dies die Suche nach dem verlorenen Schatz, dem Gral oder dem Stein des Weisen. Dieser Schatz, dieses Kostbare, wonach wir suchen, ist das Wahre Selbst, das Göttliche in uns als Mensch. Wie Ute in ihrem Gedicht machen wir uns auf den weiten Weg vom Ich zum Selbst, den Weg der Individuation.

Individuation, Archetypen und Selbst-Erkenntnis

„Individuation" ist ein Begriff aus der Metaphysik, einer philosophischen Tradition auf Aristoteles und Platon beruhend. Individuation bedeutet hier: das „Heraustreten des Einzelnen aus dem Allgemeinen". Mit diesem Heraustreten aus dem Allgemeinen stellt sich die Frage nach dem Eigenen, dem „Seinsgrund des Individuellen", wie bereits in den ersten beiden Kapiteln beschrieben: Wer bin ich? Woher komme ich? Was ist der Sinn meines Lebens?

In der Analytischen Psychologie von C.G. Jung beschreibt „Individuation" den psychischen Entwicklungs- und Wandlungsprozess vom Ich zum ganzheitlichen Selbst, Erich Neumann spricht daher von der „Ich-Selbst-Achse". Ein solcher Entwicklungsprozess durchzieht das ganze Leben eines Menschen, vollzieht sich aber schwerpunktmäßig in der zweiten Lebenshälfte. Es ist ein Prozess zunehmender Bewusstwerdung im Dialog zwischen Unbewusstem und Bewusstsein. Ziel des Individuations-Weges ist die Verbindung des personalen Ich mit dem transpersonalen Selbst, ist Selbst-Erkenntnis und ganzheitliche Verwirklichung.

Der Prozess der Individuation „entspricht eigentlich dem natürlichen Ablauf eines Lebens, in welchem das Individuum zu dem wird, was es immer schon war", schrieb Jung [(1)]. Individuation, als Weg vom Ich zum Wahren Selbst, steht im Zentrum von Jungs Lehre und seiner Analytischen Therapie. Denn der Individuations-Weg mit seinen aufeinander folgenden Stufen ist von universeller psychologischer Gültigkeit, wie die überlieferten Mythen, Märchen und Heldenreisen aller Völker beispielhaft zeigen.

Diese anspruchsvolle Reise, der Weg vom personalen Ich zum transpersonalen Selbst, führt über die Dimension der *Archetypen,* der Urbilder der Seele. Denn die Archetypen gehören zu jener Seelen-Ebene, die *hinter* dem persönlichen Bewusstsein und dem persönlichen Unbewussten liegt.

Jung nannte diese Ebene das „*Kollektive Unbewusste*", welches er als „allgemeine seelische Grundlage überpersönlicher Natur" bezeichnete.

Der Weg vom Ich zum Selbst:
Ich/(Ego als Schatten-Ich) —> Archetypen —> Wahres Selbst

Archetypen, als die eigentlichen Inhalte des Kollektiven Unbewussten, sind universelle seelische Grundmuster, die in allen Individuen in ähnlicher Weise existieren. Sie kreisen um die existentiellen menschlichen Themen von Mensch und Gott, Weiblich und Männlich, Liebe und Schmerz, Geburt und Tod. In Träumen, Visionen und Innenwelt-Reisen öffnet sich die Dimension der Archetypen, ihre Inhalte werden lebendig und zeigen sich als seelische Ur-Bilder und in beeindruckenden Gestalten. Dieser innere magisch-mythische Raum der Archetypen existiert als Seelen-Hintergrund in jeder und jedem von uns. Archetypische Erfahrungen werden als geheimnisvoll, faszinierend, ergreifend und zuweilen auch massiv überwältigend erlebt.

In Märchen und in Träumen ist die Dimension des Archetypischen häufig symbolisiert durch einen dunklen Wald, in dem unbekannte Wesen lauern und in dem der Reisende sich verirren kann. Eine HeldInnenreise durch den inneren Urwald kann lang, dunkel und beängstigend sein.

Aber auch Helfergestalten begleiten den Wanderer auf seinem Weg, geheimnisvolle Wesen in Mensch- oder Tiergestalt. Sie überbringen Botschaften und bieten magische Hilfen: Kraftobjekte, heilkräftige Symbole, Zaubertränke und geheimen Wandlungs-Zauber.

Diese *polare* Welt der Archetypen [(2)] mit ihren Licht- und Schatten-Gestalten gehört zu unserer seelischen Ausstattung. Sie ist von einzigartiger symbolischer Schönheit, magischer Wandlungs- und Heilkraft und eindrucksvoller schöpferischer Gestaltungsmacht:

Friedens-Rabe

Wir spielen ein Theaterstück: Ein kleines Mädchen von drei oder vier Jahren sitzt in einer Tonne mit einem Deckel. Dann soll eine Friedenstaube mit einem Zweiglein im Schnabel kommen. Wir haben keine Taube zur Verfügung, aber einen Raben oder eine Krähe. Die Raben-Krähe macht ihre Rolle als Friedenstaube dann erstaunlich gut. Sie fliegt mit einem Zweiglein im Schnabel zur Tonne und kratzt an dem Deckel. Das Mädchen macht den Deckel auf und findet auch den kleinen Zweig, der ihr aus dem Krähenschnabel in den Schoß gefallen ist. Ein Zauberzweig.

(Kati H., Traum, Febr. 2021)

Ein kurzer Traum mit so gewaltiger archetypischer Symbolik! Die Raben-Krähe, Tod und magische Wandlung symbolisierend, übernimmt hier die Rolle der Friedensbotin. Sie bringt den Zweig, die mythische Verheißung auf das ersehnte „gelobte Land“: Durch innere Dunkelheit öffnet sich Katis Weg in Befreiung, Heilung und Frieden.

Jeder Individuations-Weg beginnt mit dem personalen Ich und seinen Abwehrformen, führt über die Transformation des Egos, bewegt sich durch das Reich der Archetypen und nähert sich mit zunehmender Selbst-Erkenntnis dem Wahren Selbst. Für eine ganzheitliche Psychotherapie, in welcher Selbst-Erkenntnis von zentraler Bedeutung ist, gibt es kaum ein umfassenderes und heilkräftigeres Modell als den Individuations-Weg vom personalen Ich zum transpersonalen Selbst. In meiner Arbeit versuche ich, diesen tradierten Helden-Weg in eine dynamische, erlebnisorientierte und vielgestaltige Psychotherapie zu übersetzen.

Dieser Weg aber gleicht keiner Urlaubsreise, auch wenn er sich spannend und abenteuerlich gestalten kann. Fragen tauchen auf, Angst überfällt uns, der Schmerz kann stark sein. Im Hader möchten wir den Weg verlassen, die Reise abbrechen, wenn das nur ginge … Es ist die Macht des Suchens, die uns antreibt, weiter zu gehen, der Spur zu folgen, immer weiter in Richtung Befreiung:

Was soll das?
Fragen wühlen mich auf
Angst nimmt sich Raum
Ich fühle mich
getrieben

Es wird mir zu eng
Ich stehe auf
Und stehe ein für mein Ich

Es schmerzt
Es tut weh

Komm zu mir mein Schmerz
Ich nehme dich an
Sei mein Begleiter
Sei mein Stab
Hilf mir einzustehen für das Selbst

Ich nehme den Schmerz an
Ich stehe für das Selbst ein
Und gehe durch die Wüste
In Richtung meiner
Befreiung

Ich besinge den Schmerz
Mit einem Lied
Und erkenne meinen
Heilweg

(Bernd. B., Seminar „Individuation" 2016)

Die Erfahrung, ein Einzelwesen zu sein

Den Helden-Weg der Individuation gehen wir immer allein. Unterwegs haben wir zwar Begegnungen mit anderen Wesen, das Abenteuer des Lebens aber müssen wir alleine bestehen. So beginnt jeder Individuations-Weg mit der Erfahrung des Ich, das sich getrennt erlebt vom Du. Jung schreibt hierzu[(3)]:

> „Individuation bedeutet: zum Einzelwesen werden, und, insofern wir unter Individualität unsere innerste, letzte und unvergleichbare Einzigartigkeit verstehen, zum *eigenen Selbst* werden. Man könnte ‚Individuation' darum auch als ‚Verselbstung' oder als ‚Selbst-Verwirklichung' übersetzen."

Sich als Einzelwesen, als individuelles Ich, zu erleben, erfordert zunächst die Bereitschaft zur Erfahrung von Trennung und Getrenntsein: Sowohl phylogenetisch als auch ontogenetisch – die Kollektiv- als auch die Einzel-Entwicklung betreffend – kommen wir aus dem ganzheitlichen Urgrund, der universellen Einheit. Wir erfahren den Paradiesverlust, die schmerzliche Realität des Getrenntseins, und nähern uns auf dem Individuations-Weg vom begrenzten Ich zum Selbst wieder der universellen Ganzheit.

Die erste biografische Trennungserfahrung beginnt mit der Geburt und dem allmählichen Ablösen von der Mutter. Jung schrieb (4), dass mit der „Abtrennung und Unterscheidung von der Mutter" bereits die Individuation beginnt. Diese erste Trennung „schafft jenes Gegenübertreten von Subjekt und Objekt, die Grundlage des Bewusstseins. Was vorher war, war Einssein mit der Mutter, d.h. mit dem Weltganzen."

Ohne Trennung von Ich und Du kann es kein Ich-Bewusstsein geben, kein Bewusstsein dieser polaren Welt. Jeder Individuations-Weg, als Heldenreise, beginnt daher mit der Erfahrung von *Abschied.* So wie jede Lebensreise mit der Trennung von der Mutter und dem mütterlichen Urgrund beginnt, so begann einst die Entwicklung des menschlichen Bewusstseins mit dem Verlust der frühen kosmischen Einheit. Unser allertiefster Schmerz – und in jeder Trennungs-Krise wird er aufs Neue aktualisiert! – ist dieser alte Schmerz um den Verlust der ursprünglichen Heimat, dieser Heimat, die uns ständig heim-sucht und nach der wir uns, meist unbewusst, sehnen. Sehn-Sucht ist die treibende, die suchende Kraft auf dem Individuations-Weg, dem Weg vorwärts-zurück in die verlorene Ganzheit. Dieser Weg ist anspruchsvoll, erfordert er doch die Bereitschaft, Einsamkeit und Schmerz freiwillig anzunehmen. Annahme von Trennung, Wandlung und Heilung von Schmerz ist das zentrale Thema meines Buches „Die magische Wunde" (5).

Athene, uralte Rabenfrau!
In Demut beuge ich mich
Der Einsamkeit deiner Liebe

(G.C.)

Einsamkeit sollte nicht vermieden, sondern kreativ gestaltet werden. Die schmerzliche Erfahrung von Einsamkeit im personalen Ich ist notwendige Grundlage für den Heilungs-Weg und die Fähigkeit, wirklich in Beziehung sein zu können: mit anderen Menschen, mit nichtmenschlichen Wesen und mit dem Leben überhaupt. Die folgenden Sätze des englischen Psychiaters und Vertreters der Anti-Psychiatrie David Cooper (6) haben mich über viele Jahre auf einsamen Wegen bestärkt, getröstet und mich ermutigt, den Schmerz der Einsamkeit anzunehmen und ihn kreativ zu gestalten:

> „... und nun zieht das Ich allein durch dieses öde Land und nährt sich von dem Stein, an dem es lutscht, und von der Asche, die seine Poren als Nahrung aufnehmen. Und wenn diesem Ich später eine Oase fehlt, wird es sich diese selbst schaffen mit den Tränen, die es vergießt zwischen den Hügeln seines Sandes. Dann aber könnte es vielleicht einen anderen auffordern, zu ihm zu kommen, damit dieser von ihm versorgt und gestärkt werde."

Meine einsamen Wege führten durch Wüsten und tiefe Schluchten, durch dunkle Wälder und über hohe schneebedeckte Berge und ließen mich immer wieder ankommen, da, wo ich schon immer – wie wir alle – erwartet wurde und werde: daheim.

Annahme von Einsamkeit und Schmerz ist grundlegend für das Gelingen der mythischen Reise. Jeder Mensch hat sich im Laufe seines Lebens dieser *existentiellen Einsamkeit* zu stellen, auch wenn dies erst am Ende seiner Lebensreise, seiner Todesstunde, sein mag. Die bedingungslose Annahme der Erfahrung des schmerzlichen Getrenntseins ist der erste, unerlässliche Schritt auf dem Weg in die Einheit, dem Weg zum Wahren Selbst.

In jeder heilsamen Psychotherapie sollte es daher auch um die Aktivierung alter Einsamkeits-Schmerzen gehen, denn häufig liegt das aktuelle Unheil gerade in angstvoller *Schmerzvermeidung*. Die Annahme von Trennungs-Schmerz schenkt Befreiung und Frieden. Nach dem reinigenden Ausdruck über Weinen und Schreien sollte der Schmerz kreativ gestaltet werden in einem lyrischen Text, einem tönenden Gesang, einem Tanz, einem Bild. So wandelt sich Schmerz in Freude und Tränen werden zu Balsam für die Seele:

Einsamkeit

Ich akzeptiere dich Schmerz
Einsamkeit du darfst sein
Zuvor hatte Ablehnung mir Kraft genommen

Die heilige Kriegerin führt mich in mein Herz
Kraftvoll tanzt sie ums prasselnde Feuer

Sie lädt meine Schatten ein
Und gibt mir die Kraft zur Wandlung
Um stärker zu werden im Feuer –
Im Herz

Und meine Tränen werden mir Balsam sein
Ich bin in Frieden mit mir
Wenn mein Selbst mich an die Hand nimmt.

(Tanja O., Ausbildungs-Seminar 2016)

Erkenntnis-Fragen:

- Kenne ich den Schmerz der Einsamkeit und des Getrenntseins?
- Kann ich ihn annehmen und tränenreich ausdrücken?
- Wie möchte ich meinen Schmerz kreativ gestalten?

Einsamkeit. Foto: Dimitris Valis

Der Weg zwischen Ich und Kollektiv

Immer wieder erlebe ich, dass das Konzept der Individuation in der transpersonalen Fachwelt – in der es insbesondere um *Einheits*-Bewusstsein geht – nicht sonderlich beliebt ist. Dies beruht auf der begrifflichen Vermischung von Ich und Selbst, sowie der fälschlichen Gleichsetzung von Individualität und Individuation. Bereits Jung kannte dieses Missverständnis und schrieb hierzu[(7)]:

> „Ich sehe aber immer wieder, dass der Individuationsprozess mit der Bewusstwerdung des Ich verwechselt und damit das Ich mit dem Selbst identifiziert wird, woraus natürlich eine heillose Begriffsverwirrung entsteht. Denn damit wird die Individuation zu bloßem Egozentrismus und Autoerotismus. Das Selbst aber begreift unendlich viel mehr in sich als bloß ein Ich, wie die Symbolik seit alters beweist: (…) *Individuation schließt die Welt nicht aus, sondern ein.*"

Im Individuationsprozess geht es gerade nicht um einen egozentrischen Individualismus, sondern um die Erfahrung von Einzigartigkeit als Teil der Ganzheit, so wie der Sand aus unzähligen einzig-artigen Sandkörnern besteht und der Schnee aus vielen einzigartigen Schneeflocken. Nur wer bereit ist, sich (auch) als getrennt zu erleben, kann sich wirklich mit dem anderen und dem Kollektiv verbinden und letztendlich zum Einheits-Bewusstsein gelangen.

Jung[(8)] betonte immer wieder den „Doppelaspekt" des Individuations-Prozesses: Die Verbindung von Ich *und* Kollektiv, die schwierige menschliche Aufgabe, den Erfordernissen der Individualisierung *und* den Pflichten gegenüber dem Kollektiv zu entsprechen:

> „Der Individuationsprozess hat zwei prinzipielle Aspekte: einerseits ist er ein interner, subjektiver Integrationsvorgang, andererseits aber ein ebenso unerlässlicher objektiver Beziehungsvorgang. Das eine kann ohne das andere nicht sein, wenn schon bald das eine, bald das andere mehr im Vordergrund steht."
> „Da nun aber die Individuation eine ganz unumgängliche psychologische Forderung ist, so lässt sich aus der Betrachtung der Übermacht des Kollektiven ermessen, was für eine besondere Aufmerksamkeit

> man dieser zarten Pflanze ‚Individualität' schenken muss, damit sie vom Kollektiven nicht völlig erstickt wird."

Das Kollektiv – Gruppe, Sippe, Stamm, Familie, Gesellschaft – mit seinen Erwartungen ist die ältere und mächtigere Kraft. Wir sind uns kaum bewusst, wie *wenig* individuell wir wirklich sind und wie sehr von kollektiven Normen überformt. Jung [(9)] schreibt hierzu:

> „Der Mensch hat eine Fähigkeit, welche für die Kollektivabsicht die allernützlichste und für die Individuation die allerschädlichste ist, das ist die *Nachahmung.* (...) es ist ja nicht das Gesetz, welches die Gesellschaftsordnung macht, sondern die Nachahmung, in welchem Begriff auch Suggestibilität, Suggestion und geistige Ansteckung eingeschlossen sind."

Zur „geistigen Ansteckung" hatte Jung diese für mich absolut bemerkenswerte Erkenntnis [(10)]:

> „Je stärker die kollektive Normierung des Menschen,
> desto größer ist seine individuelle Immoralität."

Das heißt: Bedingungslose und unreflektierte Anpassung an kollektive Normen geht häufig mit einem Verlust an inneren und ethischen Werten einher, was uns die Auswüchse der modernen Massengesellschaft eindrucksvoll belegen. Die innere Unverbundenheit und äußere Isolation des westlichen Menschen zusammen mit seiner zunehmenden Destruktion hat gerade mit dem *mangelnden* Bewusstsein seiner Individualität und seiner schöpferischen Einzigartigkeit zu tun. Ich-Identität und die Herausbildung persönlicher Eigenschaften *und* universeller Werte sind Voraussetzung für bewusste Gemeinschaftsfähigkeit: Nur wenn ich gut bei mir bin, kann ich gut bei anderen sein. Nur wenn ich mich als individuelles Wesen anerkenne, diese Einzigartigkeit als ein Geschenk betrachte, würdige und kreativ gestalte, kann die mythische Reise gelingen. Wer bin ich? Wie will ich sein?

Die heilsame Verbindung von Ich und Du, Ich und Kollektiv, Individualität und Individuation ist eine überaus herausfordernde und oft auch schwierige Aufgabe in der alltäglichen Lebenspraxis. Jeden Tag haben wir die individuellen Bedürfnisse mit denen unserer Partner, Kinder, Freunde, Kollegen, Nachbarn und dem inneren Wahren Selbst abzustimmen und möglichst in Einklang zu bringen. Dies erfordert alltägliche psychische Beweglichkeit und emotionale Geschmeidigkeit zwischen Anpassen *und* Abgrenzen, erfordert die Fähigkeit zum *Nach*geben und *Vor*geben sowie zum *Ver*geben. Es erfordert die Fähigkeit zum Jasagen und zum Neinsagen.

Wenn diese Balance nicht gelingt – und sie kann unmöglich immer gelingen! – dann haben wir einen Konflikt, einen Konflikt entweder mit uns selbst oder dem anderen und manchmal mit beiden, dem Ich und dem Du. Häufig fragen wir uns dann: „Wer hat Schuld?" Niemand ist schuld. *Dis*harmonie ist der andere Pol zur Harmonie, ohne Disharmonie können wir nicht erfahren, was Harmonie ist. Der ständige innere und äußere Balanceakt zwischen Ich und Du, Einsamkeit und Gemeinsamkeit, bleibt uns nicht erspart. Er gehört zum Lebendigsein und zur Reise vom Ich zum Selbst, der mythischen Heldenreise.

Gemeinsamkeit, Foto: Dimitris Valis

Balance zwischen Ich und Du – Eine Erfahrung

Wie sehr Individualität und Eigen-Willigkeit uns in Konflikte mit anderen bringen kann, das habe ich gerade eindrucksvoll erfahren. Wie in jedem Konflikt so gibt es auch hier etwas zu erkennen, vor allem über uns selbst. Wir stellen uns die zentrale Frage: „Was habe ich mit dieser Erfahrung zu lernen?" Manchmal kann die Antwort helfen, ein Gleichgewicht zu finden zwischen dem eigenen Willen und dem Willen der anderen. Der Fachbegriff für die Balance zwischen Ich und Du heißt *„Bezogene Individuation"*.

Bezogene Individuation bedeutet für mich, in achtender und liebevoller Beziehung zu anderen entschieden den eigenen Weg zu gehen. Dieses Gleichgewicht zwischen Ich und Du findet auf einer neuen, höheren Bewusstseinsebene statt, auf der Ebene des Wahren Selbst:

Der „Heilige Abend" ist für mich „Stille Nacht". Ich liebe die Stille dieser Nacht. Wenn sich alle in den Wohnzimmern unter einem sterbenden Baum und beim festlichen Leichenschmaus versammeln, dann bin ich gerne unterwegs, alleine, und genieße die Magie dieser Weihe-Nacht. Als Pfarrerstochter habe ich eine Art Weihnachts-Neurose, ich bin eine radikale Weihnachts-Verweigerin:

Weihnachtsabend
Täuschung – Irrlichter glitzern im Außen
Das innere Licht erwacht

Einmal, vor einigen Jahren, machte ich an Heiligabend eine Wanderung durchs Wünschbach-Tal. Gegen Mitternacht begegnete ich einem Mann, er arbeitete auf seinem Acker. Ich rief: „Hallo, was machen Sie denn da?" „Ich arbeite, und Sie, was machen Sie heute allein hier in der Dunkelheit?" „Ich gehe spazieren." – Wir hielten kurz inne, schweigend und staunend in der Begegnung zweier Seelen im Wunder dieser Nacht. „Frohe Weihnachten!", rief er mir zum Abschied zu. „Frohe Weihnachten!", rief ich zurück und ging weiter meinen Weg.

Heute ist der 24. Dezember 2017. Die Aufgaben des fast vergangenen Jahres sind abgeschlossen. Ich bin müde, sehr müde und fühle mich im Nachklang noch immer über-fordert, dünnhäutig: Zu viele Impulse, zu viele Ereignisse, zu viele Menschen, zu viel des Guten. Von allem zu viel!

Ich freue mich so sehr auf die Stille dieses heiligen Abends: In der Dämmerung mit meiner Freundin auf ihrer Schafs-Wiese sitzen – wie vereinbart –, danach sehne ich mich. Die beginnende Dunkelheit wird uns sanft einhüllen, denke ich, nur das Licht der Kerze wird uns leuchten. Wir beide rücken dann nah an das kleine Licht heran. Wir schweigen. Wir halten uns kurz an der Hand, in schweigender Verbundenheit. Die Große Stille hält uns geborgen, denke ich. Nur die Atem- und Kaugeräusche der Schafe sind zu hören, das Rascheln trockener Blätter im leisen Wind, in der Ferne das verhaltene Schnauben eines Tieres …

Die große Stille befreit den kleinen Ton. Der Ton, die Stimme aus der Tiefe der Seele erklingt, unsicher, noch zögerlich, ein wenig zittrig. Ich habe die kleine Rassel aus Peru mitgebracht, sie gibt den Halt. Der Ton, die Stimmen, meine Stimme und ihre Stimme, sie werden stärker, sie klingen traurig und freudig, wehmütig und zuversichtlich, kräftig und zärtlich. Meine Stimme und deine Stimme, unser Ton, unser Heilungslied. Freundin, ich und du, einsam und gemeinsam …, denke ich sehnsüchtig.

Nun gehe ich, warm angezogen, langsam und schwerfällig, müde bergauf den Weg zur Schafswiese. Eine Frau im Auto überholt mich, grüßt mich freundlich aus dem geöffneten Fenster. Sie ist eine Freundin meiner Freundin, ich kenne sie kaum. Anmutig sieht sie aus mit ihrem grauen Zopf. Okay, denke ich, dann sind wir also zu dritt.

Auf der Anhöhe angekommen sehe ich schon von Weitem den gedeckten Tisch, Gelegenheiten zum Sitzen, alles liebevoll und sorgfältig von meiner Freundin arrangiert: Eine Tonschale mit einer Kerze, Tee, Kokoszucker, Apfelkuchen, Weihnachts-Gebäck und Weihnachts-Geschenke, schöne Geschenke, gestrickte Armstulpen aus der selbst gesponnenen Wolle ihrer Schafe. Auch die fremde Frau bringt Geschenke, schöne Geschenke. Ich habe keine Geschenke und ich will auch keine Geschenke, nicht an Weihnachten, denke ich ein wenig bitter.

Die fremde Frau hat ihre Mandoline ausgepackt und beginnt sie zu stimmen, dabei plaudert sie munter-quirlig drauflos und erzählt mir von ihren erwachsenen Kindern. Ich gebe mir Mühe und höre ihr angestrengt zu, höre von den Studienerfolgen ihrer Kinder, bewundere das Foto von ihrem neugeborenen Enkelkind, wundere mich über die rote Nikolausmütze auf dem Köpfchen des Neugeborenen und höre weiter angestrengt zu …

Das Feuer in der am Boden stehenden Feuerschale prasselt und zerschneidet scharf die Dunkelheit. Meine Freundin läuft eifrig hin und her und richtet das Futter für die Schafe, die Frau plaudert und zupft ab und zu schnarrende Töne aus ihrer Mandoline. Sie hat nun einen kleinen Notenständer auf den Tisch gestellt und ein Notenheft darauf aufgeschlagen. Von der Seite lese die Überschrift: „Vom Himmel hoch da komm ich her …"

Oh je, gleich werden sie singen, Weihnachtslieder, Kirchenlieder, denke ich erschreckt und verstumme, während die Frau weiter munter plaudert, die Mandoline schnarrt, das Feuer kracht und der angeleinte Hund meiner Freundin vor Ungeduld jault.

Anteil für Anteil bricht mein Ich in mir ein, stürzt lautlos zusammen, bildet einen dichten schwarzen Klumpen und erstarrt. Kalt und bewegungslos, versteinert, sitze ich fest vor dem üppig gedeckten Weihnachtstisch.

Die Frau aber plaudert, erzählt von den Geschenken, die sie ihren Kindern morgen unter den Christbaum legen wird, und – sie erzählt munter leichtherzig vom Rehbraten, den sie morgen zubereiten wird. Da entringt sich meiner Kehle ein kleiner, qualvoller Schrei. Ungehört … Geplapper, Geplauder, Mandolinen-Schnarren, Feuer-Blitzen, Feuer-Krachen, Hunde-Jaulen … und noch einmal erwähnt sie den Rehbraten …

– Ich stehe nun mit „Schwester Reh" am Rand einer Lichtung. Es ist still, ich schaue Schwester Reh in die Augen, tauche ein in die Tiefen ihrer Seele, tauche ein in den Urgrund und sehe mich selbst, erkenne mich selbst in dir, Schwester Reh. –

Geplauder, Schnarren, Blitzen, Krachen, Jaulen, der Rehbraten … Mein kleiner Schrei wird lauter. Ungehört … Gleich werden sie singen „Vom Himmel hoch, da komm ich her …", denke ich noch im Fallen …

Da bricht er hervor, mein Ego-Schatten: Ohnmächtig-machtvoll, hilflos-ungehalten finde ich Worte, scharfe Worte, harte Worte: Dass ich eine Heidin bin, sage ich, dass ich dieses scheinheilige Weihnachtsgetue nicht ausstehen kann, sage ich, und dass ich „Vom Himmel hoch" nicht singen will. Und dass ich jetzt gehe, weil ich jetzt, unbedingt, absolute Stille brauche …

Zuhause ist es dann vorbei mit der „Stillen Nacht", es tobt und lärmt in mir. Ich habe die Balance verloren zwischen meinen Wünschen und denen der anderen. Wie finde ich sie wieder, die heilsame Balance zwischen Ich und Du?

Am nächsten Tag rufe ich meine Freundin an und sage ihr, dass ich an einem warmen Sommertag, an einem Morgen, wenn die Sonne hell scheint, ein Frühstück auf der Schafs-Wiese zelebrieren will. Mit ihr und der munter plaudernden Frau mit dem grauen Zopf. Ein absolut üppiges, ein vegetarisches Frühstück, an einem reich gedeckten Tisch.

(G.C., 25. 12. 2017)

In den folgenden Tagen bekomme ich von einer Kollegin einen astrologischen „Newsletter zum Jahreswechsel 2018“, einem Venus-Jahr. Darin heißt es [(11)]:

„Venus symbolisiert die Fähigkeit, Beziehungen einzugehen und zu gestalten. Erst in der Begegnung mit anderen Menschen erfahren wir uns selbst! Die Fähigkeit konstruktive Beziehungen einzugehen, wird uns auch 2018 nicht geschenkt. Sie erschließt sich, wenn wir mutig genug sind, hinter die Kulissen unserer Projektionen und (Vor-)Urteile zu schauen und die Andersartigkeit unseres Gegenübers wirklich zu achten! Besonders in Phasen des Konflikts bestehen die besten Chancen, uns selbst und andere neu kennenzulernen. Die Energie der Venus würde nicht gebraucht, wenn alles schon harmonisch wäre … oder? Der tiefere Sinn der Venus ist es, die Widersprüche und Gegensätze IN uns zu vereinen.“

Selbst-Verwirklichung und schöpferischer Eigen-Sinn

Eine Tugend liebe ich sehr,
sie heißt Eigensinn.

H. Hesse, 1877-1962

Ja, die Balance zwischen Anpassung und Verweigerung ist ein Drahtseilakt, ein zuweilen gefährliches Kunststück. Hermann Hesse ist hierfür ein bekanntes Beispiel: Aufgewachsen in einem pietistischen Elternhaus – sein Vater war Missionar – litt er zeitlebens unter Nerven- und Kopfschmerzen. In seiner Jugend war er suizidal, wurde zeitweise in eine psychiatrische Anstalt verbannt, dennoch blieb er mutig auf dem Weg seiner inneren Wahrheit. Sein literarisches Werk, von großer transpersonaler Tiefe, kreist um die

Themen seelischer Befreiung, Selbst-Werdung als der Reise vom Ich zum Selbst. Hesse war deutlich von der Individuations- und Archetypenlehre Jungs inspiriert, er teilte sich mit, setzte sich Urteilen aus und lebte seinen schöpferischen Eigensinn.

Wir müssen unbedingt unterscheiden zwischen heilsamer und unheilsamer Eigen-Sinnigkeit und Eigen-Mächtigkeit. Die unheilvolle Variante entspricht eher kindlichem Trotz, die heilsame aber kommt vom Wahren Selbst, die Unterscheidung allerdings ist in der Alltagspraxis nicht immer einfach. Egal aber aus welchem Grund wir uns der Anpassung verweigern, wir machen uns damit nicht beliebt, häufig ecken wir an: „Anpassungsstörung" ist ein diagnostisches Kriterium, eine klinisch definierte Verhaltensstörung nach ICD 10.

Nun sind wir als Menschen, als Frauen und Männer, durchaus verschieden. Die einen haben eher Mühe mit der *Abgrenzung*, die anderen eher mit der *Anpassung*. Aufgrund patriarchaler Konditionierung sind Frauen eher angepasst und haben Schwierigkeiten mit Abgrenzung, während typisch patriarchale Männer eher Anpassung an die Ordnungen des Lebens zu lernen haben. Aber es kann auch umgekehrt sein, in Abhängigkeit von der jeweiligen Sozialisierung und der psychischen Struktur.

Menschliche Anpassungs-Fähigkeit ist die ältere und die stärkere Kraft, sie war und ist lebensnotwendig, sichert sie doch das individuelle und das kollektive Überleben. Ein Kind, das die Anpassung an seine Familie verweigert, riskiert es, verstoßen zu werden, und das ist letztendlich gleichbedeutend mit Tod. Zunächst also ist Anpassung zu lernen und dann, im zweiten Schritt, ist Abgrenzung dringend erforderlich, um den eigenen schöpferischen Weg zu finden.

Der mythologische Held löst sich von Familie und Gemeinschaft und wählt freiwillig den Weg der Einsamkeit, den Allein-Gang. Da wir aber *eingebunden* sind in soziale Zusammenhänge, haben wir uns immer wieder aufs Neue um Abgrenzung und freiwilligen Alleingang zu bemühen. Wir haben uns zu fragen: Wer bin ich als Teil der Gemeinschaft? Wer bin ich in Beziehung zu anderen? Was ist meine einzigartige Eigenheit im Kontext des Allgemeinen?

In meinem ersten Buch: „Psychotherapie im Raum der Göttin" [(12)] habe ich zum Thema „befreite Weiblichkeit" vier Eigen-Kräfte beschrieben, die für den Helden-Weg von Frauen und von Männern gleichermaßen wichtig sein können. Erst mit der *heilsamen Gestaltung* dieser Kräfte werden wir zu Schöpfer und Schöpferin unserer selbst, erschaffen uns als die, die wir sind. Die vier schöpferischen Eigen-Kräfte sind:

– Eigen-Artigkeit, die eigene Art erkennen und leben
– Eigen-Willigkeit, dem eigenen Willen folgen
– Eigen-Sinnigkeit, den eigenen Lebens-Sinn finden
– Eigen-Mächtigkeit, die Macht über sich selbst erlangen

Dauerhafter Verlust von Eigen-Willen und Eigen-Sinn kann zu schweren Beeinträchtigungen und Störungen führen. Hier ein Beispiel: Ich erinnere mich an die Begegnung mit einem jungen Bäcker auf dem Flur des Arbeitsamtes. Er erzählte mir, wie gern er Bäcker sei und wie tragisch aber, dass er die elterliche Bäckerei nicht übernehmen könne. Denn er leide an einer Mehlallergie und er sei hier, um eine Umschulung zu beantragen.

Manchmal wählen wir, wie dieser junge Mann, den Umweg über eine Krankheit, um dem eigenen Wahren Willen, dem Willen der Seele, folgen zu können. Oft ist es nicht so einfach, eigenartig, eigenwillig, eigensinnig und eigenmächtig zu sein. Damit machen wir uns nicht gerade beliebt, wir hören auf, das „liebe Kind“ zu sein, wir sind nicht mehr „nett“. Oder wollen Sie etwa „ein netter Typ“ sein? Mir gefällt die etwas grobsprachliche Aussage: „Nett ist die kleine Schwester (oder der kleine Bruder) von Scheiße.“ Sind wir eigensinnig, dann „fallen wir aus dem Rahmen“, wir hören auf, nett zu sein, machen uns unbeliebt und werden manchmal fallengelassen. Das aber gehört auch zur Reise des Helden und der Heldin. Von C.G. Jung ist die provokative Frage:

„Willst du gut sein
oder ganz?“

Als ich mich mit siebenundvierzig Jahren entschlossen hatte, unsere angesehene Gemeinschaftspraxis zu verlassen und auf die griechische Insel Ikaria „auszuwandern“, da reagierten meine Eltern entsetzt, enttäuscht, gekränkt und wütend. Mein Vater drohte damit, mich zu „enterben“. Enterbt werden, das wurde mir schmerzlich bewusst, bedeutet nicht nur Verzicht auf materielle Werte. Enterbt werden, das bedeutet vor allem Verlust von emotionaler Zugehörigkeit. Enterbt zu sein, das heißt: „Du bist nicht mehr unser Kind.“

Meinem Wahren Willen folgend ging ich dennoch, nicht trotzig aber eigensinnig und eigenwillig. Selbst-verantwortlich war ich bereit, das damit ver-

bundene Leid anzunehmen und zu wandeln. Erst dort auf der Insel, in selbst gewählter Einsamkeit, konnten heilsame Eigen-Macht und schöpferische Kraft sich in mir entfalten ...

Jahre später sagte meine Mutter einmal anerkennend: „Wenn du damals nicht gegangen wärst, dann wärst du heute nicht die, die du jetzt bist."

Von Gurdjieff sind vier Regeln zur Bewusstseins-Bildung (Individuation) überliefert, die mit ihrem „immer" und „niemals" ziemlich radikal klingen und in meinen Gruppen heftige Diskussionen und auch Widerspruch provozierten. Georges Ivanovitch Gurdjieff (1866-1949), griechisch-armenischer Herkunft, war in den frühen 20er Jahren ein bedeutsamer spiritueller Lehrer. Er lebte und lehrte zeitweise in der Türkei, in Russland, Frankreich und Deutschland. Hier seine vier Regeln [13], die von Timothy Leary zusammengefasst wurden:

1. Geh immer den Ereignissen nach, die der Rest der Menschheit als mysteriös abtut.
2. Tu niemals deshalb etwas, weil es andere auch tun.
3. Denke niemals das, was andere denken.
4. Vertraue nur der eigenen Sicht der Welt, niemals der Sicht, wie sie andere haben. Und traue auch deiner eigenen Sicht nur für einen kurzen Moment lang.

Gurdjieff geht – wie Jung – davon aus, dass wir ohnehin weitgehend von unserer sozialen Umwelt bestimmt sind und es daher nötig ist, uns in „einer dauernden Anstrengung und einem freiwilligen Leiden" mehr und mehr zu rekonditionieren und „die Kontrolle über das eigene Leben selbst zu übernehmen".

Selbstverständlich endet die Eigen-Macht immer an der Grenze der anderen. Wird diese Grenze aber eigenmächtig überschritten, dann ist dies Machtmissbrauch. Der Weg zwischen den eigenen Bedürfnissen und denen der anderen, die Balance zwischen Ich und Du, ist somit immer ein Grenzgang. Abhängig von der jeweiligen Situation ist mal das persönliche Bedürfnis, mal das gesellschaftliche Erfordernis im Fokus. Gerade jetzt in der aktuellen Corona-Pandemie erleben wir, wie wichtig soziale Anpassung sein kann: Wenn in Zeiten von Krisen und Seuchen der personale Wille und die persönliche Freiheit nicht der kollektiven Notwendigkeit untergeordnet würden, dann hätte die Menschheit bisher nicht überlebt.

Selbst-Verwirklichung und Selbst-Bestimmung implizieren immer auch soziale Verantwortung.

Heilsame Eigen-Macht erfordert hohe *Selbst-Verantwortung,* alle Projektionen sind hier zurückzunehmen. Niemand ist verantwortlich für meine Situation, denn ich bin die Schöpferin, der Schöpfer meiner Lebenswirklichkeit. Wenn Eigen-Macht und Eigen-Sinn gut entwickelt sind, dann lebt ein Mensch in *innerer* Freiheit und wird das Tragen einer Schutzmaske nicht als Behinderung seiner Freiheitsrechte erleben. Denken wir also immer daran: Die heilsame Gestaltung der vier Eigen-Mächte erfordert Verantwortung, Verpflichtung, Wahrheit und Liebe.

Übung zu den vier Eigen-Kräften:
Schreiben Sie die vier Eigen-Kräfte (s. oben) untereinander auf ein Papier und hängen Sie das Blatt sichtbar auf. Konfrontieren Sie sich nun über Wochen oder Monate nacheinander mit jeder einzelnen Kraft. Sinnieren und kontemplieren Sie über jede dieser Kräfte, nicht trotzig, sondern anmutig, so lange, bis diese Kraft bereit ist, sich in Ihrem Leben heilsam und schöpferisch zu gestalten. Als Unterstützung empfehle ich folgende Praxis:

- Erkennen Sie sich in Ihrer ganz eigenen Art. Benennen Sie Ihre *Eigen-Artigkeiten* – am besten schriftlich – und würdigen Sie diese. Eigen-Art will gepflegt, geschliffen, poliert, sie will verfeinert werden. Sie ist der Diamant Ihres Lebens.
- Folgen Sie Ihrem eigenen Willen. Nur über personale *Eigen-Willigkeit* werden Sie Ihren transpersonalen Wahren Willen erkennen können. Beginnen Sie damit im Kleinen, sagen Sie öfter: „Nein, ich will nicht."
- Erlauben Sie sich *Eigen-Sinnigkeit,* finden Sie Ihren eigenen Sinn in allen Erfahrungen des Lebens.
- Dies ist der Schlüssel zu einem erfüllten, zu einem sinnvollen Leben.
- Seien Sie eigen-mächtig, holen Sie sich die *Eigen-Macht* über Ihr eigenes Leben zurück, von dort, wo Sie Ihnen genommen wurde: von Vater, Mutter, PartnerIn, dem Staat, der Kirche und allen äußeren Machthabern. Heilsame Eigen-Macht ist eine Kraft, die Ihr Leben verändern kann.
- Und bedenken Sie immer: *Die heilsame Gestaltung dieser vier Mächte erfordert Verantwortung, Verpflichtung, Wahrheit und Liebe.*

Das Transpersonale Selbst – Erfahrung von Ganzheit

> Die eins mit dem Tao sind,
> können gefahrlos gehen, wohin sie wollen.
> Selbst mitten im Leid nehmen sie
> den allumfassenden Einklang wahr,
> weil sie Frieden in ihren Herzen gefunden haben.
>
> Lao-tse

In Kapitel 2 ging es eher um die Definition von Selbst und Wahrem Selbst in der Analytischen Psychologie. Hier nun, im Kontext von Individuation, ist das Wahre Selbst als das „Transpersonale Selbst“ von zentraler Bedeutung, denn Individuation beschreibt den Weg vom personalen Ich zum transpersonalen Selbst.

Was aber ist das Transpersonale Selbst? Wie kann es erfahren werden? Dieses überpersönliche Selbst ist schwer zu beschreiben, da es sich dem Denken und der konkret beschreibenden Mitteilung entzieht. Es ist eher ein tief im Herzen gefühlter Zustand von innerem Frieden, Einklang und Dankbarkeit und offenbart sich in jedem Menschen in einzigartiger Weise.

Vielleicht bin ich dem Wahren Selbst ein wenig nahe, wenn ich in der Abenddämmerung am Bach sitze, dem sanften Gluckern der Wasser und dem Gesang der Amsel lausche. Dann ergreift mich zuweilen ein ganzheitliches Erleben, trägt mich in Räume von Frieden und großer Dankbarkeit. Um solch kostbare Erfahrungen zu bewahren, fasse ich sie gerne in schlichte lyrische Dreizeiler:

> Dort in der Höhle
> In der Schlucht vom Flusse AO
> Sitzt sie die Alte
>
> Zärtlich gehalten
> Im Schoß von Mutter Erde
> Frieden atmet ihr Herz
>
> In Licht und Wärme
> Kosmischen Feuers Geschenk
> Danke flüstert ihr Mund
>
> (G.C.)

In einer spirituellen Ganzheits-Erfahrung sind wir eins mit Allem und Alles ist in uns. Frei von Angst, ohne Gedanken an Vergangenheit und Zukunft fühlen wir uns verbunden mit der Quelle, aus der alles fließt. Wir sind in Verbindung mit dem kosmischen Urgrund, aus dem sich das Leben gestaltet. Ein solches Erleben könnten wir als mystische Erfahrung bezeichnen, als eine Erfahrung des Göttlichen im Menschlichen. Wir könnten von Ganzheits- oder Einheits-Erfahrung sprechen, von Befreiung oder Erlösung. Es gibt unterschiedliche Begriffe für diesen unbeschreiblichen Zustand – jede spirituelle Tradition, Philosophie, Religion hat eigene Worte für die Begegnung mit dem Überpersönlichen, der Erfahrung von Einheit.

Allen Schilderungen gemeinsam ist das Erleben einer heilsamen Ekstase, dem Heraustreten aus der personalen Ich-Begrenzung und die Erfahrung der kosmischen All-Einheit. Eine solche Erfahrung ist oft leise, zärtlich, innerlich tief bewegend und gleichermaßen kann sie tief erschütternd sein. Sie ist einzigartig, flüchtig und nicht von irdischer Dauer, ihre überirdische Schönheit übersteigt zuweilen alle gekannten Köstlichkeiten des persönlichen Lebens. Eine Begegnung im Wahren Selbst ist ein Geschenk der Seele, sie ereignet sich aus *Gnade.*

Das personale Ich erlebt sich getrennt vom anderen, es erlebt sich allein. Das transpersonale Selbst aber erfährt das andere als Teil von sich selbst. In seiner Ganzheit kennt das Selbst die Erfahrung von Alleinsein, denn es ist im All-Einen gehalten und letztendlich ist es selbst das All-Eine, welches alles umfängt. Jung (14) bezeichnete das ganzheitliche Selbst daher als „Totalität des Psychischen überhaupt“:

> „Das Selbst ist nicht nur der Mittelpunkt, sondern auch jener Umfang, der Bewusstsein und Unbewusstes einschließt; es ist das Zentrum dieser Totalität, wie das Ich das Bewusstseinszentrum ist.“
> „In diesem Ganzen ist das Bewusstsein enthalten, vielleicht wie ein kleinerer Kreis in einem größeren.“

Im Mittelpunkt dieses großen Kreises, dem „Großen Runden“, befindet sich der Ich-Kern, dahinter liegt das personale Unbewusste, gefolgt vom kollektiven Unbewussten mit der Dimension der Archetypen. Der äußere Kreis umschließt das Wahre Selbst und öffnet sich in das Grenzenlose Bewusstsein. Diese seelische Ganzheit, als das Ganzheitliche Selbst, ist „transzendent“, jenseits des Personalen, sie „charakterisiert damit eine Wesenheit, die nur zum Teil beschrieben werden kann", letztendlich aber „unerkennbar und unbegrenzbar bleibt". Als Namenloses, ein „Etwas", ist es für Jung von besonderer „Numinosität", als etwas Heiliges in seinem faszinierenden und erschreckenden Aspekt:

> „Dieses »Etwas« ist uns fremd und doch so nah, ganz uns selber und uns doch unerkennbar, ein virtueller Mittelpunkt von solch geheimnisvoller Konstitution, dass es alles fordern kann, Verwandtschaft mit Tieren und mit Göttern, mit Kristallen und Sternen, ohne uns in Verwunderung zu setzen, ja ohne unsere Missbilligung zu erregen."
>
> Diese „unerkennbare Wesenheit", „die wir als solche nicht erfassen können, denn sie übersteigt unser Fassungsvermögen, (...) könnte ebensowohl als »der Gott in uns« bezeichnet werden. Die Anfänge unseres ganzen seelischen Lebens scheinen unentwirrbar aus diesem Punkte zu entspringen, und alle letzten und höchsten Ziele scheinen auf ihn hinzulaufen." [15]

In Meditation, dem Holotropen Atmen oder spontanen, das Bewusstsein erweiternden Zuständen ist es möglich, Aspekte der Ganzheit zu erleben. Eine solche Erfahrung kann nicht gemacht werden, sie entspringt nicht unserem personalen Willen, sie ist ein kosmisches Geschenk. Inge erlebte partielle Erfahrung von Ganzheit, frei sein von zeitlicher und räumlicher Begrenzung, und sie wollte mehr davon. Ihr personaler Wille kämpfte vergeblich um *absolute* Erkenntnis:

> Demut und Gnade
>
> Ich fange wieder an zu atmen. Es ist nicht anstrengend, sondern ganz leicht. Ich schwebe. Es ist ganz einfach so, dass ich immer überall sein darf: Ein Gedanke – und schon ist es so oder ich bin da, wo meine Gedanken sind, und gleichzeitig bin ich doch noch woanders. Völlig mühelos. Es kommt so aus meiner Mitte heraus, obwohl ich keinen Körper habe. Ich bin weder Frau noch Mann. Ich bin einfach nur. Ich bin in einer Spirale und möchte noch tiefer hinein – in diese Erfahrung von Ganzheit.
>
> Ich will dahin – dahinter ist noch mehr Erkenntnis. Ein sehr langer Kampf beginnt. Ich will dahin. Aber es geht nicht und es hilft nichts: kein Atmen, kein Wille, keine Anstrengung. Ich ringe mit Gott. Es erscheint mir so ungeheuerlich, ich habe Angst, mir schlottern die Knie. Ich bin am Ende ...

Dann werde ich ruhig. Ich gehe in die Knie, mit dem Gesicht zu Boden. Scham, Reue und tiefe *Demut* überkommen mich; dann das starke Gefühl, mich niederwerfen zu müssen. Ich muss – ich kann nicht anders. Auf dem Bauch ganz ausgestreckt liegend sehe ich mich in einer anderen Existenz: Ich bin ein Mann, liege am Ende eines Kirchenganges kurz vor dem Altar und habe mich völlig niedergeworfen. Ich habe mich *ergeben* …

Ganz sanft hüllt mich Licht ein. Es ist angenehm warm, nicht von außen, sondern von innen. Das Licht ist sehr hell und fühlt sich an wie *Gnade* … Ich bin im Frieden.

(Inge K., Holotropes Atmen 1998)

Ruf aus der Tiefe. Mandala von G.C. 1989

Schritte auf dem Weg der Individuation

Der Erkenntnisweg vom Ich zum Selbst, die Individuation, vollzieht sich in aufeinander folgenden Entwicklungs-Schritten, in einer in sich stimmigen und planvollen Abfolge, die dem Wachstum von Geist und Psyche entspricht. Hier gebe ich nun eine gebündelte Zusammenfassung der wichtigsten Schritte auf dem Weg der Selbst-Verwirklichung:

Ich-Entwicklung
Grundlegend im Prozess der Individuation ist die Entwicklung eines kraftvollen und gleichzeitig geschmeidigen Ich. Die Entwicklung eines stabilen, kohärenten Ich-Komplexes umfasst nach Daniela Heisig[(16)] alle Themen, die um die eigene Identität, um Selbstwertgefühl, Vitalität, Autonomie, Selbstbestimmung und Selbstwerdung kreisen. Dies impliziert, „dass die Grenzen des Ich nach außen und gegenüber Impulsen vom Unbewussten klar, aber durchlässig sind ..."

Lösung von den Eltern
Individuation erfordert zunächst die Befreiung aus der Kind-Identität und damit die Lösung von den äußeren Eltern, von deren Erwartungen und Zuschreibungen. Die inneren, meist unzulänglichen Elternfiguren, die „Eltern-Introjekte", sollten transformiert werden. Im Idealfall erfahren sie eine Wandlung in unterstützende psychische Anteile, in gütige innere Elternfiguren. Im einem spirituellen Kontext könnten sie Gott-Mutter und Gott-Vater genannt werden.

Autonomie und Abgrenzungsfähigkeit
Individuation geschieht über zunehmende Abgrenzungsfähigkeit, über Autonomie sowie kritische Auseinandersetzung mit gesellschaftlichen Normen, Werten und Zuschreibungen und mit der Fähigkeit, diese Werte anzuerkennen oder sich von ihnen zu distanzieren.

Integration der Schatten
Individuation benötigt die Bereitschaft, Schatten-Themen und Schatten-Figuren in der eigenen Psyche zu begegnen, sie anzunehmen und zu wandeln. Jung[(17)] schreibt, dass Märchen und Mythen zeigen, „daß die Erreichung der Totalität im Sinne einer Ganzwerdung des Menschen nur durch die

Einbeziehung des dunklen Geistes möglich ist, ja dass dieser letztere sogar eine causa instrumentalis der erlösenden Individuation darstellt."

Transformation der Abwehrmuster
Individuation befähigt zur Transformation von Abwehrformen, welche der Abwehr von Schmerz und Angst dienen. Von besonderer Bedeutung ist die Zurücknahme von Projektionen, von schwierigen, schmerzlichen oder fürchterlichen Gefühlen, Bildern oder inneren Gestalten, die vom Ich-Bewusstsein ausgeschlossen sind und deshalb bei anderen untergebracht und hier stellvertretend bekämpft werden.

Dialog zwischen Bewusstsein und Unbewusstem
Individuation geschieht durch dialogische Auseinandersetzung zwischen Bewusstsein und Unbewusstem. Aktivierung und Integration der Archetypen, dialogische Arbeit mit Traum-Gestalten und Traum-Symbolen fördern den inneren Dialog mit dem Unbewussten.

Integration von Anima und Animus
Individuation erfordert die Integration von Anima und Animus, des weiblichen und des männlichen Urprinzips. In der zweiten Lebenshälfte ist die Entwicklung reifer, ganzheitlicher Weiblichkeit und reifer, ganzheitlicher Männlichkeit für die Selbst-Verwirklichung unabdingbar. (Diesem Thema wird mein nächstes Buch gewidmet sein.)

Selbst-Symbole
Individuation wird enorm gefördert durch die Entdeckung von Selbst-Symbolen, in denen sich bewusste und unbewusste Inhalte und Bedeutungen zu etwas Transzendentem verbinden. Sie begleiten den Weg der Selbstverwirklichung, indem sie das Selbstbewusstsein und die magisch-mythischen Bewusstseinskräfte stärken.

Schöpferischer Selbst-Ausdruck
Individuation befähigt zu schöpferischem Selbstausdruck, zum Tätigsein durch malen, schreiben, tanzen, bildhauern usw. Hierdurch wird der Individuations-Weg gefördert und wirkt auf diesen zurück. „Das Selbst will im Werke erscheinen, und deshalb ist das opus ein Individuations- oder Selbstwerdungsprozess", schrieb Jung [(18)].

Ego-Opfer
Individuation verlangt freiwillige Ego-Opfer, denn nur da, wo ich gebe, kann ich bekommen. Ein solches Opfer könnte die Lösung aus einer unheilvollen Beziehung sein, der Verzicht auf schädliche Gewohnheiten und die Befreiung von Süchten.

Ego-Tod-Erfahrung
Individuation erfordert die Bereitschaft zur Ego-Tod-Erfahrung und schließlich, angesichts des Numinosen, vielleicht auch die Fähigkeit zu vertrauensvollem, partiellem Ich-Verlust.

Entwicklungs-Übung:
Gehen Sie wohlwollend selbstkritisch die einzelnen Entwicklungs-Schritte durch und fragen Sie sich:

- Welche bin ich bereits gegangen?
- Welche Schritte habe ich noch zu gehen?
- Wo sind bei mir Defizite?
- Was ist noch zu transformieren?
- Wovor habe ich Angst?

Lassen Sie sich Zeit für jede einzelne Aufgabe, Wochen, Monate, vielleicht Jahre. Arbeiten Sie möglichst nur an einem der Schritte. Achten Sie dabei auf die ungefähre Einhaltung der Reihenfolge. Denn es ist klar, dass schöpferischer Selbstausdruck erst möglich wird, wenn wir uns als Kind von den Eltern gelöst haben. Wenn noch sehr viel zu entwickeln ist und Sie sich überfordert fühlen, dann holen Sie sich therapeutische Hilfe.

Individuation – Ablösung von einer verrückten Mutter

Auf dem Weg der Individuation bedeutet die heilsame Ablösung von Mutter und Vater eine große Herausforderung. Besonders schwierig gestaltet sich die Befreiung aus der Kind-Identität, wenn ein Elternteil unter einer psychischen Störung leidet. Jens erlebte in einer Holotropen Atemreise den kindlichen

Kampf um Abgrenzung und Ablösung von seiner kranken Mutter, die im Wahn gefangen war. Seine Erfahrung, die von außen betrachtet recht ‚irre' erscheinen mag, liegt auf der Ebene des frühen *magischen Bewusstseins* und damit in der *oralen Phase* der frühkindlichen Entwicklung, in welcher der Mund das primäre Kontaktorgan ist. Sein ‚irrer' Befreiungsversuch aus der symbiotischen Einheit mit der Mutter ist gleichermaßen sein verzweifeltes Ringen um die Befreiung von seinem eigenen internalisierten Mutter-Wahn. Zum besseren Verständnis habe ich seinen Bericht durch Anmerkungen ergänzt:

> Zu Beginn meines Prozesses befinde ich mich in einem Lehmhüttendorf. Alles ist tiefschwarz, nur die Lehmhütten sind zu erkennen. Sie ziehen sich links und rechts eines schlammigen Weges entlang, jede Hütte hat ein schwarzes Fenster und eine schwarze Tür. Alle Hütten sehen gleich aus.
>
> Ich befinde mich am Anfang des Weges und will eigentlich diesen bedrohlich dunklen und stummen Ort nicht betreten. Jedoch ist mein mich begleitender Hund bereits auf dem Weg und beschnuppert jede Hütte. Er bleibt dann vor der zweiten Hütte auf der linken Seite stehen und zeigt mir an, dass diese zu erkunden sei.
>
> Nachdem ich die Tür der Hütte geöffnet habe, sehe ich meine Mutter (den Irrsinn) in der Hütte sitzen. Sie sitzt auf einem Stuhl, die Arme verschränkt und starrt mich an.
>
> Ich betrete die Hütte und entscheide mich dazu, dem Irrsinn (meiner größten Angst) zu begegnen: Ich beschließe, eine Reise in die verrückte Welt meiner Mutter zu unternehmen. (Es ist der Versuch, die Mutter in ihrem Wahn zu verstehen, ihr damit nahe zu sein.)
>
> Anfangs erscheint diese Welt bunt, schrill und voller Musik, meine Mutter und ich, wir lachen gemeinsam. Doch dann verzerren sich die Farben, die Musik wird zu Schreien, Anschuldigungen und lauten Beschimpfungen: ein Wirrwarr von Stimmen. Fratzen zeigen sich. Das Gesicht meiner Mutter wird mehr und mehr zu einer Fratze ... Das ist sehr bedrohlich, schmerzhaft, überwältigend und ergreift mich sehr stark. Ich erkenne, dass es nicht meine Welt ist. Es ist die Welt, in der meine Mutter gefangen ist.
>
> Hier entsteht der Entschluss, meiner Mutter einen Platz in meinem Innersten zu geben. Einen Platz, den sie als Teil von mir verdient hat, als die Mutter, die mich geboren hat. Verkörpert hat sich die wahnhafte Person meiner Mutter während des Atemprozesses in Form eines Handtuches, das ich

dabei habe. (Das Handtuch repräsentiert nun die Mutter, wird zum Mutter-Objekt.) Ich habe nun den Drang, sie in mich aufzunehmen, und versuche deshalb, das Handtuch in meinen Kopf zu pressen, was mir nicht gelingt. Anschließend versuche ich, sie zu essen, über den Mund sie in mich aufzunehmen, was mir auch nicht gelingt. Das Handtuch ist zu groß, ich kaue darauf herum, versuche, es weich zu bekommen. Mein Instinkt sagt mir, dass es falsch schmeckt, nicht nach mir. Der Versuch, das Handtuch (die Mutter) mir aus dem Mund zu nehmen, ist schwer, da es sich anfühlt, als ob es sich um meine Zähne klammert und nicht loslässt und ich an einem Teil davon festhänge. Ich taste meine Mundhöhle, noch mit einem Teil des Handtuchs darin, mit meinen Fingern ab. Dann taste und lecke ich mit der Zunge meine Finger ab, und ich schmecke mich selbst. (Über Lecken und Schmecken, über frühkindlich sinnlich-orale Berührung versucht Jens vergeblich, sich mit der Mutter zu verbinden.)

Anschließend versuche ich durch das Auflegen des Handtuchs auf meinen Brustkorb, sie dadurch in mich aufzunehmen, was aber schmerzhaft schwer sich anfühlt und das Atmen erschwert. Nun schiebe ich das Handtuch (das Mutter-Objekt) unter mein T-Shirt, auf meinen Bauch und auf mein Herz, dort spüre ich sofort Kontakt. Ein Gefühl der Verwurzelung in mir wird stark, angenehm, warm und vertraut ... (Erst als es ihm gelingt, den Kontakt mit der Mutter zu fühlen, sich zu verwurzeln, kann die Abgrenzung beginnen.) Dann aber wirkt es (das Handtuch, das die Mutter repräsentiert) kontrollierend, manipulativ, unterdrückend. Das Handtuch muss weg von meinem Bauch, das aber ist sehr schwer und sehr schmerzhaft. Ich habe das Gefühl, es aus mir herausreißen zu müssen, was mir auch gelingt. Ich werfe das Tuch in eine Ecke. (Abgrenzung von der Mutter gelingt gewaltsam und unter Schmerzen.)

Nun aber kommt Verzweiflung und Angst auf. (Ablösung verursacht Angst und Schuldgefühle. Ohne Mutter ist ein Kind allein und verloren.) Es kommt der Drang auf, die Situation mit der Mutter anders zu lösen. Deshalb nehme ich das Tuch wieder auf, nun ist es der Kopf meiner Mutter. Ich schaue den Kopf, der in meinen Händen liegt, lange an.

Nun beginne ich, an ihr zu riechen, schlecke mit der Zunge an ihr, küsse und liebkose den Kopf, berühre ihn mit meinen Fingern und lecke meine Finger ab. Das wiederhole ich mehrfach. (Er versucht, den Wahn und die Wahngedanken seiner Mutter mit allen Sinnen liebevoll zu erfassen.) Nun lege ich den Kopf, das Tuch geformt als Kopf, an meine Füße. Es fühlt sich zu nah und zu stark an und bedroht mich durch seine Anwesenheit.

Ich nehme den Kopf meiner Mutter wieder in die Hände und beginne, die Haut vom Schädel zu ziehen. Die Haut rolle ich zusammen und lege daraus eine Spirale. Der Wahn aber ist nicht tot, sondern wird wieder größer und stärker. Deshalb löse ich die Spirale auf und lege eine liegende Acht um den Wahn, um ihn in sich und der Unendlichkeit der Acht zu fangen und zu bändigen. Der Wahn aber ist immer noch sehr stark und wird in der Form der Acht immer noch stärker. (Auch sein Versuch, den Mutter-Wahn auf der Ebene des Magischen zu bannen, scheitert.)

Jetzt schlage ich drauf ein und schreie ihn an, das zeigt Wirkung. Der Wahn wird schwächer, ist nicht tot, aber zu klein, um wieder zu erstarken und Macht über mich zu bekommen. (Nur auf der Ebene des personalen Ichs und mit deutlich aggressiver Abwehr gelingt es, sich vom Wahn der Mutter zu befreien.)

Die Haut ist nun wieder am Kopf und ich forme ihn zu einem Schrumpfkopf. Den zeige ich der Welt und ich zeige dem Schrumpfkopf auch meine eigene Welt. Ich stupse ihn immer wieder an, um zu prüfen und auch zu zeigen, dass er zwar nicht tot, aber unter meiner Kontrolle ist. (Er kann nun seinen eigenen inneren Mutter-Wahn kontrollieren.) Danach trage ich den Schrumpfkopf eine Zeit lang an meinem Gürtel als Trophäe. (Die Trophäe bezeugt den triumphalen Sieg über den Mutter-Wahn.) Später lege ich den noch lebenden Kopf in meine Vitrine. (Der Ablösungs-Konflikt ist endlich bewältigt, sein Kind ist von der Mutter getrennt. Nun kann er als Erwachsener der Mutter, mitsamt ihrem Wahn, einen würdigen Platz geben, in seiner inneren „Vitrine“.)

Kurz darauf spüre ich große Erschöpfung und Freude. Ich sitze in der Sonne und genieße die Wärme und Schönheit. Meine Frau und unsere Hunde sind mit mir auf einer grünen sonnengefluteten Wiese. Wir sind glücklich und gelöst, erleben viel Freude, Leichtigkeit und Freiheit. (Jens ist endlich, mit zweiundvierzig Jahren, ganz bei sich und in seinem eigenen Leben angekommen.)

Nun folgt eine Phase der Trauer um meine kranke Mutter, die Frau, die mich geboren und genährt hat und die mir doch auch Zugang zum Mystischen gegeben hat: Ich fühle mich meiner Mutter näher als jemals zuvor.

(Jens S., Holotropes Atmen Nov. 2015)

4. Das existentielle Abenteuer – Die Reise des Helden

Werde zur Sehenden und Hörenden
im Nachtmeer,
denn mich umfängt ein Behütetsein
und überkommt eine unsägliche Freude,
die mich Kurs halten lassen,
zuverlässig auf dem Weg,
den mir mein Inneres ausleuchtet.

Schamanin Galbe (1)

Held und Helden-Reise als universeller Archetyp

Suche nach dem Wasser des Lebens

Ich fühle mich schmutzig, verunreinigt und irgendwie schuldig. Und da höre ich eine Stimme: *„Wenn du wieder rein werden willst, musst du das Wasser des Lebens suchen."* Und ich mache mich auf, bin auf einer heideartigen Hochfläche und werde plötzlich von einer Horde riesiger, schwarzer Hunde verfolgt, mit riesigen Mäulern und dolchspitzen Zähnen. Ich rieche den scheußlichen Atem der Hunde und laufe um mein Leben ...

Dann befinde ich mich mit stählernen Bändern an einen Felsen gefesselt, ich kämpfe und versuche verzweifelt, mich zu befreien, aber ich schaffe es nicht ... Schließlich zieht ein Gewitter auf und ein Blitz zerschneidet meine stählernen Fesseln ...

Und ich gehe weiter und komme zu einer tanzenden Männerhorde, die nehmen mich in die Mitte und tanzen wild mit mir, so dass ich kaum noch Luft bekomme. Und sie sagen zu mir: „Wir entlassen dich erst wieder aus unserer Mitte, wenn du dich deiner männlichen Kraft nicht mehr schämst." Das gelobe ich und fühle nun eine große Kraft in mir. Aber es ist nicht die Kraft, die achtlos nach vorne zum Ziel stürmen lässt. Bevor ich den ersten Schritt tue, vergewissere ich mich, dass mein Fuß keine Ameise zertreten wird. Und da ist auch in der Tat eine Ameise, die jetzt aus Dankbarkeit mein Führer wird.

Und so geführt komme ich in eine Tropfsteinhöhle. Hier ist der Atem der Erde zu spüren. Die dolchartigen Spitzen der Tropfsteingebilde heben und senken sich im Atemrhythmus, sie spießen mich auf und durchbohren mich, es ist jedes Mal ein furchtbarer Schmerz ... Aber die Wunden schließen sich wieder und ich kann weitergehen ...

Frauen mit Wasserkrügen auf dem Kopf begegnen mir. Sie tanzen einen wiegenden Rundtanz. Und dann ist nur noch Tanz. Selbstvergessen tanze ich und habe meinen Auftrag vergessen: nach dem „Wasser des Lebens" zu suchen ...

Irgendwann, irgendwie fällt ein großer blauer Wassertropfen auf meine Stirn. Und ich spüre und weiß: Das ist das „Wasser des Lebens", die Verheißung. Ich muss sehr heftig weinen aus Scham, weil ich meinen Auftrag, nach dem Wasser des Lebens zu suchen, vergessen habe, aber auch aus Dankbarkeit, weil ich diese kostbare Verheißung bekommen habe: dass mir das Wasser des Lebens, ohne mein Zutun, geschenkt wird.

(Knut T., Atemreise 1999)

Die traditionelle Heldenfigur ist repräsentiert durch einen *heroischen Mann,* den Heros – deshalb habe ich mich in diesem Text auch für die männliche Sprachform entschieden. Als Yang-Qualität, als innerer Mann, existiert der Heros aber genauso in jeder Frau, er ist eine universelle archetypische Gestalt in Männern *und* Frauen. Er erscheint in unzähligen, in „tausend Gestalten", wie Joseph Campbell zeigt[(2)], und seine Reise und die zu bestehenden Abenteuer sind so vielgestaltig wie die Herausforderungen des menschlichen Lebens.

Der Held und seine Heldenreise ist ein *universeller Archetyp,* ein Urbild der menschlichen Seele, in dem sich Dunkel und Licht, Tod und Leben verbinden. Seit der Jungsteinzeit ist dieser Archetyp über Mythen und kultische Vermächtnisse in unzähligen Versionen und Gestalten überliefert. Bildliche Darstellungen zeigen ihn bereits auf Wandmalereien in neolithischen Kulthöhlen; in Stein gehauen oder in Bronze gegossen erscheint er später in Tempeln und Palästen. In unzähligen Darstellungen sehen wir ihn in mythischen Szenen auf antiken Gefäßen.

Bekannte sprachliche Überlieferungen sind die Helden-Mythen der Völker und die daraus entstandenen Sagen und Märchenerzählungen. Die mythische Heldenreise, *der Heldenmythos,* wird auch als *„Monomythos"* bezeichnet (von griech. „mono" = ein, einzigartig). Er ist der eine, einzigartige Mythos, in dem die Elemente aller anderen Mythen enthalten sind, wie Geburt und Tod, Gott und Mensch, Weiblichkeit und Männlichkeit …

Der *Heldenmythos,* als archetypisches Seelenbild, existiert seit Menschengedenken bei allen archaischen und ebenso bei allen ‚zivilisierten' Völkern der Erde. Jede Epoche, Kultur, spirituelle oder religiöse Tradition hatte ihre ganz speziellen Heldenmythen. Das Heldenthema erscheint in den Ursprungsmythen archaischer Stammesgesellschaften und ihren Riten, in den geistigen Einweihungs-Mysterien der klassischen Epoche genauso wie in den heutigen patriarchalen Religionen jüdischer, christlicher, islamischer, hinduistischer und buddhistischer Tradition. Religiöse Erzählungen, zum Beispiel über Abraham, Moses, Jesus, Mohammed, Krishna und Buddha sind allesamt Heldenmythen, auch Heros-Mythen genannt. Der archetypische Heros-Mythos ist bis heute lebendig in Sagen und Märchen, er taucht auf in inneren Seelen-Reisen, in Zuständen veränderten Bewusstseins sowie in Heilungsträumen. Wie aktuell der archetypische Heldenmythos in den Seelen heutiger Menschen wirken kann, bezeugen viele beeindruckende Heldenreisen im Holotropen Atmen – wie Knuts Suche nach „dem Wasser des Lebens".

Innerpsychisch symbolisiert der archetypische Held einen Aspekt des personalen Ich, auch *„Helden-Ich"* genannt, auf dem Weg zum Wahren Selbst, dem „Wasser des Lebens". Dieses Ich ist gekennzeichnet durch besondere Eigenschaften wie Mut, Kühnheit, Kampfeskraft, Einsatzbereitschaft, Zielgerichtetheit, emotionales Losgelöstsein, Opferbereitschaft sowie die Bereitschaft, die Angst anzunehmen und den eigenen Dämonen und schließlich dem Tod zu begegnen.

Ein Held zeichnet sich somit aus durch ungewöhnliche, außerordentliche Leistungen, durch seine *Helden-Taten.* Hier stellt sich die alles entscheidende Frage: Wem dient diese Heldentat? Dient sie dem Leben oder dient sie einer völkisch-nationalen Ideologie oder lediglich dem Ego eines Möchtegern-Helden? Wir sehen, das Heldenthema ist heikel, zwiespältig. Die Heldenreise ist immer ein Grenzgang: Eine Helden-Tat kann Tod bringen oder Leben geben, sie kann zerstören und sie kann das „Wasser des Lebens" schenken.

Ein Held, der entschlossen dem Leben diente, war der US-Offizier Ehren Watanda [3]. Er musste sich vor Gericht verantworten, weil er den Einsatz im Irak verweigert hatte: „Wenn unser Land verteidigt werden muss, bin ich der erste, der zur Waffe greift. Aber ich kämpfe nicht in einem Krieg, den ich für verbrecherisch halte“, bekannte er. „Ich bewundere Ihren Mut und Ihre moralische Standfestigkeit“, schrieb ihm der südafrikanische Nobelpreisträger Bischof Desmond Tutu.

Der patriarchale Held und der matriarchale Heros

Brauchen wir heute noch Helden? Brauchen wir Helden-Mythen? Allein das Wort „Held“ kann abwehrende Gefühle provozieren: Volks-Helden, National-Helden, Kriegs-Helden. Wir haben genug von *diesen* Helden – nach zwei Weltkriegen mit mindestens dreiunddreißig Millionen heldenhaft für ihr Vaterland gestorbenen Soldaten, nach Koreakrieg, Vietnamkrieg, Golfkrieg …, nach sechsundneunzig heldenhaft geführten Kriegen und Bürgerkriegen allein im 20. Jahrhundert, Kriegen, in denen unzählige Männer und Frauen heldenhaft kämpften und weiterhin kämpfen, den Helden-Tod sterben für die Ehre ihres *Vater*landes.

Und kein Ende des Heldentums ist in Sicht; politische Helden-Propaganda und Helden-Ehrungen finden weiterhin Beifall. Das Patriarchat liebt und ehrt seine Helden: Der in den USA als Kriegsheld verehrte Kommandeur James Mattis (…), der die 1. Marineinfanterie-Division in den Irak kommandierte, sagte bei einer Podiumsdiskussion: „Es macht Spaß, einige Leute zu erschießen,“ und er sprach von einem „höllischen Vergnügen“ zu kämpfen.[4]

Erinnern wir uns an die mythischen Helden Herakles und Perseus. Herakles (Herkules), berühmt durch seine zwölf mörderischen Heldentaten, tötete die Amazonenkönigin Hippolyte; Perseus tötete Medusa, die Schlangengöttin der libyschen Amazonen [5], und der griechische Kriegsheld Ares tötete die Amazonenkönigin Pentesilea. Erinnern wir uns an Siegfried, den germanischen Drachentöter, den Kreuzritter Richard Löwenherz, an den rastlosen Freiheitskämpfer und italienischen Nationalhelden Giuseppe Garibaldi. Sie alle waren „Helden“ – *patriarchale* Helden. Für den patriarchalen Helden gibt es nichts Schlimmeres als zu verlieren; er muss siegen, um jeden Preis. Im Siegen aber geht die Achtung für das Leben verloren.

In *vorpatriarchaler Zeit* aber war der Held ein Eingeweihter. Eingeweiht in die Mysterien von Tod und Leben ist er der Weise Alte, der archetypische *Heilige Heros.* Das deutsche Wort „Held" ist abgeleitet von dem griechischen Wort „Heros", altgriechisch „Hieros", mit der Bedeutung: der Alte, der Weise, der Eingeweihte, der Heilige. Die weibliche Entsprechung ist „Hera", die Alte, die Weise, die Eingeweihte, die Göttin Hera. Das vorpatriarchale Helden-Thema entwickelte sich aus einem sehr frühen matriarchalen *sakralen* Heldentum:

Im Weltbild der matriarchalen Traditionen (ab ca. 100.000 bis ca. 1.400 v. Chr.) repräsentierte die *Göttin in ihrer Trinität* (den drei Mondphasen entsprechend) den dreifach gegliederten Kosmos:

Obere Welt = Himmel, lichte Region:
Die weiße Frühlingsgöttin
Mittlere Welt = Land und Meer, Natur, Welt der Menschen:
Die rote Göttin der Fruchtbarkeit
Untere Welt = Welt unter der Erde und den Gewässern. Von hier kommen die mythischen Kräfte von Tod und Wiedergeburt:
Die schwarze Todesgöttin

Der *matriarchale Heros* galt einst als ‚Sohn' seiner Göttin, das heißt: Er war ihr nachgeordnet. Er handelte im Auftrag seiner Göttin, welche durch die sakrale Königin verkörpert war. Seine Heldentat war nicht Tod-bringend, sondern Heil-bringend, sie diente dem Wohl seines Stammes, der gesamten sozialen Gemeinschaft. Als Heiliger Heros, wie beispielsweise Tammuz, Osiris, Adonis und Dionysos repräsentierte er die zyklisch auf- und absteigenden Kräfte der Natur. Sein heiliges Symbol war die Sonne; ihrem Kreislauf von Aufgang, Höhepunkt, Untergang und Wieder-Aufgang folgte er auf seiner Helden-Reise:

- Im *Frühling* erfährt er die Initiation. Er kämpft mit mythischen Tieren und Ungeheuern, hat gefährliche Prüfungen zu bestehen und entwickelt so seine magischen Fähigkeiten, seine Eigenmacht und seine männliche Kraft. Hierdurch wird er seiner Göttin ebenbürtig.
- Im *Sommer* vollzieht er mit ihr die rituelle Heilige Hochzeit, die seinem Stamm und der gesamten Natur Fruchtbarkeit und Segen spendet.
- Im *Herbst* steigt er ab in die Unterwelt und stirbt hier einen symbolischen,

in den Übergangs-Kulturen vom Matriarchat zum Patriarchat auch realen Opfer-Tod.

– Und im *Winter* mit der aufsteigenden Sonne (21. Dezember) wird er wiedergeboren. Seine Symboltiere (Totems) sind Stier, Widder, Hirsch und alle gehörnten Tiere. (6)

Zur Zeit des matriarchal-sakralen Königtums wurde die Göttin durch die Heilige Königin in ihrem gleichzeitigen Amt als oberste Priesterin repräsentiert, während der Heros durch den Heiligen König verkörpert war. Ihre *Heilige Hochzeit,* der archetypische „Hieros Gamos", war ein sexuell-orgiastischer Fruchtbarkeitsritus, in dem sich die Königin mit dem König körperlich und seelisch vereinigte.

Der im späten Matriarchat übliche körperliche *Opfertod* des Königs war unter Umständen ein (mehr oder weniger) freiwilliges Selbstopfer, um das Überleben seines Volkes zu sichern, so in Zeiten von Hungersnöten oder Seuchen. Elemente spät-matriarchaler Opfer-Riten haben sich in patriarchalen Varianten in verzerrter und destruktiver Form erhalten, wie das von Frazer beschriebene schauerliche Selbstopfer eines Königs, der ein Podest besteigt und sich öffentlich mit einem Messer selbst zerfleischt (7), oder die Selbstkastration der Kybele-Priester im alten Rom bis hin zum christlichen Mythos des freiwilligen körperlichen Opfertodes Jesu für die vermeintliche Erlösung der Menschheit.

Heute brauchen wir keine blutigen Helden-Opfer mehr. Das einzige heilsame und wirklich heldenhafte Opfer ist das Ego-Opfer: wenn das Ego, das Schatten-Ich, sich dem Wahren Selbst in Freiheit beugt.

Ein solch seelisch-geistiges Opfer aber erfordert großen Heldenmut. Der algerische islamkritische Schriftsteller Kamel Daoud war mit einer Fatwa belegt worden. Seine marokkanische Kollegin Leila Slimani fragt ihn daraufhin: „Hast du Angst?" – „Immer, aber es gibt keinen anderen Weg. Mut bedeutet nicht, keine Angst zu haben, sondern mit der Angst zu leben und ihr einen Sinn zu geben", antwortet Kamel. (8)

Mut ist eine zentrale Eigenschaft des Helden, Helden-Mut. Mir fiel auf, wie viele Wortverbindungen mit „Mut" es in unserer deutschen Sprache gibt. Ich begann, sie aufzuschreiben: Kampfesmut, Todesmut, Hochmut, Schwermut, Wehmut, Unmut, Kleinmut, Armut, aber auch Lebensmut, Anmut, Großmut, Langmut, Gleichmut, Sanftmut und schließlich Demut.

Demut ist der höchste und heilsamste Mut eines Helden und einer Heldin: In Demut verbinden sich Beugen und Aufrichten, Hingabe und Eigensinn zu einer Einheit.

Die mythische Reise – das rituelle Grundmuster

„Niedergefahren zur Hölle, auferstanden von den Toten", so heißt es von dem mythologischen Jesus. Alle zyklisch sterbenden und wiedergeborenen Gottheiten wie Dionysos, Tammuz, Osiris, aber auch die Göttinnen Demeter und Inanna, waren bereit zum *Abstieg in die Unterwelt.* Im Zyklus von Werden und Vergehen waren sie bereit, den Tod anzunehmen. Zahlreiche *Abstiegs*-Mythen berichten von den Unterwelts-Reisen dieser mythologischen Gottheiten, ihrem freiwilligen Leiden und ihrer Wandlung in geistiger Wiedergeburt, von der die *Aufstiegs*-Mythen berichten.

Abstieg in die Unterwelt. Tunnel 6. Jh. v. Chr., Pythagorion

Erst nach der Dunkelheit der Nacht geht die Sonne auf und der neue Morgen beginnt. Auf Chaos folgt Ordnung, auf Verwirrung folgt Klarheit, Schmerz wandelt sich in Freude, Tod in Leben. Hiervon berichten alle mythischen Helden-Erzählungen:

Abstieg

Die Schlange führt mich weiter, tief durch einen Kellerraum in einen Kanal hinein. Ekliges Waten im Abwasser, in dem Kot und anderer Abfall schwimmt. Die Schlange schwimmt einfach hindurch, ich folge ihr …

Die Schlange führt mich in einen düsteren Tunnel, dort begegne ich meiner Angst, meiner Todesangst: Ich spüre Kälte, eiskalte Füße, ich bin gelähmt, ich bin vergiftet, ich werde sterben ... Ich liege in einem steinernen Sarg, werde lebendig geopfert und begraben. Meine Angst ist groß. Aber ich gebe mich ihr hin, es ist, wie es ist, zu rebellieren, hat keinen Sinn. Der Sargdeckel wird verschlossen, Erde fällt auf den Sarg.

Die Luft wird immer knapper, ich kann nicht mehr atmen, aber ich bemühe mich um Ruhe und Annahme.

Da erscheint ein Licht und ich sehe das Begräbnis von oben. Es ist große Ruhe, die Menschen sitzen still im Kreis um das Grab. Mit dem Opfer scheint die Ordnung wieder hergestellt zu sein. Ich bin dankbar für den leichten und gnädigen Tod ... Nun bin ich an einem See, der volle Mond spiegelt sich auf der Oberfläche des Wassers, ich genieße die Ruhe und den tiefen inneren Frieden.

(Anke P., Holotropes Atmen, Jan. 2008)

Das Heldenthema ist universell, immer und überall ähnlich; ich gebe hier eine knappe Zusammenfassung der archetypischen Heldenerzählung:

Während der matriarchale Heros im Auftrag seiner Göttin unterwegs war, bricht der patriarchale Held (der sich aus evolutionärer Notwendigkeit als Sohn von seiner Mutter-Göttin gelöst hat) eigenmächtig auf, um einen unbekannten „Schatz" zu suchen, den „heiligen Gral" zu finden, das „Wasser des Lebens" zu holen oder eine herausfordernde, heldenhafte Aufgabe zu erfüllen.

Der Held folgt seinem inneren Ruf, verlässt seine alltägliche Welt und taucht ein – oder ab – in eine magische und gefährliche Unterwelt, in der die Gesetze der Alltagswelt ihre Gültigkeit verlieren. Hier wird er mit (seinen eigenen) Dämonen konfrontiert, die seinen Weg behindern, hat mit mächtigen Ungeheuern zu kämpfen und zuweilen wird er von ihnen verschlungen, wie Jonas vom Wal verschlungen wurde. In seinem Erleben von Ohnmacht, Hilflosigkeit und Todesangst wird er von guten Geistern, magischen Tieren, von Waldgeistern, Feen, guten Hexen oder Zauberern unterstützt. Mit der Hilfe von Zauberformeln, von Kraftobjekten, Heilkräutern, magischen Symbolen und Heilweisen besteht er auch schwierigste Bewährungsproben. Gestärkt und gesegnet kehrt er dann in seine Alltagswelt zurück.

Manchmal begegnet der Held in der Wildnis – als dem dunklen Wald seines Unbewussten – seinem verlorenen weiblichen Anteil, einer bezaubernden Frau, seiner Anima. Als „König“ und „Königin“ – die höchste Form des männlichen und weiblichen Archetyps – feiern beide die Heilige Hochzeit und schenken ihrem Reich das „Göttliche Kind“ sowie Frieden, Freude und Fülle.

Immer aber zieht der Held aus, um „das Fürchten zu lernen“, die Lebens-Todes-Angst anzunehmen und schließlich zu transformieren. So wie Anke in dem oben zitierten Bericht ihre Todeserfahrung angenommen und Frieden erfahren hat. Abstieg und wieder Aufstieg, dem entsprechend folgt die mythische Heldenreise einer ganz speziellen dramatischen Struktur, einem universellen *rituellen Grundmuster* („ritual pattern“) (9):

- Ruf
- Trennung
- Abstieg
- Prüfungen
- Todeserfahrung
- Wiederkehr, Heimkehr

Diesem rituellen Grundmuster entsprechen alle Übergangsriten (rites de passage), Initiationsriten und Einweihungs-Mysterien. Es lässt sich vereinfacht in drei Hauptthemen untergliedern: Aufbruch, Initiation und Rückkehr. Hier ein allgemeiner, erklärender Überblick:

1. Aufbruch

Ruf	– Berufung, Bestimmung
Trennung, Abschied	– Abschied von der Gemeinschaft, dem Alltag
Gang über die Schwelle	– über die Brücke oder durch ein Tor

2. Initiation

Abstieg	– in die Unterwelt, in Einsamkeit, einen dunklen Wald, ein Labyrinth; von einem Tier, z.B. dem Wal, dem Wolf verschluckt werden
Prüfungen	– sind zu bestehen
Kampf	– mit gefährlichen Kräften, wilden Tieren, Ungeheuern, Begegnung mit Dämonen

Helfende Kräfte	–	Helfergestalten, Wächter, BegleiterInnen, gute Geister, magische Gegenstände als Geschenke, helfende Zeichen auf dem Weg
Heilige Hochzeit	–	Vereinigung mit dem Weiblichen Urprinzip, der Göttin, einer göttlichen Frau
Todes-Erfahrung	–	symbolisch oder körperlich, das freiwillige Opfer
Wiedergeburt	–	Wandlung, geistige Erneuerung, den Schatz oder Gral finden

3. Rückkehr

Die zweite Schwelle	–	bei der Rückkehr überschreiten
Rückkehr in die Gemeinschaft	–	den Stamm, die Familie
Die mitgebrachten Geschenke	–	das Geheimnis des Grals, das Wasser des Lebens, den aus der Tiefe geborgenen Schatz in den Alltag bringen
Dienst am Leben	–	dem Stamm, der Gemeinschaft dienen, segensreich tätig sein

Das archetypische *Herosmuster* von Aufbruch-Initiation-Rückkehr finden wir bei allen Initiationen, Einweihungen und Mysterien, in allen Kulturen zu allen Zeiten der Menschheitsgeschichte. Es erscheint in unterschiedlichen kultischen Varianten in Abhängigkeit von der jeweiligen spirituellen Tradition.

Auch in unserer individuellen Lebens- und Entwicklungsgeschichte können wir dieses Muster erkennen: *Abschied,* das Ende eines Lebenszyklus, einer nahen Beziehung, ein Verlust. *Abstieg,* in innere Dunkelheit, Einsamkeit und Schmerz. Indem wir mutig den inneren Dämonen begegnen, wird eine schmerzliche Krise zur Heilungs-Krise. Das kosmische Licht erleuchtet die Dunkelheit, wir erfahren die Einheit von Dunkel und Licht, Weiblich und Männlich, Göttlich und Menschlich, Tod und Leben. Die Erfahrung der *Einheit des Getrennten* – das ist der Schatz, nach dem der Heros sucht, das Geheimnis des Lebens, ist *Aufstieg* und geistige Wiedergeburt.

Initiationsriten der Naturvölker

Dieses rituelle Muster entspricht einem universellen Heilungsmuster; es gestaltet sowohl unsere individuelle als auch die kollektive Entwicklung. Immer geht es um Transformation, um Wandlung von einem eher unreifen in einen reiferen Zustand: Vom Kind zum Erwachsenen, vom Jungen zum Mann, vom Mädchen zur Frau, vom personalen Ich zum transpersonalen Wahren Selbst. In den Eleusinischen Mysterien wandelt sich der Adept vom „Verschleierten“ zum „Sehenden“.

Die menschliche Seele sehnt sich nach Bewusstseins-Erweiterung und Selbst-Erkenntnis, beständig ist sie auf der Suche nach sich selbst: Immer ist es die „Sehnsucht des Suchenden, die gegebenen Grenzen zu überschreiten und sich vom Gesuchten anziehen zu lassen. Die Suche ist in vielen Mythen und Kulturen das Symbol für den Aufbruch in eine andere Wirklichkeit und gehört wesentlich zum mystisch spirituellen Weg.“ (10)

Die Initiationsriten, wie sie bei allen Naturvölkern gebräuchlich waren und in Relikten bis heute überlebt haben, gestalten diesen „Aufbruch in eine andere Wirklichkeit“ in ritueller und dramatischer Weise, als Psycho-Drama mit Musik und Tanz:

> Und ich gehe weiter und komme zu einer tanzenden Männerhorde, die nehmen mich in die Mitte und tanzen wild mit mir, sodass ich kaum noch Luft bekomme. Und sie sagen zu mir: „Wir entlassen dich erst wieder aus unserer Mitte, wenn du dich deiner männlichen Kraft nicht mehr schämst.“ Das gelobe ich und fühle nun eine große Kraft in mir.
>
> (Knut T., Sequenz aus Atemreise)

Die Initiationen der Naturvölker waren meist *Übergangs-Riten;* sie markierten den Übergang vom Zustand der Kindheit in die Welt der Erwachsenen. In diesen Kulturen bleibt das Kleinkind gewöhnlich sehr lange nahe bei der Mutter, genießt die mütterliche Wärme und Geborgenheit sowie große kindliche Freiheiten. Mit der Pubertät aber ändert sich dieser Zustand abrupt, die männlichen Jugendlichen werden in einem oft schmerzhaften Ritual, in dem sie einen symbolischen Tod erleiden, von der Mutter abgelöst: Das Kind, der kleine Junge, muss ‚sterben‘, damit er als Mann ‚wiedergeboren‘ wird und seine traditionelle Aufgabe in der Stammesgemeinschaft erfüllen kann.

Die im Initiations-Ritus gebräuchlichen Methoden variieren stark, immer aber sind oder waren sie mit Schrecken, Angst, Not und häufig mit körperlichem Schmerz verbunden. Bei indigenen und germanischen Stämmen war es üblich, die *männlichen Jugendlichen* in der Wildnis einsamer Wälder auszusetzen. Allein, ohne Nahrung und ohne Schutz vor den Angriffen wilder Tiere erlebten sie seelischen und möglicherweise auch körperlichen Tod. Sie durchlebten den sprichwörtlichen „Kampf auf Leben und Tod" und erfuhren gleichzeitig die stärkenden magischen Kräfte ihrer Totems, Geister oder Gottheiten. Bei australischen und afrikanischen Stämmen stand häufig die rituelle Beschneidung im Zentrum der männlichen Initiation: als symbolisches Opfer und schmerzliche Todeserfahrung.

Die stammesgesellschaftlichen Initiationen der *jungen Mädchen* waren häufig Menstruations-Riten. Die Mädchen wurden über einen längeren Zeitraum in speziellen Hütten isoliert, hier wurden sie von älteren Frauen in die physiologischen Vorgänge von Menstruation, Sexualität und Geburt eingeweiht. Die jungen Mädchen mussten nicht, wie die jungen Männer, rituell bluten. Denn der weibliche Mond-Zyklus, die Menstruation, ist eine natürliche Initiation in Tod und Erneuerung. In den Einweihungen der Mädchen ging es darum, das zyklische und zuweilen auch schmerzvolle Bluten der Menstruation als einen sakralen Vorgang zu begreifen. Die magisch-mythische Wandlungs-Kraft des weiblichen Zyklus' wurde körperlich, emotional, geistig und spirituell erfahren und gefeiert. Die Mädchen-Weihe war in den alten matrilinearen Kulten ein festlicher und heiliger Vorgang, in dem die Kraft, Schönheit, Sexualität und schöpferische Macht der erblühenden Weiblichkeit rituell gefeiert wurde.

Mit zunehmender Patriarchalisierung aber wurde die Weihe des Weiblichen zu einem schmerzlichen und demütigenden *Ritus der Unterwerfung* unter die männliche Vorherrschaft, insbesondere dort, wo die Mädchen folgenschweren genitalen Verstümmelungen unterzogen wurden und immer noch werden.

Initiationsriten von Jungen und Mädchen – abgesehen von ihren Schattenseiten und Grausamkeiten – erfüllten eine wichtige integrale psychische und soziale Aufgabe und sicherten das Überleben eines Stammes. Initiationsbräuche waren „magische Mittel", durch die der Mensch aus einem unbewussten Zustand in einen erweiterten Bewusstseins-Zustand überführt wurde, so Jung [(11)]:

„Die primitiven Initiationen sind offenkundig *Verwandlungsmysterien* von großer geistiger Bedeutung. Sehr oft werden die Initianden qualvollen Behandlungsmethoden unterworfen, und zugleich werden ihnen die Stammesmysterien mitgeteilt, die Gesetze und die Hierarchie des Stammes einerseits, andererseits kosmogonische und andere mythische Lehren. Die Initiationen haben sich bei allen Kulturvölkern erhalten. In Griechenland erhielten sich die uralten, eleusinischen Mysterien anscheinend bis ins 7. christliche Jahrhundert."

Hier stellt sich die Frage: Welche sinnvollen und heilsamen Initiationsriten hat unser Kulturvolk den jungen Menschen, insbesondere den jungen Männern, heutzutage anzubieten? Ist die christliche Konfirmation, als ein Relikt der alten Initiationen, ein das Bewusstsein der Jugendlichen fördernder, wandlungsmächtiger Ritus?

Die Einweihungs-Mysterien der Antike – am Beispiel der Mysterien von Eleusis

Archaische Initiationsriten bildeten die Vorform der späteren Einweihungs-Mysterien. Sie gehörten zur Entwicklungsstufe des *magischen Bewusstseins;* ihr vorrangiges Ziel war die Integration in die Gemeinschaft des Stammes oder der Sippe. Der jugendliche Initiand musste symbolisch sterben, um als erwachsenes und verantwortliches Mitglied seines Stammes neu geboren zu werden. Eine solche rituell zelebrierte Initiation war absolut notwendig für das materielle und kultische Überleben einer neolithischen Stammesgruppe.

Die *Einweihungs-Mysterien* dagegen sind der Ebene des *mythischen Bewusstseins* zuzuordnen. Ihr Ziel war nicht mehr vorrangig das nur physische Überleben und die materielle Existenz einer Gruppe, sondern geistige Seelen-Erkenntnis und spirituelle Bewusstwerdung der Eingeweihten. Ihr Anliegen war die tiefe Erfahrung der Einheit von Leben und Tod, von Mensch und Gott. Überliefert sind unter anderem die ägyptischen Isis-Mysterien, die kleinasiatischen Kybele-Mysterien, die späteren Orpheus-Mysterien, die Samothrakischen Mysterien und die persischen Mithras-Mysterien.

Die weitaus bedeutsamsten Mysterien der Alten Zeit waren die *Mysterien von Eleusis,* auch „Eleusinische Mysterien" genannt. Über zahlreiche schriftliche und bildliche Zeugnisse sind sie uns nachvollziehbar überliefert. Sie waren der Göttin Demeter geweiht und existierten ununterbrochen über einen Zeitraum von 2000 Jahren! Berichte belegen den Kult von ca. 1500 vor Chr. bis 500 nach Chr. Zu dieser Zeit wurde die Tempelanlage von Eleusis durch den römisch-christlichen Kaiser Theodosius, einem fanatischen religiösen Eiferer, zerstört und die kultischen Handlungen wurden verboten.

Die Ursprünge des eleusinischen Kultes aber sind wesentlich älter und liegen im Alten Kreta, worauf der Name „Eleusis" verweist: Eleusis ist abgeleitet von „Eileithyia" = „die rasende Göttin". Eileithyia war die göttliche Urmutter der vorminoischen kretischen Kulte, deren Wurzeln wiederum in der frühen kleinasiatischen matriarchal-totemistischen Urreligion zu finden sind. In all diesen Kulten ging es um das sinnliche Erleben des immer währenden zyklischen Kreislaufes von Werden und Vergehen, von Leben und Tod.

Wie die Initiationen der Naturvölker und die mythischen Reisen der Helden, so waren auch die Mysterien von Eleusis Wandlungs-Mysterien von Tod und Wiedergeburt, von freiwilligem Sterben, dem „Mysterientod", und geistiger Erneuerung. Über etwa zwei Jahrtausende wurden sie nach einem genau festgelegten Muster zelebriert, das dem rituellen Grundmuster, dem „ritual pattern" entspricht und detailliert überliefert ist. Auch wenn die Ausformungen der spirituellen Inhalte sich im Laufe der Zeit gewiss verändert haben, so blieb doch das „rituelle Muster" als ein Archetyp, ein universelles Seelenbild, bis in die Neuzeit erhalten. Archäologische Ausgrabungen sowie bildliche Darstellungen auf Kultgefäßen und schriftliche Zeugnisse vermitteln uns einen durchaus nachvollziehbaren Einblick in den Ablauf und die spirituellen Inhalte der Eleusinischen Mysterien.

Eleusis. Brunnen der Tänze

Da die Eleusinischen Mysterien ein einzigartiges kultisches Erbe darstellen und in der Fachliteratur immer wieder erwähnt werden, ohne dass wir uns Genaueres darunter vorstellen können, versuche ich im Folgenden, eine verdichtete Zusammenfassung des Ritus aus unterschiedlichen Quellen(12) zu geben. Dies bleibt aber lediglich der Versuch einer Rekonstruktion auf der Basis überlieferter Zeugnisse, die sich auf antike Schriften, u.a. von Herodot, Homer, Pausanias und Pindar, beziehen.

Die „Kleinen Mysterien" – die Vorbereitung

Zu den Mysterien zugelassen war in der frühen Zeit des Kultes jeder hellenische Mann, der aber bestimmten Kriterien von Bildung und Lebensführung entsprechen musste. Er wurde *„Neophyte"* genannt, das heißt wörtlich der „Neugepflanzte". (Die frühen Christen nannten ihre neu Getauften ebenfalls Neophyten.) Als sogenanntes junges Pflänzchen war der Neophyt auch der „Unwissende", der, welcher nach Erkenntnis und Wissen strebt. Als Neuer und als Anfänger war er zunächst nur zu den vorbereitenden „Kleinen Mysterien" zugelassen.

Anfänglich waren es Frauen, die als Priesterinnen der Großen Göttin die männlichen Neophyten einweihten. Später übernahmen auch Männer die Funktion der Einweihungspriester, sie wurden *„Psychopompos"* genannt, was etwa heißt: *der, welcher das Fest der Seele begleitet.* Frauen waren nun ebenfalls auch als Einzuweihende zugelassen und in der nachchristlichen Zeit konnten sich auch Sklaven und Fremde einweihen lassen. Jeder Römer, der etwas auf sich hielt, strebte zur Einweihung nach Eleusis; es war das kultisch-spirituelle Zentrum jener Zeit – so wie es heute Muslime nach Mekka und gläubige Christen nach Bethlehem zieht. Lediglich von dem römischen Kaiser Nero – der Überlieferungen nach seine eigene Mutter und seine Gattin töten ließ, Rom niederbrannte, die Christen mörderisch verfolgte und schließlich Selbstmord beging – wird berichtet, er habe bei seinen Reisen immer einen großen Bogen um Eleusis gemacht.

Der jahrelange Einweihungs-Weg von Eleusis begann immer mit den „Kleinen Mysterien". Diese wurden jedes Jahr im März in Agrae bei Athen abgehalten und dienten der gründlichen Vorbereitung auf die „Großen Mysterien". Zu den kultischen Handlungen der „Kleinen Mysterien" gehörten Fasten, Reinigung durch ein rituelles Bad im Fluss Ilyssos, Gebete, Opferungen und kultische Gesänge von Trommeln, Zimbeln und Flöten begleitet.

Die Teilnahme an den „Kleinen Mysterien" machte den *Neophyten,* den Neuling, im nächsten Schritt zum *„Mysten"*, dem *„Verschleierten"*. Der Myste, als Verschleierter noch gefangen in seinen Täuschungen, hat die Wahrheit menschlich-göttlicher Einheit noch nicht erkannt. Fünf Jahre lang hatte er in diesem Zwischenzustand der inneren Verschleierung zu verweilen, bis er zu den „Großen Mysterien“ zugelassen wurde. In diesen fünf langen Jahren auf der Schwelle zwischen Dunkel und Licht, zwischen den Kleinen und Großen Mysterien, hatte er genügend Zeit, sich äußerlich und innerlich auf das große Ereignis der Wandlung vorzubereiten. Ein disziplinierter Alltag, rituelles Fasten, regelmäßige Gebete und kultische Übungen gehörten zu dieser entbehrungsreichen Zeit. Es war eine Zeit der Prüfungen, in welcher der Wahre Wille des Mysten, seine Beständigkeit, seine spirituelle Wahrhaftigkeit geprüft wurden. – Heutzutage gibt es Schnell-Einweihungen bei esoterischen Events, die vor allem dem spiritualisierten Ego der TeilnehmerInnen und dem materiellen Gewinn der Veranstalter dienen.

Die „Großen Mysterien“ – das „Heilige Drama“

„Dea! Ährennährerin mit vielen Namen,
allen bist du Mutter!
Selbst immer schenkend, freust du dich
an der emsigen Arbeit des Friedens.
Auf Äckern lässt du Saat sprießen,
Auf Tennen gibst du Fülle des Korns.
Aber dein Heim ist Eleusis’ heilige Grotte.

Während du alle Sterblichen nährest,
schmückst du Orgien mit Blüten,
sitzest mit Dionysos am selben Herd.
Schlangen schirrst du vor deinen Wagen,
Drachen kreisen um deinen Thron.
Heilige mit weltweitem Herzen,
Komm!“(13)

Die *„Großen Mysterien“* wurden alle fünf Jahre im September in Eleusis zelebriert. Eleusis liegt ca. 20 km südlich von Athen am Meer (heute nahe dem Hafen von Piräus) und ist mit Athen durch die „Heilige Straße“ verbunden.

Die „Großen Mysterien“ dauerten neun Tage; mit drei mal drei Tagen entsprechen sie der mythologischen „Göttin-Triade“, der weiß-rot-schwarzen

Göttin und der neun Monate dauernden Schwangerschaft bis zur Neugeburt. Als Heros seiner Göttlichen Mutter Demeter „reist" der Myste während dieser Tage durch die Unterwelt, den Hades, um hier zu sterben und wiedergeboren zu werden. Auf dieser Unterwelts-Reise ist *Dionysos-Jakchos,* der sterbende und wiedergeborene Gott, sein göttlicher Begleiter und sein spirituelles Ich.

In mythologischer Überlieferung ist Dionysos – der „Zweimal-Geborene" – der Heilige Heros und Sohn seiner Mutter Demeter. In *kultischer Identifikation* mit seinem Gott Dionysos erlebt sich der Myste nun selbst als Sohn der Göttin Demeter. Und im Wandlungs-Mysterium, der „Heiligen Hochzeit", wird er, wie dieser, zu ihrem göttlichen Geliebten. Damit erfährt er die *Apotheose,* die Gottgleichwerdung – wir würden heute sagen, er wird sich seiner inneren Göttlichkeit, seines spirituellen Selbst, bewusst.

Während der gesamten neun Tage der Einweihung nimmt der Myste teil am *„Mysterien-Spiel"* der Göttin Demeter. In diesem „Heiligen Drama" erscheint die Göttin, personifiziert durch ihre Priesterinnen, in den drei Aspekten der Göttin-Triade:

- Als *weiße* Frühlingsgöttin „Persephone" wird sie als *Kore* (= Mädchen) von Pluto in die Untere Welt des Hades entführt.
- Als *rote* Göttin ist sie die Nährmutter *Demeter,* die nach dem Verschwinden ihrer Tochter Kore-Persephone in großer Verzweiflung über die Erde zieht, um diese zu suchen.
- Als *schwarze* Göttin ist sie die Todesgöttin *Hekate,* die in ihrem Schmerz das Leben und die Fruchtbarkeit der Erde in Unfruchtbarkeit und Tod verwandelt.

Als Demeter-Hekate steigt die Göttin hinab in die Untere Welt des Hades, das Reich Plutos. Hier findet und befreit sie ihre Tochter Kore-Persephone – analog zu den Seelen der Mysten, den noch „Verschleierten", die aus ihrer inneren Finsternis und Gefangenschaft befreit werden wollen.

Dieser Mythos der Demeter wurde über neun Tage und Nächte von den Priesterinnen und Priestern des Kultes als *„Heiliges Drama"* aufgeführt, wobei sie die ihrer Rolle entsprechenden rituellen Masken trugen. Im Heiligen Drama agierten die Göttin Demeter, ihre Tochter Kore-Persephone, der Unterweltsgott Pluto, die Dämonen der Unterwelt, Echo-Geister, Erinnyen und vermutlich noch zahlreiche andere Gestalten. Dieses kultische Masken-Theater, begleitet von rhythmischen Klängen und Sprech-Chören als inneres Echo, wirkte emotional stark ergreifend und spirituell öffnend.

Der neuntägige Einweihungs-Prozess wurde unterstützt durch diverse bewusstseinserweiternde Mittel. Hierzu gehörte Fasten, Anrufung der Gottheiten, rituelle Musik, Gesänge, sakraler rhythmisch-monotoner Tanz (Trancetanz) am „Brunnen der Tänze" und vermutlich auch – in späterer Zeit – die Einnahme von psychoaktiven Substanzen. Verschiedene Quellen erwähnen folgende Mittel: Wilder Efeu gemischt mit Wein, Fliegenpilze, Mohn (Opium) sowie Mutterkorn (LSD).

Demeter und Persephone weihen den jungen Triptolemos. Weiherelief um 430 v. Chr.

In dieser Weise eingestimmt und geöffnet reiste der Myste, als Heiliger Heros der Göttin, in den neun Tagen und Nächten der Mysterienreise in die Untere Welt Plutos und erfuhr hier Tod und Wiedergeburt. Als „Sehender", gesegnet mit dem Bewusstsein der Ganzheit, kehrt er zurück in die Mittlere Welt seiner alltäglichen Lebensaufgabe.

Der Weg vom „Verschleierten" zum „Sehenden"

Die Mysterien-Reise folgte, wie alle Einweihungen, dem universellen rituellen Grundmuster von Abschied, Ruf, Abstieg, Dämonen-Kampf, Heiliger Hochzeit, Tod und Wiedergeburt, wobei sich die Inhalte über die Jahrhunderte auch immer wieder etwas veränderten. Die „Großen Mysterien" waren untergliedert in Schritte von drei mal drei Tagen:

Vom ersten bis zum dritten Tag:
Der Myste, der „Verschleierte", befindet sich als „Verborgener" bereits in innerer mystischer Einkehr, in freiwilliger Einsamkeit. An diesem ersten Tag

seiner Reise nimmt er *Abschied* vom Alltag, seiner Tätigkeit, seiner Familie und verlässt gemeinsam mit den anderen Mysten die Stadt. In einer langen Prozession ziehen sie von Athen über die „Heilige Straße" nach Eleusis. Am Fluss Ilyssos überqueren sie eine Brücke, die „Schwelle" symbolisierend. Hier werden sie von „weiblichen Dämonen" – verkleideten Frauen – mit verführerischen Gesten und scherzenden Worten attackiert, was eine erste Prüfung bedeutet.

Am zweiten Tag ertönt der *Ruf:* „Mysten, Mysten ans Meer!" Das Meer, als Meermutter der Ursprungs-Ort des Lebens, hat reinigende und verwandelnde Kraft. Hier, im nah gelegenen Ägäischen Meer, unterziehen sich die Mysten ausgiebig den rituellen Waschungen.

Erst jetzt, am dritten Tag, beginnt der *Abstieg* und Leidensweg über die folgenden Tage und Nächte in die immer größer werdende Dunkelheit. Hier, im Reich der Schatten, begegnet der Myste den Geistern der Unterwelt, den Dämonen seines eigenen Egos.

Vom vierten bis zum sechsten Tag:
Durch dunkle unterirdische Gänge reist der Myste immer tiefer und tiefer, bis er schließlich ins „Plutonium" gelangt, dem Zentrum der Unteren Welt. Er ist nun angekommen im Reich Plutos, dem Gott des Todes und der Wandlung. Hier in der unteren Welt des Hades begegnet er Persephone, dem Symbol seiner in Todesangst gefangenen Seele. Verstärkt durch unheimliche Klänge hört er das Echo seiner inneren Schatten. Erinnyen, die personifizierten Dämonen seines Egos, konfrontieren ihn schmerzlich mit seinen Gefühlen von Neid, Zorn und Rache.

Nach drei Tagen heilsamer Läuterung erlebt der Myste am sechsten Tag seine Gottheiten Dionysos und Demeter in der *Heiligen Hochzeit.* Durch emotionale Teilnahme an der vermutlich real vollzogenen körperlich-spirituellen Vereinigung von Priester und Priesterin als Gott und Göttin erfährt er selbst die Einheit der Dualität von Dunkel und Licht, Weiblich und Männlich, Leben und Tod, erkennt den göttlich-menschlichen Ursprung. Aus der Vereinigung von Gott und Göttin wird ihm das „Große Licht" geboren, personifiziert in einem göttlichen Kind, dem Dionysos-Kind – dem späteren Christuskind.

In sakraler Identifikation mit seinem sterbenden Gott Dionysos wird der Myste selbst zum sterbenden und wiedergeborenen Gott, zum „Heiligen Heros". Er geht den Leidensweg seines Gottes, erfährt Bedrängnis, *Tod und*

Erneuerung. Er stirbt und wird als Kind der Göttin – mit Hörnern und einer Schlangenkrone – in der Heiligen Nacht des sechsten Tages, der sogenannten „Weihe-Nacht“, wiedergeboren. Unter dem erschütternden Dröhnen des Gongs, dem Echaion, öffnet sich ihm ein Tor, das letzte Tor zur Erkenntnis. Gleißendes Licht bricht ein in die Dunkelheit; Priester und Priesterin jubeln:

„Einen heiligen Knaben gebar die Herrin,
Brimo den Brimos! Die Starke den Starken.“ (14)

„Sterben – ist wiedergeboren werden“, singt der Chor.

Vom siebten bis zum neunten Tag:
Als „Neophyt“ war er anfänglich der Unwissende, wurde zum „Mysten“, dem Verschleierten, und nun, nachdem er das Wunder der Einswerdung und Erneuerung erfahren hat, ist er ein *„Epopte“* (von griech. „Epos“ = überliefertes altes Wissen). Er ist ein „Sehender“ und „Wissender“ geworden. Beschenkt mit der Erkenntnis von Göttlicher Einheit verweilt der Epopte nun über drei Tage in meditativer Stille. Mit Anrufungen und Rauchopfern, mit Gaben von Blüten, Früchten und Wein dankt er seinen Gottheiten Demeter und Dionysos.

Als Wissender macht er sich schließlich bereit für den *Aufstieg* und wird von den Priesterinnen auf seine Rückkehr vorbereitet. Als Eingeweihter in das Geheimnis göttlicher Einswerdung kehrt er zurück in den Alltag seiner Familie und seiner beruflichen Aufgabe. Im Abschied begleitet ihn der Segen der alten Mondgöttin Selene (15):

„Selene!
Nächtlich im Hornschmuck schimmernde Göttin!
Wachsend und schwindend misst du die Zeiten.
Festige die Seelen der Mysten,
laß’ sie selig erinnern, was in den Weihen geschah!“

Nicht *ab*gehoben, sondern *ein*gebunden in den kosmischen Kreislauf von Werden und Vergehen, von Anfang und Ende, Geburt und Tod, so machen sich die Eingeweihten auf den Rückweg über die Heilige Straße zurück nach Athen. Glücklich im „seligen Erinnern“ kehren sie heim in die Welt ihrer alltäglichen Lebensaufgabe. Der im alten Griechenland hoch verehrte Dichter Pindar (ca. 518 - 446 v. Chr.), vermutlich selbst ein Eingeweihter in die Eleusinischen Mysterien, schrieb einst (16):

„Glücklich ist, (…)
Wer in die Gruft des Todes hinabsteigt.
Er erkennt den Ausgang des Lebens,
Kennt den Gott-verliehenen Anfang.“

Bleibt nun die Frage: Was ist das eigentliche Geheimnis des Eleusinischen Kultes? Viel wurde darüber gerätselt und geschrieben: Sind es die das Bewusstsein erweiternden Substanzen wie Mutterkorn (LSD) oder Efeu, das Trinken des Kykeon, das Erleben der Heiligen Hochzeit, der Inhalt des mystischen Korbes, das Zeigen der geheiligten Kornähren? Vielleicht war es nichts Äußerliches. Vielleicht war die innere Erfahrung das eigentliche Geheimnis. Die Erfahrung des Göttlichen Lichtes, die Erfahrung der ursächlichen Einheit.

Das letzte Wort hatte die Hekate-Priesterin: „Schweige“ – ist ihr Gebot. Es gibt nichts zu berichten, das Mysterium ist das Geheimnis, das Unaussprechliche. Es kann nur *erfahren* werden.

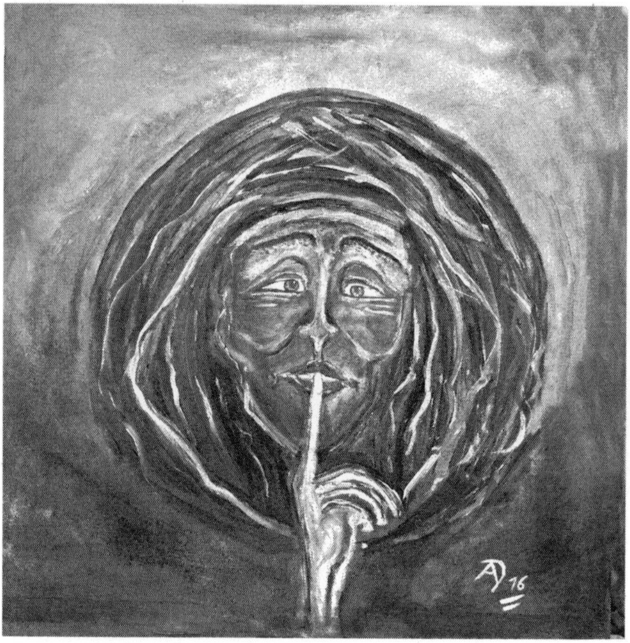

„Schweige“. artedea-Göttinnenkunst

Das Tor durchschreiten
Der Leuchtspur folgen
Vom Dunkel ins Licht

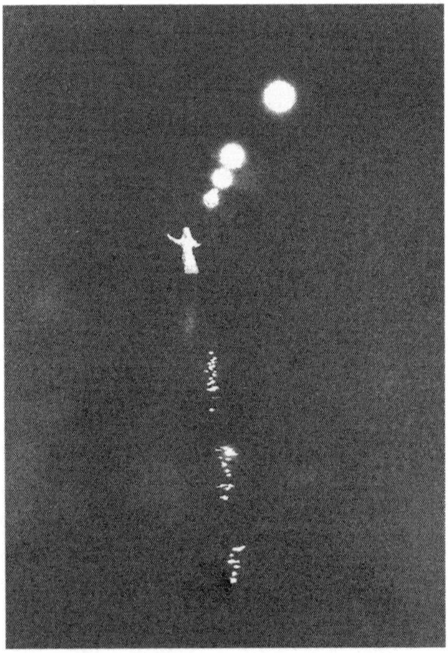

Die mythische Reise. Masken-Performance von Katharina Sommer

5. Die mythische Heldenreise als Lebens- und Individuationsweg

Der Ruf

Es ruft!
Ich höre den Ruf
Es ruft!
Ich überschreite die Schwelle
Es ruft!
Ich steige hinab
Es ruft!
Ich sterbe
Es ruft!
Ich auferstehe

(Martin F., Ausbildungs-Seminar 2017)

Es ruft immer aufs Neue. Der Ruf erklingt immer wieder, immer wieder will er gehört werden. Denn das irdische Leben ist zyklisch, das ist Natur-Gesetz. Alles Lebendige folgt dem Zyklus von Werden, Aufstieg, Gedeihen und wieder Vergehen, von Geborenwerden und Sterben. Verweigern wir uns aber diesem zyklischen Prozess des Lebens, dann hängen wir fest, erstarren, verhärten und werden krank, sind lebende Tote. Nur wenn wir geschmeidig folgen, nur dann sind wir wirklich lebendig: „Auf dass der Tod uns lebendig finde und das Leben uns nicht tot!" Dieser Graffititext war vor vielen Jahren auf einer Darmstädter Friedhofswand zu lesen. Nach jedem Abschied, jedem Ende folgt irgendwann aufs Neue der Ruf – der Ruf, den Neubeginn zu wagen.

Und plötzlich weißt Du:
Es ist Zeit, etwas Neues zu beginnen,
und dem Zauber des Anfangs zu vertrauen.

Meister Eckart

Das menschliche Leben als Heldenreise

Ein Ruf zur Größe

Ich befinde mich in einem großen und schlichten Gebäude, das massiv gebaut ist. Das Gemäuer besteht aus hellbraunen Sandsteinquadern, die Wände mit den Quadern und Fugen sind perfekt gearbeitet. Das Dach ist nur leicht geneigt und mit roten Ziegeln gedeckt.

Der große Raum in dem Gebäude ist mit Fackeln und Feuerschalen erhellt. Zu sehen sind mehrere Menschen, Männer in Umhänge mit Kapuzen gehüllt, die in einem Halbkreis vor mir stehen. Ich fühle mich sehr wohl, angenommen und geborgen in diesem Kreis.

Vor mir auf dem Boden liegen mehrere Stäbe, die am oberen Ende in eine Spirale übergehen. Sie liegen alle in einer Richtung aufeinander, bis auf einen Stab, der ein wenig quer auf den anderen Stäben liegt.

Ich betrachte die Stäbe vor mir auf dem Boden und erkenne, dass der oberste, quer liegende Stab mein Stab ist. Mir kommt der Begriff „Bischofsstab" in den Sinn. Bei dieser Erkenntnis weiche ich innerlich zurück. Ich weiß es, das ist mein Stab! Doch die Größe, die von diesem Stab ausgeht, bringt mich ins Wanken. „Das ist zu groß für mich", ist mein Empfinden. Und doch ist klar im ganzen Raum: Das ist mein Stab und mit ihm ist eine große Aufgabe verbunden.

(Walter O., Traum, Juni 2019)

Wird Walter diesem Ruf seiner Seele folgen und die Aufgabe annehmen? Wird er den Weg des Heros gehen? Wird er die Kraft seiner Männlichkeit – symbolisiert durch den Stab – ins Leben bringen wollen? Noch weicht er zurück, er ist identifiziert mit seinem kleinen Ich und fürchtet sich vor der Größe seines Selbst. In seiner Kindheit wurde er systematisch klein gehalten, Entwertung und Erniedrigung waren alltägliche Erfahrungen. Während sein Bruder liebevoll „Moggele Mu" genannt wurde, war Walter der „Schnappsack". Die Wahrheit seiner Seele aber gibt nicht auf, immer wieder wird er gerufen, seiner inneren Größe zu folgen, den „Stab", die Yang-Kraft, anzunehmen.

Walters Beispiel macht deutlich, dass wir immer wieder, lebenslang, zu Wandlung und Erneuerung gerufen sind. Immer wieder befinden wir uns am Anfang oder mitten drin in einer Heldenreise, auf dem Lebensweg von Geburt, Reifung, Höhepunkt, Abstieg und Tod als dem zentralen Thema jeder mythischen Reise. Wir selbst, als Mann oder Frau, sind der Myste in diesem Heiligen Drama unseres ganz persönlichen Weges. Mehrfach im Leben haben wir diesen Erkenntnisweg vom „Verschleierten" zum „Sehenden" zu wagen. Der menschliche personale Lebensweg als Heldenreise, der über immer weitere Schwellen und Prüfungen ins Zentrum führt – auch er folgt dem traditionellen Heros-Muster, dem „ritual pattern":

Ruf:
Schon bei der Zeugung folgt die Seele einem geheimnisvollen Ruf, dem karmischen Resonanzprinzip entsprechend. Wir inkarnieren uns dem individuellen Seelenplan folgend in genau diese spezielle Gebär-Mutter, in genau diese Familie zu dieser bestimmten historischen Zeit, bei der die größte Lernerfahrung möglich ist.

Trennung - Abschied:
Mit Beginn des Geburtsprozesses (von der ersten in die zweite Grof'sche Matrix) erfolgt der schmerzliche Abschied aus der intrauterinen Einheit mit der Mutter – mythologisch repräsentiert durch die Große Lebens-Mutter, den Urgrund des Lebens.

Schwelle:
Die Geburt ist der Übergang, die erste Schwelle. Sie ist das Tor zum Leben in einen neuen und noch unbekannten Lebensraum. Dieser Übergang aus der intrauterinen Einheit in die Welt der irdischen Polaritäten kann sich dramatisch gestalten [(1)].

Abstieg:
Der Abstieg in die Welt der Dualität des irdischen Lebens hat begonnen. Für manches Kind führt dieser Weg direkt in die furchterregende Unterwelt familiärer und sozialer Verstrickungen. Es erlebt innere Einsamkeit und durchquert den dunklen Wald seines Unbewussten, wie die kleinen Helden im Märchen. Hier im Wald begegnet es den *Familien-Dämonen* sowie seinen eigenen inneren Gespenstern, und so manch ein Kind wird tatsächlich von einem ‚bösen' Wolf verschluckt.

Prüfungen:
Die Einschulung, ein weiteres Überschreiten der Schwelle, erfordert den Abschied von den Eltern, Verlassen des familiären Binnenraums und den Eintritt in einen unbekannten kollektiven Raum. Prüfungen sind hier zu bestehen: Ängste, Schulängste und der Kampf mit den eigenen und den Ungeheuern der anderen.

Die Pubertät als Schwelle und Übergang von der Kindheit in die Anforderungen der Erwachsenenwelt als Frau oder Mann stellt vermutlich die größte Herausforderung dar. Körperliche und emotional-seelische Veränderungen und die häufig erschütternde Erfahrung der erwachenden sexuellen Kraft sind in dieser Zeit zu bewältigen. Deshalb bezog sich die Mehrzahl der Übergangsriten der Naturvölker auf diese bedeutungsvolle Wandlung. Denn, gerade vom Gelingen des Übergangs von der Kindheit ins Leben als Erwachsener ist die folgende mittlere Lebensphase wesentlich bestimmt.

Familien-Dämonen. Zeichnung v. Christopher D.

Wir fragen uns: Welche Hilfen bekommen Jugendliche in unserer Zeit? Welche WächterInnen, Helfergestalten und gute Geister begleiten sie auf diesem Abschnitt ihres Weges? Und welche heilkräftigen Symbole und Kraftobjekte hat unsere Kultur den jungen Menschen anzubieten? Weitaus die meisten müssen die Kämpfe mit ihren Ängsten und Nöten ganz alleine ausfechten.

Vereinigung:
Der junge Mann mit seinem erwachenden Helden-Ich will nun das Leben mutig „in Angriff" nehmen und die junge Frau will die Lebensfülle ganz in sich aufnehmen. In ihrer Hochzeit, als erotisch-sexueller Vereinigung, beschenken sich Mann und Frau mit dem jeweils polaren Anteil; die Kräfte von Yin und Yang kommen in die Einheit – im Idealfall. [2]

Wir fragen uns wieder: Wie werden junge Erwachsene in unserer Kultur auf dieses einzigartige Ereignis vorbereitet? Was lernen wir über die heilige Kraft der Sexualität? Wie hilfreich und heilsam sind unsere Hochzeitsfeiern?

Die nun folgenden Prüfungen beruflicher Art und die herausfordernden Aufgaben als Eltern, als Mutter und Vater, sind wesentlich abhängig von der

Qualität der Paarbeziehung. Der Kampf mit den eigenen und den fremden Dämonen kann hier gewaltig werden und sich zu einem Kampf auf Leben und Tod gestalten.

Tod und Erneuerung:
In der „Krise der Lebensmitte", nach Überschreiten des Höchststandes der Lebenssonne – wenn im Idealfall alles Äußere und Materielle vom Helden-Ich erkämpft wurde – erwartet den Helden und die Heldin nun eine weitere ernste Prüfung. Der bereitwillige und bewusste *Verzicht aufs Kämpfen* um jeden Preis ist nun gefordert. Ein freiwilliges Ego-Opfer ist zu bringen: das Loslassen von inzwischen unbrauchbar gewordenen (infantilen) Abwehrmustern und die bewusste Integration der eigenen Schatten und Dämonen.

Hier nun beginnt der eigentliche *Individuationsweg* vom Ich zum ganzheitlichen Selbst. Gerade in Situationen, in denen nichts mehr geht, wenn alles heldenhafte Tun am Punkt Null angekommen ist, beginnt der Weg der Selbst-Erkenntnis, der wesentlichste Abschnitt der Heldenreise. Wenn über schmerzliche Trennungen, Verluste, Scheitern und über Schicksals-Schläge die Masken unserer Pseudo-Identitäten zerbrochen sind und wir nach dem Chaos in eine gähnende Leere blicken, dann sind wir am tiefsten Punkt des inneren Hades, im Zentrum, angekommen. Hier hat der Held oder die Heldin an der Schwelle zur Unterwelt dem „Hüter der Schwelle" die ‚Waffen' zu übergeben. Vollkommen nackt und von allen ‚guten Geistern' verlassen betritt er oder sie das „Plutonium", den Ort von Tod und Erneuerung. Dies ist die existentielle Erfahrung der „dunklen Nacht der Seele". Als „Nachtmeerfahrt" bezeichnete Jung [(3)] diesen seelischen Zustand, der Monate oder auch Jahre dauern kann:

> „Die Helden sind also in der Unterwelt festgehalten, und zwar am Grunde des Meeres, wo sie unter allerhand Schrecknissen achtzig Tage in intensiver Hitze verharren müssen (…) Sie sind also vom Unbewussten überwältigt und hilflos preisgegeben; das heißt nichts anderes, als dass sie sich freiwillig dem Tode überantwortet haben, um fruchtbares Leben in jenem Gebiet der Seele zu erzeugen, welches bisher in dunkler Unbewusstheit und im Schatten des Todes lag."

Mythologisch gesprochen erlebt sich der Held von einem Seeungeheuer verschluckt [(4)]:

„(…) das ihn auf eine nächtliche Seereise mitnimmt, die von Westen nach Osten führt und so den angenommenen Weg der Sonne vom Sonnenuntergang bis zur Morgendämmerung symbolisiert. Der Held geht in die Dunkelheit, die eine Art Tod darstellt."

Das letzte und entscheidende große Opfer bringt der, „der sich in Freiheit beugt", auch im realen Alltagsleben, der die innere Erfahrung von Wandlung und Ego-Tod bereitwillig annimmt. In der allergrößten Dunkelheit, der inneren „Weihe-Nacht", öffnet sich ihm – oder ihr – das letzte Tor, und das Licht des göttlichen Wahren Selbst wird die Dunkelheit erleuchten. Nun kann etwas Neues geboren werden, das „göttliche Kind", wie es in den Eleusinischen Mysterien heißt: „Sterben – ist wiedergeboren werden."

Öffnung – Das Tor ins Licht. Foto: Sabine Rittner

Der Ruf als Bestimmung

Ruf in die Tiefe

Meine Traurigkeit ruft mich
Zerstörungslust und Angst rufen mich
Inga Inga

Reiten durch die Steppe
Jagen und gejagt werden
Blut und Kraft
Tanzen zum Schlag der Trommel
Leben und Tod
Brennen in einem Feuer verbrennen
Ein kleines Stück schwarz und verkohlt
Die Wunde blutet und pulsiert

Ich bin in einer Steppe
ein Tier ein Panther vielleicht
Ich habe Kraft und Wut
Ich reiße etwas Lebendiges
Blut tropft aus meinem Maul

Ich bin ein Mann und liege
tot auf dem Boden der Steppe
Getötet durch einen Speer
Eine Wunde in meinem Hals
Eine Wunde in meiner Brust
Tiere, Vögel essen mein Fleisch
Ich krieche weiter durch die Steppe
ich bin erschöpft
Vögel kreisen durch die Luft
Ich frage einen alten Mann
Er hat lange zottelige Haare
und nur noch wenige Zähne im Mund
Er sagt mit unheimlichem Lachen
etwas das ich nicht verstehe
Ich verdurste
Ich sterbe

In einem Dorf wird ein Mädchen geboren
Sie ist auf der Suche nach mir
Als Frau grabe ich mich in den Sand,
um meinen Tod zu ehren
und Wissen zu erwerben

Ein großer schwarzer Vogel kommt
und trägt mich durch die Luft

(Inga P., Sequenz aus Atemreise 2001)

Schwarzer Vogel der Unterwelt. Steindruck der Inuit

Warum tun wir uns das an? Warum folgen wir, wie Inga, einem solchen Ruf, der in die Tiefe, in Tod und Vernichtung führt? Um Ganzheit zu erfahren, um die duale Einheit von Schmerz und Freude, Geburt und Tod zu erkennen. Wir folgen unserer Bestimmung, weil wir uns nach Erkenntnis sehnen, nach dem „Wasser des Lebens" dürsten. Wir folgen dem Ruf in die Tiefe, weil es unsere kosmische Bestimmung ist, von „Verschleierten" zu „Sehenden" zu werden. Jung schreibt(5):

> „Was veranlasst schließlich einen, den eigenen Weg zu wählen und dadurch aus der unbewussten Identität mit der Masse wie aus einer Nebelschicht emporzusteigen? (…) Es ist das, was man *Bestimmung* nennt; ein irrationaler Faktor, der schicksalhaft zur Emanzipation von der Herde und ihren ausgetretenen Wegen drängt. Echte Persönlichkeit hat immer Bestimmung und glaubt an sie, hat pistis (Vertrauen) zu ihr, wie zu Gott, obschon es (…) nur ein individuelles Bestimmungsgefühl ist. Diese Bestimmung wirkt aber wie ein Gesetz Gottes, von dem es kein Abweichen gibt. Die Tatsache, dass sehr viele an ihrem eigenen Weg zugrunde gehen, bedeutet dem, der

Bestimmung hat, nichts. Er *muß* dem eigenen Gesetz gehorchen, wie wenn es ein Dämon wäre, der ihm neue, seltsame Wege einflüstert. Wer *Bestimmung* hat, hört die *Stimme des Inneren,* er ist *bestimmt.*"

„*Bestimmung haben* heißt im Ursinn *von einer Stimme angesprochen sein.*" Und dies ist durchaus wörtlich zu nehmen: Helden und Heldinnen haben einen inneren Helfer-Geist, der sie immer wieder ruft, unterstützt und auch fachlich berät. Es erfordert Heldenmut und tatsächliche innere Größe, den Ruf der inneren Wahrheit zu hören und der eigenen Bestimmung zu folgen. Denn:

> „Je kleiner nämlich die Persönlichkeit ist, desto unbestimmter und unbewusster wird sie, und schließlich verschwimmt sie ununterschieden mit der Sozietät, dadurch der eigenen Ganzheit sich begebend und sich dafür im Ganzen der Gruppe auflösend. An Stelle der Stimme des Inneren tritt die Stimme der sozialen Gruppe und ihrer Konventionen und an Stelle der Bestimmung die kollektiven Bedürfnisse. Nicht wenigen aber geschieht es, auch in diesem unbewussten Sozialzustand von der individuellen Stimme aufgerufen zu werden, wodurch sie sofort von den anderen unterschieden sind und sich vor ein Problem gestellt fühlen." (6)

Wenn wir der inneren Bestimmung folgen und den eigenen Individuationsweg gehen, unterscheiden wir uns von der Gemeinschaft. Wir stehen nun vor dem Problem, „anders" zu sein, und nehmen das Risiko an, abgelehnt zu werden. In Freiheit und Wildheit zu leben, wie Margarete im folgenden Text, macht uns nicht bei allen beliebt. Hier, in der Bereitschaft zu Trennung und Abschied von kollektiven Normen, beginnt die eigentliche seelische Heldenreise.

Der Ruf der Wölfin

Ich höre den Ruf der Wölfin, ein leises aber ständiges und unüberhörbares Heulen. Sie ruft mich, schon so lange Zeit: „Komm, lebe deine Freiheit! Lebe deine Wildheit!" Endlich nehme ich allen Mut zusammen und folge ihrem Ruf.

Ich bewege mich im tiefen Wald mit Angst und Weh in Brust und Bauch. Ich weiß, es gibt keinen Weg zurück, auch wenn ich nicht weiß, wohin mich dieser Weg führen wird und welche Opfer ich bringen muss. Den Gefahren begegne ich mit einem festen „Ja" auf den Lippen. Mein Stock gibt mir

Stärke. Meine Trommel schlage ich im Takt meines Herzens. Ich sammle meinen Mut und folge dem Ruf der Wölfin mit der Gewissheit, meine innere Heimat zu finden.

(Margarete D., Ausbildungsgruppe 2015)

Ja, es erfordert Mut, dem inneren Ruf, der eigenen Bestimmung zu folgen. Denn immer führt der Weg der Helden zunächst ins Unbekannte, in den „tiefen Wald“ des Unbewussten. Hier fühlen wir, wie Margarete, „Angst und Weh in Brust und Bauch“. Auch ich fühlte mich zunächst ängstlich und unsicher, als ich den Ruf hörte.

Ruf der Artemis – eine Erfahrung

Als ich den Ruf höre, bin ich im siebenundvierzigsten Jahr meines Lebens. Seit Jahren schon frage ich mich: Wer bin ich? Wo komme ich her? Wo gehe ich hin? Was ist der Sinn meines Lebens?

Was ich sicher weiß: Ich bin in einer Krise. Eine langjährige Paarbeziehung geht zu Ende. Die Kinder sind erwachsen. Leben und Arbeiten in der Stadt ist anstrengend und schwächend geworden. Ich sehne mich nach dem Duft von Erde, dem Rauschen der Wasser und einem offenen Himmel über mir.

Ich durchlebe eine psycho-spirituelle Krise: Die Ich-Erfahrung der Einen, die sich Gertrude nennt, geht verloren. Ich bin nicht mehr die Eine, ich bin Viele: Ich bin die von damals und die von heute, ich bin Menschen-Frau und Tier-Frau, bin Baum und Vogel, Kröte und Wurm. Ich tauche ein in ihre Leben, fühle ihre Gefühle, durchlebe ihre Leiden, weine ihre Tränen … Und empfange ihre Geschenke: ihr altes Wissen, ihre Heil-Kraft und ihre Liebe.

Wer bin ich? Wo ist mein Ort? Was ist meine Aufgabe?

Auf Verwirrung folgt Klarheit, das ist Gesetz. Ein Traum bringt die erlösende Botschaft:

Ich höre den Ruf der Artemis, nach Nas, in ihren Tempel zu kommen. Ich kenne diesen Ort, wo der Fluss Chalaris sich in die enge Schlucht ergießt und in die Weite des Meeres öffnet. Ich liebe diesen magischen Ort, an dem Himmel und Erde, Dunkel und Licht, Mensch und Natur, Damals und Heute sich in Einheit begegnen, diesen Ort von Tod und Erneuerung.

Ich höre den Ruf. Den Ruf in Einsamkeit und Stille, den Ruf meiner Bestimmung. – Ich bin bereit. Ich komme!

Erkenntnis-Fragen zum Ruf:

- Welchen Stimmen folge ich? Der Stimme von Mutter oder Vater? Der Stimme der Gesellschaft? Der Stimme der Religion?
- Bin ich bereit, den Ruf meiner eigenen inneren Wahrheit zu hören?
- Sorge ich für Zeiten und Räume der Stille, damit ich die innere Stimme hören kann?
- Was teilt die innere Stimme mir mit? Welche Bestimmung? Welche Berufung?
- Zu welcher Reise ruft mich die Stimme der Wahrheit?
- Wie klingt der Ruf an mich? Formulieren Sie den Ruf Ihrer eigenen Stimme und schreiben Sie ihn auf.
- Wenn ich diesen Ruf in mir höre, was möchte ich antworten?
- Spreche die Antwort laut, immer wieder, und schreibe sie auf.
- In einer Gruppe können Ruf und Antwort als „Echo" dramatisiert werden: Die Gruppe ruft, die Protagonistin hört und antwortet.
- Zur emotionalen Tiefung sollte das Echo dreimal wiederholt werden.

Abschied und Gang über die Schwelle

Abschied

Komm und GEH
Mondfrau.
Mit der Sichel
im Haar
laufe über Wasser
und gebäre dich neu –

Von Ferne
sehe ich dich
auf den Wellen.
Den Boden suchend,
dem Geschmack der Erde
verhaftet
stehe ich am anderen Ufer
und klage.

(Für Gertrude zum Abschied von Ursel B., 26.4.1991)

Abschied ist Trennung und Trennung tut weh. Abschied ist Ende und der Beginn von etwas Neuem. Abschied ist daher auch Tod und der ungewisse Weg in geistig-emotionale Wiedergeburt. Manche versuchen, schmerzliche Abschiede zu vermeiden, und verharren lieber im Alten.

Auch mein Abschied von Deutschland, obwohl ich ihn herbeigesehnt hatte, war schmerzlich. Meine Eltern waren enttäuscht und grollten, einige Freunde reagierten mit Unverständnis: „Du hast es hier doch so gut, hast eine gutgehende Praxis. Was willst du denn dort allein?" Lediglich meine beiden Töchter gaben mir Zuspruch und begrüßten meine Eigen-Willigkeit: „Wir freuen uns. Wenn du machst, was du willst, dann geht es auch uns gut."

Von meinen KlientInnen hatte ich mich langsam, über eine neun Monate dauernde Phase der Ablösung verabschiedet. Sie hatten mir vertraut, ich hatte sie geschätzt und geachtet, wir hatten uns aufeinander eingelassen und nun ging ich einfach fort. Für manche war das schmerzlich, brachte alte Wunden von Verlassenwerden ins Bewusstsein. Ursel B., eine Frau mit tiefem magisch-mythischem Bewusstsein und einer gesegneten dichterischen Schöpfungskraft, hatte ich viele Jahre durch eine psycho-spirituelle Heilungskrise begleitet. Sie gestaltete ihren Abschiedsschmerz in dem oben zitierten lyrischen Text.

Nach jedem Abschied überschreiten wir eine *Schwelle* und treten ein in einen neuen Lebensraum. Die Schwelle, als innere Erfahrung, ist ein universeller Archetyp; in jedem Menschenleben sind Schwellen-Erfahrungen zu meistern: Geboren-werden und Sterben-müssen sind die beiden unumgänglichen und zentralsten Schwellen-Erfahrungen eines jeden Menschen. Sie ängstigen uns zutiefst und jede nun folgende Schwelle berührt die primäre Erfahrung von Geburt und Tod. Die alte Angst, die Ur-Angst wird aktiviert. So scheuen wir wie ein Pferd vor jeder Hürde, jedem neuen Übergang, aus Angst zu fallen, aus Todesangst.

Die Schwelle markiert den Übergang, die Brücke, zwischen getrennten Räumen, zwischen äußerem Raum und innerem Raum, Himmel und Erde, Oberwelt und Unterwelt, Leben und Tod. Über innere Schwellen gehen wir, wenn unser Leben sich entwickelt, entsprechend seinen Stufen von Kindheit und Jugend, Reife und Alter. Wir haben den Übergang in den nächsten Lebens-ab-schnitt zu vollziehen, dies erfordert einen tatsächlichen Schnitt, eine meist schmerzliche Trennung: Abschied von geliebten Menschen, wie von den nun selbständig gewordenen Kindern, Abschied von Lebens-Gewohnheiten, von Haltungen und Aktivitäten der Jugendzeit, die unpassend geworden sind für einen nun erwachsenen Menschen. Insbesondere das Alter, mit seinem Abschied von jugendlichem Elan, erfordert den Mut und die Demut der Heldenreise.

Das Überschreiten der Lebensschwellen führt vom Bekannten ins Unbekannte, vom Vertrauten ins Unvertraute. Und das Verlassen vertrauter Räume und die Übergänge in unbekannte Räume machen Angst, wir sprechen deshalb auch von *„Schwellenangst"*.

Immer, wenn wir über eine Schwelle gehen, und sei es die alltäglichste wie der Übergang vom Tag in die Nacht, müssen wir loslassen, Abschied nehmen, symbolisch sterben. Die Angst, die wir hier erleben – auf tiefster Seelenebene – ist Todesangst. Und dort, wo die meist unbewusste Schwellen-Todes-Angst sitzt, dort ist auch das vermeintliche „Böse" begraben, ist „der Hund begraben". Grausamer Abwehrzauber sollte die Schwellen-Geister besänftigen und die Angst befrieden: Im kleinasiatischen Raum wurde dem Schwellengeist, als dem „Hüter der Schwelle", ein „böser Hund" geopfert und unter der Türschwelle begraben. In Griechenland sah ich eine gekreuzigte Katze an ein Torgatter genagelt und im Bergischen Land abgehackte Hasenpfoten an einer Stalltür.

Dies ist grausamer Abwehrzauber; *Stellvertreter-Opfer,* der menschlichen Todesangst entsprungen, sollen den eigenen Tod bannen. Der oder das Andere muss sterben, damit ich leben kann, so denkt und agiert das von Angst überwältigte Ego. Es gibt aber auch unblutige magische *Schutz-Symbole:* Ein Blütenkranz wird zum ersten Mai über der Schwelle befestigt und über manchen Türen und Toren alter Häuser finden sich die Anfangsbuchstaben der Namen der Heiligen Drei Könige – ursprünglich war hier die dreifaltige Göttin gemeint.

Das einzige Opfer, welches den „Hüter der Schwelle" – astrologisch repräsentiert durch Saturn als Übergang von den personalen zu den transpersonalen Planeten – beeindrucken und die eigene Todesangst besänftigen kann, ist ein *Ego-Opfer.* Ein solches Opfer brachte die sumerische Göttin Inanna. Am letzten Tor, dem Tor zur Unterwelt, legte sie alles ab, ihre kostbare Kleidung, ihren Schmuck, sowie Gürtel und Krone als die Insignien ihrer königlichen Macht. Nackt stieg sie hinab in die Untere Welt der Todes-Göttin Ereshkigal.

Nicht das blutige Opfer anderer Wesen – Mensch oder Tier –, sondern Geschenke der Liebe, der Demut und der Hingabe beruhigen die inneren Schwellengeister der Angst: In *Hingabe* wird der Übergang frei, die Schwelle ist nun *„Brücke"* geworden. Sie verbindet das, was vorher getrennt war: das Alte mit dem Neuen, das Leben mit dem Tod und den Tod mit dem Leben. Hier wird die Schwelle zum Tor, zum Durchgang in einen transformierten Seinszustand. Anders als die „enge Pforte" steht das Tor für Weite und Öffnung in einen neuen, befreiten Lebens- und Seelen-Raum.

In der Schwellen-Symbolik ist das „Tor" von großer archetypischer Bedeutung: Als Eingang zur Höhle, als dem Schoß der Großen Mutter, ist es ein Tor mit Rundbogen. Traditionelle sakrale Räume wie Tempel, Synagogen und Kirchen werden daher durch ein Rundbogen-Tor betreten. In Traumbildern ist dieses Tor zum inneren Paradiesgarten zuweilen von Rosen umkränzt.

Auch in Kinderliedern und -spielen begegnen wir dem Tor als Symbol für Öffnung und Heilung. In einem bekannten Kinderlied aus dem 19. Jahrhundert heißt es:

„Machet auf das Tor! Machet auf das Tor!
Es kommt ein goldner Wagen.
Wer sitzt darin? Wer sitzt darin?
Ein Mann mit goldnen Haaren ..."

Es ist der Heilige Heros, der „Mann mit den goldenen Haaren", der als Erlöser-Gestalt durch das magische Tor einfährt. Er kommt zur „Chymischen Hochzeit" mit seiner königlichen Braut, zur Vereinigung von Männlich und Weiblich. In der christlichen Mystik ist es Christus, der als König, Heiland und Befreier durch das Tor einzieht in den Seelenraum der Menschen:

„Macht hoch die Tür, das Tor macht weit;
Es kommt der Herr der Herrlichkeit,
Ein König aller Königreich,
Ein Heiland aller Welt zugleich,
Der Heil und Leben mit sich bringt ...

Er ist gerecht, ein Helfer wert;
Sanftmütigkeit ist sein Gefährt,
Sein Königskron ist Heiligkeit,
Sein Zepter ist Barmherzigkeit ..."

(Georg Weißel, 1590-1635)

Das Tor, als Durchgang in den transpersonalen Raum, wird bewacht vom Torhüter, dem „Hüter der Schwelle" oder auch von gewaltigen „Wächter-Tieren". Wir kennen das beeindruckende „Löwentor von Mykene", das rechts und links von zwei mächtigen Löwen flankiert ist. Der Torhüter, als Wächter am Eingang zur Anderswelt, lässt nur passieren, wer die heldenhafte Prüfung bestanden hat: „Sanftmut" und „Barmherzigkeit" öffnen das Tor zu Heilung und innerem Frieden.

Erkenntnis-Fragen zu Abschied und Schwelle:

- Schließen Sie die Augen und atmen Sie etwas tiefer ...
- Erinnern Sie sich an Schwellen und Übergänge in Ihrem Leben ...
- Und fragen Sie sich: Wie fühlte ich mich bei Übergängen, zum Beispiel Schule, Pubertät, Heirat, Vater-Mutterschaft?
- Welche Schwellen-Ängste hatte ich damals?
- Wie habe ich damals diese Ängste bewältigt?
- Welche Angst fühle ich heute vor Veränderungen? Welches sind meine heutigen Schwellenängste?
- Wie fühle ich mich bei Abschieden?
- Wie bewusst gestalte ich Abschiede?
- Bin ich bereit, den „Hüter der Schwelle" (Saturn) einzuladen und zu begrüßen?
- Wenn ja, dann formulieren und schreiben Sie eine Einladung.
- Fragen Sie sich: Welches Opfer habe ich an der Schwelle zu bringen?
- Was habe ich hinter mir zu lassen? Auf was zu verzichten?

Prüfungen und magische Hilfsgeister

> Der Held ist der,
> der in Freiheit sich beugt.
>
> J. Campbell (7)

In vielen Heldenmythen und Märchen haben Held oder Heldin schwierige *Prüfungen* zu bestehen; hierbei geht es meist um Leben und Tod. In jeder Krise haben wir uns heldenhaft solchen Prüfungen zu stellen. Sind sie erfolgreich bestanden, dann wartet am Ende eine innere Heilige Hochzeit als die geglückte Integration bisher getrennter Seelenanteile.

Ulrike erfährt in ihrer Holotropen Atemreise Heilung ihrer Weiblichkeit und die Integration des Animus, ihres inneren Mannes. Bevor aber die innere Hochzeit, die Vereinigung von Weiblich und Männlich sich vollenden kann, hat sie drei schwierige Prüfungen zu bestehen. Schwer verwundet wird sie gefunden und von den Frauen eines indigenen Stammes versorgt:

> Als ich erwache, liege ich in einem Indianerzelt. Meine Wunde ist versorgt. Ich höre die Menschen im Zelt, bin aber noch zu schwach, um meine Augen zu öffnen ... Als es mir besser geht, werde ich nach draußen geführt vor den Ältestenrat. Mir wird verständlich gemacht, dass der junge Häuptling mich heiraten möchte. Der Ältestenrat aber ist dagegen, er glaubt, dass ich nicht in dieses Land gehöre. Es wird entschieden, dass ich zuerst drei Prüfungen durchlaufen muss, nur wenn ich sie überlebe, dann darf der junge Häuptling mich heiraten. Ich habe enorme Angst ... Die Trommler fangen an zu trommeln. Sie werden drei Tage und drei Nächte trommeln, während ich die Prüfungen durchlaufe:
>
> Erste Prüfung
>
> Am ersten Abend werde ich in eine Schlangengrube geworfen. Ich habe panische Angst. Die Schlangen kommen zischelnd auf mich zu, während ich ängstlich zurückweiche.
>
> Völlig verzweifelt erinnere ich mich, dass ich oft die Berührung durch meine Hände genutzt habe, um Vertrauen zu schaffen. Ich weiß, wie wirksam die Berührungen meiner Hände sind. Doch es kostet mich enorme Überwindung, die Hände den Schlangen entgegenzustrecken und sie zu berühren. Sie fühlen sich glatt und kühl an. Ich streichele die erste Schlange. Noch immer zischelt sie, doch der Tonfall wird ruhiger. Nun winden sich die anderen Schlangen heran, auch sie wollen berührt werden. Sie kriechen auf mir rum, gegenseitiges Vertrauen ist da. Erschöpft schlafe ich zwischen den Schlangen ein.
>
> Am nächsten Abend, als die Ältesten zu der Grube kommen, sitze ich entspannt zwischen den Schlangen, die auf mir herumkriechen und die ich streichele.
>
> – Ich erlebe weibliche Schlangenkraft.

Zweite Prüfung

Sie holen mich aus der Grube und bringen mich auf ein freies Feld. Ich werde am Boden liegend an Händen und Füßen an vier Pflöcken festgebunden. Es ist eine Vollmondnacht, die sehr kalt werden wird. Ich muss diese Nacht und den nächsten heißen Tag in der Sonne sowie die Begegnung mit hungrigen Tieren überleben, wenn ich diese zweite Prüfung bestehen will. In der Dämmerung taucht ein gemütlicher, neugieriger Bär auf. Der Bär hilft mir. Er lehrt mich, wie er während des Winterschlafes seine Körpertemperatur herunterfährt. So könnte ich die Kälte in der Nacht überleben, während er an meiner Seite wacht, damit mir keine wilden Tiere etwas tun können. Doch solle ich unbedingt durch die geschlossenen Lider den Mondlauf verfolgen. Denn wenn der Mondschein meinen linken Oberschenkel erreichen würde, dann müsste ich anfangen, meine Temperatur wieder nach oben zu fahren. Denn sonst könnte mich bereits die Morgensonne umbringen. Außerdem werde er eine bestimmte Art von roten Insekten, welche die brennende Sonne des Tages dadurch überleben, dass sie ihre Körpertemperatur hochfahren können, bitten, mich dies zu lehren. Und so geschieht es. Als die Indianer am Abend kommen, um mich von den Pflöcken loszuschneiden, sind sie entsetzt, dass ich immer noch lebe. Auch der Ältestenrat kann es nicht glauben.

– Ich erfahre Wandlungsfähigkeit.

Dritte Prüfung

Am nächsten Morgen steht die dritte Prüfung fest. Ich werde mit dem Kopf nach unten hängend an den Beinen an einem Galgen aufgehängt. Unter mir steht eine Schale mit Wasser. Man sagt mir, wenn ich mich nur genug strecken würde, dann würde ich die Schale zum Trinken erreichen. Doch ich traue ihnen nicht, denn ich weiß, sie wollen mich unbedingt loswerden. Das Blut strömt mir in den Kopf und in meine nach unten hängenden gefesselten Hände. Mir wird schwindlig. Werde ich auch diese Prüfung überleben? ... Plötzlich durchströmt mich eine enorme Kraft. Ich spüre die Liebeskraft des jungen Häuptlings und die unterstützende Kraft der Tiere. Die Verbundenheit stärkt mich und hilft mir durchzuhalten und zu überleben. (...)

Am nächsten Morgen ist der junge Häuptling an meiner Seite und führt mich nun zum Lager zurück. Unsere Augen begegnen sich und ich spüre die tiefe Verbindung mit ihm. Wenige Tage später findet unsere Hochzeit statt.

– Ich fühle die Heilkraft von Verbundenheit und Liebe.

(Ulrike J., Hol. Atmen 2007)

Ulrike erfährt lebenswichtige Hilfe von verschiedenen Hilfsgeistern, Schlangen, einer Bärin, den roten Insekten und der Macht der Liebe. Ohne solche Hilfen ist die lebenslange Heldenreise mit ihren vielfältigen Prüfungen wohl kaum zu bestehen. In allen mythischen Reisen überleben die Helden nur mit Hilfe ihrer Helferwesen und ihrer inneren Führung.

In Coelhos Heldenroman „Der Alchimist"(8) erkannte der junge Santiago, „dass er die Welt entweder mit den Augen eines armen, beraubten Opfers sehen konnte oder aber als Abenteurer, auf der Suche nach einem Schatz." Zu dieser Einsicht hatten ihm die magischen Steine Urim und Thummim, Geschenke des alten Königs Melchisedek verholfen, sowie die hilfreiche Weisung seines inneren Führers: „Lerne die Zeichen zu erkennen und folge ihnen."

Damit der Heros sein existentielles Abenteuer heilsam durchstehen kann, braucht er kundige Führer und Führerinnen, die den Weg durchs *Labyrinth* der Unteren Welt bereits kennen, weil sie diesen Weg einst selbst gegangen sind. Solche Begleiterinnen und Begleiter sind unerlässlich für den glücklichen Ausgang einer mythischen Reise. In den Mysterien von Eleusis hat diese Aufgabe der „Psychopompos", „der, welcher das Fest der Seele begleitet".

Der Weg durch das Labyrinth. Graffitto in Pompeji

In Märchen und Mythen begleiten weise Frauen und Männer, machtvolle Tiergeister wie Rabe, Schlange, Adler, Kröte oder Wolf den Helden oder die Heldin bei ihrem beschwerlichen Abstieg. Zaubersteine, magische Kräuter, symbolkräftige Gegenstände werden ihnen geschenkt und helfen in Momenten von Aussichtslosigkeit und tödlicher Bedrohung.

Ein Held, der nicht geführt ist von der Liebe seiner geistigen Helfer, wird zwangsläufig zum Schatten-Heros, zum mörderischen „Drachentöter". Er glaubt, die Ungeheuer im Außen suchen und bekämpfen zu müssen, statt in der Mördergrube seiner eigenen Psyche. Ein bekanntes Beispiel sind die „Berserker", die Initiations-Helden der germanischen Stämme, die in der Wildnis verrohten und nun mordlüstern die Dörfer überfielen.

Es ist erstaunlich, wie zahlreich die Hilfsgeister sind, welche in den Holotropen Atemreisen die Menschen auf ihren inneren Weg begleiten: Zu Margarete spricht eine Wölfin: „Komm, lebe deine Freiheit! Lebe deine Wildheit!" Anke wird von einer Schlange durch eine düstere Unterwelt begleitet und Knut, auf der Suche nach dem „Wasser des Lebens", wird von einer dankbaren Ameise geführt …

Innere und zuweilen auch äußere Führung und Hilfen sind notwendig, denn ganz alleine, nur mit einem heldenhaften Ich, ohne die Hilfe der geistigen Welt kann der Held den Abstieg kaum heilsam bewältigen. Mythische Wesen und magische Gegenstände (Selbst-Symbole) geben ihm Führung, Schutz und Heil auf seinem gefährlichen Weg. Es sind die göttlichen Mächte seines Wahren Selbst, die Kräfte der kosmischen Liebe, die ihn begleiten.

Erkenntnis-Fragen:

- Welche FührerInnen begleiten meinen Helden-Weg? Wie heißen sie?
- Welche Tier-Geister unterstützen mich? Mit welchen Eigenschaften, Kräften?
- Welche „magischen Gegenstände", Kraftobjekte, Symbol-Gegenstände schenken mir Mut und Zuversicht?
- Welchen Hinweisen und Zeichen folge ich auf meinem Weg?

Abstieg und Kampf mit den Dämonen

Abstieg

Du hast mich gerufen, meine Seele,
in dunkelster Nacht.

Verzweiflung und Einsamkeit hielten mich
in der Angst der Verstoßenen.
Die Schwelle zu überschreiten,
die Angst zu sehen und anzuerkennen,
war schwer.

Trost fand ich einst im Schoße der Natur,
im stillen Lauschen des Baumes im Regen,
im heiteren Farbspiel der Blätter,
im Funkeln der Planeten im Sonnenlicht,
im Wandel der Verbindung mit mir und der Welt.

Doch im Abstieg vergaß ich den Trost,
wusste nicht weiter, verharrte in Anpassung – und litt,
bis ich aufgab, geschehen ließ und annahm, was ist.
Kann ich dem Fluss des Lebens vertrauen?
Unsicherheit, Angst ergreift meinen Mut.

Da endlich höre ich wieder den Ruf:
„Tanja, verbinde Himmel und Erde, heile.
Du bist richtig, so wie du bist!"
So anerkenne ich den Schmerz der Trennung
und nähre meine Geborgenheit,
auf dass meine Angst vor Verstoßensein
mich zu meiner Wahrheit führe.

(Tanja O., Ausbildung Nov. 2017)

Dem Ruf zu folgen, den Gang über die Schwelle und den gefährlichen Abstieg in unbekannte Räume zu wagen, kann zögerlich und schwerfällig sein. Die alten Trauma-Geister behindern den Übergang. Wir haben *die Wahl,* wir dürfen in der alten vermeintlichen Sicherheit bis zum Lebensende verharren, wenn wir das wollen. Je mehr wir aber berufen und damit *bestimmt* sind, umso unumgänglicher ist der Abstieg. Dann, so sagt Jung [9], „geht vom seelischen Hintergrund, eben von jenem dunklen, unbekannten Raum, eine faszinierende Anziehung aus, welche um so überwältigender zu werden droht, je weiter man eindringt."

Der Weg zur Erkenntnis führt zunächst in die Tiefe, in die Tiefe des Wassers, den tiefen Wald, die Höhle, in der Tiefe der Erde oder, wie im folgenden Beispiel, in den überfluteten Keller des eigenen Hauses. Dieser Weg nach unten, der Abstieg, ist gefährlich. Denn in der Tiefe der Wasser (den Emotionen) könnten wir ertrinken, im tiefen Wald (dem Unbewussten) könnten wir uns verirren und in der Unteren Welt schließlich dem Tod begegnen. Die Botschaft des Heldenmythen aber besagt, dass gerade dort, in der tiefsten inneren Dunkelheit, wo die Gefahrentiefe uns am meisten packt, der innere Schatz verborgen ist. Nicht im Licht, sondern in der Dunkelheit ereignet sich Wandlung und Heilung.

Wenn die Seele auf ihrer Reise bereit ist für den nächsten Entwicklungsschritt, dann werden die Trauma-Dämonen wach. Manchmal kündigen sie sich an über innere Unruhe, Visionen oder Träume. Wenn wir ihre Zeichen und Botschaften beachten, dann können wir uns einstimmen und vorbereiten auf das, was uns offenbart werden soll. Gerade Träume geben häufig deutliche Hinweise auf eine bevorstehende Heilungskrise. In einer symbolischen Traum-Sprache benennen sie die Aufgabe, die anerkannt und integriert werden will:

> Einen Tag vor der Atemreise träumte ich von einer großen Flutwelle im Keller unseres Hauses. Ich habe den Impuls hineinzutauchen, um noch etwas zu holen ... Im Wachbewusstsein aber erlebte ich die Flut als bedrohlich, wie „das Schwarze", das in meiner letzten Atemreise nach mir griff. Ich entscheide mich, mit Gertrudes Ermutigung, die „schwarze Flut" bewusst einzuladen, ich will mich hineinbegeben, mich erreichen lassen von dem, was mir Angst macht und was doch so lebensnotwendig für mich ist. Ich möchte erkennen, worum es geht ....

Ulrike, Ärztin und Psychotherapeutin, ist in einer schweren depressiven Phase gefangen. Sie ist bereit, ihren dunklen Seelenhintergrund zu erkunden, mutig einzutauchen in die „schwarze Flut" ihrer Psyche. Ihre Heldenreise – im Holotropen Atmen – führt durch die innere Landschaft ihrer Depression, tief hinab bis auf den finstersten Schatten-Grund. Sie steigt in die Tiefen ihrer Unterwelt und begegnet hier ihren Trauma-Dämonen, ihrer eigenen „deprimierenden Lebensfeindlichkeit" in bizarren und verstörenden Bildern von Vernichtung, Fragmentierung und sinnlosem Tod. Mutig schwimmt sie weiter durch die „schwarze Flut" ihres inneren Hades. Ihre Reise ist ein verdichteter Geburtsprozess, in dem sich perinatale, präexistentelle, transgenerative und kollektive Höllenthemen verbinden. Und sie kommt durch, sie kommt heim in der Begegnung mit ihrem Pferd, als Symbol für die Kraft und Schönheit des Lebens:

> Reise in die Unterwelt
>
> Ich steige in den Keller und tauche in die Flutwelle ein, die den Keller überschwemmt hat. Ich beginne zu schwimmen. Es ist dunkel. Ich schwimme weiter. Lange. Es ist anstrengend. Ich schwimme ins offene Meer. Es ist ein ödes, totes Meer. Ich schwimme über weite Strecken leblosen Sandbodens, nur hier und da eine kümmerliche Pflanze, kein Leben. Ich schwimme weiter und weiter …
>
> Im Bauch des Fisches
>
> Schließlich komme ich an ein riesiges schwarzes Tor, ein Fischmaul mit weißen Zähnen rundherum. In das schwimme ich hinein und komme in einen geräumigen Fischleib.
>
> Undeutlich sehe ich im Dämmrigen rechts und links die Brustwände des Fisches mit senkrecht verlaufenden Rippen. Ich schwimme vorwärts, langsam wird es enger. Die Organe des Fisches tauchen auf. Ich schwimme an seinen Därmen entlang, die wie dicke gewundene Rohre auf das hintere Ende des Fisches zustreben. Es wird immer enger, sodass ich mich an dem Darmrohr entlangziehen muss. Schließlich rutsche ich am hinteren Ende zusammen mit einer Menge Scheiße aus dem Arschloch des Fisches heraus.
>
> Ekel
>
> Ich lande in einer Art Becken, in dem giftige oder vergiftete Pflanzen vor sich hinkümmern. Übelriechende Dämpfe wabern über dem Wasser. Eine zunehmende Strömung bringt mich zu einem finsteren Tunnel. Auch die ganzen Abfälle und Exkremente werden dort hingeschwemmt, sodass ich kaum mehr in Wasser schwimme, sondern mehr in einer stinkenden

Brühe aus Scheiße, Abfällen, verwesenden Tier- und Pflanzenleichen. Die Wände des Tunnels sind glitschig von den schmierigen Belägen. Es stinkt entsetzlich, es ekelt mich und mir wird übel. Immer wieder muss ich würgen, während ich weiterschwimme ...

Tod und Verwesung

Auch dieser Tunnel ergießt sich in ein Wasserbecken, in eine unterirdische Höhle, in dem sich die Atmosphäre von Verderbnis, Fäule, Tod und Verwesung noch verdichtet. Menschliche Leichenteile, einzelne Hände und Füße, ragen aus der Brühe, als wüchsen sie auf Stängeln. Ringsum in den Wänden der Höhle sind Grotten, die wie Kapellen einer Kirche heilige Symbole enthalten. In der ersten steht eine Madonna, die das Skelett eines Jesuskindes in den Armen hält. In der nächsten ist ein dreiflügeliger Altar mit Bildern des sterbenden Jesus und einer grausamen, blutigen Geißelungsszene ...

Das Ende

Einen weiteren Tunnel muss ich durchschwimmen. Es ist noch dunkler hier. Blut tropft von der Decke. Je weiter ich hineinkomme, umso mehr Blut fließt von den Felswänden dieses Ganges. Die Brühe, in der ich schwimme, färbt sich zunehmend rot. Das Blut klebt an meinem Gesicht und meinen Armen. Der Tunnel wird immer niedriger, immer weniger Platz ist zwischen meinem Kopf und der blutig tränenden Decke. Schließlich schwimme ich in purem Blut. Nur noch wenige Zentimeter Luftraum sind zwischen Flüssigkeitsoberfläche und Decke, sodass ich den Kopf schräg legen muss, um atmen zu können. Schließlich ist der Tunnel überschwemmt. Ich muss ganz in das Blut tauchen. Wieder ekelt es mich. Ich muss atmen und atme das Blut ein, schlucke es, bis ich ganz voll davon bin. Vom Kopf beginnend färbt sich mein Körper nun auch von innen rot, bis ich bis zu den Fußspitzen rot angelaufen bin. Ich habe keinen Antrieb mehr weiter zu schwimmen. Was soll das alles? Ich bin am Ende. – Eine Weile liege ich unbeweglich und resigniert auf der Matratze in Gertrudes Therapieraum ...

Bitte um Führung

Ich bitte meine innere Heilerin um Führung. Sie zeigt sich als ein weißes Pferd, das steht oben auf der Erdoberfläche, genau an der Stelle, unter der ich mich tief im Erdinneren befinde. Als verbinde mich ein unsichtbarer

Faden mit dem weißen Pferd, gehe ich auf der Erdoberfläche seinen Weg mit und gleichzeitig gehe ich den Weg darunter durch die Tunnel und Grotten. Ich komme an eine weitere Grotte, angefüllt mit purem Blut. Hier wachsen noch mehr von den „Organpflanzen". Isolierte Hände, Füße und menschliche Köpfe ragen auf Stängeln aus dem Blut. Etwas weiter wächst ein ganzes Feld mit nackten Säuglingen auf Stängeln, die aussehen wie aufgespießte Puppen. Auch Organe stehen isoliert von irgendwelchen Körpern da: Ein Feld von schlagenden Herzen auf Stängeln; sie pumpen das Blut, in dem sie stehen, nutzlos in die Gegend. Aus ihren verbindungslosen Schlagadern spritzt es rhythmisch heraus. Auch die Köpfe atmen ohne Sinn und Zweck ...

Kalte Wut

Ich habe den Impuls, dem nächststehenden Kopf meine Faust ins Gesicht zu schlagen und tue es. Der Impuls nimmt zu und ich beginne, auf die Köpfe einzuprügeln, sie zu zerstören, die Herzen zu zerreißen. Ich werfe mich in das Baby-Feld und reiße den Säuglingen Arme und Beine ab, schlage um mich, wälze die Organ-Felder platt. Schließlich sehe ich mich mit einer Sense, mit der ich alles ummähe, was noch auf Stängeln steht. Ich habe den Drang, diesen ganzen Horror zu zerstören. Der Madonna schlage ich den Kopf ab, reiße ihr den Skelett-Jesus aus den Armen und zerstöre die Leid verherrlichenden Altäre. Mich treibt eine Art Zerstörungswut, die ich aber nicht als Wut fühlen kann. Eine gefühllose Kälte ist in mir, die mich alles kaputtmachen lässt, was vordem nicht heil war ...

Leben und Fühlen

Dann geht oben mein Pferd weiter, ich muss hier unten mit in eine neue Grotte. In der Düsternis kann ich zunächst nichts sehen, dann aber erkenne ich gefangene Menschen, die angekettet an den Wänden liegen. Sie sind nackt, heruntergekommen, sie hungern, leiden stumm ...

Um mich wird es etwas heller. Ich stehe nun in der Mitte der Grotte und atme. Ich bin frei, ich kann atmen! Ich atme immer tiefer und fühle mich immer kraftvoller. Ich bewege mich, mein Brustraum öffnet sich, wird weit, die Arme entfalten sich ...

Da kommen Gefühle, Schuldgefühle, dass ich mich trotz des mich umgebenden Leidens so gut fühle. Immer wieder sagt mir jedoch eine innere Stimme, dass ich das darf, dass es mir gut gehen darf, dass es niemandem hilft, wenn ich es mir auch schlecht gehen lasse ...

Ich atme, ich tanze, ich habe erotische Gefühle. Ich fühle mich kraftvoll und stark in meinem Körper, voller Energie. Ich tanze und fühle mich schön und spüre, dass es so sein darf inmitten von Elend ...

Oben auf der Erde steigt mein Pferd auf die Hinterbeine, wirbelt mit den Hufen durch die Luft und wiehert – ein kraftvolles Bild, das mich begeistert, bestärkt und ihm wild zujubeln lässt. Meine Stimme singt mit den tibetischen Frauen, deren Gesang gerade erklingt (in der begleitenden Atem-Musik) ...

Stille und Mitgefühl

Auf einmal entsteht im Tanzen eine Stille. Wie von selbst legen sich meine Hände auf mein Herz. Ich habe den Impuls, mich umzuschauen zu den Menschen, die rings um mich leidend an den Wänden liegen. Großes Mitgefühl durchflutet mich plötzlich. Sie „dauern" mich, wie es von Jesus manchmal heißt, und ich spüre, was dieses Wort eigentlich meint. Tief empfunden teile ich ihr Leid, gleichzeitig wissend, dass ich nicht helfen kann, nicht retten kann ... Weinend und in großer Trauer verlasse ich die Grotte und gehe durch einen langen Tunnel von Mitgefühl, Schmerz und Trauer. Einen Moment spüre ich die Gefahr, wieder in Resignation und Depression stecken zu bleiben, aber mein Pferd zieht mich kraftvoll weiter. Am Ende dieses Tunnels trete ich wieder auf die Oberfläche der Welt. Ich schaue mich um. Ich bin aus einem halbrunden dunklen Tunnel getreten, über dessen Torbogen steht das Wort „Hölle". Als ich mich ein zweites Mal umschaue, steht dort statt Hölle „Arbeit macht frei". Wieder bewegt mich tiefes Mitgefühl und tiefe Trauer.

Heimkommen

Mein Pferd kommt zu mir, berührt mich und schaut mir über die Schulter. Eine Zeitlang stehen wir gemeinsam hier, ein Moment von Stille und Mitgefühl und auch ein Moment von Freude, diese Reise lebend überstanden zu haben. Wir sind wieder vereint, ich erlebe Vertrautheit und Verbundenheit.

(Dorothee B., Atemreise, März 2005)

Opfer-Dämonen und Täter-Dämonen

Ich bin Opfer
mit all seinen Tränen, Ängsten und Ohnmacht.
Ich bin Täter
mit all seiner Wut, Blindheit und Grausamkeit.

Sowohl stumm als auch laut, so laut, dass mein Schrei das ganze
Universum erschüttert, zerschlägt, bis Neues geboren wird.
Und zugleich bin ich weder Opfer noch Täter, weder Sünde noch Sühne.
In der Stille dazwischen bin ich Selbst.

(Anastasia G., Seminar Individuation, Nov. 2019)

Im Abstieg in die eigene Dunkelheit begegnet der Held oder die Heldin den eigenen inneren Trauma-Dämonen, den verdrängten oder abgespaltenen Erinnerungen an alte Traumata. Immer sind sowohl Opfer- als auch Täter-Dämonen aktiv, denn Opfer und Täter sind eine polare Einheit: Wir haben getötet und sind getötet worden und am Ende der Reise erkennen wir, dass wir Opfer und auch Täter sind.

Gewöhnlich tauchen zuerst die eigenen Opferthemen auf, oft schmerzliche Erfahrungen aus der Kindheit und qualvolles Erleiden in früheren Existenzen. Im folgenden Beispiel, einer Sequenz aus einer Atemreise, verweist eine präexistentielle Opfererfahrung auf eine noch verdeckte biografische Opfererfahrung – sexuelle Traumatisierung durch den Vater –, die nun anerkannt und geheilt werden will:

Opfer für den Vater

Ich stehe am Fuße eines aztekischen Tempels. Eine lange breite Treppe führt hinauf auf die Plattform, wo auf dem Altar ein großes Feuer brennt. Der Priester in dem scharlachroten Gewand erwartet mich, in der Hand hält er immer noch den goldenen Dolch. Ich bin die Tochter des Königs, ich soll für meinen Vater, den König, geopfert werden. Die Priester haben mich seit Langem auf diesen Tag vorbereitet und dennoch fällt mir jede Stufe, die ich höher steige, schwerer. Als ich beinahe oben bin, fällt mich plötzlich Angst an wie ein wildes Tier. Sie packt meinen Körper und schüttelt ihn. Ich möchte fliehen, flüchten, mich verstecken. Doch ich weiß, es gibt kein Entrinnen, hier erfüllt sich mein Schicksal: Die Tochter muss für den Vater geopfert werden.

Ich lege mich auf den Altar. Der Priester hebt die Hand zum Stoß und ... ich bin verwundert, dass er mir den Dolch nicht ins Herz stößt, sondern in den Beckenraum.

(Margret A., Holotropes Atmen 2002)

Aus einem hinter den Opfererfahrungen liegenden Raum können nun auch biografische, karmische oder transgenerative Täter-Themen ins Bewusstsein treten. Die Akzeptanz der eigenen Täterschaft kann sich weitaus schwieriger gestalten als die der eigenen Opferschaft. Denn das Opfer kann Anteilnahme, Mitgefühl und Trost von seinen Mitmenschen erwarten. Das gefällt den alten Trauma-Dämonen, denn der Opfer-Gewinn hält sie am Leben, diese Energie ist ihre Nahrung. Deshalb bleiben manche Menschen lebenslang im Käfig ihrer Opferschaft gefangen. Es ist für unser zensierendes Ich leichter, ein „armes Opfer“ zu sein als ein „böser Täter“, besonders wenn die Zerstörung mit Wonne daherkommt, wie in der folgenden Erfahrung:

Der innere Dämon

Ich werde eine schwarze Kugel, wie aus einer großen, alten Kanone. Ich rolle mit voller Kraft auf ein Dorf zu, um es zu vernichten, es in Brand zu stecken. Dann bin ich ein Dämon: schwarz mit spitzen Ohren und einem Schwanz. Als Dämon drehe ich mich genussvoll um mich selbst, halte Außenstehende in Schach, drohe ihnen und jage ihnen Angst ein. Ich tanze mit Wonne das Zerstörerische, die Dämonin in mir.

(Anja R., Sequenz aus einer Atemreise, Dezember 2005)

Opfer und Täter bilden letztlich eine Einheit. In jedem Täter existiert ein Opfer, darauf verweisen die meisten Berichte über bekannte Täter. Täterschaft wiederum provoziert Opferschaft – als eine Art Schuldausgleich –, weshalb Täter häufig zwanghaft an die Orte ihrer Tat zurückkehren, um erkannt und in Verurteilung und Bestrafung wieder zum Opfer zu werden. Opfer-Täter-Opfer-Täter, so lange, bis das Bewusstsein endlich erwacht und den Teufelskreis beendet. Das folgende Beispiel zeigt das fatale Wechselspiel von Opfer- und Täterschaft:

Ich bin ein Lamm. Ein Rudel Wölfe jagt mich. Sie holen mich ein. Ich schreie vor Angst. Der Leitwolf setzt zum Sprung an, dann fallen alle anderen Wölfe über mich her. Sie zerfetzen mein Fell, sie zerfleischen mich, reißen mir die Beine aus dem Leib, alles ist voller Blut. Ich schreie in Todesangst … Ich bin tot.

Ich bin ein Wolf, der vom Rudel ausgestoßen wurde, ein aussätziges, schwaches, räudiges Tier. Der Leitwolf ist ein riesiges Tier, mit starken Muskeln, das mir mit seinen starren, gelbgrünen Augen Angst einjagt. Ich weiß, dass ich nur dann vom Rudel aufgenommen und akzeptiert werde, wenn es mir gelingt, den Leitwolf zu besiegen und zu töten. Aber die Angst lähmt mich, ich fühle mich viel zu schwach, um mich mit ihm zu messen.

Ich weiß, ich muss Hilfe holen, und so rufe ich mein Krafttier, die Löwin. Mit ihr an meiner Seite stehe ich lange da, um meinen Mut und meine Kraft zu sammeln. Endlich bin ich bereit und fordere den Leitwolf heraus. Er springt mich sofort an, ein wilder Kampf beginnt. Oft denke ich, ich schaffe es nicht, doch die Wut verleiht mir ungeahnte Kräfte. Am Ende töte ich ihn. Der Sieg erfüllt mich mit Freude und Triumph. Ich rufe meinen Sieg in die Welt: Schaut her, ich habe den Leitwolf besiegt!

Ich bin der König. Gerade habe ich es mir auf meinem Thron bequem gemacht, habe mich gerade etwas im Herrschen und Befehlen geübt, als sich plötzlich mir gegenüber ein Portal öffnet. Ein Priester in einem scharlachroten Gewand schreitet auf mich zu, in seiner rechten Hand hält er einen goldenen Dolch. Er schaut mich an und ich erkenne schlagartig, was sein Blick bedeutet: Der König muss sterben. Der König muss geopfert werden. Langsam schreitet er auf mich zu und ich denke verzweifelt: Es kann nicht sein, dass ich jetzt sterben muss, ich habe doch gekämpft und den Wolf besiegt. Das muss ein Irrtum sein. Doch dann weiß ich, mein Tod ist unausweichlich, endgültig.

(Margret A., Holotropes Atmen 2002)

Gerade in der Begegnung mit den inneren Täter-Dämonen kommt der Held oder die Heldin an im Zentrum der Unteren Welt. Es braucht allen Helden-Mut, die eigene Wucht der inneren Zerstörung anzuerkennen und zu offenbaren. Die Annahme und *das Bekenntnis* der eigenen Täterschaft ist eine wirkliche Heldentat. Wer will schon erkannt werden in der eigenen inneren Zerstörungskraft?

Im Sharing, dem Teilen der Atemreise im Heilkreis der Gruppe, fällt es den Menschen oft schwer, von eigenen grausamen Taten zu berichten, besonders, wenn diese sehr blutrünstig sind. Manche werden von Schuld, Scham und heftigem Schmerz überwältigt und brauchen dringend die liebende Anteilnahme der Gruppe, so wie Anneliese im folgenden Beispiel. In ihrem Kollektiv-Bewusstsein haben sich jahrtausendealte, gewaltige Opfer-Täter-Themen angesammelt. Uralter Opfer-Täter-Schmerz des Menschseins will sich durch sie befreien und Heilung finden:

Opfer

Ich sehe mich auf der Spitze eines Berges sitzen. Es ist lange vor unserer Zeit, ich bin nackt und habe lange graue Haare. Ich bin hier, weil mein Stamm mich zurückgelassen hat, als Opfer. Ich werde verhungern, aber ich bin ruhig, weil ich weiß, dass mein Opfer meinem Volk helfen wird.

Dann bin ich in Südamerika, vielleicht in der Inkazeit, und wieder bin ich ein Opfer für die Götter. Mein Herz wird herausgeschnitten, ich spüre den Schmerz körperlich und schreie laut. Zum ersten Mal nehme ich eine Farbe wahr: Blutrot.

Immer wieder bin ich Opfer für das Wohl meiner Mitmenschen, durch alle Zeiten und in unterschiedlichen Ländern: Ich bin Priesterin und werde zerfleischt, bin Königin im Mittelalter, die sterben muss wegen einer Pestepidemie ... Ich sehe, wie sich die Zeiten der heutigen Zeit nähern, aber immer ist die Situation gleich: Ich bin das Opfer für die Gemeinschaft. Manchmal bin ich ruhig und stolz, in der Gewissheit, dass ich den anderen helfe. Oft aber habe ich schreckliche Angst und ich weiß, dass ich völlig willkürlich ausgewählt wurde, und ich versuche zu entkommen.

Täter

Dann macht die Zeit einen Sprung rückwärts: Wieder wird ein Herz herausgeschnitten, doch diesmal bin ich die Priesterin, die das Opfer durchführt. Zum zweiten Mal überwältigt mich die Farbe des roten Blutes. Das Opfer wird gebracht wie immer, für die Gemeinschaft. Aber ich weiß, dass ich gerade diese Frau ausgesucht habe, um mich persönlich für eine Kränkung zu rächen.

Ich töte Menschen an Feuerstellen und Altären ohne Gefühl, aus der Pflicht meines Amtes heraus. Oft suche ich die Person bewusst aus, um ihr zu schaden. Ich bin Priesterin in Afrika und beschneide kleine Mädchen, ich töte einen jungen Mann nach einem rituellen Tanz. Dann bin ich an einem Feuer, meine Tochter hat gerade ein Kind geboren und ich muss es mit einem Messer töten. Zum ersten Mal spüre ich inneren Widerstand gegen das, was ich für mein Volk tun muss. Ich töte, aber spüre großen Schmerz und Entsetzen über das, was ich getan habe. Ich schreie laut ...

Aber ich töte weiter, als Mann führe ich Truppen in die Schlacht, gehe an Verletzten vorbei und lasse sie liegen, bin Heerführer in einem Kreuzzug, ich morde und vergewaltige in „heiligen Kriegen" für die Ehre eines Gottes. Ich handle grausam, berechnend und kalt, meine Opfer interessieren mich nicht. Es tut mir gut, mächtig und grausam sein zu können, ich fühle mich wohl, wenn ich töte.

Heilung

Dann wird die Musik ruhiger und der Blutrausch weniger. Plötzlich wird mir bewusst, was ich getan habe. Ich schäme mich und frage mich, wie jemals wieder ein Mensch mit mir Kontakt haben kann, ohne mich zu verachten. Ich höre auf zu atmen, ich bin völlig erschöpft. Es ist genug, es ist zu viel Blut geflossen. –

Gertrude kommt und ermutigt mich: „Wenn du das Meer aus Blut in dir heilen willst, dann solltest du weiter atmen." Schnell bin ich wieder im Atemrhythmus. Ich sehe mich allein zu Füßen einer riesigen von Licht erfüllten Säule. Zusammengerollt, voller Scham und Schuldgefühl liege ich hier. Plötzlich weiß ich, dass ich mich mit dem Göttlichen Licht, der Lichtsäule, verbinden muss, um zu heilen. Lange Zeit bringe ich mit meinen Händen die Energie in meinen Körper. Meine Hände bewegen sich über meinem Kopf und bringen die Göttliche Energie nach oben. Mein drittes Auge kribbelt. Ich verbinde unten und oben, Himmel und Erde in mir. Der heilsame Strom fließt. Ich fühle Frieden.

(Anneliese D., Holotropes Atmen)

Begegnung mit dem Weiblichen

Der Heros folgt dem Ruf, wagt den Abstieg, kämpft mit den Dämonen und ist bereit, dem Tod zu begegnen. Aber es gibt noch eine weitere Prüfung, die den Helden erwartet: die Begegnung mit dem Weiblichen, dem weiblichen Urprinzip.

Für den patriarchal geprägten Mann ist die Begegnung mit dem Weiblichen, der Anima, die allergrößte Herausforderung, die eigentliche Prüfung; der Kampf mit Dämonen und Ungeheuern wird hierzu vergleichsweise zum Kinderspiel. Der typische *patriarchale Mann* hat keine Angst, in den Krieg zu ziehen, aber vor der Urkraft des Weiblichen zittern ihm die Knie. Deshalb, so schreibt Jung (10):

> „Ist die Auseinandersetzung mit dem Schatten das Gesellenstück, so ist diejenige mit der Anima das Meisterstück. Denn die Beziehung zur Anima ist wiederum eine Mutprobe und ein Feuerodal für die geistigen und moralischen Kräfte des Mannes."

Selbstverständlich ist er unentwegt auf der Suche nach ihr, seiner „Traumfrau", aber wenn er ihr tatsächlich begegnet, dann weicht er angstvoll zurück. Der wirkliche Held, der Heros, aber stellt sich der Begegnung mit dem Weiblichen. In der Vereinigung mit seiner Anima verbindet er sich mit dem Urgrund des Lebens, er erkennt und integriert seinen eigenen weiblichen Anteil und wird ein ganzer, ein wirklicher Mann.

Die Integration des weiblichen Urprinzips war einst das *Kernthema* der alten Einweihungsmysterien. Deshalb lässt sich der mythologische Heros von einem Wal verschlingen, landet in dessen Bauch und wird wieder ausgespuckt. Der Wal ist das größte lebende Säugetier, sein Lebensraum ist das Element Wasser und er hat einen Uterus. Im Bauch des Wals sein – die symbolische Bedeutung ist klar: Der Heros hat sich vom Weiblichen verschlingen zu lassen, um hier im kosmischen Bauch, dem Uterus der Großen Mutter, Tod und Wiedergeburt zu erfahren.

Das archetypische Motiv der „Rückkehr in den Uterus" („regressus ad uterum") findet sich bei allen Einweihungstypen als das Eingehen in den Leib eines „Ungeheuers". Symbolische Entsprechungen hierzu sind Gefangensein in der Unterwelt, in einer Höhle, einer Hütte, vom Wolf gefressen werden. All diese Erfahrungen entsprechen dem Wieder-zurück-gehen in

Begegnung mit dem Weiblichen. Skulptur (Detail) v. G. Croissier 2007, Foto: Tim Besserer

den Leib der Großen Mutter und dem Zweimal-geborenwerden als Erfahrung von Tod und Neugeburt. In der symbolischen Gleichsetzung von Gebär-Mutter und Großer Lebensmutter ist die Rückkehr in den Uterus das Eingehen in die kosmische Einheit, das Ankommen im universellen Zentrum des Lebens.

Hiervor aber hat der patriarchale Mann eine höllische Angst. Denn im Geburtsvorgang wird der Mutterleib zum Ort der Qual und des Todes und die Vulva ist somit das gefräßige Maul des Ungeheuers, das den Mann zu verschlingen droht. Im Unbewussten ist der Leib der Frau, nach dem er sich sehnt und den er gleichermaßen angstvoll meidet, identisch mit dem Leib der Mutter, dem Ort drohender Vernichtung. – Dieses Thema, „Die Angst vor der weiblichen Urkraft", habe ich in meinem ersten Buch (11) ausführlich dargestellt.

Der wirkliche Held aber stellt sich dieser Angst vor dem Weiblichen nicht, indem er sie „besiegt“, sondern indem er diese seine Urangst anerkennt und sie wandelt. Die Begegnung mit dem erschreckenden weiblichen Urprinzip ist in allen Initiationen und Einweihungen in unterschiedlichen spirituellen Traditionen von großer Bedeutung und wurde von dem rumänischen Religionswissenschaftler und Philosophen Mircea Eliade (1907-1986) gründlich belegt.(12) Er zitiert den Mystiker und Arzt Paracelsus (1493-1541), nach diesem muss „derjenige, der in das Reich Gottes eingehen will, zuerst mit seinem Leibe in seine Mutter eingehen und dort sterben.“ Auch im modernen synkretistischen Taoismus heißt es, dass Jou-lai (Buddha) die Menschen lehrt, „von neuem in die Gebärmutter einzugehen, damit sie ihre (wahre) Natur wiederherstellen und ihr Lebensschicksal (in seiner ganzen Fülle) erneuern“. Und von der indischen Kali-Maya heißt es, sie „lud die Götter ein, in der blutigen Flut ihres Uterus zu baden und davon zu trinken; und die Götter in heiliger Kommunion tranken aus dem *Brunnen des Lebens* und badeten darin und erhoben sich gesegnet in die Himmel.“ (13)

„Brunnen des Lebens“, „Wasser des Lebens“, „Kelch des Lebens“ – alles Symbolbegriffe für den weiblichen Lebens-Ursprung, den Schatz, nach dem der Held sucht, und den er letztendlich nur in sich selbst findet – in Gestalt seiner Anima.

Warum aber ist die Heldenreise ein *männlicher* Archetyp? Warum hat hier nur der Mann die Todeserfahrung anzunehmen? Der große Mythologe Joseph Campbell soll einmal gesagt haben, dass Frauen die Heldenreise nicht zu unternehmen bräuchten, denn die „gesamte mythologische Tradition besagt, dass die Frau bereits da ist“, wohin der Heros erst strebt. (14) Was aber heißt das – wo ist die Frau bereits?

Die Frau unterliegt, anders als der Mann, den natürlichen Zyklen der Gezeiten von Ebbe und Flut, von Fruchtbarkeit und Unfruchtbarkeit. Menstruation, Schwangerschaft und Geburt sind ihre Initiationen von Tod und Erneuerung. Als zyklisch Blutende und als Gebärerin ist die Frau *Verkörperung des Mysteriums von Geburt und Tod und Wiedergeburt,* sie ist schon immer eine Eingeweihte. Daher wurden in der frühen Zeit nur Männer in die Mysterien eingeweiht. In diesem Verständnis ist der Heilige Gral, nach dem der keltische Ritter Lanzelot sucht, ein mit weiblichem Lebens-Blut gefüllter Kelch, er ist das „Gefäß des Lebens“ (15). Um diesen Kelch des Lebens zu finden, die Ganzheit zu erfahren, muss der Mann, der Heros, selbst „freiwillig bluten“.

Gorgo Medusa – Die Angst vor der weiblichen Urkraft. Griech. um 490 v. Chr.

Die Frau ist Verkörperung des Mysteriums von Tod und Geburt. Wenn die heutige Frau sich dessen auch nur annähernd bewusst wäre, dass sie das „Gefäß des Lebens" ist, dann sähe die Welt heutzutage anders aus. Dann wäre die Frau bereit und in der Lage, Verantwortung für das Leben auf der Erde zu übernehmen. Dreitausend Jahre Patriarchat aber haben die weibliche Urkraft dramatisch geschwächt, die Wunde des Weiblichen ist groß. Die patriarchale Frau hat vergessen, wer sie ist. Sie ist schmerzlich getrennt von ihrer weiblichen Urnatur, ihrer zyklischen Bestimmung und ihrer archetypischen heilsamen Macht. – Hiervon handelt mein erstes Buch „Psychotherapie im Raum der Göttin".

Die mythische Reise der *Heldin* von heute beginnt daher mit der Anerkennung des Getrenntseins von ihrer ureigenen weiblichen Kraft. Und sie endet in der Erfahrung von Ganzheit, der Einheit von Weiblich und Männlich im eigenen Wahren Selbst. Murdock schreibt in der Schlussbemerkung ihres Buches „Wege der Heldin" (16): Eine Heldin, die dem Ruf ihrer Seele folgt,

„… muß ihr Schwert der Unterscheidung schwingen, um die Ego-Bande, die sie an die Vergangenheit ketten, zu durchtrennen, und sie muß herausfinden, was dem Ziel ihrer Seele dienlich ist. Sie muss ihre feindseligen Gefühle gegenüber der Mutter aufgeben, muß aufhören, dem Vater die Schuld zuzuschieben und/oder ihn zu verherrlichen, muß den Mut aufbringen, sich ihrer eigenen Dunkelheit zu stellen. Es ist an ihr, ihren Schatten zu benennen und zu akzeptieren. (…) Sie muß eine positive Beziehung zu ihrem inneren Mann mit Herz entwickeln und zur Stimme ihrer Frau von Weisheit finden, um sich von ihrer Entfremdung vom heiligen Weiblichen zu heilen. Indem sie Körper, Seele und Geist Achtung und Ehre erweist, heilt sie die Spaltung in sich selbst und in unserer Kultur."

So wie der Mann einen männlichen Einweihungsweg zu gehen hat, so hat die patriarchale Frau einen *weiblichen Einweihungsweg* zu gehen: Sie hat ihr patriarchales Ego sterben zu lassen und sich mit ihrer verlorenen Weiblichkeit zu verbinden, um als schöpferische Frau wiedergeboren zu werden.

Verwandlung ist daher das Zauberwort für beide, den Mann und die Frau, den Heros und die Hera.

Auf ihrem Individuationsweg haben *beide* sich der schmerzlichen initiatischen Verwandlung zu stellen. Wandlung ist der magische Moment am Punkt Null, dem Tod des Egos, in dem sich Dunkel in Licht, Schmerz in Freude, Angst in Zuversicht und Hass in Liebe wandeln.

Das letzte Tor durchschreiten

„Ich wusste auf einmal, dass ich zu dem Eis in mir vordringen müsste. Dazu musste ich alles abgeben, was mich auf Erden gewärmt hatte. Ich musste meine Kleidung ablegen, um die Kälte zu spüren, um die Kälte in mir zu finden. So legte ich Stück um Stück ab.

Es waren liebgewordene Sachen, die ich nicht leicht hergab, und ich weinte dabei …"

(Dorothee B., Sequenz aus Atemreise, Dez. 2004)

Um das letzte Tor zu durchschreiten, haben Held und Heldin alles abzulegen, was ihnen bisher lieb und teuer war, so wie die sumerische Göttin Inanna auf ihrer Unterwelts-Reise: Im Inanna-Mythos befiehlt Ereschkigal, die Göttin der Unteren Welt, ihrem obersten Torwächter Neti [(17)]:

„Verriegele die sieben Tore der Unterwelt.
Dann, eins nach dem anderen, öffne jedes Tor einen Spalt breit.
Lass Inanna herein.
Sobald sie eintritt, zieh ihr die königlichen Gewänder vom Leib.
Auf dass die heilige Himmelspriesterin tief gebeugt eintrete.
(…)
Als sie durch das erste Tor eintrat,
Wurde ihr die *schugurra,* die Krone der Steppe, vom Haupt genommen. (…)
Beim zweiten Tor werden ihr die kleinen Lapisperlen vom Hals genommen.
Beim dritten Tor nimmt man ihr den doppelten Perlenstrang von der Brust.
Beim vierten Tor nimmt man ihr die Brustschmuckplatte mit dem Namen »Komm, Mann, komm« ab.
Beim fünften Tor streift man ihr den Goldreif vom Handgelenk.
Beim sechsten Tor verliert sie Maßstab und Richtschnur aus Lapis.
Beim siebten Tor endlich muss sie ihr königliches Gewand ablegen.
(…)
Nackt und tief gebeugt wurde Inanna vor Ereschkigal gebracht.“

Ja, um Heilung und Ganzwerdung zu erfahren, müssen Frauen und Männer Opfer bringen, alles abgeben, was das Ego so gerne festhalten will. Oft sind es schädliche Gewohnheiten, die aufzugeben sind, Abhängigkeiten und scheinbare Sicherheiten und manchmal nur wärmende Bequemlichkeiten. Beim Durchschreiten des siebten Tores aber muss auch das Kostbarste, das „königliche Gewand“, abgelegt werden, der „Mantel der Macht“:

Du, mein Mantel der Macht, drückst schwer auf meinen Schultern.
Gewoben bist du aus dem Licht und dem Schatten meines Seins,
durch die Zeiten und Räume.
In deinen Taschen finde ich so vieles:
Darin stecken Schuld, Aggression, Zerstörung und Selbst-Überhöhung;

aber auch Fürsorge, Mitgefühl, Heilkraft und Selbst-Aufgabe.
Gerne würde ich dich ablegen und verstauen in einer tiefen dunklen Kiste.
Es macht mir Angst und belastet meine Seele, dich zu tragen.
Doch bist du so sehr ein Teil von mir, dass ich mich meiner Selbst berauben würde.
So beschließe ich, dich zu tragen,
im Angesicht meiner Täterschaft und meiner Opferschaft.

Um dich zu tragen, bin ich bereit, meine Bequemlichkeit zu opfern,
denn es ist nicht bequem, den Mantel der Macht zu tragen.
Um dich zu tragen, bin ich bereit, meine Sicherheit zu opfern,
denn es ist nicht sicher, den Mantel der Macht zu tragen.
Um dich zu tragen, bin ich bereit, mein Verlangen nach Anerkennung zu opfern,
denn wer den Mantel der Macht trägt, erntet selten Anerkennung.

Mit dem Wissen um die dunklen Anteile und im Gewahrsein der Schatten strebe ich von nun an danach, die lichten Aspekte zu verwirklichen, und stelle mich und meinen Mantel der Macht in den Dienst am Leben.
Dafür bitte ich um Achtsamkeit, Wahrhaftigkeit und die Kraft der Liebe.
So sei es!

(Bernd B., Ausbildungs-Seminar 2019)

Ja, eine großartige und mutige Entscheidung, die Bernd hier getroffen hat. Und ich bin sicher, er wird alles tun, um diese seine Macht in den Dienst am Leben zu stellen. Tatsächlich tut er das schon lange: In der Ausbildungsgruppe schenkt er sein Wissen, gibt Weisheit, Beistand, Anerkennung und Mitgefühl. Der Gruppe ist er eine Art „Großer Vater" geworden, die Menschen schätzen und achten ihn in seiner heilsamen Macht-Position. Sein Umgang mit Macht könnte Vorbild sein für so viele Macht-Mantel-Träger in der Welt.

Und dennoch – es ist nur ein *Mantel,* etwas Äußerliches, ein Kleidungsstück, das schützen und wärmen soll. Als kostbarer Mantel gibt er auch Ansehen und Würde. Was wäre, wenn Bernd den Mantel der Macht ablegen würde? Er ist doch bereit, Bequemlichkeit, Sicherheit und Anerkennung zu opfern, wozu braucht er dann noch diesen Mantel? Eine Antwort wird er im Laufe seiner Tage für sich selbst finden.

Heilsame Macht kann letztendlich nur vom Innen her wirksam in die

Welt strahlen. Ohne äußere Macht aber sind wir verletzlich und das macht Angst. Wir könnten das Thema von äußerer und innerer Macht als einen Konflikt zwischen Ich, Ego und Selbst verstehen: Das personale *Ich* will und muss sich zuweilen schützen in einer Welt der Polaritäten. Das *Ego,* als Schatten-Ich, lebt in der ständigen Angst, schutzlos zu sein, und panzert sich gerne mit äußerer Macht. Das ganzheitliche *Selbst* aber – als Aspekt des Göttlichen in uns – weiß, dass es schon immer geschützt ist, und kann sich daher schutzlos hingeben. Im Sinne dieser Einsicht könnten wir beschließen, unser Macht-Mäntelchen nicht immer zu tragen, sondern zuoberst in die Truhe zu legen, griffbereit für den Fall, dass wir uns wieder mal „warm anziehen müssen".

Wir Menschen sind göttlichen Ursprungs, aber wir sind nicht Gott-gleich. Wir sind mächtig *und* ohn-mächtig, groß *und* klein. Auf der Ebene des Personalen fühlen wir uns oft hilflos, verletzlich, bedürftig und brauchen einen wärmenden und kleidsamen Schutzmantel. Auf der Ebene des Transpersonalen aber, auf der mythischen Reise zum Ursprung, zur Einheit des Bewusstseins, müssen wir am Ende, beim Durchschreiten des letzten Tores, schließlich alles ablegen: Alles was uns schützt, alles was uns wärmt, alles was uns schmückt; alle Insignien äußerer Macht und Größe sind zu opfern. „Nackt und tief gebeugt" stehen wir da, so wie Inanna, die Königin von Himmel und Erde, die am Tor zur Unterwelt alle Zeichen ihrer königlichen Würde ablegen musste.

Es scheint, dass gerade da, wo viel Größe, viel Reichtum, viel Wissen, viel königliche Macht ist, auch viel abzulegen und viel zu opfern ist. Das macht es schwierig, denn ein Königreich zu opfern, verlangt größere Opferbereitschaft, als den letzten Zehner herzugeben.

Demut ist der Schlüssel zu Befreiung und Ganzwerdung.

Erkenntnis-Fragen:

- Wohin, in welchen Raum, führt mich mein eigener Abstieg?
- Welchen Dämonen begegne ich hier?
- Opferdämonen? Täterdämonen?
- Fühle ich Angst? Wovor?
- Welche Kleidungs- und Schmuckstücke muss ich ablegen?
- Welche Ego-Opfer habe ich zu bringen, damit ich heil werden kann?

Die Wandlung: Erfahrung von Tod und geistiger Wiedergeburt

> „Plötzlich vernahm er ein Grollen, und er wurde von einem Windstoß von ungeahnter Kraft zu Boden geworfen. Um ihn her war eine riesige Staubwolke, die den Mond fast verdeckte. Vor ihm bäumte sich ein riesiger Schimmel auf, der ein unheimliches Wiehern ausstieß. Der Jüngling konnte kaum etwas erkennen, aber eine Angst überwältigte ihn, wie er sie noch nie gekannt hatte. Auf dem Pferd saß ein Reiter ganz in Schwarz, mit einem Falken auf seiner linken Schulter. Er trug einen Turban und vor dem Gesicht ein Tuch, das nur die Augen freiließ. (...) Der geheimnisvolle Reiter zog sein gebogenes Schwert (...). Der Gedanke an Flucht kam ihm gar nicht. In seinem Herzen regte sich eine seltsame Freude: Er würde für seine innere Bestimmung sterben."[(18)]

Wenn wir in der eigenen Unterwelt angekommen sind, wenn wir allen Schutz und alle Zierde abgelegt haben, wenn wir in Hingabe bereit sind, für unsere Bestimmung zu ‚sterben', erst dann kann sich heilsame Wandlung ereignen. Wir sind – wieder einmal – angekommen am Ziel unserer mythischen Reise, sind verbunden mit der inneren Quelle und trinken vom „Wasser des Lebens". Nun sind wir würdig, die Gabe zu empfangen:

> Uralter Zentaur
> In den Schluchten des Epiros
> Erwartest du mich
>
> Nackt steh ich vor dir
> Zitternd in des Zwielichts Kälte
> Die Gabe erbittend
>
> (G.C.)

Der Held und die Heldin, die den Abstieg wagen, ihr Ego opfern, erleben den Aufstieg und empfangen das Geschenk der Neugeburt – die Gabe. Die mythische Reise eines jeden Menschen gestaltet sich in einzigartiger Weise, dem jeweiligen Seelenweg entsprechend und wundersam ausgestaltet mit den dazugehörigen Selbst-Symbolen. Immer aber geht es um die archetypische Erfahrung von Tod und geistiger Wiedergeburt:

Abstieg in die Unterwelt

Ein Kult ist zu erfüllen, ich werde in einer heiligen Handlung von meinem Volk verbrannt. Ich spüre keinen Schmerz, nur eine große Traurigkeit. Zurück bleibt meine Asche.

Danach sehe ich einen großen schwarzen Topf vor mir stehen. Ich sitze davor und meine Asche befindet sich darin. Irgendwann zieht es mich hinein in den Topf, wie durch einen Sog, wie durch ein Loch in den Boden. Ich gehe langsam eine Treppe hinab, und ich weiß, es ist der Weg in die Unterwelt, in das Reich der Toten. Es wirkt wie ein Verlies, alles ist schwarz, überall bizarre und spitze Formen. Das bisschen Licht von einer Fackel, das die Stufen erhellt, ist weiß und kalt. Ich gehe und gehe, es kommt mir ewig vor, in diese Mondlandschaft hinunter. Es erinnert mich an die Vulkanlandschaft im Inneren Islands. Ich bin allein ...

Aufstieg und Neugeburt

Dann kommen drei schwarz vermummte Gestalten. Habe ich Angst vor ihnen? Was wollen sie von mir? Sie ziehen mir meine alten Kleider aus und bekleiden mich mit einem leichten, weißen Gewand. Und dann beginnt der Aufstieg. Wieder scheint der Weg ewig zu dauern. Irgendwann habe ich dann das Gefühl von Auftauchen. Ich teile mit meinen Armen smaragdgrünes Wasser und steige aus einem Strudel auf. –

Nun bin ich wieder an meinem Topf und braue etwas. Dabei stimme ich einen heiligen Gesang an und mache dazu rituelle Handbewegungen, die aus mir zu fließen scheinen.

(Anja R., Holotropes Atmen, Dez. 2005)

Zentrale Selbst-Symbole durchziehen Anjas Geburts-Mythos: Topf, Treppe und Wasser. Ihre Wandlung vollzieht sich in einem Topf. Der *Topf* – ein urweibliches Symbol für den Uterus – ist der archetypische „Kessel der Wandlung“, der mythologische Hexenkessel. In ihm wird alles so lange gerührt und durchgekocht, bis es gar ist. In diesem Topf erfährt Anja den Abstieg in die Unterwelt, in das Reich der Toten. Auf den Abstieg folgt der Aufstieg, das weiße Hemd schenkt die spirituelle Reinheit und aus einem smaragdgrünen Wasser wird sie neu geboren.

Es ist verblüffend und wundersam, wie sich die Erfahrung von Tod und geistiger Wiedergeburt in jedem individuellen Heilungsverlauf auf jeweils ganz eigene Weise abbildet. Die Umstände, Wege, Dämonen und Helferwesen sind unterschiedlich, immer aber folgt der Verlauf dem rituellen Grundmuster von Abstieg, Todeserfahrung und Erneuerung:

Maria war im Leben immer nur die Zweite, obwohl sie doch so gerne die Erste, die Wichtigste und die Einzige gewesen wäre. Als Zweite hat sie schon lange aufgehört, sich zu zeigen; sie hat beschlossen, sich lieber zu verbergen, obwohl sie dieses Nicht-gesehen-werden als schmerzliche und vernichtende Kränkung erlebt. Auf ihrer Reise geht sie den „Weg nach unten", erfährt Tod, Aufstieg und geistig-emotionale Erneuerung:

Abstieg

Ich gehe abwärts, es ist düster. Auf dem Weg nach unten muss ich alles abgeben, alle Insignien der Ärztin, alles, was mich stolz gemacht hat in diesem Beruf, alles, was ich kann, alles, was ich erreicht habe. Ich muss abgeben, worauf ich als Mutter meines Kindes stolz bin, alles, was mir das Gefühl gibt: Das habe ich gut gemacht. Alles, was mich stolz und zufrieden mit mir macht, alles, was mich glücklich macht, das muss ich abgeben am letzten Übergang. Mein Herz ist dunkel, leer und angreifbar.

Ich komme in eine große Höhle, in der Mitte steht ein steinerner Altar. Sie binden mich auf diesen Altar. Dann sind da Stimmen, die sagen:

„Was lohnt es sich zu leben, wenn du immer nur die Zweite oder gar die Dritte bist. Dein Mann hat eine andere genommen, deinem Vater warst du nie wichtig, bei deiner Freundin warst du auch nur die Zweite. Und jetzt, deine Mutter liebt deine Schwester viel mehr als dich. Du bist doch vergessen in dieser Familie, abgeschrieben. Schon als kleines Mädchen warst du nur die Nummer zwei nach deinem Bruder. Alle Frauen finden einen Mann, nur du nicht. Du wirst immer die bleiben, die man mag, nie die, die man liebt. Du wirst nie die Erste sein unter den Frauen ... Was lohnt es sich da zu leben, warum immer weiter diesen Schmerz auf dich nehmen? Gib einfach auf. Hör auf, an diesem elendigen Leben festzuhalten, das für dich nichts als Enttäuschungen bereit hält."

Tod

Sie binden mich an einen toten Baum. Ich habe Durst, ich habe Hunger, mein Körper ist voller Schnittwunden. Ich sinke aus Schwäche in mich zusammen, hänge in den Fesseln. Sie binden mich auf ein Floß, meine Hände sind mir auf dem Rücken gebunden. Sie schieben das Floß in den

Strom. Ich treibe flussabwärts, immer schneller, ich höre den Wasserfall und weiß, dass es ein riesiger Wasserfall ist. Sein Donnern wird immer lauter, ich treibe immer schneller auf den Wasserfall zu. Ich habe keine Angst. Das Floß stürzt mit mir in die Tiefe. Im Moment des Fallens befreit sich ein Adler vom Floß und fliegt davon ... Ich bin der Adler, ich sehe meinen toten Körper am Rande des Flusses liegen.
Ich fliege lange über verwüstetes Land ...

Aufstieg und Erneuerung

Nun bin ich wieder Maria und bin bei einem Indianerstamm. Sie schenken mir einen Kopfschmuck mit einer Adlerfeder und geben mir einen Namen: „Aschtar, die Frau, die sich zeigen will".

Ich gehe zurück. Beim Aufstieg bekomme ich alles, was ich abgegeben hatte, zurück, alle Insignien der Größe und der Würde. Und ich weiß tief in meinem Innern: Ich bin die, die ich schon immer war und sein werde, „Aschtar, die Frau, die sich zeigen will" – auch wenn ich nicht die Erste, nicht die Wichtigste, nicht die Einzige bin: Ich werde mich zeigen.

(Maria S., Seminar Heldenreise, Febr. 2010)

Wiedergeburt als geistige Erneuerung, was können wir darunter verstehen? Die Neugeburt kann sich sehr unterschiedlich gestalten, abhängig von der Einzigartigkeit der jeweiligen Lebensreise. Der Held oder die Heldin findet genau den Schatz, der ihr oder ihm zur aktuellen Heilung und Ganzwerdung fehlt. Marias geistig-emotionale Wiedergeburt weckte in ihr die Bereitschaft, sich zu zeigen, auch wenn sie nicht die ersehnte Erste und Einzige ist. Dorothee, die in ihr eisiges inneres Universum gereist war, die all ihre „liebgewonnenen Sachen" abgelegt hatte, erlebt Heilung und Erneuerung ihrer tief verwundeten Weiblichkeit.

... Plötzlich fühle ich mich eins mit allem, was mich umgibt, ich bin das Universum und das Universum bin ich. Ich bin das universelle weibliche Prinzip. Frauenstimmen singen in mir und singen mir zu, dass es so ist: „Ich bin die göttliche Frau, du bist die göttliche Frau!", singt es in mir und wieder fühle ich mich tief berührt von dieser Bestätigung: „Du bist!" „Ich bin!"

Ich beginne meinen Körper zu berühren, meinen Körper zu streicheln und zu spüren.

Mein Höschen muss ich auch noch ausziehen, weil ich nichts brauche, alles bin ich, alles ist in mir, die ewige heile Frau! Ich genieße dieses Ganzsein, genieße meinen Körper, meine Weiblichkeit. Ich genieße das bedürfnislose, heile Sein ..."

(Dorothee B., Atemreise 2004)

Heimkehr – Ankommen in der Welt des Alltäglichen

Heimkommen

Nun gehe ich mit nackten Füßen auf einer Blumenwiese. Ich habe ein schönes, erdiges Gefühl, gerade auch mit meinem weißen Gewand. Ich pflücke Blumen und habe kurz darauf einen Kranz mit violett-blau-weißen Hornveilchen auf dem Kopf. Er ist sehr schön, wie eine Krone, und ich fühle mich auch sehr schön. Aber dann wird mir der Kranz, die Krone wieder genommen. Ich kann nichts tun. Es bleiben mir nur zwei Hornveilchen: eines in meinem Brustraum und eines in meinem Becken.

(Anja R., Sequenz aus dem Holotropen Atmen, Dez. 2005)

Das Heimkommen ist eine weitere Anforderung an das mutige Helden-Ich, welches die aufregende Dynamik der Reise durchaus auch genießen konnte. Nicht *ab*gehoben, sondern *ein*gebunden in die Ganzheit des Lebens, so kehren die Helden zurück in das Alltägliche, in die Normalität des Lebens. Kranz und Krone, die äußeren Zeichen von Ganzheit und Größe werden ihnen wieder genommen. Schade, es fühlt sich doch so schön an, ‚spirituell' zu sein!

Ich erinnere mich an die Ausbildungsjahre im Holotropen Atmen bei Stanislav Grof: Es war für mich eine aufregende und teilweise auch erschütternde Heldenreise: Etwa vierzig Menschen aus Deutschland, Holland und der Schweiz hatten sich versammelt und tiefe innere Erfahrungen und auch schwierige Gruppenprozesse durchlebt. Abstürze, Fallen und Gehaltenwerden, Erstarrung, Angst und heilsame Ekstase, Verwirrung und heiliger Wahnsinn hielten die HeldInnen in Aufruhr.

Und dann endlich – Stille, Klarheit, tiefer Frieden. Mit dem Licht am Ende des Tunnels, dem inneren Sehen, war das äußere Leben nun weniger dramatisch, es war ruhiger, einfacher, aber auch langweiliger geworden.

Wir sind süchtig nach aufregender Dynamik; jeden Abend ein Fernsehkrimi, wenn das eigene Leben nicht aufregend genug ist. Deshalb ist die Heimkehr nach dem Abenteuer für manche eher wenig attraktiv, immer unterwegs sein, immer online oder an jedem Wochenende ein ‚spirituelles' Event. Wer kennt nicht das Gefühl von innerer Leere und Ödnis nach einer erfüllenden Reise, nach einem bewegenden Seminar. Was nun? Was machen?

Wenn es im äußeren und im inneren Raum still geworden ist, kann es schwierig werden, dann kann Unruhe uns ergreifen und die Sucht nach neuen Abenteuern. Die germanischen Berserker versäumten oder verweigerten nach ihren initiatischen Prüfungen die Rückkehr aus den Tiefen der Wälder. Sie verwilderten und verrohten, ihre heilsame Opfer-Erfahrung wurde zu Täter-Erfahrung, zu Gewalttätigkeit.

Worum geht es im Heimkommen nach einer spannenden Reise? Nun, es geht ums Auspacken, die mitgebrachten Andenken sichten, Geschenke an die Lieben verteilen und eine neue Lebens-Ordnung erproben. Das Ende jeder Reise ermöglicht und erfordert einen Neu-Beginn. Wie will ich jetzt leben? Wo braucht es Erneuerung in meinem äußeren und meinem inneren Leben? Welche Erfahrungen der Reise, welche Gabe, will ich nun in mein Leben integrieren? Die eigentliche und wichtigste Frage lautet: *Welches Geschenk habe ich in die Welt zu bringen?* Mit der Antwort auf diese Frage sind wir wieder bei der Sinn-Frage vom Anfang dieses Buches gelandet.

Nach dem Abstieg in die Untere Welt der Dunkelheit, der Wandlung und dem Aufstieg in die Obere Welt des Lichtes kehren die mythischen Helden zurück zu ihrer alltäglichen Lebensaufgabe, zu Familie, Mann, Frau, den Kindern, dem Beruf. Aber, etwas hat sich grundlegend verändert: Als Wieder-Geborene sind sie „Sehende" geworden, sie können die alltägliche Welt nun mit „neuen Augen" sehen. Sie erkennen, dass der Heilige Gral, der Schatz ihrer drängenden Suche, schon immer da war und schon immer da ist. Heros und Hera erkennen, dass *hinter* allen Brüchen und Spaltungen schon immer Einheit war und Einheit ist:

> „Und am Ende erkannte ich
> dass ich in allem bin
> und alles in mir ist."

In diesem Zustand innerer Sammlung sind wir schlicht und einfach. Das alltägliche Tun, der Dienst am Leben ist schlicht und einfach: Wir stehen morgens auf und begrüßen den Tag, wir reinigen das Haus, wir ordnen die Dinge, wir füttern unsere Kinder und die Katze, wir tun die Arbeit, zu der wir berufen sind, wir kochen gesunde und einfache Mahlzeiten und wir beschließen den Tag mit einem „Danke" an unsere innere Führung.

Erkenntnis-Übung:
Vielleicht haben Sie Lust, Ihren eigenen HeldInnen-Mythos zu schreiben. Folgen Sie hierbei den Stufen des Heldenweges:

- Ruf
- Abschied und Schwelle
- Abstieg und Kampf mit den Dämonen
- Hilfen und geistige Führer
- Wandlung: Erfahrung von Tod und Erneuerung
- Heimkehr: Welches Geschenk bringe ich der Welt?

Die mythische Heldenreise in der Praxis der Transpersonalen Psychotherapie

Die mythische Heldenreise mit ihrem archetypischen Muster, ihren eindrücklichen Symbolgestalten, hat universelle Gültigkeit für jede *Heilungs-Krise.* Sie enthält alle symbolischen Aspekte, die den Heilungsweg kennzeichnen, begleiten und unterstützen, und liefert uns damit ein ideales Modell für die Praxis einer ganzheitlichen Therapie:

Der Patient, die Patientin als „Leidende" folgen einem meist diffusen inneren Ruf und kommen zu einem therapeutischen Erstgespräch. Lässt der Mensch sich ein, dann verweilt er zunächst auf der Schwelle zu einem noch unbekannten Erfahrungsraum, auf der Schwelle zwischen Dunkel und Licht.

In Begleitung seiner Therapeutin, seines Therapeuten wagt er oder sie nun den Abstieg in die eigene Unterwelt, kämpft mit den inneren Dämonen, den Widersachern gegen die Heilung. Denn er hat Angst vor dem alten Schmerz, vor Verlust und Ego-Tod. Was ist hier die Katastrophen-Fantasie? „Was ist das Schlimmste, was passieren könnte?", frage ich.

„Wenn ich diesen Weg gehe, dann
– werde ich verrückt, ich werde wahnsinnig
– löse ich mich auf, ich verschwinde
– hat keiner mich mehr lieb
– verliere ich meine Familie, Freunde, Arbeit
– bricht alles zusammen, was ich mir aufgebaut habe
– werde ich untergehen, werde ich sterben."

Als transpersonale Therapeuten sind wir kundige und verlässliche BegleiterInnen, vergleichbar dem Psychopompos der Eleusinischen Mysterien. Wir kennen den Weg durch die Unteren Welten aus eigener Erfahrung, sind – im Idealfall – selbst Eingeweihte in die Mysterien von Tod und Erneuerung: Wir sind dem Ruf gefolgt, haben den Abstieg gewagt, kennen die List und Tücken unserer eigenen Dämonen. Wir können die Weg-Zeichen deuten und vermitteln Stabilität und Ermutigung auf diesem unsicheren Weg. Vor allem aber unterstützen wir den Dialog mit der inneren geistigen Führung der KlientInnen, dem inneren Heiler, der inneren Heilerin.

Und am tiefsten Punkt der Reise, wenn sich in einer Erschütterung die Blockaden lösen und die dreizehnte Tür sich öffnet – vielleicht zu einem lange verborgenen Trauma –, dann sind wir für eine Weile der „Fels in der Brandung". In einer heilsamen Übertragung sind wir die tröstende Mutter, der Halt gebende Vater, wir sind emotional und geistig präsent. Wir durchschreiten gemeinsam mit den Menschen das Land des Todes und begrüßen freudig die emotionale und geistige Erneuerung. Wir würdigen die Gaben und das, was sie der Welt zu geben haben. Und am Ende einer therapeutischen Heldenreise sagen wir gemeinsam „Danke" für die geistige Führung von beiden, von KlientIn *und* TherapeutIn.

Im Folgenden einige praktische Hinweise und *Anregungen* für die therapeutische Begleitung nach den Stufen der Heldenreise:

Der Ruf

Den Ruf, das Anliegen, herausarbeiten

- Den Hilferuf der Klientin anhören
- Den Ruf aus der Projektion – auf die Therapeutin – nehmen:
- Den Ruf als Botschaft des Wahren Selbst formulieren und aufschreiben lassen

- Wie lautet der Ruf des Selbst? Ihn hörbar werden lassen
- Mit einem „Echo“ den Ruf verstärken
- Den Ruf mit dem Schlag der Trommel rhythmisch verstärken
- Den Ruf als innere Botschaft, ver-dichten, singen, malen, tanzen lassen

Die Schwelle

Als Therapeuten „Hüter der Schwelle“ sein

Als Therapeuten sitzen wir mit auf der Schwelle und warten geduldig, manchmal auch sehr lange, Wochen, Monate. Als „Hüter der Schwelle“ machen wir keinen Druck, wir warten, bis das Helden-Ich bereit ist, den Abstieg zu wagen. Wir machen Mut, aber wir beschönigen nichts, wir sagen offen und ehrlich:

- dass die Reise vielleicht lang und auch beschwerlich werden kann
- dass alte schmerzliche Erinnerungen und Gefühle, alte Ängste hochkommen können
- dass vielleicht eine heilsame Wandlungs-Krise bevorsteht.
- Wir arbeiten therapeutisch mit dem Widerstand an der Schwelle
- Wir arbeiten mit den Ängsten und gehen dabei nur bis an die Grenze der Angst, aber niemals über diese Grenze
- Wir fördern dann eine klare Entscheidung, denn Krise bedeutet Entscheidung, Wandlung
- Wir bitten die Klienten ihre Entscheidung in wenigen Worten zu formulieren und aufzuschreiben

Abstieg und Kampf mit den Dämonen

Therapeutisch auf mehreren Ebenen des Bewusstseins arbeiten

- Existentielle Ebene, die personale aktuelle Situation betreffend
- Körperebene
- Biografische Ebene, Vergangenheit, Kindheit
- Perinatale Ebene, von der Zeugung bis zur Geburt
- Präexistentielle Ebene
- Dimension der Archetypen
- Dabei ist es gleichgültig, auf welcher Ebene wir beginnen, sie alle führen ins „Emotionale Zentrum“.
- Weiter mit dem Widerstand und den Abwehrformen arbeiten
- Schattenarbeit, die dunklen Kräfte willkommen heißen

- Sexuelle Geheimnisse, sadistische Fantasien, das Finstere und Böse zulassen
- Ins Licht bringen, die dunklen Kräfte und Gestalten in die Liebe nehmen

FührerInnen und Hilfen auf dem Weg

Als TherapeutInnen verlässliche BegleiterInnen sein, indem wir:

- Das Helden-Ich des Klienten ermutigen
- Die innere Führung, den inneren Heiler, die Heilerin stärken
- Hilfsgeister, hilfreiche Tiergeister, Pflanzengeister, Elementarwesen finden lassen, u.U. über Traumarbeit, innere Reisen
- Diese ihre Gestalt finden lassen, ihnen Namen geben
- Mit der Beziehung zur inneren Heilerin bzw. den geistigen Helfern arbeiten
  – um ihre Anwesenheit bitten
  – ihnen Fragen stellen
  – ihnen danken
- Die Zeichen des Weges beachten
- Anregung geben, magische Heilungsobjekte zu finden oder zu erschaffen
- Träume lebendig werden lassen
- Den Ängsten volle Beachtung schenken
- Die Ungeheuer einladen und begrüßen
- Dämonen-Kämpfe unterstützen und begleiten

Ego-Tod und Wandlung

Therapeutisch Rahmen und Halt geben

- Ermutigung zum freiwilligen Beugen, zur Hingabe
- Durch die „dunkle Nacht der Seele", die Ego-Tod-Erfahrung begleiten
- Emotionale Annahme und therapeutische Präsenz vermitteln
- Krise als Initiation, als Einweihung erklären
- Informationen zur Heldenreise und zur psycho-spirituellen Krise geben
- Hinweise zu Ernährung, zu ergänzenden Heilweisen geben
- Gruppen, Aktivitäten, Vorträge, Bücher empfehlen
- Das Licht am Ende des Tunnels begrüßen und rituell feiern

Hinweis zum Ego-Tod:
Ego-Tod-Erfahrung unbedingt von Suizidalität abgrenzen! Ego-Tod ist tiefste Wandlungserfahrung, der Held beugt sich hier in Demut und Freiheit. Suizid aber ist aggressives Aufbegehren gegenüber dem Ruf, ist die Verweigerung der Heldenreise, ist Verweigerung der Lebensaufgabe.

Heimkehr

- Spiritualisierung, Identifikation mit der spirituellen Erfahrung auflösen
- Die spirituellen Werte Demut, Bescheidenheit und Mitgefühl fördern
- Würdigen der mitgebrachten Geschenke: Was bringe ich der Welt?
- Neue Ordnungen, neue Lebensformen begrüßen
- Dem Leben dienen

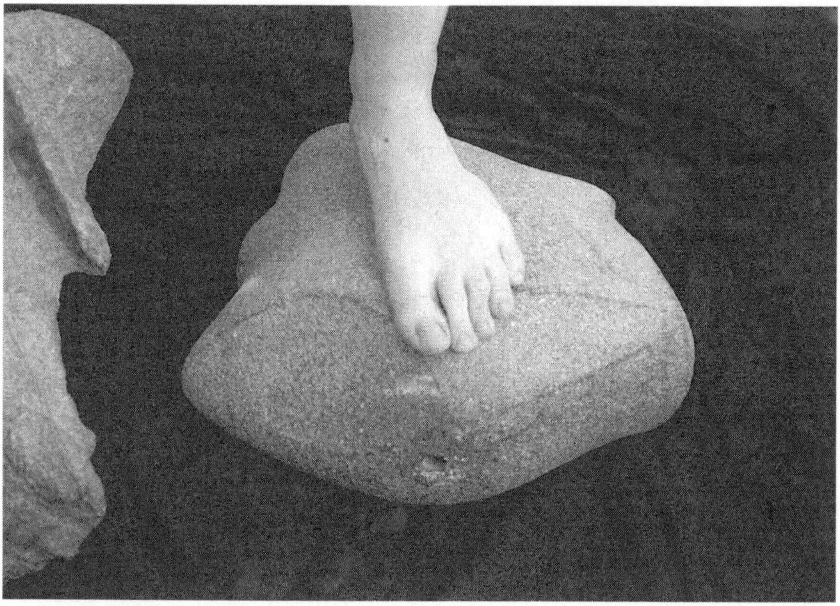

Bild: Stella Braasch

Heimkommen und Boden finden
Mit bloßen Füßen die Erde berühren
Dem Leben dienen

(G.C.)

6. Sterben und Tod, ein Einweihungs-Weg

Lerne zu sterben
und du wirst lernen zu leben,
denn niemand wird lernen zu leben,
der nicht gelernt hat zu sterben.

The Book of the Craft of Dying [1]

Selbstgespräch vor meinem Tod

Im Angesicht meines Todes schaue ich auf mich und mein Leben zurück und freue mich über alles – in Dankbarkeit und tiefer Demut:

Ich bin dankbar und immer wieder bis auf meinen Grund erschüttert, dass ich so sehr geführt war auf dem Weg vom Samenkorn zur Blüte bis hin zur Frucht. Ich bin dankbar dafür, dass ich Hingabe und Vertrauen darin lernen durfte, wo dies anfänglich doch die schwerste Übung für mich war, Menschen und mir selbst zu vertrauen. Ich bin dankbar für die saftigen, roten und drallen Äpfel, die ich im Leben ernten durfte.

Und ich erkenne, dass es nicht wichtig ist, wie viele es geworden sind, sondern vielmehr, dass ein Apfel als Frucht dafür steht, dass ein Lernweg vollständig durchdrungen wurde. Dass die Frucht nur reifen konnte, weil es in die Tiefe ging, bis hin zum Grund. So bin ich für jede Frucht zutiefst von Herzen dankbar.

Und ich weiß, es genügt vollkommen, den symbolischen Wert dieser Frucht in mir zu tragen und damit im Leben zu sein. Das ist schon so viel, wenn nicht sogar alles. Dann bedarf es keiner Anstrengung mehr, denn die Frucht – in der das Samenkorn, der Baum, die Blüte und die neue Frucht bereits enthalten sind – wirkt einfach aus sich heraus.

Je gegenwärtiger und bewusster ich im Leben geworden bin, desto klarer wurde der anfänglich wolkige Himmel, denn die Sonne scheint immer. Wenn die Klarheit in mir zunimmt, dann ist es wirklich leicht, leicht zu sein, im Leben und im Sterben.

(Beate C., Ausbildungs-Seminar, 2015)

Die Frau, die hier so voller Dankbarkeit ihrem Tod begegnet, ist Beate, die den „Weg durch die Toten-Hölle" gegangen ist. Ihren bewegenden Heilungsbericht finden Sie im ersten Band „Die magische Wunde". „Es wird kein Stein auf dem andern bleiben", hatte sie immer wieder gesagt. So kam sie bis auf den dunkelsten Schatten-Grund und im langsamen Aufstieg konnten Klarheit und Dankbarkeit in ihr reifen – wie saftige, rote Äpfel.

Tod und Leben als Einheit

> Auf dass der Tod uns lebendig finde
> und das Leben uns nicht tot.
>
> Grafitti-Text auf einer Friedhofmauer

Der Sterbeprozess ist eine besondere Reise, ist Einweihungs-Weg und Übergang in einen anderen Seinszustand. Sterben ist nicht das Ende, sondern der Heim-Weg, auf dem wir uns dem Ursprung nähern. Der Lebensweg entspricht dem Lauf der Sonne vom Aufgang über den Höchststand zum Untergang – und wieder Aufgang. Wir werden geboren, erfahren körperlich-emotional-geistiges Wachstum, kommen zur Blüte und Reifung, erleben Vergehen, Verfall und Tod – und dann wieder Erneuerung in einer anderen Dimension: das ewige Kreisen.

Besondere Reisen erfordern eine besonders gründliche Vorbereitung. Wir informieren uns über das Reiseziel, lesen Bücher über das Land und die Leute. Wir schauen uns Bilder an, planen die Reiseroute, besprechen uns mit Freunden und packen die Reisetasche, um alles beieinander zu haben, was auf der Reise gebraucht wird. Wie aber planen wir diese letzte, diese einzigartige Reise? Wie bereiten wir uns vor auf den Tod? Nun könnten wir sagen: „Geht ja nicht, der Tod kommt

Einheit von Geburt und Tod. Schamanisch, Nachzeichnung von N. Croissier

nicht selten überraschend." Ja, häufig greift er ganz unerwartet und plötzlich nach uns. Und dennoch ist er immer da, er ist allgegenwärtig; lebenslang geht er mit, wie eine treue Freundin ist die Todin immer an unserer Seite.

Die Bewusstheit um die *Einheit von Leben und Tod* kann die Todesangst mildern und kann Frieden schenken. Durch meditative Übungen können wir dieses heilsame Todes-Bewusstsein fördern. Eine Sonnen-Untergangs-Meditation, eine Zukunfts-Reise in den eigenen Sterbeprozess, die eigene Trauerrede schreiben oder ein Sterbegebet formulieren sind Möglichkeiten, dem Tod im Leben zu begegnen. In einer Atemreise lernt Sabine zu sterben, um danach bewusster zu leben:

> Leben ist Sterben und Sterben ist Leben – Eine Erfahrung
>
> Ich atme schnell und tief, mein Körper bewegt sich rhythmisch zur Musik, so wie immer zu Beginn meines Atemprozesses. Diesmal aber erscheinen sehr schnell dämonische Geister-Fratzen, so als ob sie nur auf diese Gelegenheit gewartet hätten. Sie starren mich böse an.
>
> Ich: *Was wollt ihr von mir?*
>
> Geister: *Deinen Tod.*
>
> Ich bin erschrocken. Ich sehne mich doch nach Einheit mit der Natur und nach Verschmelzung mit dem All-Einen, aber dieses Bild ist so ablehnend. Ich will mich wehren, ich habe Angst. Das hier ist mehr als nur Ego-Tod, es geht jetzt wirklich um mein Leben. Dabei ist mir klar, dass genau das dran ist.
>
> Ich schleudere meine Arme und Beine, aber ich bin sehr schnell erschöpft, mir wird übel, ich kann nicht mehr. Meine Bewegungen werden immer langsamer, die Sequenzen, in denen ich mich bewegen kann, werden immer kürzer. Dann bewegt sich nur noch meine rechte Seite. Der Verstand wehrt sich, das Gefühl – repräsentiert durch meine linke Körperseite – ist ganz ruhig. Ja, es ist einfach dran zu sterben, dass ich mich wehre, nützt eh nichts. Ich gebe auf, liege ruhig da. Mein Körper löst sich immer mehr auf, ich verliere das Gefühl in den Armen und Beinen …
>
> Ich werde so traurig und weine still vor mich hin. Ich betrauere all die Situationen in meinem jetzigen Leben, die nicht erfüllt waren, die Schmerzen hinterlassen haben, bei mir und bei anderen, Opfer- und Täter-Sein: eine verlorene Liebe, eine Freundin, die ich enttäuscht habe, meine ungeliebte

Beziehung zu meiner Mutter, selbst erlebte Enttäuschungen und Situationen, in denen ich Leid zugefügt habe.

Es wird immer ruhiger in mir, mein Körper löst sich weiter auf. Es ist irgendwann nur noch mein Herz übrig. Ich bin mein Herz. Ich sitze auf meiner Matte und bewege mich wie ein pulsierendes Herz. Es ist so beruhigend, nur noch diese eine Bewegung zu sein, nichts anderes mehr. Auch das Pulsieren, die Bewegung, wird immer langsamer und immer weniger. Sie hört auf. Alles ist still ...

Ich reise durch die Sterne, durch die Galaxie. Ich dehne mich aus, immer mehr. Diese Ausdehnung ist gut, darf immer weiter gehen. Ich bin so groß, dass ich an die Sterne stoßen würde, wenn ich nicht ausweichen würde. Es ist ein weites, offenes, friedvolles Fühlen, ich fühle mich grenzenlos ...

Wieder überkommt mich eine große Traurigkeit, meine Tränen fließen wieder still.

Jetzt trauere ich um all die Dinge, die ich in meinem Leben nicht getan habe. All die Momente, die ich vergeudet habe, all die Sonnenuntergänge, die ich nicht wertschätzend bewundert habe, weil ich noch so viel zu tun hatte. Und weil ich dieses innere Gefühl von Zugehörigkeit nicht ertragen konnte. All die Zeiten vor dem Fernseher, die mich davon abhielten, in Kontakt mit dem Augenblick und meinem Fühlen zu sein.

Nun kann ich mit meiner inneren Weisheit kommunizieren, ich stelle Fragen in den leeren Raum hinein und bekomme Antworten:

Ich: *Vergeude ich Zeit mit meiner Fernseherei?*

Innere Weisheit: *Ja, es gibt Wichtigeres zu tun.*

Ich: *Was ist wichtig?*

Innere Weisheit: *Die wesentlichen Dinge, wie den Regen auf der Haut spüren, ein Blatt beobachten, das vom Baum zu Boden fällt. Im Gras sitzen und den Wind spüren. Mit den Füßen nach oben kopfüber im Baum hängen, wie der Gehängte im Tarot.*

Ich weiß, dass ich in meinem Alltag vor dieser Präsenz im Hier und Jetzt davonlaufe, ich gehe diesem Jetzt immer wieder aus dem Weg.

Ich: *Was soll ich tun, wenn ich wieder zu viel Essen in mich hineinstopfe?*

Innere Weisheit: *Faste von Sonnenaufgang bis Sonnenuntergang.*

Es sind keine Bilder, die ich sehe, die Antworten sind klar und deutlich in meinem Kopf.

Ich: *Wann werde ich sterben?*

Innere Weisheit: *Unzulässige Frage.*

Ich: *Wie werde ich sterben?*

Innere Weisheit: *Unzulässige Frage.*

Mir wird klar, dass es nicht um ein konkretes Ereignis geht. Es geht um meine innere Einstellung zum Sterben, die sich ändern soll.

Ich: *Was ist gerade dran in meinem Leben?*

Innere Weisheit: *Lerne zu sterben.*

Ich bin irritiert. In meiner Alltagswirklichkeit habe ich gerade eine neue Existenz aufgebaut. Und dennoch weiß ich im tiefsten Herzen, dass es genau um diese endgültige Aufgabe geht.

Ich: *Wie soll ich das lernen?*

Innere Weisheit: *Lege dich mit dem Gesicht nach unten nackt ins Gras und strecke die Arme seitlich aus im Neunzig-Grad-Winkel.*

Ich lege mich wie angewiesen auf die Matte in Gertrudes Gruppenraum, – nackt ins Gras legen werde ich mich später, zu Hause. Es erinnert mich an Bilder aus einer Kirche, wo Mönche in dieser Haltung auf dem kalten Steinboden vor dem Altar liegen. Ich gebe immer mehr mein Gewicht ab. Meine Arme werden taub, es ist egal. Es ist die Annahme von dem, was ist. Bedingungslos. Ich lasse mich immer mehr fallen. Ich gebe auf, ich gebe mich hin ...

Mein abschließender Heilungssatz im Sharing ist:

Ich bin bereit zu sterben
Ich bin bereit zu leben
Ich fühle das Leben, jetzt

Einige Tage danach:

Ich fühle mich kraftvoll. Ich kann immer mehr meinen eigenen Rhythmus leben. Es gibt weniger inneren Druck: „Du musst jetzt aber ..." Mein Leben fühlt sich freier an, darf sich im Hier und Jetzt, von Augenblick zu Augenblick, entfalten.

(Sabine H., Atemreise, Aug. 2017)

Die Botschaft der Totenbücher

Jede spirituelle Tradition beschäftigt sich mit dem Prozess des Sterbens und dem Ereignis des Todes. Visionen und Erfahrungen vom Ende des Lebens wurden in zahlreichen Schriften zusammengefasst und sind in den sogenannten „Totenbüchern“ überliefert. Die beiden bekanntesten Totenbücher sind:

– Das Tibetanische Totenbuch, der „Bardo Thödol“
– Das Ägyptische Totenbuch

Diese Schriften handeln von den innerpsychischen Erlebnissen im Sterbeprozess. Sie beschreiben und begleiten tiefe Erfahrungen der Sterbenden im veränderten Bewusstsein, dem Traumbewusstsein, und sie enthalten Offenbarungen aus dem Erleben des Übergangs.

Das Tibetanische Totenbuch

Der Bardo Thödol aus dem 8. Jahrhundert wird dem Begründer des tibetischen Buddhismus „Padma Sambhava“ zugeschrieben. Das Tibetanische Totenbuch beschreibt die Reise der Seele im Prozess des Sterbens und im Nach-Todes-Zustand. Es begleitet den Sterbenden mit Belehrungen, praktischen Anleitungen und Gebeten an die Gottheiten durch die einzelnen Stationen im Zwischenreich des Todes. Beginnend mit dem Sehen des „Klaren Lichtes“, dem Urlicht, führt es die Seele durch die „karmischen Illusionen“ und die damit einhergehende Begegnung mit dämonischen Gottheiten, bis hin zur Wiederannäherung an die nächste Inkarnation.

Im Bardo Thödol werden dem Sterbenden im Sidpa-Zustand alptraumartige Visionen suggeriert, wie sie in den finstersten Träumen erscheinen [(2)]:

Eine der Furien des Todesgottes schlingt „ein Seil um deinen Hals und zerrt dich entlang; sie schneidet deinen Kopf ab, nimmt dein Herz heraus, reißt deine Eingeweide heraus, leckt dein Hirn aus, trinkt dein Blut, isst dein Fleisch und nagt an deinen Knochen; du aber bist unfähig zu sterben. Selbst wenn dein Körper in Stücke zerhackt wird, erholt er sich wieder. Das wiederholte Zerhacken bereitet furchtbaren Schmerz und Qual.“

Dieser Zustand entspricht, wie Jung [(3)] im Vorwort zum Bardo Thödol anmerkt, „dem einer absichtlich herbeigeführten Psychose“, die Zerstückelung entspricht der „psychischen Dissoziation“, der Spaltung des Bewusstseins. Es sind archetypische Bilder, wie wir sie aus Mythen, Märchen, Albträumen und dem Holotropen Atmen kennen. Für Jung ist der Bardo Thödol „ein

Initiationsvorgang mit dem Zweck, die durch die Geburt verlorene Gottheit der Seele wiederherzustellen.“

Wie in den Mysterien reist der Sterbende im Bardo durch seine innere Bewusstseins-Hölle und wird dabei von einer vertrauten Person begleitet. Um ihn dann über seinen wirklichen Zustand aufzuklären, werden ihm von seiner Begleitperson solche und ähnliche Worte in sein linkes Ohr gesprochen: (4)

„O Edelgeborener, was auch für schreckliche und erschreckende Visionen du sehen magst, erkenne sie als deine eigenen Gedankenformen.“ – „Von unseren eigenen Halluzinationen abgesehen, gibt es in Wirklichkeit außerhalb unserer selbst keine solchen Dinge wie Todesgott oder Gott oder Dämon oder Stierköpfiger Todesgeist. Handle so, dass du dies erkennst.“

Dämonische Gottheit. Tibet 1994

Das Ägyptische Totenbuch

Diese Sammlung von Hymnen, Segenssprüchen, Anrufungen und magischen Zaubersprüchen, die von etwa 2000 v. Chr. an auf Sarkophagwänden und später auf Papyrusrollen aufgeschrieben wurden, enthält eine dramatische, monologisch geführte Vision des Sterbens. Sie führt durch die Abgründe menschlicher Existenz: durch Anmaßung, Größenvorstellungen von Gottgleichheit und gleichermaßen durch Kleinheit, Erniedrigung, Sorgen um die weltlichen, zurückgelassenen Dinge und die Sehnsucht nach Erlösung. Die Seele des Sterbenden durchschreitet die „Todespforte" und ist zunächst geblendet vom Licht, um dann durch „das Land der Finsternis" zu ziehen. In wahnhaft anmutenden monologischen Visionen spricht der Verstorbene [(5)]

> „von sich selbst bald in der ersten, bald in der zweiten oder der dritten Person. Er ist bald alt, bald ein neugeborenes Kind, eine Pflanze, eine Sonnenscheibe, der einzige Gott. Er fleht die Götter um Schutz an, und zugleich verspricht er ihnen, sie zu schützen." –
> „Triumph begleitet Angst und Verwirrung, tiefste Erniedrigung folgt auf Drohungen voll stolzen Übermuts; die Vision gleitet ununterbrochen, von Ras Barke zu der ewigen Finsternis, welche in Duat herrscht, oder zu den Qualen im Feuersee; (...) Hoffnungslose Trauer, Verwirrung, Klagerufe erfüllen die Finsternis, bei jedem Schritt ist der Weg versperrt ..."

Ziel dieser altägyptischen Unterwelts-Reise ist die Läuterung der Seelen im „Totengericht", die Erlangung von „kosmischem Gleichgewicht" – Symbol der Waage – und das Durchschreiten der „Todespforte". In der ägyptischen Mythologie trägt die Barke des Sonnengottes Amun-Re den Toten durch die Nacht, die Unterwelt, und kehrt mit der Morgendämmerung zurück in die diesseitige Welt. Verschiedene „Tore der Nacht" sind zu passieren, von gnadenlosen Torhütern, den Dämonen – Geschöpfen der eigenen Psyche – bewacht [(6)]:

> Ich werde dich nicht hereinlassen,
> Wenn du nicht meinen verborgenen Namen nennst.
> „Das Gleichgewicht der Wahrheit-Gerechtigkeits-Waage."
> Das ist dein Name.
> (...)

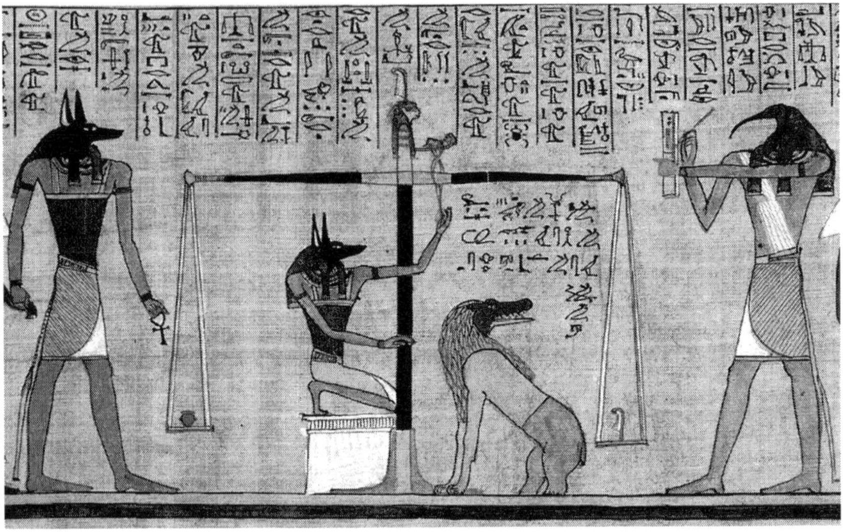

Totengericht – Das Wiegen des Herzens. Ägyptisch um 1300 v. Chr.

Ich werde dich nicht ankündigen, sagt der Hüter,
Stehend am Eingang der Wahrheit-Gerechtigkeits-Halle,
Wenn du unfähig bist, meinen geheimen Namen zu nennen.
„Kenner der Menschenherzen, der ihr Eingeweide durchschaut."
Das ist dein Name.
(...)
Du darfst überschreiten die Schwelle. Dich merke ich an. (…)

Nur wer bereit ist, im „Totengericht" den eigenen Dämonen zu begegnen, von Angesicht zu Angesicht, nur wer ihnen in die Augen schaut und sich darin selbst erkennt, wird durchgelassen.

Nur wer in *Wahrheit* und *Gerechtigkeit* sich selbst begegnet, darf die „Tore der Nacht" passieren und erlebt den neuen Tag. In der Metamorphose gleicht der Verstorbene seinem Sonnen-Gott Ra (oder Re), der am Abend untergeht und im Aufgang der Sonne neu geboren wird. Eine Anrufung an den Sonnen-Gott Ra: [(7)]

O Ra, mache mir wohlgefällig und süss
Die Pfade, die deine Strahlen durchfluten!

Breite mich für deine Lichtbahnen aus
Am Tage, an dem ich den irdischen Wohnsitz verlasse
Und fliege davon, ins himmlische Reich!
Vergieße dein Licht über mich, du Seele, geheime! (...)

Das gemeinsame Ziel der Totenbücher ist es, die Seele vor dem *„zweiten Tod"*, der Auslöschung des individuellen Bewusstseins, zu bewahren. *Unsterblichkeit* bedeutet hier: die Bewahrung des individuellen Bewusstseins über den Tod hinaus (nicht zu verwechseln mit der vergänglichen personalen Ich-Identität). Die Erkenntnis des „Ich bin" – ich bin die, die ich schon immer bin, ich bin der, der ich schon immer bin – wird als das „Durchschreiten des Sonnentores" (8) bezeichnet.

Die klassischen Totenbücher geben wertvolle Orientierungshilfen auf dem Weg in die andere Realität. Nun leben wir als Menschen des 21. Jahrhunderts und tragen die vielfältigsten spirituellen Prägungen in unserer Seele. Wir denken und fühlen weder klassisch tibetisch noch ägyptisch noch schamanisch, und vielleicht ist uns auch das christliche Erlösungs- und Paradies-Thema fremd geworden. Woran können wir uns orientieren, wenn es keine äußere spirituelle Orientierung, kein religiöses Paradigma mehr gibt? Und wer oder was kann uns helfen, wenn wir als Sterbende keinen kundigen Begleiter an unserer Seite haben?

Eine zeitgemäße Orientierung bietet der eigene *Individuations-Weg,* der Einweihungs-Weg vom personalen Ich hin zum Ganzheitlichen Selbst. Hierbei kann uns die Botschaft der Totenbücher durchaus wertvolle Hilfe sein, so wie Innenwelt-Reisen, Traumarbeit und die Kenntnis der fünf Phasen im Sterbeprozess, die im nächsten Kapitel vorgestellt werden. In einem befriedeten Sterbeprozess vollendet sich der lebenslange Weg der Selbst-Erkenntnis, die mythische Reise. Ein Rat des Dalai Lama lautet: Bete regelmäßig für einen „gnädigen Tod".

Wandlungsphasen im Sterbeprozess

(nach R. Sonnenschmidt mit eigenen Ergänzungen)

Rosina Sonnenschmidt, bekannte Homöopathin, energetische Heilerin und Medium, unterscheidet in Anlehnung an den Bardo Thödol fünf energetische Wandlungs-Phasen im Sterbeprozess. Ihre Darstellung ist absolut hilfreich, da sie die überlieferte Botschaft der Totenbücher mit dem Energie-Prozess im Sterben verbindet und eine praxisnahe Anleitung für die Sterbebegleitung anbietet.

Daher empfehle ich Interessierten unbedingt ihr Buch „Exkarnation. Der große Wandel“. Ich kann hier lediglich eine knappe Zusammenfassung der fünf Phasen geben:

Mit der Wandlungsphase *vor* dem Sterben, dem irdischen Leben als dem „kleinen Tod“, und der Wandlungsphase *nach* dem Sterben, zur nächsten Inkarnation hin, sind es auch hier sieben Phasen. Der Prozess des Sterbens – Sonnenschmidt bezeichnet ihn als „Exkarnation“ – wird verstanden als die Umkehrung des Geburtsprozesses, der „Inkarnation“. Denn „Geburt und Tod sind Zwillinge“, sagt Grof.

Bei einer heilsamen *Exkarnation* entweicht das Bewusstsein *aufsteigend* – in individuell unterschiedlicher Geschwindigkeit – in der Abfolge: Füße-Körper-Kopf. In der Embryonalentwicklung und der physischen Geburt, der *Inkarnation*, geschieht die ideale Beseelung in *absteigender* Reihenfolge: Kopf-Körper-Füße (9). Beide Prozesse, Geburt und Tod, sind *Tunnel-Erfahrungen*, in der wir Aspekte unserer individuellen Seelen-Geschichte traumartig und in verdichteter Form nochmals durchleben. Der „große Tod“, als die endgültige Trennung von Körper und Bewusstsein, ist verwandt mit dem Traum, welcher auch als „der kleine Bruder des Todes“ bezeichnet wird.

In allen fünf Phasen des Sterbeprozesses werden starke Energien aktiviert, ähnlich denen der Wehen im Geburtsprozess, und wie diese schwingen sie wellenartig. Wir kommen und wir gehen in Wehen.

Die erste Wandlungsphase:

Die Elemente Erde, Wasser, Feuer, Luft und deren Essenz, der Äther, geraten in der ersten Phase des Sterbens in Bewegung. Die Lockerung zwischen materiellem Leib und Ätherkörper (Energiekörper) beginnt, der/die Sterbende befindet sich in einem Zwischenzustand zwischen Leben und Tod. Erdung und Alltags-Bewusstsein werden schwächer, während das Unbewusste und damit das Traum-Bewusstsein aktiviert wird.

So greift der/die Sterbende vielleicht nach unsichtbaren Gegenständen, sieht bekannte Menschen im Raum, sieht Wesenheiten, hört sie rufen und spricht vielleicht mit ihnen. Unerledigte und belastende Beziehungsthemen können hier aktiviert werden. Rational- und mental-orientierte Menschen – Sterbende sowie Begleiter – könnten hier mit Angst reagieren, da der veränderte Bewusstseinszustand, die Traumerfahrung, nicht willentlich kontrolliert werden kann. BegleiterInnen mit Zugang zum Tiefenbewusstsein, zum Beispiel durch Holotropes Atmen, sind in der Lage, den Prozess gelassen, angstfrei und unterstützend zu begleiten.

Heilmittel der ersten Wandlungsphase sind – nach Sonnenschmidt – Arsenicum album, C30 sowie die Bestrahlung mit orangenem Licht. *Orange* ist die „Heilfarbe par excellence. Sie stimuliert sanft das Drüsensystem und steht symbolisch für das Abend- oder Morgenrot“ (10), für Anfang und Ende.

Die zweite Wandlungsphase:

In der zweiten Phase werden die Energie-Wehen stärker. „Es entsteht ein deutlicher Sog in Richtung Exkarnation“. Dies verstärkt die Emotionen, denn die Seele möchte mit allem Unerlösten ins Reine kommen. Sie strebt nach Klärung, Ruhe und innerem Frieden.

Die Erde (Materie) geht nun in das *Wasser* (Gefühl) ein. „Das Element Erde geht also freiwillig und bewusst in das Wasser ein und löst sich darin auf. Die Folge ist, dass das Wasserelement das Erdelement im Uhrzeigersinn überflutet und vereinnahmt.“ (11) So gehen wir am Ende doch noch den „Weg des Wassers“, den Weg in die Tiefe, den wir zu Lebzeiten, aus Angst vor Überflutung und innerem Ertrinken, so oft vermieden haben.

Wie in einem psychose-ähnlichen Prozess kann in der Wasserphase die Psyche von Bildern des Schreckens überflutet werden. Der Sterbende erlebt sein eigenes Leben wie einen dramatischen Film oder eine abenteuerliche Reise: Er begegnet vielleicht verlorenen Freunden, archetypischen Gestalten, Engelwesen und auch seinen eigenen Dämonen. Nicht selten erlebt er Todesangst und braucht nun dringend nahen und angstfreien Beistand sowie annehmendes und mitfühlendes Verständnis.

> „Alte Feindschaften, Dinge, die man vor seinem Gewissen verantworten muss, schlechte Taten, Schuldgefühle – alle diese starken, emotionsgeladenen Themen will der Sterbende in der ‚Wasserphase' des Sterbeprozesses bereinigen. Es besteht der Drang, sich von aller Last zu befreien und leicht zu gehen." [12]

Die Bewusstseins-Kräfte wollen uns keineswegs quälen, emotionaler Friede ist das Ziel dieser Phase. Was hier aber eine gewaltsame *Organentnahme* zwecks Transplantation für den Sterbenden bedeutet, können wir nun nachfühlen. Organentnahmen müssen in der ersten oder spätestens der zweiten Wandlungsphase durchgeführt werden, wenn der Körper noch beatmet und die Organe noch durchblutet sind. Sonnenschmidt schreibt hierzu [13]: „Der Transplantationswahn im Lichte der Sterbeenergetik betrachtet, ist das Lebensverachtendste, dessen der menschliche Geist der Neuzeit fähig ist."

Die Heilmittel der zweiten Wandlungsphase sind Phosphor C30 und die Bestrahlung mit *Blaulicht* zur inneren Vertiefung.

Die dritte Wandlungsphase:

Das Wasser geht in der dritten Phase in das *Feuer* ein. Starke Feuerenergien, welche die körperliche Materie verbrennen, können hier aktiviert werden. Zuweilen ist die Feuerphase begleitet von starken aggressiven Ausbrüchen, unmäßiger Ruhelosigkeit, von „Konvulsionen, Aufbäumen, Schreien". Die Feuerphase kann sich zuweilen dramatisch gestalten, erfüllt sein von erschreckenden Bildern und Visionen und somit einer inneren Höllenfahrt gleichen. Rosina Sonnenschmidt hat beobachtet [14],

> „dass in der Feuerphase eine noch viel stärkere Läuterung der Seelenkräfte stattfindet als in der Wasserphase und der Mensch nicht eher exkarniert, bis alles für ihn in eine Ordnung gebracht worden ist, mit der Botschaft: Ja, so kann ich gehen."

Als BegleiterIn können wir, dem Bardo Thödol folgend, dem Sterbenden ins linke Ohr flüstern: „Geh mutig weiter, geh den Weg ins strahlende Licht."

Heilmittel der dritten Phase sind Tarantula cubensis C30 oder C200 und die Bestrahlung mit mildem *Orange*, wenn der Mensch friert oder zittert, oder *Blaulicht* bei großer Unruhe.

Die vierte Wandlungsphase:
Das Feuer geht nun in das Element *Luft* ein. „Die Luft steht für Leichtigkeit und Bewegung nach oben." Während in den beiden vorhergehenden Phasen noch eine Rückkehr ins Leben möglich war (Nahtoderfahrung), kommen nun die noch vorhandenen Körperfunktionen zum Stillstand, der Lebens- bzw. Sterbeprozess kommt zum Ende. Die Energie des materiellen Körpers nimmt deutlich ab, der ätherische Energiekörper nimmt deutlich an Stärke zu. Es wird still, Harmonie, Ruhe und Frieden kehren ein. „Diese Phase ist die Ruhe nach dem Sturm" und die Begleiterin ist bemüht, diesen Raum der Stille zu schützen. (15)

> „Er/sie begleitet den Sterbenden gleichsam auf einem Regenbogen auf die ‚andere Seite' und nimmt Abschied. Der/die Sterbende betritt eine neue Welt und lässt den ‚alten Wintermantel' zurück. Für eine kleine Weile ahnen wir als Begleiter, dass Sterben der größte Wandel ist, den wir erleben können, und dass seine Erhabenheit größer ist als aller Schmerz, einen geliebten Menschen zu verlieren."

Herz und Atmung sind zum Stillstand gekommen, nur der „innere Atem", die „Zellatmung", ist noch aktiv. Der feinstoffliche Energiekörper schwebt nun noch eine Weile über dem stofflichen Körper.

Heilmittel im engeren Sinne sind in der vierten Phase nicht mehr notwendig. Solange noch kein Atemstillstand eingetreten ist, kann der trockene Mund mit Wasser befeuchtet werden. *Grünes* Licht aber kann Frieden und Harmonie verstärken.

Die fünfte Wandlungsphase:
„Die Luft geht in den Äther ein, das ist wie eine Implosion der Elemente in die Quintessenz, aus der sie stammen." Was bleibt, ist reine Lebensenergie, ist Chi, Prana, Odem. Wohin aber geht diese Lebensenergie? Sie geht ein „in das Ganze", das universelle Bewusstsein (16):

> „Das Universum verliert nichts. Die kleine Welle = Mensch geht in die große Welle = Kosmos ein. *Aber die kleine individuelle Welle hat Bewusstsein. Es hat keinen Körper mehr, wohl aber die Erfahrung, in einem Körper gewesen zu sein."*

Der Sterbeprozess ist abgeschlossen, wenn die letzte Verbindung zum Körper gelöst ist und die nun leblose Körperhülle zurückbleibt.

Heilmittel der fünften Phase ist violettes Licht für die Seele des Verstorbenen und für die BegleiterIn. Die Farbe *Violett* steht für Transzendenz, Äther, grenzenloses Bewusstsein und reine spirituelle Energie. Eine Totenwache über ein bis mehrere Stunden oder Tage in Ruhe und Frieden – vielleicht mit Singen und Beten – wird die Seele auf ihrem Weg ins Große Licht begleiten.

Die Schöpfungsmacht unseres Bewusstseins ist mit dem Tod nicht zu Ende. Wir erschaffen die Wirklichkeit unseres Lebens und genauso die Wirklichkeit unseres Todes. Und vermutlich reicht die schöpferische Macht unseres Bewusstseins über den Tod hinaus und beeinflusst die Wahl der nächsten Inkarnation.

Das gemeinsame Wesen von Traum und Tod

„Träume sind Wegweiser,
die du suchst und die dich finden,
Träume sind Ereignisse, Offenbarungen,
die heilig und verehrenswert sind.“ (17)

Sterben hat mit Träumen zu tun. Das zeigen die alten Totenbücher, die Arbeit von R. Sonnenschmidt und die gelebten Todeserfahrungen zahlreicher Menschen. Das innere Wesen von Traumprozessen und Sterbeprozessen ist verwandt. Beide Erfahrungs-Zustände sind innerpsychische Wirklichkeiten, gespeist aus den Quellen des Unbewussten. Über innere Bilder, Begegnung mit archetypischen Gestalten, Entladung starker Emotionen erleben und erlösen wir im Sterben die unerledigten Themen und ungelösten Konflikte des Lebens. In beiden Zuständen, im Traum sowie in der Todeserfahrung, befinden wir uns in einem veränderten Tiefenbewusstsein, dem Traumbewusstsein.

Das gemeinsame Wesen von Traum und Tod entspringt der schöpferischen Macht des Unbewussten, die uns zum Ziel der Heilung mit unerledigten Themen konfrontiert.

Während im Sterbeprozess das stoffliche Leben langsam schwindet, kann sich das energetische Erleben und Fühlen über die *Traumwelt des Bewusstseins* erweitern und verstärken. Dann irrt das individuelle im Nahtodes-Zustand sich befindende unerlöste Traum-Ich zuweilen umher, ist getrieben, gejagt, angstvoll, ziellos und widersprüchlich zwischen Wünschen und Enttäuschungen, zwischen Liebe und Hass, Opfer- und Täterschaft, genau wie zuvor im äußeren Leben und in den fürchterlichsten Albträumen. Träumend sind wir Gefangene unserer eigenen selbst erschaffenen *Bewusstseins-Hölle*, der wir nicht leicht entkommen. Der innere Hades – in der christlichen Mythologie als Hölle beschrieben – hält uns schmerzlich gefangen. Ungelöste Verwicklungen holen uns ein, wir haben uns verlaufen im Labyrinth unserer eigenen Psyche.

> Oh Du
> Großer Geist.
> Ich bitte Dich,
> Gib mir die Kraft und den Mut,
> Mich meinen Dämonen und Schatten zu stellen
> Und sie ganz zu mir zu nehmen,
> Auf dass ich in Frieden
> In die Große Stille gehen kann.
>
> (Bernd B,. Ausbildungs-Seminar, Sept. 2017)

Die russische Psychiaterin Olga Kharitidi schreibt, dass *Todesangst* nicht – wie wir gemeinhin glauben – Angst vor dem Unbekannten, sondern gerade Angst vor dem Bekannten sei, Angst vor der Überwältigung durch die alten Trauma-Dämonen. Denn ungelöste Traumata bewirken schmerzhafte Verdichtungen im Emotionalkörper. „Wenn wir diese Knoten im Laufe unseres Lebens nicht lösen, wird das nach unserem physischen Tod geschehen." – Oder bereits im Prozess des Sterbens.

Mit dem Tod – und häufig schon vorher – treten wir ein in einen Zustand, der jenseits von Zeit und Raum existiert. Vergangenheit und Gegenwart sind hier eins: „In den Tod einzutreten bedeutet in gewisser Weise, in die Zeit selbst einzutreten", schreibt Kharitidi [(18)]. Am Anfang des Todes steht häufig die Erfahrung von Befreiung, Licht und Glückseligkeit.

> „Als Nächstes kommen wütende, böse Dämonen; sie kommen, um einem das Blut auszusaugen und einen auf alle erdenkliche Weise zu quälen, aber es sind die eigenen Dämonen. Sie werden Sie quälen, bis

Sie die Knoten in ihrer Erinnerung auflösen und sich befreien. Auch hier spielt es keine Rolle, ob Sie an ein Leben nach dem Tod glauben oder nicht. Ich spreche von dem subjektiven psychischen Prozess, der die Erinnerung neu strukturiert."

Die Knoten in unserer Erinnerung sind *die Selbst-Täuschungen*, die uns vor den traumatischen Schmerzen bewahren sollen. Diese Knoten aber sind Blockaden, die unser Bewusstsein verengen und die seelische Entwicklung im Leben und nach dem physischen Tod verhindern. Für die Seele scheint eine reinigende Höllenreise, welche die Knoten öffnet und das Bewusstsein transformiert, manchmal notwendig, so wie bei meiner Mutter:

Meine Mutter Else war eine Seelen-bewusste Frau. Aber ein altes Abwehrmuster hatte sie nicht geheilt: Wenn sie verletzt und ärgerlich war, dann zog sie sich zurück und verweigerte jeglichen sprachlichen Kontakt, über Tage, was ich in meinem Leben mit ihr immer wieder schmerzlich erfahren musste.

In ihrem Sterbeprozess im Alter von 92 Jahren ‚sah' sie Menschen ihrer Familie im Raum. Sie sprach zu ihnen, immer wieder, sie rief sie an, immer wieder. Aber niemand antwortete ihr. Unerlöste Trauma-Dämonen hatten sie überwältigt: Ihre Mutter war bei ihrer Geburt gestorben. Ihr erster Schrei hatte nie eine Antwort erhalten.

Die traumartige Erfahrung im Sterben entspricht einer Initiation, einer Einweihung in die Mysterien von Tod und Erneuerung. Im Abstieg in den eigenen inneren Hades, in der kathartischen Wandlung und dem Erkennen der Einheit von Leben und Tod öffnet sich das Tor zum Großen Licht, zu Freiheit, Frieden und Verbundenheit mit geliebten Wesen. Jung schreibt im Vorwort zum Bardo Thödol (19):

„Die Erlösung ist eine Ablösung und Befreiung aus einem früheren Zustande der Finsternis und Unbewusstheit zu einem Zustande der Erleuchtung, Losgelöstheit, Überwindung und des Triumphes über ‚Gegebenheiten'."

Vorbereitung zum heilsamen Sterben

Wir brauchen keine Suggestionen einer schizophrenen Psychose – wie im Bardo Thödol, keine suggerierten archaischen Bilder von Zerstückelung als dem Äquivalent unserer inneren Spaltungen. Denn der *Wahnsinn* ist Bestandteil einer jeden Psyche, wir alle tragen eine gute Portion davon in uns. Der Durchbruch ist lediglich abhängig vom Grad der Ich-Stabilität sowie anderen psychischen und sozialen Faktoren. Wir sind tagtäglich gefordert, dem Wahnsinn in uns und dem Wahnsinn in der Welt fühlend zu begegnen.

Wir haben schon *im Leben* Möglichkeiten, unsere Spaltungen, Zerstückelungen und den eigenen Wahnsinn zu heilen und uns auf einen heilsamen Tod vorzubereiten. Wohl dem Menschen, der schon vorher „die Platte geputzt hat" – mit Selbst-Erkenntnis, Innenweltreisen, aktiver Traumarbeit und ganzheitlicher Psychotherapie.

Jede Erfahrung aber kann vom Ego, das gerne die Täuschung sucht, unterlaufen oder manipuliert werden. Allein der *Traum* konfrontiert uns gnadenlos – über Bilder und Botschaften aus der einzigartigen Weisheit des Unbewussten – mit der eigenen inneren Wahrheit. Traumarbeit ist daher die direkteste Vorbereitung für einen heilsamen und gnädigen Tod. Denn aktive Traumarbeit nötigt uns, die Illusionen des Egos als Täuschungen anzuerkennen:

> *Am Silvester-Abend 2020 bat ich die Traumgeister um einen wegweisenden Traum für das kommende Jahr. Selbstverständlich erwartete ich für diesen besonderen Übergang einen ganz besonderen Traum, einen „Großen Traum". Am nächsten Morgen erwachte ich mit Gefühlen von Ernüchterung und Enttäuschung. Ich erinnerte einen Traum, der war in seiner Bildsprache so banal, simpel und dazu noch würdelos, dass ich mich vor mir selbst schämte. – Erst im Laufe des Tages dämmerte mir die heilsame Erkenntnis: Dass ich bei allem Ringen um Wahrheit bestenfalls immer wieder bei der Wahrheit meiner eigenen Täuschungen lande.*

Die reinigende und ausgleichende Kraft des Traumes – wie die des Todes – fordert das Ego-Opfer: Falsche Bescheidenheit und falsche Größe, Überheblichkeit und falsche Demut, Macht und Ohnmacht, maßlose Gier sind dem Wahren Selbst zu opfern. So lehrte mich mein Simpel-Traum, den Wunsch nach Besonderheit zu opfern und meine Selbsttäuschungen als solche anzuerkennen.

Träume reinigen die Psyche, die mythischen Erfahrungen vom christlichen „Jüngsten Gericht" und dem altägyptischen „Wiegen des Herzens" könnten daher schon zu Lebzeiten träumend in uns stattfinden und zu einer freiwilligen, heilsamen Praxis werden. In wohlwollend kritischer Selbsterkenntnis und im alltäglichen Ausbalancieren der Polaritäten von Dunkel und Licht können wir inneres Gleichgewicht und damit auch inneren Frieden finden – bis in den Tod.

In nächtlichen Träumen und der aktiven psychotherapeutisch begleiteten Traumarbeit betreten wir die inneren, meist dunklen Räume unseres Unbewussten. Hier begegnen wir den Schatten, den eigenen Dämonen von Angesicht zu Angesicht und stellen ihnen die entscheidenden Fragen: „Wer bist du?", „Wie heißt du?", „Was willst du?", „Was brauchst du, um dich zu befrieden?" So wird es möglich, die Schatten-Wesen als unsere eigenen Geschöpfe zu erkennen, erschaffen aus der schöpferischen Macht unserer Psyche. Im Annehmen wird es möglich, die unheilvolle Identifizierung mit den Schattenwesen zu lösen und ihre essentielle Energie zu integrieren. In dieser Weise sind wir vorbereitet auf den Tod, der das letzte große Opfer fordert. Kharatidi schreibt hierzu [(20)]:

> „Sobald man erkennt, dass es der Tod ist, dem man ins Auge sieht, hat man Zeit, das letzte Opfer zu bringen und sich selbst von allen Ängsten zu befreien. Man muss alles von sich aufgeben, alles aus dem bisherigen Leben, (...) und dem *wirklichen* Selbst opfern, dem göttlichen Wesen, das schon immer im Herzen existiert hat, und das jetzt bereit ist, dieses Opfer anzunehmen.
> Man muss seine Persönlichkeit mit all seinen Gewohnheiten, seinen Sorgen und Ängsten, (...) alles was man über sich selbst in Erinnerung hat, zusammenfassen und der wunderbaren und liebevollen Kraft schenken, die das Herz erfüllt. Und die Große Mutter, die im Herzen jedes Menschen lebt, weil sie allen das Leben geschenkt hat, wird jeden mit ihrer liebevollen Gegenwart umfangen und niemand wird mehr Angst haben, in den Tod einzutreten. Wenn der Mensch sich im Tod an ihr Gesicht erinnert und sie bittet, ihn zu erlösen, wird sie seine Existenz ewig währen lassen."

Jeanne hatte sich mit einem „Sterbe-Gebet“ an die Große Mutter gewandt. Sie war zum Zeitpunkt des Seminars gerade schwanger mit ihrem zweiten Kind und eine alte präexistentielle Angst, ihre unversorgten Kinder durch frühen Tod verlassen zu müssen, quälte sie sehr.

> Sterbe-Gebet an die Große Mutter
>
> Ich bitte dich, große, weise, Mütterliche Geborgenheit,
> umhülle und begleite mich, wenn die Zeit meines Todes
> gekommen ist.
> Ich bitte dich, schenke mir den Mut und die Kraft,
> den Weg des Todes in Annahme zu gehen
> und schenke mir das Vertrauen,
> dass Du für meine Kinder sorgen wirst,
> sodass ich in Frieden und Leichtigkeit loslassen kann.
> Ich danke Dir.“
>
> (Jeanne W., Ausbildungs-Seminar, Sept. 2017)

Nach dem Seminar hatte Jeanne eine spontane Tiefenerfahrung. Sie sitzt mit acht Frauen aus unterschiedlichen Zeiten und unterschiedlichen Nationalitäten in einem Kreis. Sie alle teilen das gleiche Schicksal: sterben zu müssen und die Kinder allein zurückzulassen. Die acht Frauen sitzen still und friedlich im Kreis, in der Mitte steht die Todin. Jeanne, mit ihrem ungeborenen Kind im Leib, begegnet ihr, schaut sie an und spricht die Worte: „Ich bin die Bringerin des Lebens. Ich bleibe.“ In tiefem Mitgefühl verneigt sie sich nacheinander vor jeder der sieben sterbenden Frauen, verlässt den Kreis und geht zurück „ins Leben“. Bald nach dieser Erfahrung wird ihr Kind geboren. Ihre alte Todesangst ist bewältigt.

Traumarbeit, Gebete, ein Abschiedsbrief, die eigene Beerdigungsrede schreiben, das alles sind Vorbereitungen zum heilsamen Sterben. Ein Brief an sich selbst im Angesicht des bevorstehenden Todes, aus einer Haltung innerer Wahrhaftigkeit, macht deutlich, wo wir gerade stehen auf unserer mythischen Reise, welche Dämonen vielleicht noch befriedet werden wollen oder was es sonst noch braucht, damit wir in Annahme und Frieden gehen können.

Auch *Selbst-Symbole*, wie sie auf der Ebene des Archetypischen in unserer Seele existieren, sind wertvolle Hilfen auf dem lebenslangen Heimweg. Als

Wandlungs-Symbole, wie Steg, Brücke, Weg, Treppe, Leiter, verbinden sie die inneren Welten und verweisen auf Wandlung. Alle Symbole, die das Getrennte miteinander verbinden, sind *Übergangs-Symbole* und damit auch *Todes-Symbole.* Hierzu gehört seit Jahrtausenden insbesondere die Symbolik von Sonne und Mond, den zyklischen Auf- und Abstieg bezeichnend, und die Spirale, Symbol für das ewige Kreisen. Auch Schiff, Boot, Barke signalisieren einen bedeutsamen Übergang, der aber nicht unbedingt einen körperlichen Tod bedeuten muss, sondern eine wichtige innerliche Wandlung anzeigt: So träumte ich vor wenigen Tagen von einem kleinen Floß, das durch die Wogen der Meere endlich in einem sicheren Hafen ankommt.

Ein zentrales und universelles Todessymbol ist der Vogel; als Seelenvogel symbolisiert er den Flug der Seele nach ihrem Austritt aus dem stofflichen Körper. Die Waage, das bedeutsame Todessymbol des Alten Ägypten, steht für das kosmische Gleichgewicht der Seele, die so leicht sein will wie eine Feder. Friedhofsbäume wie Thuja und Zypresse, symbolisch dem Weltenbaum verwandt, verbinden Erde und Himmel und begleiten den Aufstieg der nun befreiten Seele.

Wolfgangs mythische Reise, eine lebendige Erfahrung

Todes-Angst

Es ist der 19. September 1992. Wolfgang, ein junger Mann Anfang dreißig, kommt in meine Hütte und bittet um Hilfe: Todes-Angst ist sein Problem. Er ist als Urlauber hier in Nas, diesem magischen Ort der Göttin Artemis, der Wilden und Ungebärdigen. Unten in der Bucht am Ufer des Flusses mit dem Namen Chalaris, „Die alles mit sich Reißende“, steht sein kleines Zelt. Hier hat er sich mit den wenigen anderen jungen Gästen angefreundet und ihnen, vom abendlichen Hauswein gesprächig geworden, auch von seiner Not berichtet, von seiner Todesangst. Minke, die Holländerin, kann ihn verstehen; sie ist Musikerin, tiefgründig und tiefsichtig. In jedem Herbst verweilt sie hier und so kennen wir uns seit Jahren. „Geh zu Gertrude, vielleicht kann sie dir helfen; sie wohnt in der kleinen Feldhütte dort oben am Hang.“

Nun sitzt Wolfgang mir gegenüber, in diesem zwanzig Quadratmeter kleinen Steinhäuschen, und berichtet von seiner Not: „Ich musste an diesen Ort hier kommen, weil ich hier etwas zu erledigen habe“, sagt er. „Es hat mit Tod zu tun, mehr weiß ich nicht, aber ich habe Angst.“

Ich sehe ihn vor mir, wie er so spricht, und ich sehe – irgendwie fassungslos – den Tod hinter ihm stehen, links hinter seinem Rücken. –

Im Bewusstsein, dass nur die Wahrheit frei machen kann, berichte ich Wolfgang vorsichtig von meiner verstörenden Wahrnehmung, wissend und doch gleichermaßen unsicher und nicht-wissend, wie wahr diese Wahrnehmung sein kann. Wenig betroffen, eher erleichtert, erinnert Wolfgang sich an den ziehenden Schmerz in seinem Körper. Hodenkrebs im Frühstadium? Er beschließt einen Arztbesuch nach seiner Rückkehr. Dann sprechen wir lange über Sterben, über Tod und die mystische Wiederkehr der Seele. Wolfgang verlässt nach zwei Stunden berührt, dankbar und frei von Todesangst meine Hütte am Berg. Abends, beim Wein, erzählt er seinen Freunden von dieser hilfreichen Erfahrung.

Atemlose Stille

Seltsam heute, dieses dunkle Leuchten über dem Wasser. Am Tag nach dem Gespräch mit Wolfgang stehe ich auf der Anhöhe vor meiner steinernen Feldhütte und schaue über das Ägäische Meer. Zwielichtige Weite, „glatt wie Öl" ist das Wasser und in der Ferne bereits ahnend das verborgene Tosen, die unerschütterliche Erschütterung. Diese Stille! Diese Reglosigkeit! Die Berge, der Fluss Chalaris, die alten Olivenbäume, der Artemis-Tempel, das Große Wasser; sie alle halten den Atem an … Atemlose Stille bis an den Horizont. Atemlose Stille bis ans Ende der sichtbaren und der unsichtbaren Welt. Auch mir stockt der Atem im Angesicht dieser Schönheit von Dunkel und Licht …

Kräftig hörbar atme ich aus, entschieden wende ich den Blick und breche den magischen Bann. Ich verschwinde in meine Hütte und mache mich ans Tagwerk. Später richte ich die Mahlzeit in der Sommerküche, auf der von Reben umrankten Terrasse. Es ist Mittagszeit.

Da sehe ich Minke, die Holländerin, den Berg herauf eilen, anders als sonst. Ich sehe ihr aufgeregtes Winken, dann höre ich ihr Rufen, höre ihr Schreien: „Wolfgang ist in den Wellen, er kommt nicht mehr raus! Alle sind gerettet, nur er nicht! Du musst kommen, schnell!"

Kampf um Leben und Tod

Eilig binde ich die Schürze ab, werfe Kerze und Zündhölzer in einen Leinenbeutel und folge Minke den Hang hinunter in Richtung Meer. Jetzt sehe ich die Wellen-Berge, Dunkelheit hat das gleißende Licht verschluckt, es ist dämmrig geworden. Fünf oder sechs junge Leute, aus den tobenden Wellen geborgen, sind mit ihren griechischen Rettern bereits auf dem Weg in die weit entfernte Inselklinik. Gemeinsam hatten sie auf dem Felsvorsprung gesessen, der die Bucht rechter Hand schützend umschließt, gemeinsam gebannt vom magischen Licht. ... Dann kam die Welle, haushoch, hat sie ergriffen, sie alle. Alle wurden gerettet, nur Wolfgang nicht. –

Ich sehe seinen Kopf in den Wellentürmen, auftauchen und wieder verschwinden, auf und ab, Tod und Leben, auf und wieder ab, ringen, kämpfen, auf und ab. ... Die Menschen an der Felsküste hoch über dem Meer, geben ihm Blinkzeichen, aufgewühlt wie die rasend-schäumenden Wasser, gepackt von verzweifelter Todesangst. Sie lassen Taschenlampen kreisen: „Weitermachen! Nicht aufgeben! Durchhalten! Auch du wirst gerettet!" Der Rettungs-Hubschrauber aus Athen wurde gerufen, aber die verstehen nicht, wollen nicht verstehen, wollen nicht kommen, sie verkennen die Not ...

Frieden

In Käthis Taverne, hoch über der Felsenbucht gelegen, sitze ich vor der brennenden Kerze. Ich atme tief ein und atme tief aus, schließe die Augen und schaue nach innen. ... Nun bin ich verbunden. Jenseits von Zeit und Raum erkenne ich Wolfgangs Seelen-Licht. Ich bin bei ihm, bin mit ihm: Hier ist Ruhe, tiefe Stille, keine Panik, keine Todesangst! Vorbei ist der Kampf, vorbei das Ringen von Leben und Tod. In ihm ist Frieden, einfach nur Frieden! Es ist gut so, so wie es ist ... (Aus transpersonaler Sicht würde ich heute sagen: Wolfgang war in einer tiefen heilsamen Trance, er war im Zustand veränderten Bewusstseins.)

Sein Kopf ist nun verschwunden, taucht nicht mehr auf aus den Wellen. Inzwischen ist es Abend, es ist dunkel geworden und der Rettungs-Hubschrauber aus Athen ist doch noch gekommen. Zu spät ...

Abschied

Am folgenden Morgen sind zwei Polizeibeamte vor Ort und bitten mich um einen Bericht. Wir öffnen Wolfgangs kleines Zelt und finden dort vier oder fünf Bücher, alle zum Thema Sterben und Tod. Seltsam, er hat es nicht gewusst und doch hat er es geahnt. ... Der Tsunami, das Seebeben, kam dunkel-leuchtend und unerkannt. Sie, die Meermutter hat Wolfgang geholt, heim geholt in ihren feuchtschattigen Schoß. Nie mehr tauchte sein Körper auf, nie mehr wurde er gefunden. Fassungslose Stille liegt über der kleinen Siedlung, heilsame Trauer hat alles Leben erstickt. …

Einige Tage später kommt seine Familie, Mutter und die beiden Schwestern. Gemeinsam sitzen sie auf dem Felsen, dort wo die Uralte, die „Mutter von Leben und Mutter von Tod" ihn zu sich geholt hat. Sie weinen, klagen und werfen Blumen ins Meer. Später, in meiner Hütte, erzählen sie mir von Wolfgang: Wie er schon als kleiner Junge ein Lieber und Guter sein wollte, wie er sich nicht wehren wollte, nicht kämpfen wollte mit den anderen. … Und nun hat er am Ende doch noch das Kämpfen gelernt, im heldenhaften Kampf mit den haushohen Wellen.

Ein Kampf um Leben und Kampf um Tod und ein Ende in Frieden und Freiheit: Eine Geburts-Erfahrung! Sterben ist Wieder-geboren-werden … Wir singen und beten für seine Seele.

Todes-Mutter

Schon lange ahne ich die dunkle magisch-mythische Vergangenheit dieses Ortes mit dem Namen Nas, von griechisch Naos, der „Tempel". Noch heute sind Bucht und Tempelruine bekannt für ihre mystischen Kräfte. Nas ist ein Ort, der sich ‚erinnert', und mit ihm ‚erinnern' sich auch diejenigen Menschen, die von ihm gerufen werden, so wie Wolfgang. Auch ich, die ich gerufen wurde und hier lebe, ich ‚erinnere' mich. Die Vergangenheit von Nas, das alte „Naos-Tauropolis" träumt sich in mir auf, wird gegenwärtig, wird gestalt-gebende Wirklichkeit: Zu Urzeiten, lange bevor das Tempelheiligtum erbaut wurde, war dieser Ort ein Kultort der „Artemis Tauropolos", der dunklen Stier-Göttin. Ihre Macht, ihr zyklisches Kreisen von Leben und Tod, ängstigte die Menschen jener Zeit. Die Todesangst musste gebannt werden, die Todes-Mutter, sie musste besänftigt werden! So gab man ihr, wonach sie – aus Sicht der Menschen – verlangte: Man gab ihr Menschen-Opfer.

Nun lebe ich seit einigen Monaten wieder in Deutschland. Da erreicht mich ein Brief von Minke, der tiefsinnigen und tiefsichtigen Musikerin. Sie berichtet mir von einer inneren Erfahrung, einer Erfahrung im erweiterten Bewusstsein, einer inneren Schau: Sie hatte Naos gesehen, das alte Tauropolis, den Kultort der Artemis. Ihr, der wilden Stier-Göttin, wurden Menschen-Opfer dargebracht. Und der Opfer-Priester – der war Wolfgang.

Nie hatte ich mit Minke über meine Ahnungen, die Vergangenheit von Nas betreffend, gesprochen. Durch Mythen, Museumsbesuche, archäologische Objekte und Literaturstudium inspiriert hatte sich in mir ein ‚Wissen' um das alte Tauropolis aufgeträumt. Ich hatte es öfter erlebt, dass Menschen an diesem magischen Ort ähnliche bis gleiche Erinnerungsbilder hatten, ähnliche rückschauende Visionen historischer Ereignisse. Damals empfand ich diese Phänomene erstaunlich und wundersam, heute kann ich sie, dank der wissenschaftlichen Forschung von Rupert Sheldrake, annähernd verstehen:

Orte haben, wie Menschen und alle anderen lebenden Systeme, ein Gedächtnis, Orte haben Bewusstsein. Je mehr Menschen mit ähnlichen Bewusstseins-Inhalten sich an einem bestimmten Ort versammeln, umso klarer werden Ort und Menschen ihre gemeinsamen Erfahrungen und Erinnerungen aufträumen. Ein wechselseitig sich verstärkender Resonanz-Prozess entsteht; Sheldrake spricht hier von „morphischer Resonanz". Diese wirkt schöpferisch in einer Weise, dass alte Erfahrungen sich aktuell neu realisieren und form-gebend gestalten. Alte Wirklichkeiten träumen sich auf und erschaffen neue ähnliche Wirklichkeiten. In einem permanenten Resonanz-Prozess, an dem alle Wesen eines Ortes in ihrer Weise beteiligt sind, ereignet sich Schöpfung.

Auch wir als SchöpferInnen erschaffen in dieser Weise unsere eigene Lebenswirklichkeit: Heilsame Resonanz bewirkt Heilung, unheilvolle Resonanz bewirkt Unheil. Indem wir uns um heilsame, dem Leben dienende, Gefühle, Gedanken und Taten bemühen und in dieser Weise mit ähnlich fühlenden, denkenden und handelnden Menschen verbinden, werden wir Heilung, Frieden und Fülle erschaffen.

In einem fortwährenden schöpferischen Prozess wirkt so das Göttliche in uns und durch uns, und es wirkt über unseren stofflichen Tod hinaus.

Prozession – Die Reise geht weiter … Griech. um 550 v. Chr.

Teil II

Wandlung und Heilung

Es gibt nichts Beständiges im Universum.
Alles ist Ebbe und Flut,
jede Gestalt, die geboren wird,
trägt in ihrem Schoß
den Keim des Wandels.

Ovid, Metamorphosen

Hygieia mit Schlange. Griech. Göttin der Heilkunde

1. Das Mysterium der Heilung

Oh Du, Hygieia!
Alte Weise, Heilerin der Mitte
Die Du Oben und Unten
Himmel und Hölle
Licht und Dunkel
Heil und Unheil
Verbindest in der Macht deiner
Liebe.

Wir rufen und wir bitten Dich
Schenke uns die Heilkraft
der Wandlung.

(G.C.)

Die mythische Reise ist die einzigartige Heilungsreise, die jede Seele auf ihrem Weg zu gehen hat.

Sie führt – immer aufs Neue – vom Unheil ins Heil. Nun sind die Aspekte von Heilung unzählig und grenzenlos; alles im Universum hat mit dem Mysterium der Heilung zu tun, mit Ganzwerdung, mit Erlösung – mit Gnade. Und alles jemals von Menschen Geschriebene im Bereich von Philosophie, Psychologie, Theologie, Spiritualität, Gesundheit … kreist um das große Geheimnis von Unheil und Heil. Alle meine Texte, Beiträge und Bücher sind dem Thema Heilung gewidmet, – was könnte ich hier auf wenigen Seiten noch mitteilen, was nicht schon von anderen in unzähligen bemerkenswerten und innovativen Veröffentlichungen bereits gesagt wäre?

Daher entscheide ich mich für einen Text, den ich bereits vor mehr als zwanzig Jahren geschrieben habe und der damals in „Wege“ veröffentlicht wurde(1). Er ist die Bündelung meines tief gefühlten und gleichzeitig so begrenzten Verständnisses von Heilung. Und er beginnt angesichts des Heilungs-Mysteriums mit der Frage: Was ist Heilung?

Was ist Heilung?

Wir alle wissen, was Heilung *nicht* ist: Wenn ich bei Kopfschmerzen eine Tablette schlucke, dann erfahre ich keine Heilung, sondern Linderung der Schmerzen. Eine Mutter, die ihr Kind mit Kaiserschnitt zur Welt bringt, erlebt keine natürliche und heilsame Geburt, aber der Eingriff kann Mutter und Kind das Leben retten und ist eine großartige Notlösung. Vieles, was wissenschaftliche Medizin und personale Psychotherapie uns bieten, ist nicht Heilung, sondern Linderung, Notfallhilfe und Lebensrettung. Wertschätzung und Dankbarkeit sind hier angemessen. Im Falle schwerer Störungen kann es leichtfertig sein, die Möglichkeiten moderner Wissenschaft – aus einseitiger esoterischer Ideologisierung – nicht zu nutzen. Schulmedizin und personale Psychotherapie sind wertvoll, aber sie bewirken keine Heilung.

Was aber ist Heilung?
Heilung hat immer mit Ganzheit zu tun. *Heilung ist die Erfahrung von Heil-Sein* und Ganz-Sein, jenseits von körperlichen und seelischen Beschwerden. Denn als Abbild und als Verkörperung des Grenzenlosen Bewusstseins sind wir schon immer heil, schon immer in der Einheit, sind wir ein stofflich gewordenes Gefäß des Göttlichen. Wir haben es nur, seit langem, vergessen. Im Dialog mit Neale Donald Walsch(2) spricht das Göttliche:

> „Nun werde ich euch das letzte Mysterium erklären: eure wahre und genaue Beziehung zu mir. *Ihr seid mein Leib.* Was euer Leib für euren Geist und eure Seele ist, das seid ihr für meinen Geist und meine Seele. *Und deshalb: erfahre ich alles, was ich erfahre, durch euch.* So wie euer Körper, Verstand und eure Seele (Geist) eins sind, sind sie auch in mir eins."

Diese Einheit mit dem Ursprung, dem Göttlichen Bewusstsein, kann auf der Ebene der Persönlichkeit nicht erfahren werden. Hier erleben wir uns begrenzt, nicht in der Ganzheit von Körper und Seele.

Hier, auf der Ebene des Ich, sind wir un-heil, weil gespalten, wir sind „Patienten", in der Bedeutung des Wortes: „Leidende". Und als Leidende erleben wir uns unvollständig, sonst würden wir gar nicht leiden. Wir erleben uns fehler-haft. Daher die klassische Frage der ÄrztInnen und HeilerInnen: *„Was fehlt dir?"* Was fehlt dir zur Ganzheit des Bewusstseins?

Der Ursprung unseres Unheils, unserer körperlichen und seelischen Leiden, liegt in dem, was fehlt. Was fehlt, ist die Erinnerung, die Erkenntnis der Ganzheit unserer universellen Existenz. Das personale Bewusstsein ist gespalten, zersplittert unter der Wucht der Lebensereignisse körperlicher und seelischer Traumatisierungen. Wie bei einer zerbrochenen Schale sind Teile herausgefallen. Manche dieser Bewusstseins-Scherben liegen sichtbar vor uns, andere sind abgesunken ins Dunkel des Unbewussten, sie fehlen. Und sie tauchen wieder auf, als Schattenthemen, Unfälle, körperliche und seelische Erkrankungen.

Jedes Unheil drängt vom Dunkel des Unbewussten, vom Schatten-Grund ins Licht des Bewusstseins. Schattenthemen und ihre inneren Gestalten haben eine enorme energetische Ladung! Jedes Unheil will an*erkannt,* an*genommen* und somit erlöst werden. *Jedes Unheil drängt ins Heil,* notfalls über schwere Erkrankungen. Dies ist das chirotische Prinzip, das Wirken Chirons, des „verwundeten Heilers".

Somit ist eine Störung auf der Körper- oder Seelenebene ein bedeutsames Ereignis, eine enorm wichtige Erfahrung im Heilungsgeschehen. Denn im *Symptom* liegt, wie wir wissen, der Hinweis zu dem, was fehlt. Im Symptom liegt die Erfahrung dessen, was wir lieber vermieden hätten. Im Symptom ist die Wahrheit verborgen.

Ein Beispiel: Vor Jahren hatte ich die Gelegenheit, hinter einem Einwegspiegel eine therapeutische Paarsitzung zu beobachten. Das Paar suchte Hilfe, weil der Mann unter einer hysterischen Lähmung seines rechten Beins litt. Immer nun, wenn in der Sitzung der Dialog zwischen ihm und seiner Frau angespannt und heftig wurde, zuckte das gelähmte Bein deutlich. Diesem Mann fehlte die Erfahrung seiner riesigen Wut. Es wurde klar, dass er nach seiner Frau treten wollte. In der bewussten Annahme seiner frühkindlichen Aggression, dem Tretenwollen, könnte seine Lähmung heilen.

In der Transpersonalen Psychotherapie und im ganzheitlichen Heilen geht es daher nicht darum, eine körperliche oder seelische Erkrankung zu „besiegen", sondern sie zu begrüßen und als Hinweis, zuweilen sogar als *Heilungs-Weg,* zu achten: Die Erkrankung kann zum Heilungsweg werden, wenn der sterbliche Körper die Leiderfahrung auf sich nimmt, damit die unsterbliche Seele sich entfalten und die Einheit des Bewusstseins erkennen kann. *Der Körper opfert sich für die Seele.* Wir alle kennen bewegende Beispiele von Sterbenden, die im Prozess des Sterbens heil geworden sind.

Wirkliche Heilerinnen und Heiler wissen dies und achten deshalb die Krankheit als einen möglichen Heilungs-Weg, als Heilungsweg der eigenen inneren *Wahl* der Patienten. In der Asklepidischen Priester-Medizin wurde eine körperliche oder seelische Erkrankung deshalb auch als *„Heilige Krankheit"* bezeichnet. „Daskalos von Zypern", ein bekannter griechischer Heiler, heilte manche Menschen, die um Hilfe bittend zu ihm kamen, andere wies er ab und beließ sie in ihrer heilsamen Krankheit. Auch wir als Leiderfahrene wissen um die enorme Heilkraft in jeder schweren seelischen und körperlichen Krise.

Heilung ist Erkenntnis
Heilung ist Selbst-Erkenntnis
Heilung ist Gottes-Erkenntnis

Heilerin mit Schlange. Skulptur (Detail) von G. Croissier 2009, Foto: Tim Besserer

Heilkulturen, Holotropes Bewusstsein und das Heilungs-Feld

Traditionelle Kulturen teilten dieses Grundverständnis von Krankheit und Heilung: Heilung als Suche nach Ganzheit. Heilung als Heiligung. Ich nenne diese Kulturen deshalb auch *Heil-Kulturen.*

In Heilkulturen wird mit vorwiegend kultischen Mitteln geheilt, mit Trommeln, Singen, Tanzen, Masken-Tänzen, Masken-Riten und der *Dramatisierung der Schatten.* Ziel ist die Integration dessen, was fehlt zur Ganzheit des Bewusstseins.

„Heilen in traditionellen Kulturen heißt, den Holotropen Zustand herzustellen bei Heiler und Patient", sagte Stanislav Grof 1996 auf einer Konferenz in Rütte. „Holotrop" bedeutet „Bewegung hin zur Ganzheit". Heilen in traditionellen Kulturen heißt somit, dass sich PatientIn und HeilerIn im Heilungs-Ereignis in einem Zustand der Ganzheit befinden.

In alten Heiltraditionen war die bewusste Gestaltung des *Heilungs-Feldes* mit kultischen und heilkräftigen Objekten, Skulpturen, Symbolen, Einladung der Elementarwesen sowie die energetische Aufladung mit Musik, Tanz und Gesang wichtige Voraussetzung für den Heilungsprozess. Hiermit wurde ein Raum geschaffen, in dem das Verborgene gesehen und begrüßt werden konnte. Das Heilungsfeld ist ein Raum der Liebe, in dem sich die unerlösten Schatten-Gestalten hervorwagen, weil sie in die Liebe genommen werden.

Beispielhaft für kollektive Heilungsfelder, in denen die Trennung zwischen PatientIn und HeilerIn aufgehoben und jeder gleichzeitig Leidender und Heilender ist, sind die Heilungs-Rituale der Kung: Die Kung sind eine noch existierende Jäger- und SammlerInnen-Gesellschaft in der südafrikanischen Kalahari-Wüste. In wöchentlich stattfindenden Heiltänzen, an denen alle Mitglieder der Gemeinschaft teilnehmen, öffnen sie ihr Bewusstsein für die heilenden Kräfte der unsichtbaren Welt. Im erweiterten Bewusstsein, im Zustand der Ekstase, überschreiten sie die Grenzen des alltäglichen Bewusstseins und verbinden sich mit „Num", der Heilkraft ihrer traditionellen Gottheiten. So im Einklang mit der kosmischen Heilkraft berühren sie sich gegenseitig und heilen sich und die Stammes-Gemeinschaft durch Handauflegen. Mit Musik, Tanz und anderen kultischen Mitteln erschaffen sie gemeinsam ein Feld, in dem sich Heilung spontan ereignen kann.[3]

Die Aussage von Grof: „Heilen in traditionellen Kulturen heißt, den Holotropen Zustand herzustellen bei Heiler und Patient", ist fundamental bedeutsam für die heutige Praxis der Transpersonalen Psychotherapie. TherapeutIn und KlientIn stellen *gemeinsam* den Holotropen Zustand her, in dem sich dann Heilung ereignen kann. PatientIn und TherapeutIn erschaffen gemeinsam ein energetisches Feld, ein Heilungsfeld.

In der traditionellen Schulmedizin oder klinischen Psychotherapie befinden sich Arzt oder Therapeut scheinbar außerhalb des Heilungsvorgangs. Nur wenige Ärzte und Ärztinnen sind sich dessen bewusst, dass die Art und Weise, *wie* sie eine Untersuchung vornehmen, *wie* sie ein Medikament verabreichen, wesentlich den Heilungsprozess mitgestaltet. ÄrztIn und PatientIn, TherapeutIn und KlientIn sind sowohl Subjekt als auch Objekt der Heilung. Daher spielt der körperliche, geistige und seelische Zustand von HeilerInnen, ÄrztInnen und TherapeutInnen eine wesentliche Rolle für den Heilungserfolg.

Der Therapeuten-Schatten drängt sich gnadenlos – über sprachlichen und körperlichen Ausdruck – ins therapeutische Feld, denn er will mitleben und mitgeheilt werden. Feinfühlige PatientInnen spüren die Schatten ihrer TherapeutInnen und halten sich genau dort zurück, wo sie unsere unerlösten Themen und Ängste erahnen. Wir können Menschen nur so weit auf ihrem Heilungsweg erfolgreich begleiten, wie wir diesen Weg selbst gegangen sind.

In dem Maße nun, in dem das Heilungsfeld rein und durchsichtig ist, entsteht Offenheit, Vertrauen, und Heilungsprozesse können sich von selbst – vom Wahren Selbst – ereignen. Alle wirklichen Heiltraditionen, alte wie neue, wissen um die Einheit von PatientIn und HeilerIn im Heilungs-Geschehen und um die Bedeutung des Heilungsfeldes. Dieses ganzheitliche Bewusstsein stellt große persönliche Anforderungen an die heilerisch und therapeutisch Tätigen. Neben qualifizierter Ausbildung ist permanente Arbeit am Selbst erforderlich. Einige Hinweise zum Heilungsfeld:

- Das Körper- und Seelen-Gefäß von TherapeutInnen sollte in einem gepflegten und möglichst gesunden Zustand sein. Reinheit der Nahrung und die Qualität all dessen, was über die Sinne aufgenommen wird, ist von großer Bedeutung für die Reinheit des Heilungsfeldes. Auch die Kleidung ist bedeutungsvoll, deshalb trugen Heilungs-PriesterInnen in traditionellen Kulturen spezielle kultische, oft lange schwarze oder weiße Gewänder, sie hielten bestimmte Ernährungsregeln ein und übten zeitweise sexuelle Abstinenz.

- Der Therapieraum ist der Heilungs-Tempel und somit ein sakraler Raum. Er ist sauber, klar, ordentlich, übersichtlich und anmutig gestaltet. Jeder Gegenstand im Raum, jedes Objekt ist ein Heilungsobjekt, dessen Schwingung heilsam in das Feld ausstrahlt. Alles was bedeutungslos und abgestorben ist, sollte daher entfernt werden, damit die Lebens- und Heilungs-Energie fließen kann, so geschmeidig wie der Wind (Feng) und so urgewaltig wie das Wasser (Shui).
- TherapeutInnen gehen bewusst vom hylotropen in den holotropen Bewusstseinszustand, das heißt, sie erweitern ihr Bewusstsein und schließen es wieder nach der Arbeit, z.B. mit kleinen Übungen, Ritualen, Gebeten.
- In einem lebenslangen eigenen Heilungsprozess haben Transpersonale TherapeutInnen ihr Sein – Fühlen – Denken – Sprechen – Tun in Einklang zu bringen. Dies erfordert Wahrhaftigkeit vor sich selbst und Durchsichtigkeit vor anderen.

Afro-brasilianische Heilkulte – die heilsame Besetzung

Bereits in meinem Buch „Die magische Wunde“ habe ich über die afro-brasilianischen Heilkulte berichtet. Auch wenn ich mich hier wiederhole: Sie gehören mit ihrer radikalen Integration der Schatten ganz wesentlich zum Thema der mythischen Reise und damit zum Thema der Heilung. Denn immer begegnet das Helden-Ich seinen dämonischen Schattengestalten, die geachtet und gewandelt werden wollen.

Die Tänzerin Kaye Hoffmann(4) hat diese Heilkulte in Brasilien erlebt, erforscht und mit ihren Büchern bekannt gemacht. Vor Jahrzehnten hatte ich die Möglichkeit, bei ihr ein Seminar zu besuchen. Die Selbsterfahrung dort war prägend für meine eigene mythische Reise und meine therapeutische Praxis.

Die afro-brasilianischen Besessenheits-Kulte – der Yoruba in Westafrika und des brasilianischen Candomblé – können uns Modell sein für eine radikale Integration der inneren Schatten. Hier wird das Dunkle und Böse nicht tabuisiert, nicht ausgegrenzt wie in der christlichen Tradition: Das Böse, das Hässliche, das Obszöne, das Kranke und Abartige wird als Teil der universellen Ganzheit erfahren und als solches geehrt.

Die Yoruba bezeichnen diese dunklen Wesenheiten als „Gottheiten", wir nennen sie Schatten-Archetypen, Seelenanteile, Teilpersönlichkeiten oder Elementale. In „Besessenheits-Tänzen" werden diese „Götter" bei ihren Namen gerufen und in die Körper der Tanzenden eingeladen. Über die menschliche Verkörperung kommen sie in die materielle Welt und werden erfahrbar. Im Körper der Tanzenden drücken sie sich aus in Bewegung, Vibrieren, Schütteln und Zucken. Ihr fürchterliches Weinen, Schreien und Klagen ermöglicht Wandlung und Heilung. Unterschiedliche archetypische Gottheiten repräsentieren hier die menschlichen Schatten:

Der Gott „Exu" ist der *Schatten-Magier.* Er ist der Trickster, der Lügner, der böse Zauberer, der Unverschämte und der Teufel. Er verspricht Erfolg, Macht und sexuelle Potenz: „Zwischen Ficken und Furzen kommt er auf weichen Knien dahergeschlichen, hat keine Knochen, nur Gummi im Leib, stellt sich selbst ein Bein, stolpert, fällt immer auf die eigenen Füße." So beschreibt Kaye Hoffmann[(5)] Exu und seinen Schatten-Tanz.

„Ogun", der Gott des Krieges, ist der *Schatten-Krieger.* Ihn trifft man „auf dem Schlachtfeld, (...) dort, wo Ströme von Blut ihn mit Verlangen erfüllen."[(6)] Er ist überall dort unterwegs, wo mit Lust, mit Mordslust getötet wird: im Krieg, bei Völkermord und in den modernen Schlachthäusern.

„Omulu", der Gott, der die Welt mit Wunden schlägt, ist krank, hässlich, eklig und voller Hass. Er ist der *Schatten-Heiler.* Sein Tanz ist voller Schmerz, Leid und Klage. Omulu, der Klage-Gott, erinnert an Chiron, den verwundeten Heiler, und dessen Wandlung vom Unheil ins Heil, vom Tod ins Leben. Omulu-Chiron lehrt uns den Heilungsweg, diesen Heldenweg, der durch die Tiefe, das Dunkel, den Schmerz in Heilung und Befreiung führt. Omulus Botschaft lautet:[(7)] „Zeige deine Wunde!"

Die Wunde zeigen, jammern, klagen, anklagen, warum-fragen, sich schreiend und brüllend am Boden wälzen vor Schmerz, Haare raufen und Kleider zerreißen ... sind tiefe archaische Erfahrungs- und Ausdrucksmomente am Beginn eines Heilungsweges. In ihnen steckt die volle Kraft der Wandlung. Als Klage-Gott ist Omulu gleichermaßen Heiler-Gott, er ist der archetypische innere Heiler, der in jedem Menschen existiert. Im Trauern, Weinen und Klagen bietet er die Lösung, die Auflösung der Besessenheit an, „die darin besteht, das stumme Leiden und Erleiden in lautes Klagen, in leidenschaftlichen Ausdruck zu überführen."

> „Erst im Wahrnehmen und Wahrhaben des Leidens, in der ausdrücklichen Klage, die zugleich Bekenntnis wird und sich das Leiden als Eigentliches zu eigen macht, erst im Anhören der Gebrechen entziffert sich die Sprache des verschleppten Zusammenbruchs, der nun, richtig verstanden, zum Durchbruch, zur Wende werden kann."[8]

Heilsame Erschütterung – Zusammenbruch – Durchbruch – Wandlung, sind wesentliche Schritte in einem ganzheitlichen Heilungsprozess: „Zeige deine Wunde!", ist die Botschaft des Omulu-Kultes für die moderne Transpersonale Psychotherapie. Im Holotropen Atmen können wir erfahren, wie Schreien aus allertiefster Not sich wandelt – ganz vom Selbst – in ein Gebet, einen schamanischen Gesang, in ein Heilungslied. In manchen Heilkulturen war das Finden des eigenen inneren Heilungsliedes eine wesentliche Vorbedingung für die Aufnahme in den Kreis der Erwachsenen.

Unser christliches „Halleluja" ist ursprünglich ein präverbaler, rudimentärer Schrei aus allertiefster Not, der sich im Ausdrücken zum göttlichen Lobgesang wandelt.

So erstaunt es nicht, was Kaye Hoffmann[9] über die Anhänger dieses Heilkultes, die sie in Brasilien kennenlernte, schreibt:

> „Ich erkannte sie sofort an einer erdigen, tiefschwingenden Ausstrahlung, die Ehrfurcht und manchmal auch Angst einflößte. (...) Bei einem Mann erinnere ich mich besonders an seine Augen. Aus ihnen schien die Erde mich selbst anzusehen."

In der modernen westlichen Kultur aber haben diese ganzheitlichen Heiltraditionen und Zustände erweiterten Bewusstseins wenig Ansehen. Sie gelten als Aberglaube, Verrücktheit und Wahnsinn.

In den alten Traditionen als „heilig" erlebt und zelebriert, erfahren sie in unserer Kultur Verachtung und Psychopathologisierung: „Buddha, Jesus, ProphetInnen und Heilige würden heute psychiatrisiert", hatte Grof einmal bemerkt. Der moderne westliche Mensch fürchtet sich vor der magisch-mythischen Kraft seiner Seele.

Schamanismus – Verbindung zum „schwarzen Himmel“

Halte ihn fest, deinen Schmerz,
dann wirst du eine wahrhaft große
Schamanin!

Amélie Schenk

Die alten Heilkulturen zeigen, dass es im wirklichen Heilen immer auch um die Begegnung mit den Schatten geht, um den Weg vom Dunkel ins Licht. Besonders deutlich wird dieses Prinzip im Schamanismus: „Scham“ bedeutet „schwarz“ und auch „Himmel“. Etymologisch ist die Bedeutung von Schamanismus etwa „der schwarze Himmel“. Religion ist im Schamanismus somit „Rückbindung an den schwarzen Himmel oder Kosmos.“[(10)] Traditionelle Schamanen und Schamaninnen sind keine Lichtgestalten, sie sind vertraut mit dem Dunkel, bereit und fähig, in die Untere Welt zu reisen, hier den Dämonen zu begegnen und wieder in der Mittleren Welt anzukommen:

> „Ja, und die Schamanin selbst, und ich weiß es auch von anderen Schamanen, ringt und kämpft mit den bösen Geistern, die letztlich nur besiegt werden können, wenn sie vertilgt, sprich gefressen werden.“[(11)]

Der Schamanismus ist die älteste Heiltradition und Ur-Religion der Menschheit. Schamanen stehen „für das Schöpferische, das Ursprüngliche, das Wilde. Sie sind ein Überbleibsel der Urzeit in der Jetztzeit, handeln im Wissen um ihre Eingebundenheit in die Wirkkraft der Natur seit Anbeginn“, schreibt die Ethnologin Amélie Schenk in ihrem Buch „Gesang des Himmels“[(12)], ein Buch von ungewöhnlicher Tiefe und magischer sowie sprachlicher Dichte.

Religion und Heilen waren im Schamanismus nicht getrennt; traditionelle SchamanInnen waren immer auch MagierInnen, PriesterInnen und HeilerInnen. Ihre Berufung war und ist mit einer schweren Bürde verbunden: mit Krankheit, Behinderung, mit den seelischen und körperlichen Qualen der „schamanischen Krankheit“. Denn erst die *schamanische Todeserfahrung* öffnet das Bewusstsein für andere Realitäten und befähigt, unsichtbare Welten zu bereisen, mit den Ahnen und den Geistern zu kommunizieren und zu heilen.

SchamanInnen bereisen drei Welten: Sie reisen in die dunkle *Untere Welt* der Dämonen, in die lichte *Obere Sonnen-Welt* und sie bringen das „Verlorene" zurück in die *Mittlere Welt* des irdischen Lebens. Ihre Aufgabe ist es, mit ihren Fähigkeiten dem Stamm, der Gemeinschaft und der Erdenmutter zu dienen.

Gesichter der drei Welten. Skulptur von G. Croissier 2011, Foto: Tim Besserer

Amélie Schenk[13] beschreibt am Beispiel der Tuwa-Schamanin Galbe, was es tatsächlich heißt,

> „Schamanin zu sein – nämlich allseits und zu aller Zeit bereitwillig zu dienen und wieder herzurichten, was aus dem Lot geraten ist, heil zu machen, was entzweiging." Sie „(…) hat Seele für alle Schattenseelen zu sein, sprechender Mund für alle Toten, ein Stück Himmelsparadies und Hoffnung, Erlöserin und Finderin der ausleitenden Pfade bei Leid und Trauer, Tod und Not …"

Jenseits moderner Schamanismus-Romantik schildert Amélie Schenk die Lebens- und Leidens-Wirklichkeit der Tuwa-Schamanin Galbe im Hohen Altai, mit der sie über längere Zeiträume in einer Jurte gelebt und deren Alltag sie begleitet hat[14]:

> „Im Dunstschleier sehe ich die Schamanin, sie flattert windgeschwellt, wo Fels und Himmel sich treffen. Welch ein Geschrei, welch ein Gejammer! Keine menschliche Stimme mehr. Ein einziges Klagelied erfüllt die Luft und dabei windet und wendet sie sich. Will den Himmel zähmen, die Geister alle melken, jetzt wo wir das schwer erkämpfte Opfer bringen. Sie horcht, ein Ohr für alle,

sie schaut, ein Auge für alle. Ich weiß es, sie weiß es, wir sind nicht allein. Keiner ist lange im Fleisch, lange im Knochen, aber hinter deiner Erdenschwere, durch deinen gegenwärtigen Leib walten die ewigen Zeiten, die Jahrhunderte, Jahrtausende voller Leiden und Leidenschaften eines Volkes, das auch du bist, und das älter als dein kleines Herz und auch dein kleines Hirn ist. Du bist, wie du bist, eine einzige Geschichte, in dir wohnen alle Zeiten und alles Gewesene und unser aller Ahnen. Die Geister sprechen, durch deinen Mund, für alle, für die Lebenden wie die Toten."

Durchdringung der Schatten, Durchleiden von Wahnsinn, Krankheit und Tod, der Gemeinschaft und der Erdenmutter zu dienen, – dies sind die besonderen Anforderungen an wirkliche Schamanen und Schamaninnen. Nur und erst dann ist es möglich, die Welten zu bereisen, mit den Ahnen und den Geistern zu kommunizieren, heilend zu wirken und dem Leben in Hingabe und Demut zu dienen. Und auch nur im Kontext einer schamanischen Tradition ist es möglich, tatsächlich Schamanin zu sein. So wie es heute nicht möglich ist, ägyptische Priesterin oder mittelalterliche Hexe zu sein, so ist es in der westlichen Welt nicht wirklich möglich, SchamanIn zu sein und als solche heilsam zu wirken.

Der moderne *Neo-Schamanismus* hat häufig wenig mit schamanischer Tiefenerfahrung und der Fähigkeit des echten Schamanisierens zu tun. Ein kommerzieller Ego-Schamanismus – an drei Wochenenden können wir uns zum Schamanen ausbilden lassen! – trübt leider das Ansehen des Schamanismus in der heutigen Zeit, in der seine alte Weisheit und seine Heilkraft doch so dringend gebraucht würden.

Wir sollten nicht vergessen: Der Schamanismus entstammt einer sehr frühen Ebene des menschlichen Bewusstseins, der magischen Dimension[(15)]. Mit dem allmählichen Herauslösen aus dem frühen Einheits-Erleben wurde der Mensch sich seiner Verletzlichkeit bewusst, er fühlte erstmals Angst. Sein magisches Tun, seine Jahreszeiten- und Heilungsrituale, die Anrufung der Ahnengeister war der Versuch, seine Angst zu bannen. Im Schamanisieren bündelte der frühe Mensch seine magische Macht, um Unheil abzuwenden und das Überleben der Gemeinschaft zu sichern. Schamanismus hat traditionell mit *Macht und mit Machen* zu tun und eignet sich daher – vor allem dort, wo er nicht eingebettet ist in eine traditionelle soziale

Gemeinschaft – hervorragend als eindrucksvolles Werkzeug egoistischer Machtausübung.

Wo Schamanismus heute nicht integriert ist in *ganzheitliches Bewusstsein* als der Einheit von magisch-mythisch-rational-integralem Erleben und Handeln, da wird er missbräuchlich oder absurd. Wo Schamanismus nicht von universeller Liebe und vor allem von Demut und Bescheidenheit getragen ist, da wird eine uralte schöpferische Quelle zur ertragreichen Geldquelle und der Schamane oder die Schamanin wird zum Schatten-Magier – oder zu einem lächerlichen Popanz. „Ich bin eine Schamanin, ein Schamane", eine solche Identifizierung mit einer archetypischen Gestalt verweist auf infantile Unwissenheit oder ein narzisstisches Größenthema. Jede *dauerhafte* Identifikation mit archetypisch-magischen Wesen verhindert weiteres Wachstum und Entwicklung integraler Ganzwerdung.

Aber – in der magisch-mythischen Dimension der Psyche vieler heutiger Menschen existiert durchaus ein *innerer* Schamane, eine *innere* Schamanin, eine Priesterin, ein innerer Magier, eine innere Hexe. Wir *sind* sie nicht, aber sie existieren in uns, im Kollektiven Unbewussten. Sie warten darauf, geweckt und ins Bewusstsein integriert zu werden, um in dieser besonderen *Zeit der Wandlung* den Wesen und der Erde zu dienen.

Die Schamanin der europäischen und kleinasiatischen Traditionen der „Großen Mutter" war die „Hexe". Als „Hagazussa", als Zaunreiterin auf der Grenze zwischen den Bewusstseins-Welten, lebte sie im Einklang mit den Naturkräften. Ihre Verbündeten beim Heilen waren die Geister der Pflanzen und Tiere sowie die Elementargeister Feuer, Wasser, Luft und Erde. Es ist erstaunlich, wie viel verborgenes Hexen-Bewusstsein bei meinen Klientinnen immer wieder auftaucht. Zahlreiche Berichte in meinen Büchern belegen, wie viel geschundene Hexenkraft zu neuem heilsamem Leben erwacht, wenn der alte Schmerz gesehen und angenommen wird.

Nicht wenige von uns sind beschenkt mit schamanischen und transpersonalen Begabungen, die wir dankend annehmen und heilsam gebrauchen dürfen. Damit wir uns erinnern, benenne ich im Folgenden einige zentrale Merkmale schamanischer Fähigkeiten und schamanischen Wirkens, welche auch in eine ganzheitliche therapeutische Arbeit integriert werden können. Ich halte es aber nicht für erstrebenswert, im Kontext von transpersonaler Psychotherapie unbedingt mit schamanischen Methoden arbeiten *zu wollen,* wir haben eine Vielzahl wirksamer therapeutischer Methoden, die wir nutzen können.

Schamane mit Tiergeist. Skulptur von G. Croissier 2009, Foto: Tim Besserer

Seelen-Begleiter
Sohn von Himmel und Erde
Mit Rabenfedern geschmückt

Befreier der Unterwelt
Bote vom Schwarzen Himmel
Den Wilden Geistern vertraut

Magier der vier Winde
Uralter Wächter der Tierreiche
Rufend den Drachengeist

Dein heil'ger Sonnentanz
Im gleißenden Mittagslicht
Verlorene Seelen befreit

(G.C.)

Schamanische Heilweisen in der Transpersonalen Psychotherapie

Oh, alte Udegan
Aus des Schatten-Reichs Tiefe
Führst Du die Seelen
Ins Licht

(G.C.)

1. Grundlegende schamanisch-transpersonale Fähigkeiten

- Das innere „Schauen“ anderer Wirklichkeiten und die Fähigkeit, in andere Bewusstseinsebenen zu reisen und wieder in diese Dimension zurückzukehren
- Die Bereitschaft, ins Dunkle abzusteigen und Dämonen zu begegnen
- Die Fähigkeit, vorübergehend aus dem personalen Ich herauszutreten und sich mit einer übergeordneten, geistigen Kraft zu verbinden, sich von ihr ‚besetzen‘ zu lassen: „Ekstatische Trance“
- Das „Sprechen“ mit geistigen Wesen, mit Elementargeistern, Tier- und Pflanzengeistern, den Geistern der Ahnen, sie als Verbündete einzuladen und mit ihnen im Dialog sein

2. Schamanisch-transpersonales Verständnis von Krankheit

- Krankheit wird verstanden als Ausdruck von Disharmonie im inneren und äußeren Leben von Menschen. Diese Disharmonie existiert in der kranken Person und in der sozialen Gemeinschaft.
- Etwas „fehlt“, ein Seelen-Anteil ist verschwunden, er wurde von einem „Dämon gestohlen“ und wird in der schamanischen Arbeit zurückgeholt. Übersetzt ins Transpersonale: Ein Seelenanteil ist ins Unbewusste abgesunken, abgespalten und wird in einer Innenwelt-Reise von den Betroffenen selbst entdeckt und integriert.
- „Besetzung“ durch eine dunkle Kraft:
  - Die häufigste Form einer Besetzung ist die Identifikation mit einem eigenen, selbst erschaffenen Schattenaspekt.
  - Besetzung durch Introjekte, Teilpersönlichkeiten naher Personen, zum Beispiel von Mutter oder Vater
  - Fremdbesetzung durch verlorene Seelen oder Seelenanteile anderer Menschen oder Wesen

- Fremdbesetzung durch äußere mächtige Dämonen, erschaffen – vermutlich – aus kollektiver verdichteter Schattenenergie

Bei schweren seelischen Störungen liegen meist alle drei Störungen gleichzeitig vor: Disharmonie, Fehlen eines oder mehrerer Seelenanteile und Besetzung.

3. Schamanisch-transpersonale Heilungswege bei Besetzung

- Radikale *Annahme und Wandlung,* wenn der dunkle Seelenanteil zur Person selbst gehört, von ihr selbst erschaffen wurde, was meistens der Fall ist
- *Reinigung* von fremder Energie durch
  - Räuchern, Wegnehmen und Zurückgeben
    Das Abgeben von Schatten-Energie aber an andere Wesen, an die Erde oder gar an Tiere verstehe ich als „magisches Verbrechen"!
  - Seelenanteile anderer Menschen geben wir in Achtung an diese selbst zurück.
  - Die Seelen Verstorbener begleiten wir über die „Brücke" ins Licht.
  - Was machen wir aber mit kollektiv erschaffenen Dämonen? Ich würde bei dieser eher seltenen Variante große Geistige Wesen um Hilfe bitten.

4. Schamanisch-transpersonale Methoden der Behandlung

Zu unterscheiden sind zwei grundsätzlich verschiedene Behandlungsmethoden:
- Heilarbeit *für* den/die PatientIn; der Fokus ist bei dem/der SchamanIn.
- Heilarbeit *mit* dem/der PatientIn; der Fokus ist bei dem/der PatientIn.

Heilarbeit für den/die PatientIn

Dieses Vorgehen entspricht dem traditionellen Schamanismus, ist aber therapeutisch nur in Ausnahmefällen angebracht – beispielsweise bei extremer Not, unerträglichem Schmerz oder im Sterbeprozess, da es den Menschen zum Objekt der Heilung macht und die Heilungs-Macht ausschließlich beim Schamanen bzw. Therapeuten bleibt.

- SchamanInnen reisen in die Unterwelt, um verlorene Seelenanteile der Patienten zurückzuholen oder um deren inneres Krafttier zu finden.
- Ausgleichende Arbeit im Energiefeld des/der PatientIn: Getrenntes im Energiekörper mit den Händen zusammenfügen

- Heilen mit dem kosmischen Atem: blasen, hauchen, etwas weg-pusten oder ein-hauchen
- Fernheilung, vollständige Übernahme des Heilungsprozesses auf Wunsch des Patienten, ohne dessen Anwesenheit
  Heilungsarbeit aber ohne Wissen und Einverständnis der Patienten ist „spiritueller Missbrauch"!

Heilarbeit mit dem/der PatientIn
Dieses Vorgehen entspricht schamanisch-transpersonaler Heilarbeit in einer ganzheitlichen Psychotherapie. Hier geht es nicht primär darum, die Patienten von einer Krankheit oder Störung zu befreien, sondern einen Prozess der Bewusstwerdung zu fördern und die eigene innere Heilkraft zu stärken. TherapeutInnen sind hier lediglich kundige BegleiterInnen auf dem Heilungsweg ihrer PatientInnen. Hierbei können die oben aufgeführten schamanischen Heilungsmethoden eingesetzt werden, immer aber *im gemeinsamen Tun:*

- Bewusstseins-Reisen: Die Klienten bei ihren inneren Reisen begleiten, mit ihnen in seelische Innenräume und in die verschiedenen Bewusstseins-Ebenen reisen, Seelenanteile zurückholen, das Krafttier finden, in Präexistenzen oder in die Zukunft reisen, Holotropes Atmen, usw.
- Gemeinsam etwas Fremdes, ein Introjekt, aus dem Körpersystem nehmen und es an seinen Ursprungsort zurückbringen. Dann gemeinsam etwas Heilsames einfügen, sonst entsteht ein Energieloch, in das sich schnell wieder etwas Fremdes einnistet.
- Heilsame Energien in den feinstofflichen Körper eingeben, z.B. Pflanzenenergie. Diese Energie sinnlich wahrnehmen, sie visualisieren – z.B. als blaues Veilchen, riechen, spüren und dann in das Leib-Seele-System gemeinsam einatmen und einhauchen
- Energetisches Zusammenfügen von Spaltungen im feinstofflichen Körper mit den Händen
- Kommunikation mit Ahnen-, Pflanzen- und Tiergeistern begleiten
- *›Vorkauen‹* eines Angst machenden Schattenthemas durch die Therapeutin; es stellvertretend für die Patientin aufträumen und es dann an sie *abgeben.*
- Die Botschaft vermitteln: „Deine innere Heilerin, dein innerer Schamane kann das schon seit alters her und ich, deine Therapeutin im Bündnis mit meiner inneren Heilerin, bin bei dir und begleite dich."

In dieser Weise nehmen wir uns als TherapeutInnen zurück und stärken den Selbstwert und die schamanische Heilkraft unserer KlientInnen. Zahlreiche authentische Erfahrungs-Berichte in meinen Büchern belegen die Wirksamkeit dieser Haltung: Die wundersame, alte schamanische Heilkraft existiert in uns allen. Und dennoch: Diese Art der Heiltätigkeit kann nicht vermittelt und nicht gelernt werden. „Es“ geschieht vom Wahren Selbst, wenn KlientIn und TherapeutIn in einem Heilungsfeld verbunden sind. Es ereignet sich aus Gnade.

Die Priester-Medizin der Asklepiden

Obgleich alles Magisch-mythische den westlichen Menschen irritiert oder gar ängstigt, beruft sich die moderne wissenschaftliche Medizin bis heute auf die alte Asklepidische Heiltradition. Der Äskulap-Stab, um den sich die Heilige Schlange windet, ist bis heute ihr verbindliches Zeichen. Selbst Ärzte und Ärztinnen, die sich von jeglicher alternativer Heilkunde distanzieren, präsentieren sich mit diesem alten magischen Symbol.

Die „Asklepidische Heiltradition“ ist etwa 3500 Jahre alt. Ihre Wurzeln aber liegen wesentlich früher in der vorhellenischen Kultur der Pelasger und haben ihren eigentlichen Ursprung in den frühen matriarchal-totemistischen Kulten Kleinasiens und des Mittelmeerraumes: „Im Anfang war Asklepios und Herakles zum Heile der Menschheit,“ verkündete um 430 v. Chr. der Arzt Hippokrates auf der Insel Kos. Obwohl er sich von der alten Asklepidischen Priestermedizin teilweise abgewandt und die neue wissenschaftliche Medizin begründet hatte, ehrte er doch den alten Heilkult des Asklepios.

„Epidauros“ auf der Peloponnes ist das bekannteste Asklepidische Heiligtum des Alten Griechenlands; frühe Funde verweisen auf den Ursprung der Kultstätte im 7. Jh. v. Chr. Über neunhundert Jahre existierte dieser Kultort, was durch archäologische Funde belegt ist. Trotz mehrfacher Zerstörung durch römische und später durch gotische Invasoren konnte das Heilzentrum in seiner Grundstruktur wieder hergestellt werden.

Als Ableger dieses mächtigen Zentralheiligtums wurde im 4. Jh. v. Chr. das Asklepidische Heilzentrum in Lendas auf Kreta gegründet, das in der antiken Welt für seine heilkräftigen Quellen berühmt war; auch die Römer suchten hier Heilung. Bis heute existieren Reste dieser einst so bedeutsamen Kultstätte, dessen Zentrum der Heiltempel mit Statuen der Göttin Hygieia und anderer Gottheiten war. Als sich im 5. Jh. das Christentum immer mehr durchsetzte, verlor der Asklepios-Kult zunehmend an Bedeutung und die zahlreichen Asklepidischen Zentren wurden als „heidnische Kultstätten" zerstört. Auch das Heiligtum in Lendas wurde Opfer der Christianisierung und von den Bewohnern der Gegend als Steinbruch benutzt. „Neben dem ehemals heiligen Bezirk wurde eine christliche Basilika errichtet, für deren Bau hauptsächlich antike Bauteile der Tempel-Anlage verwendet wurden."[(16)]

Wer aber war dieser mythische Asklepios, auf den sich bis heute die moderne Heilkunde bezieht? Zum *historischen* Hintergrund des Namens schreibt Ranke Graves[(17)], dass „Asklepios" sowohl ein Name als auch ein professioneller Titel war, den alle Priester-Ärzte der gesamten Asklepidischen Sippe trugen. Der Name „Asklepios" bedeutet nach Graves „unermüdlich sanft".

Sanftheit als Heilkraft! Das gibt es sogar im Klinikalltag unserer Zeit. Ich hatte im letzten Jahr (2019), als ich meine mehrfach behinderte Schwester durch vier Klinikaufenthalte begleitete, die Gelegenheit, einigen Ärzten zu begegnen, die den asklepidischen Titel voll verdienten. Heilkräftige Männer, die mit ihrem medizintechnischen Können *und* ihrem menschlichen Engagement, ihrer Sanftmut, dazu beitrugen, dass meine Schwester, die monatelang sprachlos und erstarrt im Rollstuhl gesessen hatte, heute wieder laufen und sprechen kann. Als ein Arzt im Gespräch mit mir die Heilung meiner Schwester als „Wunder" bezeichnete, da liefen mir vor Dankbarkeit die Tränen. Und dieser junge Arzt, beseelt von asklepidischer Heilkraft, er weinte mit mir. Auch er war dankbar und berührt.

Der *mythologische* Asklepios ist der „Gott der Heilkunde" und Cheiron, der verwundete Heiler und König der Kentauren, war sein Lehrer. Der Vater des Asklepios war Apollon, das männlich-göttliche Lichtprinzip, und seine Mutter war die göttliche „Koronis", die Krähengöttin, sie verkörpert das weiblich-göttliche Dunkelprinzip. Asklepios, Gott der Heilkunde, ist somit ein Kind der Vereinigung von Licht und Dunkel. Aus der Einheit der Polarität von Dunkel und Licht entspringt seine magisch-mythische Heilkraft: Nach mythologischer Überlieferung konnte er sogar Tote zum Leben erwecken. Seine Tochter Hygieia, die Göttin der Heilung, ist oft mit einer Schlange abgebildet.

Die Bezeichnung *„Mutter"* verweist in der Mythologie auf die Herkunft, den Ursprung. Koronis, Asklepios' Krähen-Mutter, gibt Hinweise auf einen frühen, totemistisch-matriarchalen Kult, in dessen Mittelpunkt ein Krähen-Orakel stand. In den matriarchalen Heiltraditionen hatten die Tiergeister von *Rabe-Krähe* und *Schlange* große Bedeutung für das Heilungsereignis: Die frühen Priesterinnen der Orakelschreine verwandelten sich in Krähen und Schlangen, erweiterten ihr Bewusstsein, überwanden die Begrenzung von Raum und Zeit, Mensch und Tier und verbanden sich mit Krähen- und Schlangen-Bewusstsein. In magischer Identifikation mit der Großen Krähen- und Schlangen-Mutter waren sie fähig, die Wahrheit zu schauen, zu weissagen und zu heilen.

Die Symbolik des Äskulapstab

Der *Äskulap-Stab,* das Symbol des Asklepios (dessen römischer Name ist Äskulap), ist bis heute das Zeichen der Ärzteschaft und der wissenschaftlichen Medizin. Was nun bedeutet dieser geheimnisvolle Stab?

Der Äskulapstab ist ein wirklicher Zauber-Stab. Er transportiert uralte totemistische Heilkraft aus der magisch-mythischen Bewusstseinsdimension der Menschheit bis in unsere heutige Zeit. Seine Wirkkraft ist denen zugänglich, die ihn annehmend würdigen und heilsam gebrauchen: Im Seminar „Heilung" hatten wir – aus vom Meer gewaschenen Hölzern – einen Äskulapstab in der Mitte des Gruppenraumes gelegt und uns in einer rituellen Symbol-Meditation mit seiner Heilkraft verbunden. Die uralte Heilkraft des Äskulapstabs wurde wieder lebendig und erfüllte die Menschen mit Freude und Dankbarkeit.

Die beiden Symbole des Äskulapstabs sind Stab und Schlange:

– Der *Stab,* auch als Zauberstab und Heroldstab bekannt, ist ein *männliches* Symbol für Kraft, Geist des Feuers und Geist der Wandlung. Symbolisch verwandt ist der Stab dem Weltenbaum des Schamanen, auf dem dieser in die Unter- und Oberwelt reist, ebenso dem Nabelstein „Omphalos", der uns aus Delphi bekannt ist, und auch dem Shiva-Lingam im Hinduismus. Auf der Ebene des Personalen steht der Stab für männliche Sexualenergie und somit auch für das männliche Glied. Als göttlicher Phallus, repräsentiert durch aufgerichtete Stein-Monumente, wurde und wird er bis heute überall in der Welt verehrt.

- *Die Schlange* ist das wohl mächtigste *weibliche Symbol.* Als heiliges Tier der Erdmutter symbolisiert sie das weibliche Urprinzip, die weiblich-schöpferische Urkraft von Anfang und Ende, Geburt und Tod. Von ihr kommt alles Leben auf der Erde. Als „alte Schlange", wie sie im Alten Testament auch genannt wird, ist sie das Schreckgespenst jüdisch-christlicher Patriarchen.[18]

Stab und Schlange. Das Symbol der WHO

In den vorhellenischen Tempeln wurden „Heilige Schlangen" gehalten und ihr Geist diente der Heilung der Gläubigen. In den minoischen Tempeln von Kreta hielt die „Schlangen-Priesterin" jeweils eine kleine Schlange in ihren zur Anrufung erhobenen Händen. Auch im „Asklepion", dem Heilungstempel von Epidauros, wurden Schlangen gehalten. Auf vielen antiken Abbildungen werden Asklepios und seine Tochter Hygieia, die Göttin der Heilkunde, von einer Schlange begleitet. Es wird berichtet[19], dass die Tempel-Schlangen bei den Heilungen „durch Lecken und Berührung" mitwirkten.

Die beiden primären Ursymbole, *Männlichkeit* und *Weiblichkeit,* verbinden sich im Äskulapstab zu ihrer ursprünglichen schöpferischen Einheit: Die weibliche Schlange windet sich *spiralig* um den männlichen aufgerichteten Stab. Sie *umkreist* ihn, während er gleichzeitig von ihr umfasst und von ihr gehalten ist, so wie der Shiva-Lingam in der Yoni gehalten ist. Schlange und Stab: Im Äskulapstab verbinden sich bis in die heutige Zeit die göttlichen Ur-Polaritäten von Weiblich und Männlich in der Einheit des Bewusstseins.

In jedem Heilungsgeschehen wirkt das alchemistische Prinzip der Vereinigung der Polaritäten, hieraus entsteht Wandlung und Heilung, damals und heute. In der alten Priester-Medizin der Asklepiden genauso wie in der modernen Transpersonalen Psychologie geht es um den verlorenen Pol, um das, was fehlt zur Ganzheit des Bewusstseins. Die wesentlichste Aufgabe von Heiltätigen und TherapeutInnen ist die Verbindung der Polaritäten in einer „Alchimistischen Meditation", wie Jung diesen Vorgang auch bezeichnete.

Wenn es gelingt, die *Einheit im Selbst* zu erfahren und andere dabei zu unterstützen, dann ist „Psychotherapie" wieder das, was sie vom Wortsinn her bedeutet: „Dienst an der Seele". Heilung ist Heiligung. „Wahre Medizin (...) und die Religion sind Geschwister", schrieb der Arzt Blüher(20) bereits 1925 in seinem „Traktat über die Heilkunde". Wenn Psychotherapie und Spiritualität eins werden, dann erfüllt sich das Mysterium der Heilung.

Das Asklepidische Heilungs-Ritual

> Rein muß sein,
> wer in den duftenden Tempel tritt,
> rein sein ist aber,
> heilige Gedanken zu haben.
>
> Porphyrios, griech. Philosoph, 233 - ca. 305(21)

Jedes besondere Ereignis erfordert Vorbereitung. Körperliche und geistige Reinigung war und ist in allen Traditionen wichtige Einstimmung zu einer sakralen Handlung. In meiner Kindheit wurde samstags geputzt und gebadet, bevor die Menschen am Sonntag zum Gottesdienst gingen. Und hier, in den Dörfern des Odenwaldes, ist es immer noch üblich, samstags die Straße zu kehren.

In der Asklepidischen Tradition reinigten sich die Gläubigen vorbereitend mit rituellen Waschungen, wofür es im heiligen Bezirk mehrere Brunnen und Bäder gab. Mit Fasten, Opferungen, Anrufungen und spirituellen Gesängen wurde der Geist von unheiligen Gedanken gereinigt. Dann erst waren sie äußerlich und innerlich bereit für die Begegnung mit der Gottheit im „Asklepion", wie der Heilungs-Tempel genannt wurde. Mit sich trugen sie Geschenke, Gaben für ihre Gottheiten, das *Heilungs-Opfer.* Die Menschen der alten Heilkulturen kannten das „Gesetz des Ausgleichs" und wussten, dass sie etwas zu geben hatten, um etwas – hier die Heilung – zu bekommen.

Die Kranken und Leidenden kamen in Annahme und im Bewusstsein ihrer *Heiligen Krankheit,* im Wissen, dass in ihrem Leiden der Schlüssel zur Heilung verborgen ist. Sie kamen zu ihren Gottheiten mit einer Bitte um Heilung. Die demütige *Heilungs-Bitte* war der erste wesentliche Schritt im

Heilungsereignis. – Aus transpersonaler Sicht würden wir sagen: Die Heilungsbitte richtet sich vom personalen Ich an das Wahre Selbst.

Im Zentrum der Asklepidischen Heiltradition stand der *Heil-Schlaf,* auch „Tempel-Schlaf“ genannt. Bereit, die göttliche Wahrheit zu erfahren, kamen die PatientInnen in den Tempel oder einen Schlafraum, der dem Tempel angegliedert war, und legten sich hier zum Schlafen nieder. Im Heilschlaf, im Tiefen-Bewusstsein, schenkten ihnen die Gottheiten einen *Heilungs-Traum.* In diesem Traum wurde eine wichtige Information, eine Botschaft zum Heilungsweg offenbart.

Im transpersonalen Kontext heißt das: Die Heilungs-Botschaft kommt vom ganzheitlichen Selbst, dem Göttlichen in uns. Nicht Arzt, Priester, HeilerIn oder TherapeutIn kennen die Ursache der Störung und den Weg der Heilung, sondern allein das Wahre Selbst der Patienten: Die innere Heilerin, der innere Heiler weiß den Weg!

Von den PriesterInnen begleitet legte sich der Patient auf ein Lager am Boden. Viele mussten mehrere Nächte dort verbringen, bis sich ein Erfolg einstellte, wie berichtet wird. Zusätzlich zum Heilschlaf kamen altbekannte Heilmethoden zur Anwendung: Heilbäder, Phytotherapie, Heildrogen, Gymnastik, Massagen und energetisches Heilen mit den Händen. In einem Bericht des Aristophanes (gr. Dichter, ca. 450 - 380 v. Chr.) ist Folgendes überliefert:[(22)]

> „Die Priester löschten die Lichter, ermahnten die Patienten zur Ruhe und ließen sie dann allein. Erschöpft von der langen Reise, den Kopf voll von Bildern und Erzählungen, die sie im heiligen Bezirk aufgenommen hatten, und aufgeregt vor Erwartung fielen sie irgendwann in Schlaf und träumten. Nur so, im Schlaf, geschahen in Epidauros die Heilungen: Der Gott kam in Person, schön und milde von Angesicht, begleitet von seinen Heilgehilfen und Tieren. Er ging von Lager zu Lager und fragte nach dem Leiden. Dann heilte er durch Berührung mit der Hand, durch eine Operation, Medikamente oder Anweisungen, die er dem Kranken gab und die er tags darauf auszuführen hatte.“

Heilungsberichte auf Marmortafeln, den „Iamata“, aufgeschrieben[(23)], bezeugen die tatsächlichen Heilungen. So wird von einem gelähmten Mann berichtet:

„Dieser kam als Bittfleher in das Heiligtum auf einer Bahre. Als er im Heilraum schlief, sah er ein Gesicht: es träumte ihm, der Gott zerbreche seinen Stab und befehle ihm, eine Leiter herbeizubringen und so hoch wie möglich auf den Tempel zu steigen. Er habe es zuerst versucht, dann den Mut verloren und oben auf dem Gesims ausgeruht, zum Schluss aber habe er es aufgegeben und sei die Leiter langsam Tritt für Tritt heruntergestiegen. Asklepios habe sich zuerst geärgert über sein Handeln, dann habe er ihn ausgelacht, dass er so feig ist. Er wagte es, als es Tag geworden, die Aufgabe zu erfüllen, und ging ohne Leibschaden von dannen."

Erinnern wir uns an die zentrale Heilungs-Frage: Was fehlt zur Ganzheit des Bewusstseins? Diesem Mann fehlte der Mut, um heil zu werden. Einem anderen fehlte die Geduld, von ihm wird berichtet:

„Demosthenes von X, gelähmt an den Beinen. (...) Er träumte, der Gott verordne ihm, vier Monate im Heiligtum zu bleiben, weil er in dieser Zeit gesund werden würde. Hierauf kam er innerhalb der vier Monate, als er an den letzten Tagen mit zwei Stöcken in den Heilraum hineingegangen war, gesund heraus."

Krankheit und Schuld

Die Patienten der Asklepidischen Tradition brachten ihren Gottheiten Heilungs-Geschenke und Heilungs-Opfer. Sie wussten offensichtlich, dass Krankheit auch mit Schuld zu tun hat, und Heilung daher einen Schuld-Ausgleich braucht, ein freiwilliges Opfer.

Schuld verstehe ich hier weder im rechtlichen noch im moralischen Sinn, sondern als Wahrheit der Seele. Schuld hat zwei wesentliche Aspekte:

- Die eigentliche Ur-Schuld des Menschen ist der Verlust der Göttlichen Einheit und die Spaltung in Gut und Böse. Er ist außerhalb der „Göttlichen Ordnung", außerhalb der Göttlichen Einheit. Diese primäre ‚Schuld', der sogenannte „Sünden-Fall", war unumgänglich, denn ohne diese Urschuld gäbe es kein Bewusstsein. Menschsein hat somit zwangsläufig immer auch mit Schuldigsein zu tun. Schuld ist der polare Aspekt von Unschuld, ohne Schuld gibt es keine Unschuld.

– Schuld hat mit „etwas schulden“ zu tun. Schuld entsteht, wenn etwas genommen wird, ohne dass etwas zurückgegeben wird. Was schuldhaft genommen wird, ist Lebens-Energie, zum Beispiel in Form von Geld, Nahrung, Achtung, Liebe, Zuwendung; im Extremfall ist es der stoffliche Körper, der durch Tötung genommen wird.

Wie sehr wir uns auch immer anstrengen, gute Menschen zu sein, wir können es nicht verhindern, uns schuldig zu machen. Wir werden im Leben immer wieder schuldig, schuldig an uns, schuldig an anderen. Ein Beispiel aus meinem Alltag: Meine Katze schreit draußen notvoll. Ich renne raus, um ihr zu helfen, und zertrete dabei eine Schnecke. Ich habe der Schnecke das Leben genommen. Wenn ich diese Schuld bewusst wahrnehme, fühle ich Schmerz, es tut mir *leid.* Das Leiden an der Schuld macht mich zur Leidenden, zur Patientin (gr. Patient = Leidender).

Jeder Patient weiß insgeheim um die eigene Schuld an seinem Leiden, schrieb der Arzt und Heiler Blüher(24) in seinem „Traktat über die Heilkunde“, auch, wenn es oft nicht in unserer Macht steht, dies zu verhindern. Wir brauchen das *konstruktive* Leiden an der Schuld, um heil und ganz zu werden. Denn das eigene Leiden zwingt zum Ausgleich, zum Schuldausgleich. *Der Patient, als Leidender und Schuldiger ist der, der sich selbst etwas schuldet.* Deutlich wird dies am Beispiel der beiden Patienten im Asklepidischen Heilzentrum: Der erste schuldet sich Mut und der zweite schuldet sich Geduld. – Ironischerweise bekomme ich, als ich diesen Text überarbeite, 40 Grad Fieber und muss drei Tage matt und faul im Bett verbringen. Das ist genau das, was ich mir schon seit langem schulde.

Die wissenschaftliche Medizin befreit uns gerne von der Schuld an unseren Erkrankungen. Dabei wissen wir doch längst, dass jeder körperlichen Störung eine seelische Störung, eine energetische Disharmonie zu Grunde liegt. Krankheit entsteht aus einem energetischen Un-Gleichgewicht, aus dem Fehlenden, den Schulden. Die Homöostase ist gestört, wir sind uns nun etwas schuldig. Wir müssen etwas geben, um ein neues Gleichgewicht zu finden und wieder heil zu werden.

Interessant ist in diesem Zusammenhang das gesellschaftliche Verständnis von Schuld in der unterschiedlichen Bewertung von seelischem und körperlichem Leiden:

Bei *seelischem Leiden* ist die Erfahrung der eigenen Schuldhaftigkeit eher im Bewusstsein. Hier fühlen wir häufig bedrängende Scham, versuchen die Schuld an unserem inneren Zustand zu leugnen, flüchten in Rückzug und Verschweigen. Denn bei seelischen Störungen zeigt unsere Gesellschaft wenig Erbarmen: Entwertung, Verachtung, Ausgrenzung und Psychiatrisierung sind mögliche Folgen. „Die ist ja selbst dran schuld, dass es ihr so dreckig geht", so oder so ähnlich urteilt der Volksmund.

Körperliches Leiden dagegen erscheint schicksalhaft und deshalb schuldfrei. Krankheit erweckt oft Mitgefühl, Anteilnahme und fördert zuweilen, als Sekundärgewinn, die Einbindung in Familie und Gemeinschaft. So erstaunt es nicht, dass die unbewusste *Krankheits-Wahl* in unserer Kultur häufig lieber in Richtung psychosomatischer Erkrankungen geht als in bewusstes Fühlen und Ausdrücken von seelischem Leid.

Alkoholabhängige und andere Süchtige sprechen daher lieber von „Krankheit" als von Sucht, um sich den schwierigen Gefühlen von Schuld und Scham und auch der nötigen Selbst-Verantwortung zu entziehen. In A.A.-Gruppen ist daher das *„Schuld-Bekenntnis"* – als Zeichen der Annahme von absoluter Verantwortung für das Suchtverhalten – der erste unumgängliche Schritt zur Heilung:

> Ich heiße Michael und bin Alkoholiker
>
> Es war diese Sehn-Sucht nach Lebendigkeit, nach dem Leben – ich wollte endlich leben, aber ich wusste nicht wie?! Stattdessen spürte ich das Gefühl der Einsamkeit, des Getrenntseins vom Leben, von den Menschen und von mir selbst. Ich kämpfte gegen dieses Gefühl, ich wollte es nicht wahrnehmen – es nicht als wahr annehmen. Ich war nicht bereit, mich, meine Situation zu sehen und meine Gefühle zu akzeptieren. Dieser endlose Kampf gegen meine Gefühle und gleichzeitig diese starke Sehnsucht nach Lebendigkeit …
>
> „Ich heiße Michael und bin Alkoholiker."
>
> Als ich diesen Satz zum ersten Mal über meine Lippen brachte, schlug mir das Herz bis zum Hals. Ich hatte das Gefühl, ich bekäme nicht mehr genug Luft, und ich musste tief durchatmen. Dieser kurze Satz und diese immense Wirkung. Ich wagte kaum, in die Augen meiner Zuhörer zu schauen, denn ich schämte mich, ein Alkoholiker zu sein. Ich schämte mich, versagt zu haben, mein Leben nicht meistern zu können, mich nicht unter Kontrolle zu haben, nicht „meinen Mann" stehen zu können. Ich wäre am liebsten im Erdboden versunken.

Und trotzdem war ich erstmalig bereit, diesen Satz zu sagen, dieses Bekenntnis auszusprechen. Meine Scham hinderte mich nicht mehr daran, ich hatte ihren Widerstand überwunden. Und es war, als würde ich aus mir selbst heraustreten, aus meinem Versteck, in eine andere neue Wirklichkeit. Ich fühlte Erleichterung und tiefe Scham zugleich. Das war der Beginn einer Freundschaft. Ich begann mich mit mir und meinen Mitmenschen anzufreunden. Aber meine Beine waren noch sehr wackelig und unsicher. Ich machte die ersten Schritte, die ersten Gehversuche, wie ein Kind, das anfängt, laufen zu lernen. Ich stürzte des Öfteren und hatte Rückfälle. Allein konnte ich es nicht schaffen. Ich war auf liebevolle, ermutigende Unterstützung angewiesen.

Ich hatte kapituliert, ich hatte den Kampf gegen mich selbst aufgegeben und erlebte nun die verleugnete Ohnmacht und Machtlosigkeit. Ganz unerwartet bekam ich Kontakt zu mir selbst, zu meinen Gefühlen, die ich bekämpft hatte, zu meinen zwanghaften Gedanken, die ich immer verscheuchen wollte und die gerade deshalb immer wieder zwanghaft erschienen. Und ich bekam Kontakt zu meiner Trauer. Es war wie eine Befreiung – das Gefühl, nicht kämpfen zu müssen, zu akzeptieren, dass ich Alkoholiker bin. Lange hatte ich die Augen vor mir verschlossen aus tiefer Scham. Wenn ich mich heute dazu bekenne, ein Alkoholiker zu sein, dann schaue ich mich dabei an ..."

(Michael W., Transpersonale Ausbildung, Juni 2000)

In einem ganzheitlichen Heilungsprozess geht der Patient freiwillig an den inneren Ort seines Leidens; er geht an den *„Pathologischen Ort"*. Und was er hier findet, ist die *„Schuld"*, wie der Arzt Blüher schrieb.[25] In der mythischen Heldenreise ist dieser pathologische Ort die eigene Unterwelt, in welcher der Patient als Heros seinen inneren Dämonen begegnet. Der quälende Dämon mit Namen „Schuld", den er hier findet, ist immer das, was ihm fehlt zur Ganzheit seines Bewusstseins. Dieser Schuld – im dialektischen Verständnis die Gleichzeitigkeit von Schuld und Unschuld – können wir in der polaren Welt von Gut und Böse nicht entkommen, wie sehr wir uns auch immer um Liebe, Spiritualität und Heilung bemühen. Annahme der Schuld aber bewirkt Selbst-Vergebung und schenkt Heilung:

Waches Schuld-Bewusstheit, ohne Selbstverurteilung, ist das Ergebnis eines gelungenen Individuationsweges und ist Ausdruck eines entwickelten spirituellen Bewusstseins.

Heilung und Opfer

Jede Schuld fordert zum Ausgleich ein Opfer. Das Thema von Schuld und Opfer aber ist unbeliebt in unserer Kultur. Verständlicherweise, denn die Begriffe „Schuld und Sühne", „Schuld und Opfer" wurden in der christlichen Religion zu Instrumenten der Machtausübung. Sie wurden benutzt zur Knechtung der Gläubigen und für den persönlichen Machtvorteil der Kirchen und ihrer Repräsentanten. Im ganzheitlichen Heilen aber geht es um einen *inneren* Prozess von Schuld und Opfer. Denn wo etwas genommen wurde, muss zum Ausgleich etwas gegeben werden, sonst ist das Gleichgewicht in Körper und Seele gestört.

Dieses Prinzip der Homöostase gilt für alle natürlichen Systeme: Die Menschen der alten Heilkulturen nahmen nichts von der Natur, ohne ihr auch etwas zu geben. Die Notwendigkeit des homöostatischen Ausgleichs gilt gleichermaßen für alle gesellschaftlichen Systeme wie Familien, Gruppen und Paarbeziehungen.

Aus der systemischen Arbeit mit Paaren wissen wir, dass nach einem Seitensprung meist ein Opfer des oder der ‚Schuldigen' notwendig ist für die Wiederherstellung des Gleichgewichts in der Beziehung. Sonst kann es geschehen, dass die ‚schuldige' Person unbewusst Selbstbestrafung in Form einer Krise oder einer Krankheit manifestiert. Oder der betrogene Teil „zahlt es heim" und gleicht das gestörte Gleichgewicht durch einen eigenen Seitensprung wieder aus.

Auch für die gesamte Völkergemeinschaft und die Menschheitsfamilie gilt die Notwendigkeit des Ausgleichs: Die Aufnahme, die materielle Versorgung und Integration der aktuellen Flüchtlingsströme ist ein geradezu notwendiges Opfer und ein wichtiger Schuld-Ausgleich der ehemaligen Kolonialmächte und nun reichen Industrienationen an die Ausgebeuteten und Benachteiligten dieser Erde. Es ist das erforderliche Heilungs-Opfer, es dient der kollektiven systemischen Homöostase und ist damit heilsam für die gesamte Menschheit.

In den frühen matriarchalen Traditionen waren die Opfer an die Große Mutter meist Rauch-, Frucht- oder Getreideopfer. Erst später, mit der patriarchalen Angst vor den Gottheiten, wurden vor der Heilungsarbeit blutige Tieropfer dargebracht.[26] In der christlichen Mythologie ist Christus das

„Lamm Gottes", welches „trägt die Schuld der Welt" und sich opfert für die Heilwerdung der Menschheit. Dieses blutige *Stellvertreter-Opfer* aber hat nun keineswegs zur Heilung der Christenmenschen beigetragen, was sich täglich aufs Neue in erschreckender Weise zeigt. Gerade das christliche Sühneopfer mit Christus als Stellvertreter und als „Sünden-Bock" ist zentral verantwortlich für den Mangel an heilsamer Opferbereitschaft. Der westlich-christliche Mensch hat vergessen, dass er etwas zu geben hat, wenn er gesund und heil werden will: eine Opfer-Gabe.

Die Schuld-Heilungs-Formel, wie ich sie in meinem ersten Buch beschrieben habe, lautet[(27)]: Schuld-Annahme → Schuld-Bekenntnis → Schuld-Ausgleich (Opfer) → Vergebung im Selbst → Heilung. Ohne das ausgleichende Opfer kann es keinen Frieden, keine Erfüllung, keine Befreiung, keine Heilung geben.

Das heilkräftigste Opfer ist heute das *Ego-Opfer:* Da sind Macht- und Herrschafts-Ansprüche zu opfern. Frauen haben häufig Hilflosigkeit, emotionale Abhängigkeit, aber auch finanzielle Abhängigkeit zu opfern, um in die eigene Schöpfungskraft zu kommen. Der Krankheits-Gewinn ist zu opfern, damit die dahinter liegende Not gefühlt und angenommen werden kann. Und zuweilen ist auch *tat*sächlich begangene Schuld mit einem materiellen Opfer auszugleichen. Wir haben etwas wieder gut-zumachen, damit Heilung geschehen kann. Persönlicher tätiger Einsatz, das Opfer von Zeit und das Opfer von Geld können ausgleichen und Heilung ermöglichen. Wunderheilungen, wie in Lourdes und an anderen Wallfahrtsorten, sind nur möglich durch das persönlich erbrachte Opfer einer mühsamen und entbehrungsreichen Reise.

Aber nicht nur PatientInnen, auch ÄrztInnen, Heiltätige, ganzheitliche TherapeutInnen haben ein Opfer zu bringen, damit ihre Arbeit heilkräftig wirken kann. In einem Heilungsfeld, in dem PatientIn und HeilerIn gleichermaßen Subjekt und Objekt des Geschehens sind, ist von der therapeutisch tätigen Person ein Ego-Opfer zu leisten: Hier sind personale Macht, Titel, Fertigkeiten, Techniken, Methoden und das gesamte erlernte Wissen zu opfern, damit heilende Erkenntnis, Erweiterung des Bewusstseins, sich entfalten kann. Der Arzt Blüher[(28)] schrieb hierzu – und das gilt für alle Heiltätigen:

„Alles aber, was der Arzt *hat,* muss er opfern, in dem Augenblick, da er dem Kranken gegenübertritt. Was ich *bin,* das kann ich nicht opfern, denn was ich bin, das habe ich nicht selbst gemacht. Wo viel zu opfern ist, da ist große Heilkraft, wo wenig, da wenig."

Erkenntnis-Fragen:

- Was fehlt mir zur Heilung als Ganzwerdung?
- Worin besteht meine Schuld?
- Was schulde ich mir selbst?
- Welches Ego-Opfer habe ich zu bringen?

Heilungs-Opfer

Zerreißen das Ego-Band
Sich hingeben und hergeben
Loslassen in Freiheit

Grenzen achten
Die Schuld annehmen
Und Abschied begrüßen

Die Schmerzen wiegen
Schattenräume durchwandern
Dämonen befrieden

In Demut beugen
Aufrichten in Würde
Erstrahlen im Licht

(G.C.)

2. Ein Wandlungs- und Heilungsweg

Auch wenn die klassische Heldenreise einen männlichen Weg beschreibt, so reisen doch mehrheitlich Frauen in die Unterwelt – Töchter der sumerischen Göttin Inanna. Wie eine Frau den Abstieg wagt, den inneren Dämonen begegnet, den Helfergestalten vertraut und gewandelt im Alltäglichen ankommt, das zeigt der Heilungsweg von Reimunde:

In Begleitung ihrer inneren Führerin, der Weisen Alten, ist sie in die dunkelsten Abgründe ihrer Psyche abgestiegen; hier ist sie fremden und finsteren Gestalten begegnet, hat ihnen Annahme, Ansehen und Ausdruck gewährt. Und immer wieder ist sie, ein wenig heiler, aus der Unteren Welt zurückgekehrt. Sie hat die Licht- und Liebeskräfte der Oberen Welt erfahren und die Einheit von Unten und Oben, Weiblich und Männlich, Dunkel und Licht in ihrem Ganzheitlichen Selbst erkannt.

Für mich ist sie ein Wunder und ein Geschenk: Beheimatet im magischen Bewusstseinsraum steigt sie furchtlos ab, ist hier die archetypische Magierin, lässt sich von ihren Dämonen besetzen, drückt sie aus über Körper, Stimme, Worte und im rituellen Tun. Ihr in Trance zelebriertes magisch-mythisches Theater war für alle Anwesenden tief berührend und bereichernd.

Und das Entscheidende: Sie steigt wieder auf, kommt zurück in die Mittlere Welt mit mehr Erkenntnis und Heilkraft. Im Alltäglichen ist sie nicht identifiziert mit ihren inneren Gestalten, hier ist sie eine verantwortliche, um Authentizität ringende Frau an der Schwelle zum Alter.

Vielleicht ist es gerade die Bürde ihres Lebens, die ihr den tiefen Zugang in nichtalltägliche Räume ermöglicht: Reimunde ist das neunte von zehn Kindern einer Problemfamilie. Sozialer Abstieg, Alkohol, verbale und körperlich-sexuelle Gewalt, Einsamkeit, Schuld und Scham waren die schwierigen Themen ihrer Familie und ihrer Kindheit. In Begleitung von inneren und äußeren HelferInnen hat sie sich den Herausforderungen gestellt, ihr schweres Leben gemeistert, immer auf der Suche nach sich selbst, ringend um die eigene Wahrheit mit der Frage: Wer bin ich?

Reimunde kam im Jahr 2015 zum Holotropen Atmen und nahm dann an der dreijährigen Ausbildung „Transpersonale Psychologie und Psychotherapie“ teil. Ihre im Folgenden wiedergegebene Abschlussarbeit von 2019

„Schatzhebung" ist die Dokumentation einer intensiven Seelenreise und eines gelungenen Heilungsweges. Alle Themen der mythischen Reise sind in Reimundes Bericht beispielhaft gebündelt.

Schatzhebung von Reimunde S.

1. Der lange Weg zu mir selbst

Ach, was habe ich mich ereifert, aufgeregt und konflikthafte Begegnungen herbeigeführt. Ich habe manipuliert und kontrolliert, war gekränkt und beleidigt. Unversöhnlich, hassend, hart, wütend und abwertend konnte ich sein, auch zu mir selbst, bis in die Tiefen meines Grundes. Gleichzeitig konnte ich mich von meinen Schuldgefühlen gefangen nehmen lassen, bis zur fast völligen Selbstaufgabe. Ich ließ mich von destruktiven Gedanken leiten und wurde von inneren Teilpersönlichkeiten bestimmt. Ich habe an mir selbst gelitten.

Was wusste ich schon von dem Gesetz der Polaritäten, von Schatten und den damit verbundenen Projektionen, von Selbstverwirklichung? Nichts. Die wichtigste Entscheidung in meinem Leben, die Entscheidung für das Leben meines Kindes 1985, war meine erste Heldinnen-Reise und die erste wahrhaftige Begegnung mit mir selbst. Die arrogante Annahme, ich hätte nichts mehr mit meinen Eltern zu tun, war ein großer Trugschluss. Im Umgang mit meinem Sohn musste ich erkennen, wie tief und zerstörerisch die inneren Eltern an unserem Zusammenleben teilhatten. So machte ich mich auf den Weg zu mit selbst.

> „Und jedem Anfang wohnt ein Zauber inne,
> der uns beschützt und der uns hilft zu leben." (H. Hesse)

Und welch ein großes Glück für mich – die Kraft zu nutzen und den Mut zu haben, immer wieder aufzustehen, nicht im Morast versinken zu wollen, weiterzugehen, auf der Suche nach mir selbst. Mich zu hinterfragen, mich immer mehr erkennen zu wollen, ehrlich mit mir sein, ganz mit mir und den anderen zu sein.

So vieles probierte ich aus im Laufe meines Lebens, angefangen von Psychotherapie bis hin zu Theater-Projekten, auf der Suche nach mir selbst. Zwar lernte ich mich dadurch immer mehr kennen, aber ändern konnte ich nichts. Es blieb in mir drin. Im Jahr 2015 fand ich das Holotrope Atmen.

Durch diese Methode bekam ich den Raum, den ich brauchte, konnte ich endlich all die Schatten aus meinem Inneren ins Äußere bringen. Das war die zweitwichtigste Entscheidung in meinem Leben, eine weitere Reise, denn jetzt konnte Veränderung, Wandlung und Heilung beginnen.

Und ich lernte sie kennen, meine Schatten-Dämonen, in einem so gewaltigen Ausmaß, dass mir heute noch manchmal schwindlig wird und ich berührt darüber bin, was alles IN MIR nach Befreiung geschrien hatte. Mein Abtauchen in andere Bewusstseinszustände konnte ich als kleines Menschenkind kaum begreifen und die Berührung mit dem Unbeschreiblichen kaum aushalten.

Um das alles besser verstehen zu können (ich wollte ein tieferes, auch theoretisches Verständnis über mein So-Sein), nahm ich 2016 an der dreijährigen Ausbildung bei Gertrude teil. Mit dem wahrhaften Einlassen kam ich in einen Prozess zunehmender Bewusstwerdung. Und ich lernte mich auf eine neue Art zu sehen, zu verstehen und zu erkennen. Was für ein Geschenk.

Mir ist es wichtig darzustellen, wie viel Zeit ich brauchte, um meine Schatten-Gestalten anzunehmen und zu integrieren. Ich will deutlich machen, wie viel Stärke und Schwäche, Mut und Demut, wie viel Sicherheit und Unsicherheit, Hass und Liebe, wie viel Vertrauen und Misstrauen, Ablehnung und Annahme, wie viel Schuld und Unschuld ich durchleben musste, damit ich mich meinen Schatten stellen und sie wahrhaftig annehmen konnte.

2. Schatten-Integration und das Holotrope Atmen

Ich gebe eine kurze theoretische Erläuterung über den Begriff des Schattens, die Notwendigkeit seiner Integration und die für mich hilfreichste therapeutische Methode zu seiner Annahme, das Holotrope Atmen.

– Schatten

Der Schatten ist ein Teil, der mir angehört. So bin ich in der Welt, mit Licht und Schatten. Gertrude C. schreibt: „Der Schatten (…) gehört zur Welt der Polaritäten: In dieser Welt existiert Tag und Nacht, Licht und Dunkel, Sommer und Winter, Leben und Tod, Freude und Schmerz.“(1)

So haben wir alles in uns, das Gute und Böse, die Stärke und die Schwäche, können lieben und hassen, glücklich und unglücklich sein und das, egal wie unser Entwicklungsstand auch immer ist.

Der anfängliche Schatten ist harmlos, doch schon mit Beginn unseres kindlichen Verstehens kann er sich in einen dunklen Anteil verwandeln. Dann, wenn wir unsere Wut, unser Schreien, unser Weinen unterdrücken und immer nur lieb und nett scheinen und das machen, was die Großen von uns wollen, damit sie uns Kleine lieb haben. Und das bewirkt letztendlich, im Laufe des Lebens, dass wir „alle unangenehmen, alle schmerzlichen, entsetzlichen und ängstigenden, aber auch alle beschämenden und peinlichen Empfindungen, Gefühle, innere Bilder und Gedanken, die dem Ich unannehmbar erscheinen, (...) verdrängen, verleugnen, abspalten oder in Form von Projektionen beim Anderen unterbringen und hier entwerten oder bekämpfen.“[(2)]

Darum finde ich es so sehr wichtig, dem Schattenthema in Theorie und Praxis viel Aufmerksamkeit zu geben. Denn der unerkannte Schatten lebt in uns weiter und wird größer und mächtiger und kann uns krank machen. Man darf die Gefahr eines verdrängten Schattens nicht unterschätzen. In Grenz- oder Ausnahme-Situationen (Überforderung, Erschütterung, Stress) kann er ins Leben treten und viel Unheil anrichten.

– Schatten-Integration

Auf dem Lebensweg sind wir ständig, unbewusst, mit unseren Schatten konfrontiert. Erst das wirkliche Erkennen, dass es sich um Schatten handelt und um deren Projektionen, die zurückgenommen werden müssen, macht eine Integration der Schatten möglich. Dies ist unverzichtbar, wenn eine weitere Entwicklung zur Ganzheit angestrebt wird. Und dafür braucht es Mut und Tapferkeit. Gertrude C. schreibt: „Ein nicht integrierter Schatten bindet Lebensenergie, verhindert Selbst-Erkenntnis, Wandlung und Sinn-Findung. Ohne Integration der Schatten sind wir unvollkommen, einseitig und der Lebensfluss stagniert.“[(3)] Wie wahr für mich.

Und da wir nicht alleine auf der Welt sind, finde ich sehr wichtig, was sie über Schatten-Konflikte in der Gruppe schreibt: „In Beziehungen und Gruppen sind Schatten-Konflikte (...) ausgesprochen wertvoll. Denn ein Konflikt hat immer mit verborgenen und projizierten Schatten – aller Beteiligten – zu tun, und jeder Konfliktpartner hat die herausfordernde Aufgabe, seinen eigenen Schatten zu sich zu nehmen. Gelingt dies, dann kommt ein wertvoller Schöpfungsprozess in Gang.“[(4)]

– Holotropes Atmen

Das Holotrope Atmen, eine Methode der Transpersonalen Psychotherapie, wurde Anfang der 80er Jahre von Stanislav Grof gemeinsam mit seiner Frau Christina entwickelt. Die Elemente Tiefenentspannung, Tiefenatmung, evokative Musik, gezielte Körperarbeit, Malen eines Kreisbildes sowie das integrierende Gespräch wurden zu einer rituellen Einheit kombiniert und wurden somit zu einer „Methode heilender Selbstentdeckung im Feld einer Gruppe."[(5)] Im Energiefeld der Gruppe und durch tiefe und schnelle Atmung wird es möglich, in einen veränderten Bewusstseinszustand zu gelangen. In solch einer Atemreise, im Zustand des veränderten Bewusstseins, können die unterschiedlichsten Dimensionen der Schatten erkannt werden.

Gertrude C.: „Das Holotrope Atmen führt tief in die erfahrene Verletzung, in die Opfer-Erfahrung, und aktiviert gleichzeitig große seelische und körperliche Heilkräfte. Es bringt den eigenen Täter-Impuls, die mörderische Wut, ins Bewusstsein und bietet die heilsame Möglichkeit, diesen über kathartischen Ausdruck (...) zu befreien, ohne sich oder andere zu verletzen. (...) Die Ganzheitlichkeit einer solchen Holotropen Erfahrung ermöglicht einen tiefen Heilungsprozess auf den verschiedensten Ebenen des Multidimensionalen Bewusstseins."[(6)]

Grof schreibt[(7)]: „Dies ist ein Prozeß der Entdeckung seiner wahren Identität und der Dimensionen seines Seins, die den einzelnen Menschen mit dem gesamten Kosmos verbindet und die Gesamtheit der Existenz betreffen. Unter günstigen Umständen und mit erfolgreicher Hilfe kann dieser Prozess zur radikalen Lösung von Problemen, zu psychosomatischer Gesundung und zu einer Weiterentwicklung des Bewusstseins führen."

„Und alles verstummt in der endlosen Stille der Liebe.
In diesem Moment gehen Erkenntnis und Liebe,
Leere und Fülle ineinander über."[(8)]

3. Die Schatten Heim holen und die Schätze bergen

So machte ich mich auf den Weg, meinen Schatten zu begegnen. Bei der Überarbeitung meiner elf Atemreisen zeigten sich vier sich wiederholende Ebenen:

Die Kind-Ebene – Das verletzte Kind und die große Wut
Die Eltern-Ebene – Kampf der Eltern-Dämonen
Die magisch-mythische Ebene – Die alte Magierin und das große Herz
Die ganz alltägliche Welt – Prüfungen im alltäglichen Leben

– Das verletzte Kind und die große Wut

Mein zutiefst verletztes inneres Kind, es hatte endlich Raum und war bei jeder Atemreise dabei. Es wurde zwischen den gewaltigen dunklen Kräften von Vater und Mutter hin- und hergerissen, hat sich die Seele aus dem Leib geschrien und gekotzt. Es war immer allein, hat immer und immer wieder wimmernd um Hilfe gebettelt „Mama, Mama!" und wurde zum verrückten Kind, das sich in seine eigene innere Welt verkrochen hatte. Dann aber konnte es sich verwandeln und spüren, dass die Große Mutter bei ihm ist, zu jeder Zeit. Es ist nie allein.

Das Erleben einer unbändigen kindlichen Wut und der tiefe Schmerz meiner Kindheit waren für mich eine große Erschütterung. In einem Seminar kam ich noch einmal in Kontakt mit einem verletzten kindlichen Anteil, der mit extremer Wut auf die Verlogenheit und die Manipulationen der Eltern reagierte. Die therapeutische Unterstützung von Gertrude nahm ich dankbar an. Hier mein Protokoll aus dem Seminar am 14. 04. 2019:

> „Und sie kam, die große Wut, in einem Ausmaß an Stärke und Ausdruck und Stimmgewalt, die an ein Tier erinnert, eingesperrt hinter Gittern, alles und jeden vernichten wollend. Ich brülle, brülle, brülle, im Auf und Ab, im Hin und Her, im Wälzen auf der Erde. Frei sein wollen … Zart und sanft dann in der Erschöpfung, um gleich im nächsten Atemzug den großen, ach so großen Schmerz zu spüren, so körperlich, windend um Vergebung bittend, bettelnd – immer und immer wieder, lieb sein müssen, schuldbelastet den eigenen kindlichen Willen verratend: „Es tut mir so so leid, es tut mir so so leid, es tut mir so so leid!" Um falsche Vergebung bettelnd, mich verkriechen wollen, um Hilfe und Schutz bittend, zu spüren: Ich bin Kind und ich bin hier allein, aber getragen von Himmel und Erde."

Dann war es vorbei und ich war erschöpft und dankbar. In jeder inneren Reise wurde das Kind gehalten und begleitet von der Alten Weisen. Und jedes mal konnte es ein wenig mehr erfahren, wie sich die dunklen Kräfte langsam wandelten in wärmende Liebe und schließlich in das wahrhaftige Vergeben-können mit den Worten: *„Meine liebe, liebe Mama"*, *„Mein lieber, lieber Papa"*. Ich erlebte meine so zarte Seele und meine so große Kraft. Die erste Wandlung war vollzogen: „Ich verneige mich vor dir, mein geliebtes Kind, in tiefer Verbundenheit, und nehme dich zu mir mit Herzenswärme und Mütterlichkeit."

– Kampf der Eltern-Dämonen

Die Begegnung mit meinem gewaltigen Wut-Schatten sollte mich noch lange auf meinen Reisen begleiten. Er lag in den dunklen Mutter- und Vateranteilen tief begraben. Mit einer vernichtenden inneren Dämonin und einer schwachen inneren Mutter kam ich zum ersten Mal im Ausbildungs-Seminar „Archetypen" im November 2016 in Kontakt. Ich schrieb:

> „Meine Kindgestalt steht mit dem Rücken zu mir. Eine zerbrechliche Muttergestalt steht daneben und lehnt sich an die Wand. Sie schaut ihr Kind nicht an. Eine vernichtende Kraft baut sich da auf, sie kommt aus der Tiefe der Tiefen, wird immer größer, dunkler, wird zur Drachin. Sie brüllt aus mir zu dem Kind: „Scher dich weg, du Missgeburt, ich will dich nicht, weg, weg, weg, hau ab!"
> Und die Drachin wird größer, wird zur Dämonin mit so einer gewaltigen, geballten Energie. Sie verstößt ihr Kind, sie hat es nicht lieb, sie will es gar nicht. Sie hasst es, alles ist zu viel, ein so großer Scheißhaufen, Wut, Wut, Wut, so, so groß!"

Ich war überwältigt von der dunklen Kraft der Mutter-Dämonin in mir, ich kann sie jetzt sehen und würdigen, wandeln kann ich sie noch nicht. Und ich verspüre tiefes Mitgefühl für die andere, die schwache, zerbrechliche innere Mutter-Gestalt, auch sie hat sich gezeigt und ich kann sie sehen und mit ihr achtsam sein.

Als dann ein bösartiger, dämonischer Animus aus meinem Inneren sich

Luft machte, wurde ich sprachlos. Ich fühlte mich schwach und hilflos. Im Seminar „Das Männliche Urprinzip" im Februar 2017 brüllte dieser männliche Dämon aus mir:

> „Die Schlampe, sie klebt an mir, ich bekomme sie nicht ab, es ist eklig, zum Kotzen, wütend macht sie mich, die ganze Scheiße, sie hängt an mir fest. Hau doch endlich ab, du Stück Scheiße, ich dresch dich kaputt, ich hau dich in Stücke, ich zerreiß dich, du Abschaum, du Nichts, jammer nur, das hält mich nicht zurück, im Gegenteil, um so heftiger schlag ich auf dich ein. Ich kotz auf dich drauf, steck dir meinen Schwanz in dein Maul, ich bepiss dich, du wertloses Geschöpf, du Missgeburt. Du sollst nicht leben, da kannst du noch so viel jammern!"

Da sich so der männlich-väterliche Dämon gezeigt hatte, war es nicht verwunderlich, dass sich nun auch der „Ficker" in mir, ein fickendes männliches Ungetüm, in seinem vollen Ausmaß ohne Scham zeigen und ausagieren konnte, bis zu seiner Verwandlung in einen kleinen verletzten Jungen. Und zum allerersten Mal konnte ich bewusst einen Schatten wandeln, mit wahrhaft gespürter Herzenswärme. Der „Ficker" verwandelte sich (in einer therapeutischen Sitzung mit Gertrude im März 2017) in ein Äffchen, das sich an mich schmiegte und das ich lieb habe.

Aber noch konnte ich meine weiblichen und männlichen Anteile nicht würdigen, vorher musste die Schlacht von Vater und Mutter, wie ich sie als Kind erlebt hatte, in mir ausgetragen werden, das spürte ich. Eher kann es keinen Frieden, keine Wandlung geben. In einer Atemreise konnte ich dann meinen gewalttätigen Eltern-Schatten erleben und ausdrücken:

> „Mein Hass ist so so groß. Ich fühle mich viergeteilt, im Mutter-Schatten und im Mutter-Licht, im Vater-Schatten und im Vater-Licht und Ich so dazwischen, ich kleines Menschenkind, kaum zu begreifen, nicht zu verstehen. Das irritiert mich und versperrt mir den Weg. Ich komme nicht weiter. Innehalten! Atmen! – Jetzt weiß ich, Schattenmutter und Schattenvater wollen mit aller Macht raus, sie wollen sich zeigen. Da wird es mir plötzlich leichter im Kopf und ich weiß: Sie wollen sich erst mal bekämpfen, sich zusammenschlagen, sich zerhauen, zermalmen, mit ihrer ganzen

großen Wut auf den anderen eindreschen, alles aufwühlen, den Schlamm und den Dreck zu oberst bringen: Vater: „Komm her du alte Sau, ich fick dich, bis du dein verdammtes Maul hältst!" Mutter: „Hau endlich ab, du alter geiler Bock!"

Es war eine Schlacht, so gewaltig – Leben und Tod, Widerstand und Aufgabe, Hingabe und Annahme. Und dann: mein sanftmütiger innerer Vater, meine sanftmütige innere Mutter und mein großes Herz ...

So lernte ich immer mehr meine dunklen weiblichen und meine dunklen männlichen inneren Gestalten kennen. Und ich erkannte auch meine hellen, kraftvollen, zarten Anteile. Den Weg von der heilsamen Erschütterung hin zur Wandlung konnte ich in jeder Atemreise und in jedem Seminar erfahren, verbunden mit dem Erkennen meiner Aufgaben im Hier und Jetzt und Heute.

Während meiner achten Atemreise erfuhr ich eine Wandlung, für die ich sehr dankbar bin: Geleitet von meiner inneren, heilenden Führung erlebte ich noch einmal die Macht beider weiblicher Seiten, das dunkle Weibliche und das helle Weibliche. Und die neue Erfahrung war ihre Verschmelzung ineinander. Ebenfalls erleben konnte ich, wie sich die Macht beider männlicher Seiten, das Dunkle und das Helle, vereinigten. Mit beiden Händen führte ich beide Seiten in meinem Energiekörper zusammen und konnte somit die Einheit in mir erfahren, die Einheit von Dunkel und Licht.

Es gab auch einen Moment des Staunens, mein „Abhalter-Schatten", ein innerer Widersacher, der mir ein langjähriger Begleiter war, sagte mir nun ganz deutlich, dass er mich beschützen wollte vor Größenwahn, Arroganz und Überheblichkeit. Und diese ‚Tugenden' kannte ich nur allzu gut aus meinem Leben: größenwahnsinnige Vorstellungen in der Jugend, Überheblichkeit im Anders-sein-wollen. Meine leise Ahnung hat sich bestätigt und konnte sich endlich befreien: Ich wollte immer die sein, die ich gar nicht bin. So habe ich mich durch zu hohe Ansprüche unter Druck gesetzt und mir leidend im Weg gestanden. Mich so anzunehmen, wie ich bin, mit all meinen Stärken und Schwächen, das war und ist meine Aufgabe.

Einige Wochen später verstand ich endlich auch mein „Ego-Opfer", das was ich zu opfern habe, um die zu sein, die ich bin: „Wenn ich wahrhaftig die bin, die ich bin, dann muss ich das Risiko in Kauf nehmen, dass mich nicht alle mögen werden, und das tut weh." Und nur, wenn ich die bin, die ich bin in meinem „Einfach SO SEIN“, dann bin ich in meiner Kraft. Eine sehr wichtige Erkenntnis für mich.

– Die alte Magierin und das große Herz

Mein Angeschlossensein an die Dimension des magisch-mythischen Bewusstseins – ein großes Geschenk für mich – erlebte ich in jeder meiner Atemreisen. So manches Mal fühlte ich mich als kleines Erdenkind überfordert beim Verstehenwollen des „Numinosen“. Was wusste ich schon zu Beginn meines Weges von archetypischen Helfergestalten, von seelischen Kräften oder geistigen Größen. Sie alle sind mir auf meinen inneren Reisen begegnet. Schon bei meiner ersten Atemreise konnte ich sie spüren, meine liebe, gütige Weise Alte, die mir immer hilfreich zur Seite stand, mich begleitete und mir Einhalt gebot, wenn es genug war. Nun war es mir endlich möglich, die starke magische Bilder- und Empfindungswelt zu erleben, zu ertragen und auszudrücken.

Und dann dieses magisch-rituelle Tun, dieses magische Sein aus meinem Unbewussten aufsteigend. Mit jeder Faser meines Körpers konnte ich es spüren, jede meiner Hand- und Fingergesten wurden Teil davon, beim Brüllen, Schreien, Singen, Klagen, Heilen und beim Murmeln von Heilungs-Beschwörungen. Alles war bewegt, ich war bewegt, in Bewegung und alle magischen Kräfte haben mich auf meinem Heilungsweg bestärkt. So vieles durfte ich erfahren. Welch wunderbares magisches Theater:

Wenn die Bärin auftaucht, bin ich die Bärin. Wenn sich die Höhlenfrau lautstark mit ihrem Mann auseinandersetzt, bin ich die Höhlenfrau. Wenn die alte Schamanin für ihre Sippe ein Heilungsritual vollzieht, so bin ich die Schamanin, mich auf dem Boden wälzend und Heilungsworte sprechend.

Ich bin der Schwarze, der dunkle Magier mit kraftvollem Gesang, nicht zerstörerisch, sondern helfend zur Seite stehend, aber auch jederzeit bereit, die Kraft der Magie zu nutzen. Ich bin die machtvolle Magierin in Güte und Sanftmut, gebe Rat und biete Schutz. Ich erlebe mich als Vogel, ich fliege und fühle mich frei, so beglückt, dankend der Mutter Erde und dem Vater Himmel in dem Wissen, ich bin in Euch.

Und so verwandle ich mich im Laufe der Reisen noch in die Spinne, die

Schlange, den Adler. Dann in einen Riesen, der erst die Menschlein frisst und sie dann wieder auskotzt. Ich fühle mich in einem Kerker gefangen, angekettet und kann mich erst durch völlige Hingabe befreien. Ein anderes Mal bin ich gefesselt an Armen und Beinen und habe eine riesengroße Vagina und das Gefühl einer kollektiven Vergewaltigung. Ich bin das Klageweib und klage für die ganze Welt. Ich bin die Priesterin, in Demut nehme ich die Macht und die Verantwortung an. Auch die Hexe bin ich, die stets sich Wandelnde, sitze vor meinem Kessel, reiße mir die Haut vom Leibe. Alles, das Dunkle, Schwarze und Schwere, kommt in den Kessel des Lebens, in die kosmische Ganzheit, und ich rühre und koche so lange, bis es gut ist, und kann mich selbst und alles wandeln. So sehe ich sie noch vor mir, meine innere Hexe, ich lächle sie an und mein inneres Kind ist in Freude.

Und noch einmal durfte ich mein liebendes Herz spüren, als ich mich in einem Seminar auf die Reise zu meinem Totemtier begab. Es war so unendlich groß, ich ihm so nah und die Berührung, die ich tief in meinem Herzen spürte, konnte ich kaum aushalten. Ich war so überwältigt, erschüttert von diesem großen Herz – meinem eigenen großen Herz. Erst zwei Tage später erkannte ich mein Totemtier, es ist der Wal. Welch ein Geschenk!

Ich weiß, dass Ich das Alles bin, dass ich Alles in mir habe und dass Alles in mir sein wird. Alle inneren Gestalten sind Anteile von mir. Jetzt aber treffe ICH die Entscheidungen und es gibt keine Ausreden mehr. Ich fühle mich frei und kann im Frieden mit mir leben. – In Dankbarkeit und Demut verneige ich mich vor Euch Allen.

– Prüfungen im Alltag

Im täglichen Umgang mit den Menschen, wie ich ihnen und sie mir begegnen, erfahre ich mich in meiner Offenheit, aber auch in meiner Begrenztheit. Ich bekomme die Möglichkeit, mich in ihnen zu erkennen und meine Handlungsweisen zu hinterfragen. So war auch die Ausbildung eine sehr intensive Zeit der Begegnungen, des Austausches. Hier konnte ich nicht nur meine Schattenanteile, sondern auch meine liebevollen Anteile sehen und annehmen. Durch kleine Konflikte, heilsame Erschütterungen, konnte ich meine Übertragungen und Projektionen viel besser erkennen, verstehen und wandeln. Besonders wichtig hierbei waren für mich klärende Gespräche, die mich hilfreich aus so mancher Gefühlsstarre herausgeholt haben. Die große Wertschätzung, die ich durch die Gruppe erfahren habe, hat mich sehr bestärkt.

Und in der ganz alltäglichen Welt, in der ich ja die meiste Zeit meines Lebens verbringe, kommt es immer wieder zu Prüfungen und heilsamen Erschütterungen, die mich auf den Weg bringen. Hier kann ich jeden Augenblick meinen Schatten begegnen und mich mit ihnen ins Leben stürzen. Und hier im Alltäglichen kommt alles zusammen. Und *alles zusammen* hat mich die große Verbundenheit spüren lassen, in der ich das Wirken des Göttlichen im Irdischen erfahre.

Nach jeder Atemreise und jedem Seminar war ich erfüllt von Liebe, großer Dankbarkeit, tiefer Verbundenheit, erfüllt von Mitgefühl und Demut. Das ist Bewusstwerdung: Mich als Einzelwesen erkennen, in meiner Einzigartigkeit, und dann zu wissen, dass ich im GANZEN eingebunden bin.

Ich liebe mich, ich wertschätze mich, ich vertraue mir und ich nehme mich an, so wie ich bin. Vereint mit meinen Schatten und das Herz voller Schätze – damit bringe ich mich in die Welt.

So kann ich ehrlichen Herzens sagen, ich habe meine Schätze geborgen. Die da sind:

- Im Feld einer Gruppe konnte ich heilende Selbsterkenntnis erleben.
- Ich konnte die tiefe, tiefe Angst, nicht geliebt zu werden, erkennen.
- Mein inneres verwundetes Kind hat endlich Annahme und Heilung erfahren.
- Meinen biologischen Eltern konnte ich vergeben.
- Ich begreife mein Leben in einer Welt der Dualität von Dunkel und Licht.
- Ich kann die Balance zwischen Licht und Dunkel, Weiblich und Männlich in mir halten.
- Meine Schatten-Gewalt konnte ich erkennen und in Kraft, Macht und Sanftmut wandeln.
- Ich spüre die Weise Frau in mir und achte mein tiefes inneres Wissen.

- Ich kann die magisch-mythischen Räume bereisen und komme heil wieder zurück.
- Ich fühle mein großes Herz und eine tiefe Liebe in mir.
- Im Einfach-So-Sein bin ich in meiner Kraft.
- Ich bin liebend mit dem Leben verbunden – welch eine berührende Erfahrung.

Gehalten und liebend verbunden. Mandala von Theresia K. 2004

Seelen-Gestalten. Skulptur von G. Croissier, Foto: Tim Besserer

Wer bin Ich?
Ich bin die Eine und die Andere
Die Lichte und die Dunkle

Ich bin die von damals
Die von heute und von morgen
Ich bin

(G.C.)

3. Ich bin viele – Die Mehrdimensionale Psyche

> „Warum gehst du nach Kreta?", fragt der Vater.
> „Um die Göttin zu suchen", antwortet die Tochter.
> „Aber – ist die Göttin denn nicht überall?"
> „Sie schon", sagt die Tochter,
> „aber ich bin nicht überall die Selbe."
>
> Autor unbekannt, „Geschenk" von David L. 2019

Wir sagen „Ich" und glauben, dieses Ich sei der oder die Eine, die gerade denkt, fühlt, spricht, schreibt, isst ... Aber, ich bin viele und auch du bist viele. Es gibt so einige Gestalten in uns, unterschiedlicher Herkunft. Ich übernehme daher gerne die Worte eines alten Schamanen, der, wenn er von sich sprach, sagte: „Ich und meine Leut'". Und er meinte damit nicht seine Familie oder die Menschen seines Stammes. Mit „meine Leut'" waren seine inneren Leute gemeint, seine inneren Teil-Persönlichkeiten.

Es ist erstaunlich, welche alten, bewusstseinsfernen Seelen-Gestalten wir in uns tragen. Meist schlafen sie fern unseres Alltagsbewusstseins im Unbewussten unserer Psyche; lichte und dunkle Wesen, liebevolle und bösartige, heilsame und unheilvolle. Und wenn ein aktuelles Ereignis, mit dem sie in Resonanz gehen, sie aufweckt, dann werden sie aktiv und greifen emotional und zuweilen auch tat-kräftig in unser Leben ein.

Wenn wir uns urteilsfrei selbst beobachten, dann können wir feststellen, wie wir uns in Abhängigkeit von einem sozialen Umfeld verändern. Andere Orte und die Begegnung mit anderen Menschen bringen andere Anteile unserer Persönlichkeit hervor. Die beobachtbare Wandlung kann so eindrucksvoll sein, dass der Eindruck entsteht, dass es sich hierbei um eine ganz andere Person handelt. Zuweilen war ich schon sehr erstaunt, wenn ich einen Menschen, Frau oder Mann, den ich über längere Zeit therapeutisch begleitet hatte, dann in einer Paarsitzung mit Partner oder Partnerin erleben konnte. Da zeigte sich ein Anteil, den ich noch nicht kannte.

Bei Besuchen in meinem Elternhaus konnte ich beobachten, wie schnell ich immer noch in die Identität einer rebellischen Jugendlichen rutschte, selbst als ich schon sechzig Jahre alt war. Die jugendliche Rebellin in mir ist biografischen Ursprungs, relativ jung und glücklicherweise ziemlich bewusstseinsnah, so dass ich sie gut beobachten kann. Andere Gestalten sind älter, können früheren Inkarnationen entstammen und kommen manchmal ziemlich befremdend daher. All diese inneren „Leut'" warten nur auf die passende Gelegenheit, endlich aus dem Dunkel des Unbewussten ins Licht zu kommen und sich ausdrücken zu können, mit zuweilen unangenehmen, peinlichen oder auch verheerenden Folgen.

„Ich weiß nicht, was da *in mich gefahren* ist", sagen oder denken wir, falls wir diesen Vorgang überhaupt beobachten und reflektieren können. Da fährt aber nichts von außen, kein fremdes Wesen, kein böser Geist in uns hinein. Dieses Sprachbild entstammt dem mittelalterlichen Denken und der Annahme, dass teuflische Wesen, Cubi und Subcubi, in uns einfahren und uns besetzen könnten.

Ja, es gibt vermutlich solche Fremd-Besetzungen, aber die sind verschwindend gering im Vergleich zu den selbst erschaffenen inneren Gestalten. Die meisten dieser fremd erscheinenden Wesen sind Geschöpfe unserer eigenen Psyche. Sie sind entstanden in früheren, meist traumatischen Situationen und sind Träger bestimmter unangenehmer, abgespaltener Eigenschaften und Gefühle. Sie kennen zu lernen, mit ihnen in Beziehung zu treten, sie zu befrieden und ihre essentielle Wesensenergie in die Ich-Persönlichkeit zu integrieren, ist eine wichtige Heilungsaufgabe. Eine Heldenreise in die mehrdimensionale Psyche, die Ebene früherer Existenzen ist ein aufregendes und heilsames Abenteuer.

Die andere Frau – ein Trance-Bericht

In der folgenden Tiefenerfahrung zeigt sich eine der Ich-Person bisher sehr fremde, sehr andere unbewusste Teilpersönlichkeit. Lediglich das gemeinsame Schuldthema verdeutlicht die Verbindung zwischen den beiden: Amelie, die Ich-Person, ist eine gebildete und aufgeklärte Frau, sie kommt aus einer evangelischen Familie, ist Physikerin und fühlt sich seit einigen Jahren zur „Philosophia perennis" hingezogen. Ein aktuelles Schuldgefühl hat in Amelie eine sehr alte, fremde, schuldbeladene Seelengestalt aufgeweckt, die sich in einer Holotropen Atemreise eindrücklich zeigte:

Die andere Frau

Vorgeschichte: Im März dieses Jahres wollte mein Vater, der zu einer Konferenz nach H. kam, bei uns wohnen. Ich lud ihn aus. Drei Wochen später verstarb mein Vater vollkommen überraschend. Seitdem litt ich an starken Schuldgefühlen. Wegen der abnehmenden Lebensfreude spürte ich Todesnähe. Wenige Monate später wurde bei mir ein Myom diagnostiziert.

Atemsitzung: Als ich in das vertiefte Atmen ging, zeigten sich Bilder und Erfahrungen, die alle was mit meinen Schuldgefühlen zu tun hatten:

Ich war eine Teufelin, die ihrem Vater bewusst weh tat, hämisch und fies war. Dann war ich lange ein Hai, ein kleiner Hammerhai, der durch die Meere schwamm. Ich war Rumpelstilzchen, das tobte und sich an den Beinen „mitten entzwei riss". Ich war eine Afrikanerin, eine von vier Frauen, die gemeinsam ihre Ehemänner umgebracht hatten. Aus Rache hatte man mich verhext, mit einem Fluch belegt.

An dieser Stelle geschah in mir eine Spaltung: Ab jetzt bis zum Ende der Sitzung war ich von einer anderen Identität beherrscht, die stärker war als meine Amelie-Identität. Ich war zu etwa neunzig Prozent eine Andere und nur noch zehn Prozent ich selbst. Dies war extrem ängstigend für mich, da ich Angst hatte, mein Ich-Bewusstsein ganz zu verlieren.

In der Amelie-Identität konnte ich noch meinen Namen erinnern, mit Mühe den Ort, an dem wir uns befanden. Und ich konnte noch äußern, dass ich verstärkte Begleitung durch Gertrude wollte: „Ich bestehe darauf!"

Darüber hinaus war die Amelie verschwunden. Um eine Rest-Nabelschnur zur Amelie zu haben, war es extrem wichtig, dass meine Sitterin Edith und später auch Gertrude mir die Hand hielten. Ich konnte die Hand immer wieder drücken und so eine Verbindung zu der „normalen" Realität haben.

Die andere Identität äußerte sich in Schreien, und es sprach aus mir heraus in einem klagenden, abgehackten Singsang. Diese Stimme war höher als meine normale Stimme. Mein Körper reagierte mit Bewegungen, aber ich hatte keine physischen Empfindungen.

Im Holotropen Atmen bleiben Ich-Bewusstsein und Kontrolle über den Prozess weitgehend erhalten. Was hier geschah, ist methodisch nicht beabsichtigt. Es war die radikale Wahl von Amelies Seele, dies zu erfahren und zu integrieren. Ich sah und spürte ihre Angst und ihr Bemühen, wieder Kontakt zur Amelie zu bekommen, was ihr aber nicht gelang. Da es nicht ratsam ist, aus einer unerlösten Identifikation, einem nicht abgeschlossenen Prozess, auszusteigen, ermutigte ich sie, weiterzugehen. Denn bei Abbruch könnte die Psyche in der alten dramatischen Erfahrung emotional hängen bleiben.

Im Holotropen Atmen gehen die Menschen allein innerlich durch die Erfahrung, ohne sprachlichen Kontakt zur Therapeutin. Da wir aber nicht mehr viel Zeit hatten und Amelie dringend nahe Unterstützung brauchte, entschloss ich mich, das Setting zu ändern. Ich beschloss, sie aktiv durch diese dramatische Erfahrung zu begleiten, und stellte ihr fokussierende Fragen, so ähnlich, wie ich eine präexistentielle Erinnerung begleite. Hier nun Amelies Erleben in einer anderen Gestalt; im Fokus ist die Heilung alter Schuldgefühle:

> Gertrude ermunterte mich, in dieser anderen Identität zu bleiben, und stellte mir Fragen. Es schrie. Es schrie aus mir heraus: „Aaaaaaaaa", „Aaaaaaaaa", „Aaaaaaaaa". Ein gleich bleibender Ton. Das Gefühl, dass die Kehle sich öffnete und endlich der Schrei heraus komme, auf den ich gewartet hatte. Im Nachhinein würde ich schätzen, dass ich über eine Stunde so geschrien habe. Den folgenden Dialog, den Gertrude begleitet hat, gebe ich wieder, so wie ich ihn erinnere.

Während Amelie mit einer anderen Teil-Persönlichkeit identifiziert ist und sich als diese erlebt und fühlt, existiert *gleichzeitig* ihr Ich-Bewusstsein als wache Beobachterin im Hintergrund. Das ist erstaunlich und beruhigend, denn die Gleichzeitigkeit unterscheidet diese Erfahrung von einer psychotischen Episode, in der die Ich-Persönlichkeit vollständig von einer bewusstseinsfernen Erfahrung überrollt wird.

> *Gertrude: Wer bist du?*
> Evalinde, ich heiße Evalinde
>
> *G: Wie alt bist du?*
> Achtunddreißig
>
> *G: Wo bist du?*
> Im Kerker, in einem Kerker. Da sind dicke Mauern und Feuer. Feuer. Sie haben Eisenringe um meine Fußgelenke gemacht und sie verbrennen mir die Füße. Aaaaaaaaa!

Der Kerker. Da ist die Mauer. Sie ist orange vom Feuer. Das Stroh. Der Dreck. Oben in der Mauer ist ein kleines Fenster, da ist der Mond mit einer Wolke davor. Es ist Nacht. Vater unser, Herr Jesus, hilf mir!

G: Wann geschieht das alles?
Im Mittelalter

G: Warum bist du im Kerker?
Sie sagen, ich bin eine Kindsmörderin. Mein Kind. Ich habe mein Kind umgebracht. Da ist das Feuer. Die Mauern. Der Kerker. Aaaaaaaa!

G: Was machen sie jetzt mit dir?
Sie zerschneiden meinen Bauch.

G: Womit?
Mit so Messern, so langen Stangen mit Spitzen dran. Sie drücken mir so einen Helm auf den Kopf mit so Eisenspitzen nach innen. Aaaaaaaa ...

G: Ist da vielleicht ein Zusammenhang mit Amelies heutiger Kinderlosigkeit?
Ja, Amelie kriegt keine Kinder, weil ich mein Kind umgebracht habe.
Ich will hier raus. Ich will, dass das aufhört. Hilfe! Hilfe! Ich will hier raus! Wieso hilft mir denn keiner? Vater unser, der du bist im Himmel, geheiligt werde dein Name, unser täglich Brot gib uns heute, und vergib uns unsere Schuld, vergib uns unsere Schuld, vergib uns unsere Schuld, vergib uns unsere Schuld ...
Jesus hilf mir, Jesus und alle Erzengel. (Wütend) Jesus, du weißt doch, wie das ist, du bist am Kreuz gehangen, jetzt tu endlich was! Hilf mir! Aaaaaaaaaaaaa. Hol mich hier raus!
Ich will eine Himmelfahrt von hier aus dem Kerker raus.
Ich habe Durst. Da ist der Kerkermeister. Mit so einer dunklen Kapuze. Ich will Wasser.
Er will, dass ich ihm meine Brüste zeige, damit er mir Wasser gibt. Aaaaaaaaaa ...

G: Geh nun weiter auf dein Ende zu. Mach dich bereit, geh zur Hinrichtung.
Ich kann nicht mehr gehen. Die Schergen packen mich an den Schultern, schleifen mich.

Das Volk johlt. Die Leute schreien. Sie werfen Dinge nach mir. Da sind Flecken auf meinem Kleid. Wieso macht mir das jetzt was aus? Ich habe ein Leinenkleid an mit einem geflochtenen Ledergürtel.
Ich habe so Angst. Ich will das nicht. Ich will da nicht hin. Vater unser, hilf mir. Jesus Christus, errette mich von dem Übel.
Da ist das Volk. Da ist ein Galgen. Tod durch den Strang. Oh Gott, ich habe so Angst, ich will das nicht. Sie schleifen mich auf das Podest, da ist eine Spalte in den Holzdielen. Der Henker ist da. Er hat eine dunkle Kapuze über dem Kopf. Sie stülpen mir das Seil über den Kopf, oh Gott. Hilfe, ich will nicht, oh Gott ... Ein schnelles Zucken geht durch meinen Körper. Danach Frieden. Ruhe ...

Mein Versuch, an dieser Stelle noch die letzten prägenden Gedanken von Evalinde zu erfahren, um dann zur Amelie-Identität zurückzukehren, schlägt fehl. Der Prozess will weitergehen, will sich vollenden.

G: Was geschieht nun?
Mein Leichnam. Da kommt mein Mann. Er holt meinen Leichnam. Er ist so mutig. So mutig. Dass er sich das traut. Ich bin ihm so dankbar, so dankbar, so dankbar.

G: Wie heißt dein Mann?
Etwas mit V ... Vlies.

G: Was hat er für einen Beruf?
Im Wald. Holz. Köhler. Gehilfe.

G: Was macht er mit deinem Leichnam?
Er bringt ihn weg. Ich bin ihm so dankbar. Er ist so stark. Ich bin so froh, dass er meinen Leichnam nicht dort lässt. Ich bin ihm so dankbar. Es ist doch ein guter Kern in ihm, trotz unserer Streitigkeiten.
Ich muss zum Gericht. Zum Richter. Ich soll vor den obersten Richter treten. Aber mein Kind, mein Kind. Mein kleines Mädchen. Wer wird sich um sie kümmern?

G: Wie heißt sie?
Mora.

G: Wie alt ist sie?
Vier.

G: Übergib sie doch der Mutter Maria.
(Mit aneinander gelegten Händen, wie zum Gebet): Mutter Gottes ... Da ist ein Waisenhaus mit den Nonnen. Das ist nicht sehr gut, aber da kann sie überleben. Oh, mein Kind, ich wollte das nicht, dass du jetzt allein bist. Ich bin so schuldig.
Oh, ich bin so schuldig! Da ist Jesus links neben dem Richter. Bitte, lieber Jesus, du bist doch gestorben für unsere Sünden, leg ein gutes Wort für mich ein. Der Richter wird über mich sprechen.

G: Was sind deine Sünden? Was hast du alles getan? Zähl alles auf.
Mein Kind. Ich habe mein anderes Kind umgebracht. Ich habe mich selber angezeigt, um Buße zu tun. Ich habe es nicht mehr ausgehalten. Ich wollte es doch nicht. Ich wollte das Kind nicht (töten?). Ich habe mit Vlies gestritten. Ich wollte ihn nicht.

Hier bleibt etwas offen. Hier arbeite ich als Therapeutin nicht gründlich genug. Ich hätte genauer nach dem Kind und dem Umstand des Tötens fragen sollen, damit diese Schuld voll ins Licht des Bewusstseins kommen kann. Es ist meine Gegenübertragung, die mich abhält, eine eigene Angst, ein Zurückschrecken vor der archetypischen Todes-Mutter. Deshalb weiche ich aus.

G: Was hast du noch getan?
(Leise) Die Kinder geschlagen.
Die Katze im Teich ertränkt, sie hat den Kindern die Milch weg getrunken.
Den Baum gefällt für Holz, er hatte noch weiße Blüten dran.
Die Ziege zu harsch gemolken.
Das Schwein, da war irgendwas mit dem Schwein. Ich habe es schlecht behandelt.
Essen für mich behalten, das eigentlich für die Kinder war.
Den Kleinen mit der heißen Herdplatte verbrannt.
Und die Streitigkeiten mit Vlies.
Herr im Himmel, vergib mir.
Fegefeuer. Der Richter sagt, ich muss ins Fegefeuer.

G: Und nach dem Fegefeuer?
(Ich nehme wahr, dass die anderen Gruppenteilnehmer wohl schon fertig sind und dass Gertrude meinen Prozess deshalb pusht.)

Ja, das stimmt, ich versuche den Prozess aus Zeitgründen zu beschleunigen, der aber folgt seinem eigenen stimmigen Ablauf.

Da ist Paulus mit dem Schlüssel. Ich muss wieder vor den Richter. Er sagt, da ist noch ein schwarzer Fleck in mir. Noch ein Stück Teufel in der Herzgegend und das muss noch weg gebrannt werden. Nochmal einen Tag Fegefeuer.

G: Und nach dem zweiten Fegefeuer?
(Mit verklärtem Lächeln): Ich bin geläutert. Nun komme ich in den Himmel. Zwei Engel nehmen mich unter den Schultern und geleiten mich dorthin. Da ist Gott Vater auf dem Thron, ganz golden und blau. Dein Reich komme, dein Wille geschehe, wie im Himmel, so auf Erden. Die himmlischen Heerscharen. Und die Engel singen. Es ist so wunderschön hier. Und dein ist das Reich und die Kraft und die Herrlichkeit in Ewigkeit. Amen. Die Engel geleiten mich zu meinem Platz. Ich werde ein kleiner Engel hinten links in der vierten Reihe.
(Lächelnd) Und da sind Vlies und Mora, sie ist gut durchs Leben gekommen. Und da ist auch der Kleine.

G: Wie heißt er?
Stefan. Es geht ihnen gut. Ich bin reingewaschen von aller Schuld. Es ist mir so leicht.
Sie sind auch alle Engel und so hell und licht.

G: Möchtest du dem Stefan noch was sagen?
Stefan, du warst schon auf Erden ein Engel, ein zarter blonder Engel. Es tut mir so leid!

G: Sei nun wieder die Amelie und verabschiede dich von Evalinde. Möchtest du ihr noch was sagen?
Du tust mir auch leid.

G: Und nun kommst du langsam zurück.
(Es fällt mir schwer, mich von diesem Himmel zu trennen. Nach so viel Kerker, finde ich, habe ich mir etwas mehr Himmel verdient.)
Da ist Paulus mit dem Schlüssel. Er bringt mich zurück. Durch die Tür vom zweiten Fegefeuer. Jetzt sind wir oben links auf dem Himmelsgewölbe. Da ist eine Luke. Da unten ist die Welt. Sie ist eine Scheibe. Ich weiß nicht, ob ich in das Amelie-Leben zurück will.

G: Gibt es etwas, das dich hierhin ziehen könnte? In dieses Leben?
(Jetzt wieder mit tieferer Stimme, die zu meiner Amelie-Identität gehört): Ja, die Liebe zu Hans, meinem Ehemann.
(Wieder mit hoher Evalinde-Stimme): Paulus mit dem Schlüssel. Glaube, Liebe, Hoffnung, diese drei, aber die Liebe ist die größte unter ihnen.

G: Amelie, nimm jetzt bitte die Schlafbrille ab und öffne die Augen.

Als ich mich aufsetzte, fühlte ich mich zu achtundneunzig Prozent wieder als Amelie. Ich fühlte mich leicht und frei, meine Schuldgefühle waren wie weggeblasen. Bis heute hatte ich keinerlei Flashbacks in die Evalinde-Identität.

(Amelie Sch., Holotropes Atmen, 18.12.1999)

Aus therapeutischem Verständnis ist es bemerkenswert und stimmig, dass Amelies dramatischer Schuld-Komplex sich nur dort in Vergebung und Befreiung wandeln konnte, wo er entstanden war, in der Evalinde-Identität. Und dazu gehörte wohl auch das erstaunliche Eintauchen in Evalindes mittelalterliches Welt- und Glaubens-Verständnis.

Die vielen Schichten der Seele

> … am wichtigsten ist jedoch Jungs Idee,
> dass *jede Persönlichkeit im Grunde* multipel ist …
> Die multiple Persönlichkeit ist die Grundstruktur
> des menschlichen Daseins.
>
> James Hillman [(1)]

Die positivistische Vorstellung, dass wir eine einheitliche geschlossene und persönliche Identität verkörpern, wird in fast jeder transpersonalen Therapiesitzung widerlegt. Die menschliche Psyche besteht aus verschiedenen Schichten oder Ebenen, wie es bereits im vorherigen Kapitel deutlich wurde. Und jede dieser Dimensionen ist von diversen inneren Gestalten bevölkert. Als „innere Persönlichkeiten", „Sekundär-Persönlichkeiten", „Sub-Persönlichkeiten", „Teil-Persönlichkeiten" oder „Identitäten" werden sie bezeichnet. „Ich und meine Leut'", so formulierte es der alte Schamane.

Wir alle sind normal-multipel und unsere Heilungsaufgabe besteht darin, diese unterschiedlichen Gestalten, die alltäglich unser Fühlen, Denken und Handeln oft widersprüchlich bestimmen, zu erkennen, anzuerkennen und zu integrieren. Ziel ist es, die verschiedenen Subpersönlichkeiten in eine *„dynamische Beziehung"* miteinander zu bringen.

Jede dieser inneren Persönlichkeiten hat eine eigene Entwicklungsgeschichte, wurde aus einer realen Erfahrung ‚geboren', besitzt einen ganz eigenen Charakter und nimmt zuweilen ‚reale' Gestalt an. Diese inneren Wesen erscheinen in Träumen und Innenwelt-Reisen und sie sprechen zu uns und aus uns. Ihre Stimmen sind beständig in uns aktiv: „Du bist großartig" oder „du bist ein Nichts", „das schaffst du nie", „das steht dir nicht zu". Roger J. Woolger, Jungianer und Präexistenz-Therapeut[(2)], verwirft die populäre Annahme, diese Stimmen seien nur unsere inneren Elternstimmen, und verweist auf ihren präexistentiellen Ursprung: Es sind vor allem die Stimmen unserer Subpersonen, „die in unserem Inneren um die Vorherrschaft streiten." Und das kann sich zuweilen sehr ‚verrückt' anfühlen und gestalten, wie in Amelies Regression:

> „Jede psychologische Arbeit, die die tieferen Schichten des Unbewussten berührt, befördert im allgemeinen machtvolle Gefühle, irritierende Erinnerungen und befremdliche Bilder zutage. Solche

nicht selten überwältigenden psychischen Inhalte werden von Uneingeweihten, ja selbst von Fachleuten häufig für Symptome des klassischen Wahnsinns gehalten."

Diese widersprüchlichen inneren Gestalten bilden oft *Gegensatzpaare:* Zu dem Großen und Mächtigen gehört der Kleine, Ohnmächtige, zur Mutigen gehört die Ängstliche, zur Lichtvollen die Dunkle und zum Opfer der Täter. Wenn diese Pole nicht ausbalanciert werden, können sie sich in einer Art „Pendelbewegung" von Leben zu Leben abwechseln und eine Spirale endloser gewaltvoller Existenzen erschaffen.

Obwohl ich aktiv bemüht bin, meine eigenen inneren Opfer-Täter-Gestalten zu integrieren, erlebte ich doch eindrücklich, dass weiterhin eine alte Opfer-Gestalt in mir existierte und in mörderische Täter-Energie umschlagen konnte:

Die Lichte und ihr Schatten. Mandala von Birgit B. 1995

Meine getöteten Brüder und Schwestern

Als mein Kater Minos innerhalb weniger Tage den fünften Vogel getötet, verstümmelt und achtlos liegen gelassen hatte, kam ich mit dem Beerdigen der Opfer kaum noch nach. „Ich schaffe es niemals, alle meine Brüder und Schwestern zu beerdigen", schrie eine innere Stimme in mir in großer Not. In einem emotionalen Ausnahmezustand von verzweifeltem Schmerz und ohnmächtiger Wut begann ich, meinen geliebten Kater zu schlagen. Erschrocken hielt ich inne, mir wurde bewusst, dass meine ohnmächtige Wut so riesig war, dass ich ihn hätte totschlagen können.

Mit dem inneren Erleben, dass ich es niemals schaffe, all „meine Brüder und Schwestern" zu beerdigen, legte ich mich hin, schloss die Augen und atmete tiefer: Sofort erlebe ich mich inmitten vieler verstümmelter und getöteter Körper, im Hintergrund brennen die Reste unserer Hütten. Ich bin ein Junge, vielleicht zwölf Jahre alt, und wohl der einzige Überlebende eines Massakers. Ich weine und schluchze sehr heftig – auch jetzt hier als Gertrude – mein Schmerz ist riesig. Und dann rufe ich unvermittelt mehrmals laut und bestimmt: „Das akzeptiere ich nicht, das akzeptiere ich niemals, dieses sinnlose Töten. Ich bin nicht bereit, dieses sinnlose Töten zu akzeptieren, das akzeptiere ich niemals!" – Später wurde mir bewusst, wie sehr mich dieses Nicht-Akzeptieren noch immer in einer alten Opfer-Täter-Thematik gefangen hält.

(Gertrude C. 2011)

So wie hier steht gewöhnlich ein unbewältigter Konflikt, eine alte Verstrickung, ein altes Drama im Fokus der Arbeit mit Subpersönlichkeiten. Es sind meist die leidenden Opfer und auch die schuldbewussten Täter, die sich in der therapeutischen Regression zeigen. Eher selten zeigen sich idealisierte Gestalten wie erfolgreiche HeilerInnen, SchamaInnen oder ruhmreiche Persönlichkeiten. Die auftauchenden inneren Personen sind notvoll verstrickt und in einem alten Trauma gefangen, das sich über mehrere Existenzen und in immer neuen Gestalten manifestieren kann, so wie Edith, die sich immer noch „unerwünscht" fühlt:

Unerwünscht

Ich stehe in einer Graslandschaft, strecke die Arme hoch und schneide mich mit einer Klinge tief ins Fleisch meiner Arme und Beine. Mein Mann ist gestorben, mein Schmerz um ihn ist groß. Ich trauere um ihn und auch um mich, denn ich weiß, dass ich nun nicht mehr zum Stamm zurückkehren kann. Es ist sein Stamm, nur mit ihm habe ich das Recht, dort zu leben. Ich bin verzweifelt, da es keinen Ort gibt, wohin ich nun gehen könnte. Ich bin ganz auf mich allein gestellt in dieser Wildnis. Blutüberströmt finde ich eine Höhle, in die ich mich kauere. Ich beklage laut mein Leid in meiner Stammessprache. Ich weiß, dass ich sterben werde, ich bin verloren. Es wird dunkel um mich ...

Nun bin ich ein Mädchen, etwa zwölf Jahre alt, und gehöre zu einem Mutterclan. Ich bin in einer höher gelegenen Höhle und sehe, dass von unten Männer mit Speeren herauf kommen. Sie wissen, dass ich dort bin. Alle werden mich vergewaltigen. Aber sie können meinen Willen nicht brechen, deshalb muss ich sterben. Der Anführer wirft den Speer, er zielt auf mein Herz, aber trifft die rechte Seite. „Sie haben mein Herz nicht verletzt", denke ich noch im Sterben. Später kommen meine Clanmütter, legen meinen Körper auf eine geflochtene Bahre und bestatten mich rituell im Freien, sodass die Tiere den toten Körper fressen und ich eingehe in den Kreislauf der Natur und des Lebens.

Dann erlebe ich mich als fünf Jahre altes Mädchen in einem Wald. Ich bin lebendes Entsetzen, denn ich habe gerade erlebt, wie meine Familie und mein Stamm niedergemetzelt wurden. Ich bin die einzige Überlebende. Ich schaffe es, mich durch den Wald zu einem anderen Stamm zu flüchten. Sie nehmen mich auf, sind jedoch sehr misstrauisch, da sie nicht glauben, dass ich das Massaker überlebt habe, ohne Schuld auf mich geladen zu haben. Sie vermuten, dass ich meinen Stamm verraten habe. Die Leute des Stammes behandeln mich mit Geringschätzung und wie eine Sklavin. Ich sehe mich kurz als erwachsene Frau, die Sklavin im Stamm geworden ist und von einem Mann geschlagen wird.

Während des ganzen Prozesses bringe ich meine Empfindungen körperlich sehr stark zum Ausdruck. Ich möchte mich zerreißen, kratze meine Arme und Beine, sitze zitternd und bebend in der Ecke auf meiner Matte. Mir ist kalt, ich fühle mich total allein und verlassen. Ich denke an das vorherige Atemwochenende, da fühlte ich, wie meine Mutter versucht hat, mich abzutreiben. Immer wieder tauchen diese Themen von Nicht-Erwünscht-Sein und Nicht-Willkommen-Sein in mir auf. Mein heutiges Lebensgefühl basiert auf diesen Erfahrungen, ich fühle mich nie wirklich erwünscht und willkommen, habe immer das Gefühl, mir meine Daseinsberechtigung, die

Liebe und Anerkennung anderer Menschen, hart erarbeiten zu müssen. Und selbst dann bin ich mir nicht sicher, wirklich angenommen zu sein.

Es scheint so, als könnte sich das jetzt ändern. Als ich aus der Trance erwache, fühle ich mich glücklich und befreit, so als wäre eine Last von mir genommen. Ich bin meiner inneren Heilerin und allen, die mich begleiten, von Herzen dankbar.

(Edith W., Holotropes Atmen Juni 2000)

Multidimensionalität und „Symbolische Resonanz"

Die unterschiedlichen Subpersönlichkeiten und ihre Erfahrungen lassen sich zwei psychischen Bereichen zuordnen: dem Persönlichen Unbewussten und dem Transpersonalen Unbewussten. In der folgenden Auflistung orientiere ich mich an Woolgers Präexistenzforschung, erweitere dessen Schichten-Modell[(3)] aber um die Transgenerative Ebene:

Das Personale Unbewusste
- Existentielle Ebene: Die aktuelle Situation, die aktuellen Probleme
- Biografische Ebene: Erinnerungen aus der Kindheit, von der Geburt an bis jetzt
- Somatische Ebene: Störungen des Körpers, in denen sich unerledigte Themen abbilden

Das Transpersonale Unbewusste
- Perinatale Ebene: Erfahrungen von der Zeugung an bis zum Abschluss der Geburt
- Transgenerative Ebene: Traumatische Erfahrungen unserer Ahnen, die sich in uns abbilden
- Präexistentielle Ebene: Erinnerungen an unerledigte präexistentielle Dramen
- Archetypische Ebene: Spirituelle Einsicht in karmische Zusammenhänge, Erleben von seelischer Verbundenheit, Identifikationen mit anderen Lebewesen (Mineralien, Pflanzen, Tiere), kosmische Erfahrungen

Die Ebenen dieser beiden Bereiche gehen miteinander in *Resonanz,* bedingen und verstärken sich wechselseitig. Das oben zitierte Beispiel von Ediths

Unerwünschtsein verdeutlicht, wie ihre aktuelle Erfahrung, „unerwünscht" zu sein, bereits ihre Kindheit prägte, ursächlich aber in einem perinatalen Trauma (dem Abtreibungswunsch ihrer Mutter) und noch tiefer in mehreren präexistentiellen Dramen gründete. Erst im Abschluss ihrer Reise, mit der spirituellen Erweckung ihrer archetypischen inneren Heilerin, erfährt sie die ersehnte Befreiung.

Alle Erfahrungs-Ebenen *existieren gleichzeitig,* denn die Seele ist multidimensional, sie hat viele Dimensionen. Alle Ebenen sind gleichberechtigt, spiegeln sich wechselseitig, überschneiden und durchdringen sich. Daher ist es gleichgültig, auf welcher Ebene wir mit der therapeutischen Arbeit beginnen, wir landen immer im *„Emotionalen Zentrum des Komplexes"*, schreibt Woolger[4].

„Um zu verdeutlichen, daß die verschiedenen Aspekte eines Komplexes alle von ein und derselben emotionalen Grundqualität und einem einheitlichen Gefühlston durchdrungen sind," entschied er sich für den Begriff „Symbolische Resonanz". Dieser besondere *„Gefühlston"*, der alle Aspekte eines Komplexes mit ein und derselben Schwingung durchdringt und sie miteinander verbindet, kennzeichnet nach Woolger die *„Symbolische Resonanz:* die vom Unbewussten ausgehenden symbolischen oder methaphorischen Assoziationen, durch welche unterschiedliche Gedanken, Bilder, Gefühle und Empfindungen in einem Komplex zusammengehalten werden."[5]

Es ist das eine spezielle *Gefühl,* das unterschiedliche Erfahrungen aus unterschiedlichen Zeiten, aber mit gleicher emotionaler Tönung über Symbolische Resonanzen miteinander verbindet. An Ediths Erfahrung von Unerwünschtsein wird deutlich, was mit Symbolischer Resonanz gemeint ist: Die emotionale Grundqualität ihres Lebens, der Gefühlston, der die aktuellen, biografischen, perinatalen und die präexistentiellen Erfahrungen durchzieht, ist *überall* das Gefühl von notvoller Einsamkeit im Erleben von Nicht-Erwünscht-Sein. Daher ist es gleichgültig, auf welcher Ebene wir mit der therapeutischen Arbeit beginnen – gewöhnlich ist es das aktuelle Erleben, zum Beispiel: „Ich fühle mich in dieser Gruppe einsam und unerwünscht." Immer landen wir bei demselben Gefühl, im emotionalen Zentrum des Erlebnis-Komplexes.

Um den holistischen Charakter eines Komplexes, in dem alle Aspekte gleichzeitig existieren und jeder Aspekt sich im anderen spiegelt, zu verdeutlichen, entwickelte Woolger das Modell des „Lotus-Rades" der Psyche[6]. Er orientierte sich hierbei auch an Grofs „COEX-System", nach dem sich biografische, perinatale und transpersonale Erfahrungen in einem dynamischen System gleicher emotionaler Qualität verbinden. Die Inhalte eines COEX oder eines Komplexes bescheren uns immer wieder ähnliche Erfahrungen von Verlust, Gewalt, Verletzung, so lange, bis wir bereit sind, die schmerzlichen Erlebnisse fühlend zu realisieren, anzunehmen und damit zu heilen.

Entlastend für alle Erfahrenden und therapeutisch Praktizierenden ist Woolgers Hinweis[7]: „Im Strom der Worte und Bilder" unserer Klienten können wir leicht die Orientierung verlieren. Wir können aber immer wieder darauf vertrauen, „dass die Psyche ihre eigenen Resonanzen erzeugt und auf diese Weise Gefühle und Bilder freisetzt, die uns Schritt für Schritt zum Kern des jeweiligen Komplexes hinführen." Alle Ebenen der multidimensionalen Psyche sind miteinander verbunden, wenn wir uns, der Weisheit der Psyche vertrauend, von den Symbolischen Resonanzen leiten lassen, dann gelangen wir immer ins *„Emotionale Zentrum"* des Komplexes.

In einer ganzheitlichen therapeutischen Arbeit, die sich auf den Ebenen des Multidimensionalen Bewusstseins bewegt, ist es wichtig, ein Gespür für die „Symbolischen Resonanzen" zu entwickeln. Damit dies aber möglich ist, haben diagnostische und methodische Konzepte – vorübergehend – in den Hintergrund zu treten. Wir vertrauen der inneren Heilerin, dem inneren Heiler unserer Klienten und beachten deren Hinweise und Zeichen: Ein bedeutungsvolles Wort, ein ungewöhnlicher Satz, ein merkwürdiger Ton der Stimme, ein Laut, ein Räuspern, ein lautes Ein- oder Ausatmen, eine Geste, eine Bewegung der Hand, ein Schnicken des Fußes, ein spezieller Gesichtsausdruck – alle diese vom Unbewussten ausgehenden Botschaften geben wertvolle Hinweise und führen, wenn wir sie aufgreifen und verstärken, ins Emotionale Zentrum.

In vielen Jahren als Therapeutin habe ich gelernt, abwartend und gelassen zu sein, ich muss nicht wissen, wohin die mythische Reise geht, habe keinen eigenen Plan. Ich lasse mich führen und wir landen, meistens, bei der inneren Wahrheit.

Das Personale Unbewusste

– *Die existentielle und biografische Dimension der Psyche*

Die *existentielle Dimension* umfasst alle in der jetzigen Existenz, im aktuellen Hier-und-Jetzt erlebten inneren und äußeren Erfahrungen von Enttäuschung, Niederlage, Verletzung und Schmerz, aber auch von Erfüllung, Befreiung, Dankbarkeit und Freude.

Die *biografische Dimension* unserer Psyche umfasst alle Kindheitserfahrungen von der Geburt bis in die Jetztsituation. Traumatische Erfahrungen in der Kindheit sind oft Wiederholungen alter präexistentieller Traumata, was Woolger eindrücklich belegt(8). Zwischen einer aktuellen Erfahrung und dem alten Trauma besteht häufig eine Symbolische Resonanz, wobei die aktuelle Situation gefühlsmäßig von der alten Erfahrung überlagert wird. Starkes emotionales Erleben von beispielsweise Trostlosigkeit, Einsamkeit und Schmerz in einem anderen Leben verbindet sich mit dem aktuellen Gefühl von Trostlosigkeit, Einsamkeit und Schmerz und lädt es energetisch auf.

Sexuelle Traumatisierungen und Vergewaltigungen in der biografischen Kindheit haben oft einen präexistentiellen Hintergrund. So tauchen in der therapeutischen Arbeit mit sexuell traumatisierten Frauen oft mehrere sexuelle Gewalterfahrungen hintereinander auf, die sich auf der existentiellen, biografischen, perinatalen und präexistentiellen Ebene wiederholen können. So hatte es mich schon vor Jahrzehnten, lange vor meiner Kenntnis von Woolgers Präexistenzforschung, erstaunt, dass viele biografisch sexuell traumatisierten Frauen ein Inquisitionstrauma im Hintergrund hatten – das im Holotropen Atmen aufgeträumt wurde.

Eine solche *Wiederholung* kann als ein massiver Heilungsversuch der Seele verstanden werden. Woolger(9) schreibt zu einer präexistentiell und in der jetzigen Kindheit sexuell missbrauchten Frau: „Die neuerliche Traumatisierung hatte die Funktion, die von Angst, Erniedrigung und Wut geprägte – latente präexistentielle Ebene des Komplexes zu reaktivieren.“ Eine solche Wiederholung wirkt als *Verstärker* und zwar so lange, bis ein energetischer Umschwung passiert.

In der aktuellen Corona-Pandemie ist mir – im Kontext meiner therapeutischen Arbeit – aufgefallen, dass angstvolle Menschen und solche, die in Verschwörungskonzepten gefangen sind, häufig dramatische präexistentielle Erfahrungen von Täuschung, Terror, autoritärer Willkür und Freiheitsberaubung in sich tragen. Hier besteht zwischen der alten und der aktuellen Bedrängnis eine Symbolische Resonanz, das aktuelle Erleben wird von der alten Erfahrung überlagert und emotional aufgeladen.

– *Die somatische Dimension der Psyche*

Die *somatische Dimension* umfasst die Prägungen traumatischer Erfahrungen im Körper. Ein Trauma kann sich in tiefen „organischen Schichten manifestieren" und eine körperliche Beeinträchtigung oder Krankheit erzeugen. Traumatische Gewalterfahrungen lassen den Körper in einer bestimmen Haltung *erstarren* und prägen das Körperbild, die Körperhaltung, den Körperausdruck und manifestieren sich häufig als Krankheit in einzelnen Körperteilen und Organen.

„Der Körper erinnert sich", sagen wir in der Sprache der Körperpsychotherapie: Nach Woolger[(10)] liegt jedem chronischen körperlichen Leiden, besonders wenn es auf medizinische Behandlung nicht anspricht, ein älteres Leiden von schweren Schicksalsschlägen, von Elend oder gewaltsamem Tod zugrunde, eine Erfahrung, erstochen, erschlagen, zermalmt, gebrochen worden zu sein. Jede aktuelle körperliche Störung besteht aus mehreren Schichten und hat meist ein präexistentielles Trauma als Ursache.

Der Körper hat Bewusstsein, *„Körper-Bewusstsein"*, das sich über „Körpersprache" ausdrückt. „Der Körper lügt nicht", das wissen alle TherapeutInnen. Daher hören wir dem Körper zu und folgen seinen Hinweisen, die oft näher an der Wahrheit liegen als die gesprochenen Worte. Unfälle, Folter, sexuelle Gewalt und gewaltsame Tode prägen sich dem *Körpergedächtnis* ein. Aber auch Operationen sind gewaltsame traumatische Eingriffe. Während das Ich-Bewusstsein bei dem Eingriff unter der Narkose schläft, registriert das Unterbewusste den gesamten Vorgang einer Operation.

In einer traumatischen Erfahrung entsteht meist eine *energetische Spaltung:* Hierbei werden die Bilder von den Gefühlen und die Gefühle vom Körper getrennt. Bei körperlichen Traumatisierungen ist deshalb oft der Körper oder ein Körperteil gefühllos, wie tot. Häufig kommt es bei einem sexuellen oder einem anderen Gewalttrauma zu einer *Dissoziation von Körper und Seele:* „Ich gehe aus mir raus", sagen die Opfer. Woolger[(11)] schreibt hierzu:

> „… ihr Bewusstsein hat sich aufgespalten und sich durch eine Art von Wahrnehmungsblockade von ihrem Körper dissoziiert.

> Das ist eine natürliche Abwehr, die dazu dient, das Bewusstsein vor der Erfahrung der unerträglichen Scham und Qual zu schützen. Aber wie wir schon zuvor (…) gesehen haben: Wenn das Bewusstsein den Körper verlässt, so prägen sich dem Organismus die durch die Situation ausgelösten Gedanken und Gefühle gleichsam unbewusst ein."

Traumatisierung der Genitalien führen meist zu Taubheit und Empfindungslosigkeit im Genitalbereich. Im heilsamen Erinnern des Traumas kann die Empfindungsfähigkeit der Genitalien wieder erlangt werden. Die im Trauma entstandene Spaltung zwischen Körper und Bewusstsein wird geheilt, indem die ursprüngliche Erfahrung nochmals *im Körper* voll durchlebt und gefühlt wird – im Gegensatz zur gängigen Traumatherapie. Hierbei wird der im primären Trauma verbotene Impuls zu treten, schreien, würgen oder spucken therapeutisch aktiviert und verstärkt. Durch das therapeutisch erwünschte und sorgfältig begleitete volle *Wiedererleben* der vergangenen Gewaltszenen, zusammen mit tiefem Atmen und intensivem Gefühls- und Körperausdruck, kann die *Verbindung* zum ursprünglichen Trauma wieder hergestellt und die Spaltung geheilt werden. In dieser Weise unterscheidet sich die von mir praktizierte ganzheitliche, alle Ebenen einbeziehende, kathartische Traumaarbeit von anderen Traumatherapien.

Das Transpersonale Unbewusste

– Die perinatale Dimension der Psyche – Einheit mit der Mutter

Die Reise ins Leben beginnt mit der Zeugung, der Inkarnation. Es folgen neun Monate intrauteriner und perinataler Erfahrung, und ihr Höhepunkt ist die Geburt. Es ist eine lange und abenteuerliche Reise, die uns alle fordert, ob wir wollen oder nicht, viele Male. Auch die perinatale Reise folgt dem Muster der archetypischen Heldenreise: Ruf, Abstieg, Kampf, Todeserfahrung und Geburt ins Licht der Welt. Mit der ersten Wehe beginnt der Ruf zur Reise ins irdische Leben.

Nach Grof umfasst die perinatale Dimension alle biologischen, psychologischen und transpersonalen Erfahrungen von der Zeugung bis zum Abschluss der Geburt. Die perinatale Erfahrung und das damit verbundene

Geburtstrauma prägen ganz entscheidend die Art und Weise, wie wir in der Welt sind und wie wir die Welt erleben. Gleichzeitig ist die Geburt eine Tür in den überpersönlichen und spirituellen Raum der Seele und in die Erfahrung der Einheit von Leben und Tod. Das folgende Beispiel aus meiner therapeutischen Praxis verdeutlicht eindrucksvoll die emotionale Einheit von Geburt und Tod. Und es zeigt, wie der Gefühlszustand einer überforderten Mutter mit dem emotionalen Erleben und den karmischen Resten des Fötus in Resonanz gehen kann:

> Ich bin bei Gertrude in einer Einzelstunde und fühle mich wie so häufig erschöpft, unter Druck, erlebe mich atemlos und wie gefesselt. Ich schließe die Augen, atme etwas tiefer und bin im Leib meiner Mutter. Es ist alles so eng, ich fühle mich nicht wahrgenommen und nicht angenommen. Ich bin eine Bedrohung für meine Mutter.
>
> Dann schlüpfe ich in die Sieglinde, meine Mutter: „Ich bin überfordert, bin noch so gar nicht bereit für ein Kind! Meine schwere Kindheit, ich bin so entwurzelt als Flüchtling, wir leben in nur einem Zimmer. Ich fühle mich nicht in der Lage, dieses Kind zu bekommen. Ich will es jetzt nicht!!! Es ist zu früh, ich werde alles dafür tun, dass es wieder geht! Aber mein Mann Heiner will ja dieses Kind. Er versteht mich nicht, ich kann mit ihm nicht darüber reden."
>
> Dann erlebe ich mich wieder im Mutterleib als Kind, und ich spüre Wellen der Angst, Todesangst, die mich umfluten. Ich winke und rufe „Mama! Mama! Ich bin doch hier!!! Schau mal, hier bin ich!!!" Aber dann kommt wieder so eine Welle der Angst und umflutet mich und schnürt mir die Kehle zu ...
>
> Jetzt hänge ich an einem Seil, unter mir ist der Boden. Das Seil zieht sich um meinen Hals zusammen. Ich werde erhängt. Ich bin eine Frau, eine junge Frau. Ich sterbe erhängt. Da ist so eine Scham, so eine Schande. Meine Brüste sind angeschwollen, meine Gebärmutter ist prall, ich bin schwanger. Ich bin unehelich schwanger geworden, und ich habe mich so auf das Kind gefreut. Ich habe mich meiner Familie anvertraut, aber die waren erzürnt. Jemand hat behauptet, ich sei vom Teufel geschwängert. Mein Freund hat mich verlassen.
>
> Ich wurde dem Henker ausgeliefert. Ich sterbe allein, isoliert, unverstanden. Mein Name ist Elisabeth. Es ist irgendwo in Burgund um ca. 1000 n. Chr. Meine Familie wollte mich eigentlich ins Kloster zu den Nonnen geben.

> Meine letzter Gedanke, meine Entscheidung beim Verlassen des Körpers: „Ich werde mich nie wieder jemandem anvertrauen, werde nie wieder meinem Herzen und meiner Liebe folgen. Ich werde alles für mich behalten, auch wenn ich daran ersticke."
>
> (Birgit Th., Juni 2011)

Die perinatale Erfahrung, die Erfahrung von der Zeugung bis zur Geburt, ist die Nahtstelle, an der sich verschiedene archetypische Erfahrungen berühren. Geburt, Tod und unvollendete Präexistenzen der Seele verdichten sich in der intrauterinen und perinatalen Erfahrung. Im Augenblick des *Todes und der Geburt* kann der Mensch tiefe Einblicke in den Raum seiner Seele erfahren. Das umfassende und umfangreiche Lebenswerk von Stanislav Grof belegt dies in wissenschaftlicher Gründlichkeit und erfahrbarer Dichte, wie schon sein erstes großes Werk „Geburt, Tod und Transzendenz". Auch für Woolger(12), der sich hier auf die Erkenntnisse von Grof bezieht, ist die bewusstseins-erweiternde Erfahrung von Geburt und Tod eine Gegebenheit,

> „... wenn man bedenkt, dass diese beiden Augenblicke immerhin die zwei bedeutendsten archetypischen Ereignisse im Leben eines Menschen sind. Wenn der Komplex mit der Todes- oder Geburtserfahrung in Berührung kommt, klingen plötzlich wieder alle vergangenen Geburten und Tode an, und mit dieser archetypischen Resonanz geht ein um vieles erweitertes Bewusstsein einher, eine fast übernatürliche Allwissenheit."

Daher ist es in der therapeutischen Regression von großer Wichtigkeit, die Übergänge von Geburt und Tod so bewusst wie nur möglich zu durchleben. Denn der psychische Zusammenhang von Geburts- und Todestraumata ist überdeutlich; das Geburtstrauma aktiviert – ausgelöst durch Symbolische Resonanz – vorgeburtliche Traumata, die im Unbewussten auf ihre Befreiung warten. Daher kann das therapeutische Wiedererleben einer dramatischen Geburt – wie es im Holotropen Atmen möglich ist – gleichzeitig dramatische präexistentielle Todeserfahrungen, wie Tod durch Ertrinken, Erwürgtwerden oder Birgits Erfahrung von Erhängtwerden, neu beleben und dem Bewusstsein zugänglich machen. Dabei ist der Mutterleib nur die „Bühne", auf der die alten Dramen wieder aufgeführt werden(13):

„Jedes einzelne Geburtsdrama ist offenbar für die unerledigten präexistentiellen Komplexe eine Gelegenheit, im Unbewussten des Kindes zu neuem Leben zu erwachen. (…) Es gibt einen gewaltigen psychischen Magnetismus, der allem Anschein nach das karmische Rohmaterial einer potentiellen neuen Persönlichkeit gerade in jenen Mutterschoß ›hineinsaugt‹, wo das betreffende Wesen daran erinnert wird, dass es noch eine Menge Arbeit vor sich hat.“

Die sich verkörpernde Seele wird von einer Mutter über Symbolische Resonanzen, dem emotionalen Grundton, in dem sich die Themen von *Mutter und Kind* verbinden, angezogen. Schon während der Schwangerschaft stimmt sich das ungeborene Kind auf das Bewusstsein und den vorherrschenden Gefühlszustand der Mutter ein. Woolger[(14),] in Bezug auf die Forschung von G. Rottmann schreibt: „…daß sich im Bewusstsein des Fetus während der Schwangerschaft unmittelbar der jeweilige Gefühlszustand der Mutter ›abbildet‹.“ Die „tiefsitzenden chronischen Gefühlsmuster“ der Mutter, ihre Sorgen, ihre Ängste, ihre Wünsche, bilden sich im Kind ab. Da der Fötus keinen „Filter der Ich-Abgrenzung“ hat, kann das ungeborene Kind nicht zwischen eigenen Impulsen und den Gedanken und Gefühlen der Mutter unterscheiden: „Ich habe Angst“, „Ich bin verlassen und alleine“, „Ich schaffe es nie“, „Es wird immer alles schlimmer“. Wie weit sind dies meine Gedanken, meine Stimmen oder die meiner Mutter? Die Mutter ist allerdings nicht der „Sender“ und nicht bestimmend für die Gefühle des Kindes, wie wir gewöhnlich annehmen. Woolger[(15)] hat erkannt:

„daß das Bewusstsein der Mutter während der Schwangerschaft lediglich psychische Strukturen oder Samakaras wiederbelebt, die sich bereits in früheren Existenzen der Psyche des Kindes eingeprägt haben. (…) Jedes Kind tritt mit seinen ›ganz persönlichen‹ unerledigten karmischen Prägungen in diese Welt ein. Die Schwangerschaft und die Geburt sind – wie wir allmählich begreifen – lediglich die erste Gelegenheit, einige dieser Strukturen zu reaktivieren.“

– *Geburt und Tod: Erfahrungsberichte aus der therapeutischen Praxis*

„Geburt und Tod sind Zwillinge", sagt Grof. *Geburt und Tod,* beide Erfahrungen sind Tunnel-Erfahrungen: Bei der Geburt geht der Weg durch den Geburtskanal, den Tunnel, ins Leben. Beim Sterben, der Exkarnation, geht der Weg wieder durch eine Tunnelerfahrung aus dem verkörperten Leben in die andere Dimension. Wie bedeutsam und prägend diese archetypischen Übergangs-Erfahrungen von Geburt und Tod für das weitere Leben sind, zeigen die folgenden Berichte intrauteriner und perinataler Erfahrungen.

Geburt und Tod.
Mandala v. Gertrude C. 1989

Im Uterus

Bei einer inneren Reise in einer Einzelsitzung erlebe ich mich in einer Kiste mit Insekten, Käfern, die mich bedrängen. Gertrude macht hier halt und fragt mich nach meiner intra-uterinen Erfahrung – die Kiste als Symbol für den Uterus. Was weißt du darüber?

Meine Mutter hatte gleichzeitig mit mir eine Bauchhöhlenschwangerschaft, es gab eine Notfall-OP, mein Zwillingsbruder starb, er wurde wegoperiert, Narkose ... und ich bin jetzt dort, ich weiß nicht, was geschieht, ich habe Angst, es ist bedrohlich. Ich werde nicht gesehen ...

Wegen der lebensbedrohlichen Bauchhöhlenschwangerschaft meiner Mutter sieht mich keiner. Es ist gefährlich, da nicht gesehen zu werden, aber ich kann nichts tun. Meine Mutter weiß nicht, dass da noch ein Kind ist, sie weiß nicht, dass ich da bin in ihrem Uterus, ich bin zu klein neben so viel Lärm ...

Und als sie mich dann endlich fühlt, bin ich nicht willkommen. Meine Mutter hat sich noch nicht erholt. Sie will, dass ich weg bin, ich kämpfe um mein Leben, ich verstecke mich in einer Ecke, besser man sieht mich nicht ...

Aber ich wachse, ich werde geboren, und als ich gerade drei Monate alt bin, ist meine Mutter wieder schwanger, und als ich etwa fünf Monate alt bin, kommt sie mit einer Sehnerventzündung für sechs Wochen in die Klinik. *Ich werde wieder nicht gesehen.*

Ich und Gertrude, wir sprechen nun gemeinsam Worte der Liebe und des Mitgefühls zu der kleinen Elisabeth:

Ich *sehe* dein Entsetzen,
Ich *sehe* deine Not,
Ich *sehe* deine Einsamkeit,
Ich liebe dich und ich bin bei dir.

Diese Worte nähren und wärmen die kleine Elisabeth, sie kann sich nähren lassen … Diese ganz kleine Elisabeth wird zum ersten Mal gesehen, sie wird von einer Nichtgesehenen zu einer Gesehenen. Es ist, wie eine Nabelschnur zu kriegen. Ich bin angebunden, ich bin verbunden, ich kann mich vom Leben nähren lassen.

Ich habe in mir diesen verstorbenen Zwillingsbruder weiterleben lassen, als hätte ich uns beide gelebt, damit er nicht stirbt … So verstehe ich nun endlich meine lebenslange Unsicherheit, wer und wie ich bin, Junge oder Mädchen, männlich oder weiblich?

Ich finde Worte der Achtung und Liebe für diesen meinen toten Bruder, für das tote Kind.

Und ich löse die Identifizierung mit meinem Bruder, er darf sterben, ich muss ihn nicht mehr am Leben halten. Ich werde einen Gedenkstein für ihn machen. Und ich darf endlich leben!

Ich bin in meinem Leben angekommen.
Ich bin in meinem Leben als Frau angekommen.

(Elisabeth M., Einzelsitzung Mai 2010)

Geschwister-Sterben

Es ist mein erstes Holotropes Atmen. Ich atme ein und atme aus. Ein und aus ... Andere stöhnen, schreien. Ich bekomme davon Angst und halte die Luft an. Gertrude kommt und sagt: „Atme weiter." Ich atme weiter. Es wird alles ganz schwarz vor meinen inneren Augen. Andere schreien. Ich drehe mich von den Schreiern weg, habe Angst und krümme mich zusammen. Ich will weg! Ich will weg! ...

Gertrude kommt und sagt: „Leg dich wieder hin und atme." Sie unterstützt mich mit ihren Händen auf meinem Brustkorb. Es ist so dunkel. Wo bin ich? Ich schmecke Blut, Metall. Ich sehe jetzt zwei Embryos, ein Junge rechts unten von mir und ein Mädchen rechts oben an meinen Füßen. Sie kommen auf mich zu. Sie greifen nach mir. Sie bluten beide. Sie schreien. Sie wollen zu mir. Sie brauchen meine Hilfe. –

Ich kann ihnen nicht helfen. Ich habe Angst, eine Nadel kommt. Sie ist zwischen uns. Ich ziehe mich zurück und mache mich ganz klein. Ich verschwinde fast. Aus der Ferne sehe ich meine Geschwister, sie brauchen Hilfe. Ich kann nicht helfen, habe selbst Angst. Sie wollen zu mir. Sie bluten, sie schreien ...

Im Gruppenraum höre ich Schreie. Mein Kopf und meine Stirn tun weh und meine Gebärmutter und meine Blase. Ich halte meine Hände dort hin. Meine Blase brennt. Mein Kopf! Es drückt von außen. Alles tut weh, mein Körper tut weh. Alles ist steif an mir. Ich fühle mich machtlos, hilflos, ausgeliefert. Todesangst, ich erstarre. Ich schaue weg! Ich schaue weg und lasse meine Geschwister sterben. Sie wollen zu mir. Ich stelle mich tot. Die beiden geben auf.

Angst, große Angst kommt in mir hoch. Ich sehe die toten Embryos. Sie bluten. Sie schwimmen auf mich zu. Ich habe Angst. Den toten Jungen drücke ich immer von meinem Kopf weg, und das tote Mädchen trete ich mit dem rechten Bein von mir. Ich habe Angst vor ihnen. Ich fühle mich schuldig, weil ich ihnen nicht helfen kann. Ich habe Angst! Angst! Angst! Stelle mich tot! Ich löse mich aus meinem Körper. Gehe weg. Körper und Seele trennen sich. Ich will das nicht mehr sehen, nicht spüren, nicht erleben ...

Ich fühle jetzt wieder meine körperlichen Schmerzen, sie werden schlimmer. Der ganze Körper tut weh. Alles tut weh. Alles ist angespannt. Ich sterbe! Ich lasse los und komme zur Welt. Körper, Seele und Geist sind wieder vereint. Aber ich bin allein, keine Eltern. Niemand ist da …Gertrude kommt und hält meine Hand. Sie fragt, wo ich sei. Ich sage ihr: Ich sei zur Welt gekommen. Sie hält immer noch meine Hand, jemand streicht über mein Haar. Es fühlt sich so zärtlich und liebevoll an.

Ich erlebe mich nun als Frau, die hier auf der Matte liegt, und ich genieße es, gestreichelt zu werden. Jemand sagt zu mir: Alles ist gut. Ich halte dich. Du bist sicher. Ich bin bei dir. Jemand geht zu meinen Füßen und hält sie. Ich spüre die Wärme und Energie, die durch meinen Körper fließt. Ich sehe meinen Inneren Meister. Er ist da! Ja, endlich ist er da. Ich schaue zu ihm hin und er schaut mich voller Liebe an. Ich reiche ihm meine Hand und weine. Er ist es jetzt, der meine Füße hält. Ich genieße es. Ich fühle mich vital, kraftvoll, als würde er Leben in mich rein hauchen. Ich bin glücklich, fühle mich geborgen, warm, voller Energie und stark.

Andere aus der Gruppe schreien wieder, aber es bereitet mir nun keine Angst mehr. Er hält immer noch meine Füße. Energie fließt! Es ist toll. Ich

Intrauterine Todesangst. Mandala von Isabel D. 1995

höre Musik zum Tanzen, ich bewege mich, tanze und fühle mich stark. Ich schaue wieder zu meinem Meister und sehe eine ganze Reihe Männer hinter ihm sitzen: Opa Joseph, Großonkel Siegfried, mein alter Freund Siegbert ... und andere Männer, die ich nicht kenne. Alle wollen meine Füße halten und mir Halt geben. Ich fühle mich verbunden, verwurzelt und beschenkt.

(Linda S., Holotropes Atmen, Februar 2015)

In einer vorausgegangenen Gestalt-Ausbildungsgruppe zeigte Linda ein auffälliges und seltsames Verhalten: Wenn TeilnehmerInnen in Tiefenprozessen weinten und schrien, dann geriet sie in Panik, versteckte sich in einer Ecke des Raumes und hielt sich die Ohren zu. Für die Gruppenleitung war dieses Verhalten befremdlich. Was damals unangemessen und unverständlich erschien, kann nun verstanden und geheilt werden.

Geburt

Abendstimmung. In der Welt, die ich jetzt sehe, gibt es noch keine Menschen, es ist eine Urlandschaft. Die Sonne geht langsam unter, die Erde bricht auf und aus ihrem Inneren erhebt sich eine riesige Frauengestalt, die Urmutter. Sie wächst aus der Erde empor, richtet sich auf und blickt in die untergehende Sonne. Nun erlebe ich meine Geburt, die ich als sehr schmerzhaft empfinde. Ich habe das Gefühl, zerdrückt zu werden. Ich strecke meinen Körper, versuche eine Stellung einzunehmen, in der ich die Schmerzen ertragen kann. Ich bin geboren, ich lebe.

Ich fliege, ein großer weißer Vogel fliegt mir voraus und weist mir den Weg. Der Vogel sieht aus wie ein Pelikan, wir fliegen in sehr großer Höhe über eine Gebirgslandschaft irgendwo in Südamerika. Es ist ein phantastisches Gefühl zu fliegen!

(Martin L. Atemreise Nov. 2007)

Im frühen ganzheitlichen Bewusstsein werden biografische Mutter und Urmutter als eine einzige innere Gestalt erfahren, als Große Lebens-Mutter. Wir alle kommen aus dem Matriarchat, kollektiv und individuell. Die perinatale Erfahrung einer inneren Urmutter schenkt Zuversicht und Vertrauen in das Leben. Martin verkörpert und lebt diese basale Zuversicht; er ist ein kraftvoller und erfolgreicher Mann mit einer luftigen geistigen Weite und weiträumiger Menschen- und Welt-Erfahrung.

Was es bedeutet, als Frühgeburt im Brutkasten zu liegen, zeigt der folgende Brief, den Petra mir geschrieben hat. Im Holotropen Atmen und danach beim Joggen hat sich ihr ein nachgeburtlicher Raum geöffnet voller „Angst, Einsamkeit und Haltlosigkeit" sowie „Todesangst und Panik". Innere Einsamkeit und emotionale Erstarrung prägen ihr Leben.

Im Brutkasten

Liebe Gertrude, seit dem letzten Atemprozess am Sonntag geht es mir schlecht. Traurigkeit begleitet mich, sie drückt mir zentnerschwer auf meinen Körper. Ich möchte nur noch im Bett liegen und die Decke über den Kopf ziehen, den Alltag zu bewältigen, fällt mir schwer. Heute habe ich mich zum Joggen gezwungen. Während des Joggens – wahrscheinlich ausgelöst durch mein rhythmisches, gleichmäßiges Atmen – war ich noch mal im Atemprozess. Ich habe gefühlt, dass die Situation im Brutkasten, diese absolute Isolation und Haltlosigkeit, Ursache meiner heutigen Angst, Einsamkeit und Haltlosigkeit ist. Das rhythmische Atmen der Beatmungsmaschine war im Brutkasten mein einziger Halt, meine einzige Anlehnung. An ihm habe ich mich festgehalten und orientiert.

Das erlebte Gefühl, dass mir jemand den Mund gewaltsam öffnet und mir etwas in den Mund und Hals steckt, bringt mich in Todesangst und Panik, absolutes Ausgeliefertsein. Ich erinnere, dass ich im Prozess außer mir war, so gebibbert habe, dass mir die Zähne geklappert haben.

Ich glaube, ich bin an den Ursprung allen Elends gekommen. Dass ihr mich gehalten habt, war meine Rettung. Ich habe mich hier das erste Mal gehalten, begrenzt und zusammengehalten gefühlt. Ihr habt mir eine warme Hülle geschaffen mit euren Körpern..

Wenn jemand im wiedererlebten Trauma zu fragmentieren droht, dann lege ich mich auf eine Körperseite der erfahrenden Person, die Sitterin auf die andere Seite. Wir umschließen und halten sie körperlich und psychisch zusammen und verhindern so eine Retraumatisierung.

Und mit dieser Erfahrung kann ich merken, was mir damals gefehlt hat. Ich habe Kälte, Schmerz, Isolierung, Panik, Einsamkeit, Orientierungslosigkeit und Haltlosigkeit erlebt, anstatt liebevolles Gehaltenwerden. Ich war ein hospitalisierter Säugling, der sich an dem Geräusch der Atemmaschine festgehalten hat – ein trauriger Gedanke. Aber diese Traurigkeit und das Weinen sind noch weit weg von meinem Gefühl. Ich finde meine Situation als Säugling todtraurig, aber ich kann es noch nicht wirklich fühlen. Wenn ich das wirklich fühlen würde, müsste ich erbärmlich weinen ...

(Petra L., Mai 2005)

Geburt ins Licht

Ich bin in einem Käfig mit dicken rostigen Gitterstäben eingesperrt und habe nur so viel Platz, dass ich auf allen Vieren hocken kann. Ich presse meinen Kopf gegen das Gitter und brülle wie ein Tier. Dabei weiß ich nicht, bin ich Mensch oder Tier – ein Hund, ein Wolf oder ein Krüppel? – und habe große Angst, dass ich zur Strafe geschlagen werde. Es ist völlig unsinnig, gegen die Gitterstäbe zu stoßen – es ist zum Verrücktwerden, ich komme da nicht raus. Ich resigniere ...

Dann versuche ich erneut, mit eingerolltem Körper den Kopf durch einen Ausgang zu schieben. Ich drücke und schreie eine lange Zeit, aber komme nicht vorwärts. Ich fühle nichts außer, dass ich da durch muss – ich weiß, ich muss geboren werden. Nach langem anstrengendem Drücken und Schieben wird es nun leichter, ich falle und dann liege ich zusammengerollt auf der Seite. Es wird ruhig in mir ...

Da ist ein Hügel mit hellen, rund geschliffenen Felsen, überall läuft Wasser. Ich bade in einer kleinen Kuhle, in der sich das Wasser gesammelt hat. Es ist warm und wunderbar wohlig. Neben mir ist ein leise rieselnder Wasserfall. Als erwachsene Frau stelle ich mich darunter, ich bin nackt, schaue nach oben und lasse das Wasser über Kopf und Körper rieseln. Es ist eine Reinigung – ich fühle mich rein und geläutert.

Danach stehe ich mit erhobenen Armen und Blick zum Himmel unter einem strahlenden, goldenen Licht. Ich bin eingehüllt in Licht, bin sehr bewegt und berührt. Tränen des Glücks laufen über meine Wangen. Ich kann kaum glauben, dass mir so viel Glück zuteil wird.

(Gerlinde Sch., Holotropes Atmen, August 2017)

In den folgenden Wochen und Monaten nach dieser reinigenden und läuternden Geburtserfahrung, in welcher auch unerledigte präexistentielle Dramen aktiviert wurden, erlebt Gerlinde eine geistige Neugeburt. Sie hört den Ruf ihrer inneren Heilerin, befreit sich aus dem Gefängnis einer einengenden Berufstätigkeit und beginnt eine therapeutische Ausbildung.

– Die transgenerative Dimension der Psyche

Die folgende Erfahrung von Birgit zeigt in berührender Weise, wie stark und tief die Verbindung einer Enkelin zu ihren Großmüttern sein kann. Über die genetische Brücke sind wir verbunden mit dem emotionalen Erbe unserer AhnInnen, ihrer Angst, ihrem Schmerz und ihren dramatischen Erfahrungen von Krieg, Hunger, Verfolgung und Tod. Aber auch ihre Freude, Stärke und Liebe leben weiter in uns.

Birgit, eine kompetente Psychotherapeutin, erfährt in ihrer Atemreise eine tiefe Einsicht in die psychische Befindlichkeit ihrer Großmütter. Sie erkennt, dass es ihre Aufgabe ist, die Mütter zu begleiten und zu unterstützen. Denn die Heilung der Großmutter-Wunde ist heilsam für die eigene Wunde, Heilung der Generationen der Mütter, jenseits von Zeit und Raum, wirkt in die Zukunft und heilt die Generationen der Töchter.

> Meine Atemreise beginnt mit Jammern und Wehklagen, wie ich es aus der Tradition türkischer Frauen kenne. Gestorbene, mir nahe Menschen, wollen beklagt und bejammert werden. Die zu beklagenden Menschen werden nun deutlich und nehmen die Gestalt meiner beiden Großmütter Sybille, väterlicherseits, und Henriette, mütterlicherseits, an.
>
> Ein Mann in unserer Atemgruppe ist mit seiner kämpferischen Stimme, seinem kriegerischen Gesang und Tanz sehr präsent im Raum. Meine Großmütter erleben diese kriegerische männliche Energie als sehr bedrohlich. Ich stehe deshalb auf und versuche, dem Krieger entschieden entgegenzutreten, um meine Großmütter vor seiner Energie zu schützen.

Ich, Gertrude, achtete darauf, dass sich beide in Trance befindlichen Personen körperlich nicht wirklich nahe kommen und gegenseitig behindern.

> Da meine Großmütter sich ängstlich hinter mich kauern, trete ich dem Mann mit meiner eigenen männlichen Energie mutig entgegen. Ich singe kraftvoll, schreie und wehre mit kämpferischen Gesten seine Kriegsenergie ab. Als sich die Situation hiermit nicht verändert, versuche ich es mit weiblicher List, Tanz und Bezirzen. Aber als auch das nicht hilft und meine Großmütter sich weiter ängstigen, versuche ich, sie in einem Heilkreis mit einer kreisrunden Umarmung zu beschützen. Hier verwandeln sie sich in zwei Säuglinge.
>
> Mit den beiden Säuglingen in meinen Armen gehe ich zu meiner Matratze

zurück und lege mich hin.. Großmutter Henriette halte ich als Säugling weiterhin im Arm, und Großmutter Sybille, die nun zu einem kleinen Mädchen von etwa fünf Jahren geworden ist, lege ich neben mich. Dann ist die kleine Henriette eingeschlafen. Ich bette sie liebevoll auf der Matratze und kann mich nun ganz um Sybille kümmern. Sybille setzt sich auf meinen Schoß und ich halte sie. Dann kann ich mit der kleinen Sybille sehen, wie eine etwas größere Sybille (ca. zehn Jahre alt) durch die sommerlichen Kornfelder rennt und dabei immer älter wird, bis sie etwa Mitte Zwanzig ist. Sie ist glücklich und wirkt wie ein rebellischer Freigeist, ich fühle mich an mich selbst erinnert ...

Auf einmal werde ich mit ihrer Krebserkrankung und ihrem frühen Tod konfrontiert. Sie legt sich erschöpft auf die Matratze. In meinem Prozess ist sie aber nicht Ende Vierzig und Mutter von sechs Kindern, wie in der Realität, sondern sie stirbt mit sechsunddreißig Jahren, als sie meinen Großvater heiratet – ihre Frohnatur stirbt mit der Ehe.

In der Zwischenzeit ist Henriette, der Säugling, wieder erwacht. Ich nehme sie auf den Arm und stille sie, während ich Sybille beim Sterben begleite. Ich spüre, Sybille fühlt sich schuldig, weil sie die Kinder allein lässt, und ich spüre, wie sehr sie diese geliebt hat.

Dann ist sie nur noch erschöpft und gibt sich erlöst und ruhig dem Tode hin. Bernd, der Mann aus der Gruppe, schlägt zur gleichen Zeit einen regelmäßigen, ruhigen Singsang an, und Sybille und ich empfinden dies als Sterbebegleitung. Ich kann sie in Frieden gehen lassen und mich nur noch um den Säugling Henriette kümmern.

Henriette ist und bleibt ein kleiner Säugling und hat Angst vor dem Männergesang. Sie möchte nicht größer werden und will nur gehalten werden. So halte ich sie und spüre ihre übergroße Angst. Ich halte sie, schaue sie an und sage ihr, dass ich sie gerne den ganzen Prozess über halte, dass ich sie liebe und auch nach der Atemreise in meinem Herzen tragen werde, aber dass ich nicht ihre Angst übernehmen werde, dass diese Last zu groß für mich sei. Erst erstarrt sie, dann aber nimmt sie ihre Angst zu sich und stirbt.

Sie schrumpft dabei in meinen Armen und löst sich dann ganz auf. Ich erinnere mich an Philippa und Seelchen, zwei Fehlgeburten, die ich im realen Leben hatte, und weine um sie. Sie sagen mir, dass sie, wie Henriette, nicht stark genug waren für die große Lebensangst.

Plötzlich liegt meine zehnjährige Tochter als Säugling in meinem Arm. Ich bin sehr gerührt und denke: „Du kleines mutiges Mädchen, dass du den Schritt in mein Leben wagst!“ Ich bin ihr sehr dankbar für ihren Mut, ihre Kraft und ihren Spürsinn. Dann wird der Säugling zu meiner fünfjährigen Pflegetochter, die ihre eigene Bedrohung und Angst aus ihrer Geschichte und ihrer Herkunftsfamilie mitbringt. Ich weiß: Meine Aufgabe ist es, sie darin zu begleiten und zu unterstützen, damit sie ihre Angst zu sich nehmen und Heilung erfahren kann.

Nach einer Weile halte ich mich selbst als Säugling im Arm und erinnere mich an meine Kindheit. Mir kommt der Gedanke, dass ich mich seit jeher am sichersten fühle, wenn ich alleine bin. Und gleichzeitig ist bis heute eine Kraft in mir, die nach Wandel, Wachstum und Befreiung strebt. Ich weiß, dass dies für mich nur in der Begegnung mit dem Du und der Umwelt möglich ist, was bei mir aber immer wieder mit großer Angst verbunden ist. Ich spüre eine große Trauer um diesen lebenslangen Balance- und Kräfteakt zwischen dem Alleinsein und dem Drang nach Wachstum, verbunden mit einer großen Angst vor allem Neuen und Fremden. Mir wird bewusst, dass ich mich nicht vertrauensvoll halten lassen und hingeben kann, da ich immer mit einer Kränkung, Verletzung, einem ‚Genickschlag‘ rechne. Da ist etwas Schutzloses, Verletztes in mir, das durch Kontrolle beschützt werden will.

Am Ende des Atemprozesses liege ich im Schoß meiner Großmutter Henriette und die andere Großmutter Sybille sitzt neben mir. Beide schauen sie mich wohlwollend und liebevoll an. Nun kann ich mich vertrauensvoll halten lassen und fühle mich sehr behütet und beschützt.

(Birgit P., Holotropes Atmen Febr. 2015)

– *Die präexistentielle Dimension der Psyche*

Zur präexistentiellen Dimension gehören alle unerledigten unbewussten Dramen aus früheren Existenzen, die über Gefühle, innere Bilder, Gedanken und über Symptome ins Bewusstsein drängen und sich möglicherweise im jetzigen Leben wiederholen. Insbesondere alte Glaubenssätze, entstanden in einer vergangenen traumatischen Erfahrung, können das jetzige Leben entscheidend prägen, was die folgende Erfahrung verdeutlicht. Das nächste Kapitel „Präexistentielle Erfahrungen – Wege der Seele“ wird sich diesem spannenden Thema ausführlicher widmen.

Das Leben ist sinnlos

Martha lebte Anfang des 18. Jahrhunderts in Frankreich und war Ende dreißig Jahre alt. Sie lebte in einem Haus, das zwei Etagen hatte; eine dicke, massive Holztreppe mit einem ebenso massiven Holzgeländer führte in den zweiten Stock. Das Haus war umgeben von einer Steinmauer, großen alten Bäumen, feinen Büschen. Hinter dem Haus war ein Garten, in dem sie einige Kräuter und Gemüse anbaute. Der Garten grenzte an Weideland, auf dem Tiere standen.

Martha war eine basale, etwas stämmige Frau. Meist bewegte sie sich in ihrer blauen Schürze, die sie fest um ihren Körper gebunden trug. Sie war eine schlichte und einladende Person. Viele Menschen kamen und besuchten sie, ihre Haustüre stand für die Menschen immer offen. Sie kochte ein und backte Brot. Meist kochten große, runde, dampfende Töpfe auf ihrem Holzofen in der Mitte der Küche, der im Winter auch Wärme spendete. Marthas Küche diente auch als Raum des Beisammenseins – die Menschen, die ein- und ausgingen, saßen auf einfachen Holzstühlen an einem langen Holztisch, der am Rande der Küche im Übergangsbereich zur Stube stand. Durch die kochenden Töpfe war es ein sehr wohliger Raum, gefüllt mit dem Duft der gerade zubereiteten Speisen. Zu Martha kamen Freunde, Menschen aus der unmittelbaren Nachbarschaft und auch Reisende, die mit ihren vielen Geschichten ihr Leben auf dem Lande bereicherten.

Martha war sehr zufrieden mit ihrem bunten Leben.

Dann aber kam eine Zeit, in der das Land ärmer und auch stürmischer wurde. Das Leben wurde zunehmend schwieriger (Krieg? Revolution?) und veränderte sich schnell. Auch Marthas Leben veränderte sich von einem Tag zum anderen. Ihr Vertrauen und ihre Offenheit wurden missbraucht. Betrunkene Männer drangen in ihr Haus ein und zerschlugen aus der Laune heraus den Küchentisch, die Stühle flogen im hohen Bogen durch die Küche. Ihr Raum wurde zerstört und geschändet, der Frieden im Inneren wie im Äußeren war dahin. Die Menschen, Frauen und Kinder, die sich zu diesem Zeitpunkt im Haus befanden, wurden getreten und geschlagen. Es war keiner da, der half, keiner, der unterstützte. Die Kraft der starken und stämmigen Frau Martha konnte dieser massiven Überwältigung nicht standhalten.

Die betrunkenen Männer hatten das Trümmerfeld verlassen. Martha saß da, geschunden und mit Blutergüssen am ganzen Leib, sie war ganz allein.

Die Welt war grau und der Frieden kehrte nie wieder ins Haus und auch nie wieder in ihr Herz zurück. Martha war gebrochen und fühlte sich verloren, ohne das Gefühl von Heimat und Angebundensein.

Sie starb mit gebrochenem Vertrauen und gebrochenem Herzen. In ihrer Verzweiflung und mit der Leere im Herzen starb sie mit dem Gedanken: „Das Leben ist sinnlos."

(Karen Sch., Seelenmythos, Ausbildung 2011)

Karen lebte bis Anfang ihrer 40er Jahre in der Großstadt in einer winzigen Zwei-Zimmer-Wohnung und mit der inneren Überzeugung: „Das Leben ist sinnlos." Ihren Traum von Haus und Garten hat sie sich nur zögernd und unter großen Ängsten erfüllt.

Eines ihrer Lieblingsworte ist „gemütlich". Nun bewohnt sie ein schönes Haus mit Garten, in ihrer Küche steht ein langer Holztisch, an dem sie gerne ihre Freunde und Nachbarn bewirtet. Bei ihr ist es wieder gemütlich, wie damals, auch wenn sie in ihrem heutigen Leben andere Aufgaben hat. Gerade ist sie dabei, den Sinn ihres Lebens wieder zu entdecken.

– *Die archetypische Dimension der Psyche*

„Archetypen als die Urbilder der Seele sind die wohl bedeutsamste und zugleich faszinierendste Ausdrucksform der menschlichen Seele und ein unerschöpflicher Quell von Wandlungs- und Heilkraft", schreibe ich in dem Buch „Die magische Wunde"[(16)]. Der seelischen Dimension der Archetypen widme ich in diesem Buch ein ganzes Kapitel mit zahlreichen Beispielen; aus dem ich hier nur eine kurze Zusammenfassung gebe:

Archetypen als Grundformen und Urbilder der Seele sind universell, sie existieren uranfänglich in den Seelen der Menschen in allen Kulturen und zu allen Zeiten. Während religiöse Inhalte, Ideale und Kultformen sich änderten, blieben die dahinter liegenden Urbilder der Seele unverändert: magisch-mythische Bilder vom Anfang und Ende menschlicher Existenz, von Geburt und Tod, Weiblichkeit und Männlichkeit, Mensch und Gott. In Träumen, Mythen und Märchen erscheinen unzählige archetypische Gestalten: Götter, Göttinnen und Dämonen, KönigInnen, ZauberInnen, Tiergeister und geflügelte magische Wesen in Mensch-Tier-Gestalt. Sie kommen als verheißungsvolle Überbringer von Leben und gleichermaßen von Tod. Geheimnisvoll, berührend, aber auch drängend, ergreifend und zuweilen erschütternd kommen sie daher, die archetypischen Gestalten, und überbringen ihre *Botschaft aus dem Reich der Seele.* Einige Beispiele von KlientInnen aus bereits zitierten Texten:

> „Ein Wolf ruft mich und ich folge ihm ..."
>
> „Die Schlange führt mich in einen düsteren Tunnel, dort begegne ich meiner Angst, meiner Todesangst ..."
>
> „Ich bin der Adler, ich sehe meinen toten Körper am Rande des Flusses liegen. Ich fliege lange über totes verwüstetes Land ..."
>
> „Schließlich komme ich an ein riesiges schwarzes Tor, ein Fischmaul mit weißen Zähnen rundherum. In das schwimme ich hinein und komme in einen geräumigen Fischleib ..."
>
> „Ein großer schwarzer Vogel kommt und trägt mich durch die Luft ..."
>
> „Ich höre den Ruf der Wölfin, ein leises, aber ständiges und unüberhörbares Heulen. Sie ruft mich, schon so lange Zeit ..."

Archetypen sind Begleiter der Übergänge, sie sind die Kraft der Schwelle und begleiten das Helden-Ich auf seiner mythischen Reise. „Der Heros in tausend Gestalten", wie Joseph Campbell ihn beschreibt, ist solch ein universeller Archetyp. Seit Urzeiten hat er die Wanderungen der Völker begleitet auf der Suche nach Leben, nach Heimat und Erfüllung, und heute ist er an der Seite der Flüchtenden, in den Booten auf den Meeren. In seiner Doppelgestalt ist er gleichzeitig Überbringer von neuem Leben oder auch Begleiter in den Tod.

Schamanischer Tiergeist. Indian. Kastentrommel

Die Übergänge von Geburts- und Todeserfahrungen sind die Schnittstelle zwischen den transpersonalen Dimensionen der Psyche, an der kraftvolle Symbolische Resonanzen stattfinden, die ähnliche archetypische Bilder und Gefühle freisetzen. Gerade in Zeiten der Wandlung, in Zeiten von Verlust, Krankheit, Geburt und Tod wird die archetypische Dimension besonders stark aktiviert.

Archetypische Inhalte und archetypische Gestalten drängen nun vom Unbewussten ins Bewusstsein und verbinden uns mit dem Urgrund irdischer Existenz und der kosmischen Ganzheit. Archetypen begleiten den Weg vom personalen Ich zum ganzheitlichen Selbst, beschenken uns mit dem großen Bilder-Reichtum und der Schönheit der Seele, konfrontieren uns mit personalen und kollektiven Schatten und überbringen wertvolle Botschaften aus den Tiefen des Unbewussten. Vor einigen Jahrzehnten, während einer Krise, hatte ich einen bewegenden archetypischen Traum, aus dem ich hier eine Sequenz zitiere(17):

> *... Aus der Ferne hinter dem Horizont, zwischen Himmel und Erde, nähert sich eine Gestalt. In großen Sprüngen den Boden kaum berührend, frei von der Schwerkraft der Erde, fast fliegend, kommt sie direkt auf mich zu. Ich sehe das Flattern ihres leuchtend blauen Gewandes, ein Tuch, das Kopf und Körper ganz umhüllt ... Jetzt ist sie da. Direkt vor mir bleibt sie stehen.*
>
> *Sie nimmt das blaue Tuch vom Kopf. Ich schaue sie an, sehe ihr Gesicht und ich sehe – die Todin. Sie spricht zu mir die Worte: „Du bist die, die damals in Paris ertrunken ist."*
>
> *Dabei streckt sie mir ihre rechte Hand entgegen und überreicht mir „drei goldene Ähren".*

Auf der archetypischen Ebene können wir *„spirituelle Einsicht"* in karmische Schuld und karmische Verstrickungen erleben. Wir begreifen die Gegensatzpaare von Geburt und Tod, von Weiblich und Männlich, Macht und Ohnmacht als Pole der Göttlichen Einheit. Auf dem lange währenden Weg der Selbst-Erkenntnis sind die Archetypen mit ihren eindrucksvollen Seelenbildern eine wertvolle Hilfe, um die Einheit des Bewusstseins zu erfahren. Das karmische Pendel kann zur Ruhe kommen, die Erfahrung von Transformation und Heilung wird die folgende Inkarnation befrieden.

4. Präexistentielle Erfahrungen – Wege der Seele

Wege der Seele

Im Anfang beginnt
Der Weg durch die Zeiten
Vom Dunkel ins Licht

Durch Täler und Schluchten
Über die Höhen der Berge
Wüsten durchwandernd

Stürzen in Abgründe
Gefangen im Höllenschlund
Von Dämonen verschluckt

Strömen mit Flüssen
Weltmeere durchkreuzend
In Quellen badend

Durch Himmel und Höllen
Aus allen Wolken fallend
Heimkommen im Mutterland

(G.C. 2021)

Widerstand gegen den Reinkarnations-Gedanken

„Glaubst du etwa an die Wiedergeburt?“, lautet die fast empört klingende Frage. Der Widerstand gegen die Idee einer Wiedergeburt der Seele ist immer noch groß, gerade auch in psychotherapeutischen und selbst in transpersonalen Fachkreisen.

Sigmund Freud hatte sich durch die paranormalen Erfahrungen des menschlichen Bewusstseins offensichtlich recht bedroht gefühlt, denn er wollte, wie er einmal im Gespräch mit Jung sagte, mit seiner Triebtheorie ein „Bollwerk“ gegen die „schwarze Schlammflut des Okkultismus“ errichten.

Carl Gustav Jung dagegen fühlte sich schon früh von den transpersonalen Dimensionen der Psyche angezogen. Allerdings widersetzte auch er sich anfänglich noch der Erkenntnis früherer Existenzen und schloss erst mit zunehmendem Alter die Möglichkeit, „dass im kollektiven Unbewussten Spuren früherer Existenzen ›gespeichert‹ sein könnten, jedenfalls nicht aus.“(1)

In den matriarchal-totemistischen Kulturen war das zyklische Erleben von Tod und körperlicher Wiedergeburt ein so selbstverständliches Naturphänomen wie das tägliche Auf- und Untergehen der Sonne, – erinnern wir uns an die frühen Bestattungsriten nach Ausrichtung des Sonnenlaufes. Ebenso selbstverständlich ist die Seelen-Wanderung Teil des Hinduismus und auch des frühen Buddhismus.

Selbst in den frühen christlichen Traditionen des Westens war die „Wiederverkörperung der Seele“ („metamorphosis“) selbstverständliche Grundlage eines spirituellen Welt- und Menschenbildes. In den altgriechischen spirituellen Bewegungen der Orphiker und Pythagoreer (beide 6. Jh. v. Chr.) und der philosophischen Lehre Platons (427–347 v. Chr.) hat die Seele, die sich bei der Geburt wieder verkörpert, bereits „viele Existenzen in zahlreichen Körpern hinter sich“. Und im Ägyptischen Totenbuch heißt es:

> „Ich bin das Heute.
> Ich bin das Gestern.
> Ich bin das Morgen.
> Meine wiederholten Geburten durchschreitend
> Bleibe ich kraftvoll und jung
> Ich bin dem Geheimnis verwobene göttliche Seele (…)“(2)

Obwohl also die Erfahrung von Tod und Wiederverkörperung der Seele selbstverständliche Grundannahme vieler spiritueller Traditionen war und immer noch ist, scheint der Wiedergeburts-Gedanke dennoch seltsam tabuisiert. Wer in der heutigen wissenschaftlichen Welt sein professionelles Ansehen nicht gefährden will, versucht dieses heikle Thema lieber zu meiden: Roger J. Woolger, Jungianer und analytischer Psychotherapeut, hat eine ganzheitliche archetypische Präexistenz-Therapie entwickelt, welche die gesamte esoterische Literatur zum Thema vergessen lässt. In seinen Fachkreisen aber erntete er eher Entwertung als Anerkennung. Eine Fortbildung mit ihm in Deutschland, vor zwanzig Jahren, auf die ich mich sehr gefreut hatte, fand nicht statt: Nur drei Menschen hatten sich angemeldet.

Hat dieses seltsame Phänomen immer noch etwas mit dem alten päpstlichen Bannfluch zu tun? Im Jahr 553 n. Chr. auf dem 5. Konzil von Konstantinopel wurde das alte Wissen um die Präexistenz der Seele und ihrer Wieder-Verkörperung, die Reinkarnation, widerrufen und mit einem Bannfluch belegt:

> „Wer die märchenhafte Präexistenz der Seele und die mit ihr zusammenhängende abenteuerliche Apokatastasis *(Wiederherstellung aller Dinge, G.C.)* behauptet, der sei anathema."[(3)]

„Der sei anathema" heißt: „Der sei verflucht." Mit diesem Bann-Fluch hatte die inquisitorische und mörderische Jagd auf alle Abtrünnigen, Häretiker, Ketzer und Heiden begonnen. Der Bannfluch mit seiner Todes-Androhung *wurde bis heute nicht von der katholischen Kirche aufgehoben!*

Wir wissen, dass ein Fluch mit einer machtvollen energetischen Ladung im kollektiven Unbewussten eine starke magische Wirkkraft entfalten kann. Und so scheint dieser päpstliche Fluch noch immer im Unbewussten der Christenmenschen zu wirken und die Entwicklung von ganzheitlichem Bewusstsein zu behindern. In meiner therapeutischen Praxis kann ich immer wieder beobachten, dass gerade Menschen, die durch die katholische Tradition stark geprägt sind, vor dem Thema der Wiederverkörperung zurückschrecken. Sie sind Gefangene einer alten kollektiven Angst.

Bis zu der wissenschaftlichen Arbeit von Ian Stevenson „Reinkarnation – Der Mensch im Wandel von Tod und Wiedergeburt"[(4)] aus den 60er Jahren des letzten Jahrhunderts schien die Wiedergeburtserfahrung nicht beweisbar. Ian Stevenson, Professor für Psychiatrie und Parapsychologe an der Universität Virginia, scheint nun die Reinkarnation wissenschaftlich belegt zu haben. Er hatte in der ganzen Welt Berichte von Kindern gesammelt, die sich spontan an ihre früheren Leben erinnern konnten, und er hat diese Berichte empirisch überprüft.

Erklärungsmodelle zur Reinkarnations-Hypothese

Angesichts von beeindruckenden Reinkarnations-Erfahrungen höre ich immer wieder die Fragen nach dem „Woher". Woher kommen diese Seelengeschichten? Ist das Erlebte wirklich Wieder-Erinnerung früherer Leben oder sind es Einbildungen und Phantasien? Oder kommen diese Bilder aus dem kollektiven Unbewussten? Woolger benennt drei Erklärungsansätze zur Hypothese der Reinkarnation(5), die ich im Folgenden zusammenfassend und um eigene Gedanken ergänzt wiedergebe.

1. Die „positivistische Position“
Der Positivismus erklärt präexistentielle Phänomene als Einbildungen und Phantasien, die als „Kryptomnesien“ bezeichnet werden (von griech. krypto = geheim, verborgen). Demnach sind Kryptomnesien Einbildungen, die aus vergessenen Erlebnissen, aus Berichten, Filmen oder angelesenen Geschichten wieder auftauchen und sich neu gestalten. Die „Tabula-rasa“-Position des Positivismus geht davon aus, dass wir bei der Geburt als ein „unbeschriebenes Blatt“ zur Welt kommen und nur ein einziges Leben und eine einzige personale Identität haben.

2. Die „Position des umfassenden Gedächtnisses“
Hier existiert die Erkenntnis, dass wir angeschlossen sind an eine tiefe universelle Schicht des Bewusstseins, in der alle individuellen und alle kollektiven Erfahrungen gespeichert sind. Jung bezeichnete diese Dimension der Seele als das „Kollektive Unbewusste“. Andere Begriffe für dieses universelle Gedächtnis sind „Akasha-Chronik“, „Ferngedächtnis“ oder „Retrokognition“.

3. Die „Reinkarnationsposition“
Diese Position vertritt die Erkenntnis der Wiederverkörperung der Seele. Bereits die frühen matriarchalen Priesterinnen und späteren Philosophinnen wussten um die Wiedergeburt. Über die Philosophie Platons, die westlichen Neoplatoniker, die frühen Christen, die Gnostiker und die östlichen Traditionen des Hinduismus und Buddhismus wurde der Wiedergeburtsglaube fester Bestandteil aller esoterischen Schulen, wie der Theosophie, der Anthroposophie, des Spiritismus, des Okkultismus sowie der neuzeitlichen Esoterik.

Was sich bei der Wiedergeburt von einem zum anderen Leben wieder verkörpert, ist nicht die Ich-Persönlichkeit, es sind Aspekte der Seele, die in einem neuen Körper erscheinen. Daher ist *„Wieder-Verkörperung“* die stimmigere Bezeichnung, während *„Wieder-Geburt“* eher die geistig-spirituelle Erneuerung während einer irdischen Existenz benennt, wie beispielsweise in den Einweihungs-Mysterien. Allerdings wird der gängige Begriff „Wiedergeburt“

meist synonym gebraucht und erst der Kontext macht deutlich, ob es sich um eine körperliche Erneuerung der Seele oder um eine spirituelle Wandlung des aktuellen Bewusstseins handelt.

Ob nur Phantasien oder Material aus dem kollektiven Unbewussten oder tatsächliche historische Erinnerungen aus früheren Leben – in meiner psychotherapeutischen Arbeit ist die Antwort auf die Frage nach dem Woher letztlich bedeutungslos. In der therapeutischen Regression folgen wir ausschließlich der *inneren Wahrheit* der Seele. Hier ist nicht das Woher von Bedeutung, sondern das Was: das, was die erfahrende Person als ihre innere Wirklichkeit erlebt. Hierbei geht es mir wesentlich um den *aktuellen* Lebensbezug mit der Frage: *„Was ist die Botschaft dieser alten Geschichte für dein Leben jetzt?"*

Woolger[6] unterscheidet verschiedene Ansätze im Umgang mit präexistentiellen Erfahrungen, die ich hier wiederum verkürzt wiedergebe und eigenmächtig erweitere:

1. Der „psychisch-mediale Ansatz"
Hier gehen medial Begabte in Trance und geben Durchsagen über frühere Existenzen. Aber auch ohne solche medialen Durchgaben können sich durch gezielt induzierte Übungen innere Bewusstseins-Türen öffnen und präexistentielle Sequenzen können erfahren werden. Ob solche Informationen heilsam wirken, ist abhängig von der Fähigkeit des Mediums und vor allem vom Bewusstsein der Klienten.

Nur allzu leicht werden gechannelte Durchsagen einem spiritualisierenden Ego einverleibt, hierbei dient die Information häufig der Abwehr *aktueller* Lebensereignisse und Lebensaufgaben.

2. Der „parapsychologische Ansatz"
Die Parapsychologie befasst sich mit der wissenschaftlichen Erforschung präexistentieller Phänomene, um die historisch exakte Wahrheit solcher Erfahrungen entweder zu beweisen oder zu widerlegen.

3. Der „religiöse Ansatz"
Hier steht der Glaube an eine Wiedergeburt im Zentrum der Betrachtung einer religiösen Tradition. In östlichen Religionen gilt die Reinkarnation als „Vehikel der spirituellen Entfaltung".

4. Der „psychotherapeutische Ansatz"

Die Psychotherapie nutzt die präexistentielle therapeutische Regression – eine induzierte oder spontan auftretende Trance – nicht mit der Absicht, „höhere spiritueller Ebenen" zu erreichen. Ziel einer therapeutischen Präexistenzarbeit ist es, die unvollendeten alten Dramen mit ihren unheilvollen Auswirkungen auf das jetzige Leben zu beenden. Die präexistentielle Regression ist lediglich das Vehikel zur emotionalen Reinigung und Selbsterkenntnis. Sie dient allein der Heilung und steht nicht im Dienste des Egos, das die Sensation liebt. Die präexistentielle Erfahrung steht im Dienste des Wahren Selbst.

Fallen durch die Zeiten. Mandala von Gertrude C. 1988

Prägungen aus präexistentiellen Erfahrungen

Unbewusste präexistentielle Impulse und unerledigte Reste aus früheren Existenzen drängen in die aktuelle Erfahrung und sind in der Lage, unser Leben entscheidend zu prägen. Als innere Gestalten sind sie Träger spezieller Eigenschaften, Haltungen und ebenso spezieller Begabungen. Mit der ihnen eigenen *starken Ladung* können sie unser Leben sowohl bereichern und befruchten als auch unheilvoll und destruktiv beeinträchtigen.

Nicht nur die Narben von Verlust, Schmerz und Gewalt können von Leben zu Leben erneut aufbrechen, auch positive präexistentielle Erfahrungen prägen unser heutiges Leben. Besondere Talente, Begabungen oder Heilkräfte entstammen häufig nicht den Sozialisierungs- und Erziehungsbemühungen unserer Eltern. Im Gegenteil, häufig genossen gerade diese besonderen Talente wenig Ansehen in unserer Herkunftsfamilie. Auch besondere Vorlieben, die Sehnsucht nach bestimmten Orten, nach einem bestimmten Land, entstammen häufig früheren Existenzen.

In der therapeutischen Arbeit aber zeigen sich meist die unerlösten alten Dramen und mit ihnen die unerlösten Wesen, gerade die, welche unser Leben belasten und zu unangemessenem Verhalten drängen. Sie melden sich, um endlich Heilung und Befreiung zu erfahren. Hierzu einige hypothetische Beispiele:

Ein Mann, der in einer anderen Inkarnation einen Harem besaß, verfällt heute dem Schatten-Liebhaber und verstrickt sich mit mehreren Geliebten. Ein Mensch, Mann oder Frau, mit mehreren Herrscher-Inkarnationen wird in diesem Leben leicht von einem Herrscher-Schatten besetzt und verhält sich anmaßend und herrisch. Ein früherer Krieger wird leicht von seinem inneren archetypischen Schatten-Krieger überwältigt und kann sein mörderisches Gewaltpotential nur schwer kontrollieren. Ein ehemaliger Magier oder Schamane wird heute zum Schatten-Magier, wenn er seine paranormalen Begabungen zum eigenen Machtgewinn nutzt …

Gewaltsame Todeserfahrungen sowie dramatische Erfahrungen von Trennung und Verlassenwerden sind die häufigsten präexistentiellen Traumata, die ins Bewusstsein treten. In ihnen spiegelt sich recht präzise das *aktuelle* psychische Leiden der Menschen und der tiefe Wunsch nach Heilung. Dies wird durch zahlreiche Erfahrungsbeispiele meiner KlientInnen bestätigt.

Wie sehr das aktuelle Lebensgefühl durch karmische Dramen geprägt sein kann, zeigt sich eindrucksvoll bei Regina: Sie fühlt sich chronisch unwürdig und dumm, tatsächlich aber ist sie gesegnet mit großer spiritueller Tiefe, Liebe und Mitgefühl. Mit Leichtigkeit bereist sie ihre innere Seelenlandschaft, taucht ein in alte unerlöste Erfahrungen und kommt mit der gleichen Leichtigkeit zurück in die Welt ihrer alltäglichen Lebensaufgabe. Sie sagt von sich selbst: „Die Tür zur unteren Welt ist mir offen, ich kann da hinein und wieder hinausgehen." Innere archetypische Gestalten – Schamanin, Medizinfrau, Priesterin – wirken in ihrer Psyche und ihrem persönlichen Leben, voller Großmut, Demut und Hingabe.

Gleichzeitig fühlt sich Regina „dumm" und „unwürdig", möchte sich lieber vor der Welt verbergen, als mit ihren Gaben offen zeigen. Wenn sie sich nach einer Therapiestunde von mir verabschiedet, dann geht sie rückwärts aus dem Raum und macht viele kleine Bücklinge vor mir, sie macht „Diener", wie das früher genannt wurde. Verwundert denke ich: „Das kommt doch aus einer vergangenen Zeit … wie eine Dienerin vor einem Feudalherren", und ich beschließe, diese seltsame Unterwerfungsgeste in der nächsten therapeutischen Sitzung zu thematisieren. Hier, in einer therapeutischen Regression, zeigt sich dann sehr klar eine Gestalt aus einer früheren Existenz:

Mariechen, die Unwürdige

Maria ist mein Name, doch alle nennen mich Mariechen. Ich bin vierzig Jahre alt. Mein Kopf ist wirr und ich kann schwer gehen. Ich habe Schmerzen in den Beinen und in der Hüfte. Ich weiß nicht, ob das schon immer so war …

Jetzt liege ich am Boden, am Rande eines Weges, auf dem Kutschen und Reiter unterwegs sind. Zerlumpt sind meine Kleider, von nasser Erde durchtränkt. Ich liege im Schlamm und warte auf die Kutschen mit den Herrschaften, die hier vorbeikommen. Manchmal ist ein gutes Herz darunter und gibt mir ein Almosen oder ein Stück Brot. Aber ich muss vorsichtig sein, auch üble Gesellen sind unterwegs. Sie reiten schnell, tragen eine rote Uniform mit einem Dreispitz auf dem Kopf. Sie trampeln mit ihren Pferden über uns hinweg, wenn wir nicht schnell genug aus dem Weg gehen. Ganz in der Nähe bei den Bäumen und Felsvorsprüngen hausen all die anderen Bettler und Verstoßenen. Doch ich gehöre nicht zu ihnen. Sie wollen nichts mit mir zu tun haben. Ich bin eine Außenseiterin, auch unter den Armen, weil ich anders bin. Wirr im Kopf und verkrüppelt. Ich würde gerne zu ihnen gehören …Ich bin sehr allein.

Nun sehe ich einen großen Innenhof mit vielen Gebäuden, darum Stallungen für Pferde und Scheunen gefüllt mit Heu. Ich bin noch ein Kind, meine Mutter ist hier auf dem Hof. Sie arbeitet als Magd in der Küche der Herrschaften. Ich schaue von außen durch das Küchenfenster zu ihr ins Haus. Ich muss draußen bleiben, darf nicht hinein ins Haus. Wir müssen uns in Acht nehmen, man darf mich hier nicht sehen. Heimlich gibt mir meine Mutter etwas zu essen durch das Küchenfenster ... Ich darf nicht hier sein, wenn ich erwischt werde, schlagen und verjagen sie mich ...

Jetzt ist meine Mutter schon lange tot und ich bin ganz allein. Ich habe Schmerzen und es gibt kaum etwas zu essen. Ich bin sehr traurig, aber nicht böse. Nicht böse auf die anderen Armen, zu denen ich nicht gehören darf, und auch nicht auf die Reichen. Keinem Lebewesen bin ich böse, nur sehr, sehr traurig ...

Ich krieche vom Wegrand weg ins dahinter liegende Gestrüpp. Nass und kalt ist es. Ich habe nur noch ein Stückchen schimmeliges Brot in meiner Tasche ... Ich bin sehr schwach, kann nicht mehr aufstehen, will nur noch ausruhen und hier liegen bleiben ... Ich schließe meine Augen, bin sehr müde ... nicht böse, nur sehr traurig.

(Regina W., April 2018)

Symptome aus unerlösten karmischen Dramen

Karmische Rückstände aus früheren Erfahrungen und Handlungen drängen uns zu immer denselben problematischen Verhaltensweisen. Präexistentielle Verteidigungshaltungen wie beispielsweise: „Ich muss mich wehren, ich muss kämpfen, damit ich überlebe" oder alte Überzeugungen wie: „Ich werde niemals mehr meine Heilkraft gebrauchen, sonst werden sie mich töten" oder Reginas alter Glaubenssatz: „Ich bin unwürdig" gestalten unser jetziges Leben. Unerlöste karmische Erfahrungen haben die Macht, unsere Lebenswirklichkeit von Leben zu Leben nach demselben Muster zu prägen:

Ich erinnere eine Klientin, die in jeder Atemerfahrung eine Kette von ausschließlich sakralen und priesterlichen Inkarnationen erinnerte und auch in diesem Leben auf die volle Entfaltung ihrer sinnlichen Weiblichkeit verzichtete. Von Leben zu Leben war sie in einer sakralen Tradition tätig:

als Priesterin in ägyptischen und anderen Kulten, als christlicher Würdenträger, als Priester, Bischof, Mönch, als Nonne ... bis zu einer Erfahrung, in der sie sich entschied, nun endlich ihre Weiblichkeit und Sinnlichkeit zu leben.

Lebenslange Einschränkungen, aber auch ernste psychische Probleme und körperliche Spaltungen, wie sie im Kapitel „Die somatische Dimension der Psyche" beschrieben sind, können die Folge unbewältigter karmischer Dramen sein. Woolger[(7)] gibt eine Zusammenstellung aktueller psychischer Beschwerden und Symptome, die einen präexistentiellen Ursprung haben können:

- *Verlassenheitsängste und Unsicherheit*
  Präexistentieller Elternverlust in der Kindheit durch Verschlepptwerden und Versklavung, Ausgesetztwerden von der Familie oder vom Stamm bei Hungersnöten oder wegen körperlicher Stigmata, gewaltsame Trennung durch Tod oder Kriegsereignisse
- *Depression und Antriebsschwäche*
  Traumatische Trennungen, unerledigte Trauer um schwere Verluste, Verzweiflung infolge präexistentieller Extremtraumata
- *Phobien, Ängste, Panikattacken*
  Naturkatastrophen, Verfolgung, gewaltsame Tode durch Feuer, Messer, Folter, kriegerische Überfälle
- *Schuldkomplexe*
  Verantwortlichkeit für den Tod anderer und der Gedanke: „Ich habe kein besseres Leben verdient"
- *Unfälle, körperliche Gewaltbereitschaft*
  Unerledigte Kampferfahrungen, häufig in einem Soldatenleben
- *Materielle Armut*
  Unerledigte Erfahrung von extremem Mangel, aber auch Armutsgelübde in religiösem Kontext
- *Sexuelle Probleme und sexueller Missbrauch*
  Unerledigte Erfahrungen sexueller Gewalt, sexuelle Folter als Opfer und/oder als Täter
- *Sadomasochistische Phantasien und Verhalten*
  Wiedererinnerungen an Vergewaltigung, sexuelle Extremtraumatisierungen wie sexuelle Folter, Sexualmord – „häufig in Verbindung mit dem

Verlust des Bewusstseins". Der unerledigte Schmerz drängt in erneute Opfererfahrung, die unerledigte Wut in die Wiederholung der Täterschaft.

- *Chronische körperliche Beschwerden*
  Wiedererinnerung an Verletzungen des entsprechenden Organs oder Körperteils. Kopfschmerzen verweisen möglicherweise auf unerträgliche, kopf-zerbrechende Entscheidungen, Halsschmerzen auf Erhängen oder Strangulieren.

Insbesondere der *Bewusstseinszustand im Augenblick des Todes* ist von allergrößter Bedeutung! Die hier auftauchenden Gefühle, Bilder und Gedanken sind prägend für die Themen des zukünftigen Lebens. Sie erschaffen das Karma, welches uns in die folgende Inkarnation hineinzieht. Woolger spricht hier von den „Samen neuer Komplexe", den Samen neuer Leiden. Deshalb besteht die therapeutische Notwendigkeit, die Todeserfahrung voll ins Bewusstsein zu bringen und eine problematische Prägung, wie die folgende, zu bearbeiten:

> Meine letzter Gedanke, meine Entscheidung beim Verlassen des Körpers ist: „Ich werde mich nie wieder jemandem anvertrauen, werde nie wieder meinem Herzen und meiner Liebe folgen. Ich werde alles für mich behalten, auch wenn ich daran ersticke."
>
> (Birgit Th., Juni 2011)

Nach Woolger[(8)] sind aktuelle Gefühle von Angst und Entsetzen vor Wasser, Feuer, Messern, Plätzen „Hauptelemente in vielen präexistentiellen Komplexen". Sie haben meist ein präexistentiell traumatisches „Schlüsselerlebnis" im Hintergrund oder mehrere solcher Erlebnisse von ähnlicher emotionaler Erfahrung:

Deutliche Zusammenhänge von *aktuellen* Beschwerden und *karmischen* Erfahrungen haben sich in den Jahrzehnten meiner therapeutischen Praxis unzählige Male bestätigt. Bei der Angst vor Messern denke ich an eine Klientin in großer Not. Bei dem Anblick von Messern in ihrer Küche wurde sie von dem quälenden Zwangsgedanken überwältigt, ihre Kinder damit töten zu müssen. Später, in vielen Innenweltreisen, erlebte sie in Opfer- und in Täter-Gestalten das mörderische Abschlachten von Dorfbewohnern, von Frauen, Männern und Kindern.

Karmische Themen organisieren sich oft in *„Gegensatzpaaren"*. Zum Beispiel folgt auf ein Leben als Sklavenhalter das eines Sklaven; der Inquisitor erlebt sich als gefolterte und verbrannte Hexe; der Täter wird zum Opfer und das Opfer wieder zum Täter. In einer *Opfer-Täter-Spirale* wird das Opfer zum Verfolger und der ursprüngliche Verfolger wird zum Opfer.

Der Täter identifiziert sich unbewusst mit den Qualen des Opfers und das Opfer mit den Taten des Täters. So können wir beobachten, dass Opfer sexueller Gewalt dazu neigen, ihre Kinder ebenfalls zu missbrauchen, wenn die traumatische Erfahrung nicht bewusstgemacht und geheilt wird. In einer traumatischen Gewalttat scheinen Opfer und Täter zu verschmelzen, der Täter hinterlässt einen *Abdruck* von Gewalt im Opfer und das Opfer einen Abdruck von Schmerz im Täter. Grof(9) bemerkt hierzu: „Im tiefsten Wesen ist der Gefühlszustand des sadistischen Folterers dem des Gefolterten ähnlich, und die rasende Wut des Mörders verschmilzt mit der Qual des sterbenden Opfers."

Durch sich wechselnde „Täter-Opfer-Existenzen" kann eine *„Spirale der Selbstbestrafung"* in Gang gesetzt werden. Auch können ganze Ketten von Opfer-Existenzen in ganze Ketten von Täter-Existenzen wechseln. Dieses Gefangensein in einem „karmischen Teufelskreis"(10) wird von Gefühlen der Schuld, Verzweiflung und Selbstbestrafung begleitet: Hölle bedeutet, dass wir in unserer eigenen inneren Bewusstseins-Hölle landen, in der „karmischen Hölle".

Am tiefsten Punkt des Dramas kommt es zu einem *energetischen Umschlag ins Gegenteil* – wie ein Pendel, das mehrmals angeschlagen werden muss, bevor es umschlägt. Am tiefsten Punkt, im *Zusammenbruch,* zerbrechen die alten karmischen Überlebensmuster und etwas Neues kann entstehen. Heilung wird nun möglich.

Hexen-Trance – Protokoll eine Präexistenztherapie

Reinkarnations-Therapie können wir nicht machen. Machen-wollen, das kommt vom Ego, Heilung aber ereignet sich vom Wahren Selbst, vom Selbst der Klienten und gleichermaßen vom Selbst der Therapeuten. Die Seelenreise gelingt, wenn wir der inneren Weisheit vertrauen, wie sie sich über „Symbolische Resonanzen" offenbart. Um diese Offenbarung aber zu erkennen, ihr zu vertrauen und sich von ihr vertrauensvoll führen zu lassen, dazu gehört auch praktische therapeutische Erfahrung und diese fehlte mir noch in jüngeren Jahren:

Auf einem therapeutischen Kongress, in großer Runde, wollte ich ein präexistentielles Thema therapeutisch begleiten. Die öffentliche Situation aktivierte in mir das vertraute Leistungsthema, ich wollte eine beeindruckende therapeutische Sitzung *machen*. Das ging ziemlich daneben. Noch heute fühle ich Scham, wenn ich daran denke. Erst mit den Jahren habe ich gelernt, alles Machen-wollen loszulassen und mich dem Strom der inneren Weisheit und der Führung der inneren Heilerin vertrauensvoll zu überlassen:

Jeanne, angehende Therapeutin und Schülerin meiner Ausbildung, war gefangen in Trauer und einer deutlichen Blockade des Ausdrucks und der Sprache. Ihre therapeutische Regression – im Ausbildungsseminar zum Thema Präexistenzen – verdeutlicht, wie „Symbolische Resonanzen" und der ihnen entsprechende Gefühlston sich zeigen und wie wichtig es ist, abzuwarten und der Weisheit des Prozesses zu vertrauen, wie es gelingt, im „emotionalen Zentrum" des Traumas anzukommen. Der gesamte Prozess wurde von einer Teilnehmerin protokolliert, später von Jeanne übernommen und von mir durch erklärende Anmerkungen ergänzt:

> Ich sitze Gertrude gegenüber im Heil-Kreis der Gruppe. Wir reichen uns die Hände, dann bittet sie mich, die Augen zu schließen und nach innen zu spüren und alles anzunehmen, was sich innerlich zeigt.
>
> J.: Es fühlt sich an wie Traurigkeit. (Sie weint.)
>
> *G.: Bleib' mit der Traurigkeit, spür' sie auch in deinem Körper ... Leg' die Hand dahin, wo du die Traurigkeit am meisten spürst, ... atme genau dahin und gib dir die Erlaubnis, damit weiter zu gehen und anzunehmen, was sich zeigen will ...*
>
> Ich atme in den oberen Brustraum. Nach einer kurzen Weile der Traurigkeit fühle ich eher Ruhe.
>
> J.: Da ist Ruhe. Aber irgendwo in mir tief drin ist auch Zorn.
>
> *G.: Was sagt der Zorn? Gib ihm eine Stimme.*
>
> J.: Der Zorn sagt: „Ich hasse es!"

G.: Sag' diesen Satz zehn bis zwanzig Mal, immer wieder, und achte alles, was sich dabei zeigt.

J.: Ich hasse es ... Ich hasse es ... Ich hasse es ... Ich hasse sie! ... Ich hasse sie! ... Ich hasse sie!

Ich schwitze, mir ist unglaublich heiß und ich weine. Meine Arme bewegen sich, meine Stirn zittert und meine Augen flackern ... Dann plötzlich spüre ich nichts mehr.

G.: Was passiert da gerade? ... Geh' mit deinem Gefühl ...

J.: Ich spüre Taubheit ... Erstarrung ...

G.: Bleib' in der Erstarrung, bis sie sich von selbst verändert, atme weiter ...

J.: Es fühlt sich an wie Aufgeben, ich gebe auf ... Hitze und Aufgeben ...

G.: Geh ganz tief in das Aufgeben hinein und spür', was passiert, wenn du aufgibst ... lass alles zu, ohne zu werten ...

J.: Ohnmächtig ... ungerecht fühlt sich das an. (Sie ist verwirrt.) Wo ist die ganze Kraft hin? Ich will nicht aufgeben ... Ich spüre auch Rebellion ...

Die Verwirrung und der Kampf zwischen Aufgeben und Rebellion dauert eine ganze Weile. Ich warte ab, was sich zeigen will, Rebellion oder Aufgeben? Die Rebellion wird stärker ...

G.: Wenn du jetzt den Zorn und die Rebellion spürst, dann setz' dich aufrecht hin und geh' voll in die Kraft, in die Rebellion. Drücke das aus, was in dir rebelliert ... Gegen was rebellierst du? Gegen wen? ... Was ist passiert?

J.: Ich halte einen Stock in der Hand, mit dem ich gerne auf die Männer vor mir einschlagen würde.

G.: Hast du eine Idee, wer du da bist und wie alt du bist?

J.: Ich bin eine Frau, Mitte dreißig, sehe lumpig aus, ich bin schmutzig und habe lange schwarze Haare.

G.: Wo bist du? Schau dich um ... Was siehst du?

J.: Es ist dunkel ... kalt, ich bin auf dem Boden auf kaltem Stein ... Wände, Boden und Decke sind aus großen Steinplatten, am Rand sind Steinerhöhungen, ein großer Kerzenleuchter ist über mir. Der Raum ist größer als ein Verließ, kein Gefängnis, vielleicht der Kellerraum einer Kirche.

Ich zitterte, meine Augen bewegen sich schnell. Mein rechter Arm schüttelt sich heftig.

G.: Lass das Zittern und Schütteln weitergehen, lass' es ganz stark werden. Atme weiter und lass' jede Bewegung kommen, die kommen will ...

Beide Arme bewegen sich jetzt heftig.

G.: Lass' jetzt einen Ton kommen, von der Bewegung her ... atme ... und lass' einen Ton kommen.

Schreien und brüllen ... brüllen ... brüllen ... und dann:

J.: Ich will was verfluchen ... hab' aber Angst, Flüche zu sprechen ...

G.: Tu' das, verfluche in der Gestalt der Frau von damals ... die Frau von damals kann verfluchen.

Der alte Fluch von damals ist in die Spaltung gegangen. Er muss hörbar werden und ins Bewusstsein kommen, damit er heilen kann. Es bricht jetzt aus Jeanne heraus:

J.: Ich verfluche euch! Ich verfluche euch! Ich verfluche euch! Ihr Männer, ich verfluche euch für das, was ihr uns Frauen angetan habt! Auf ewig sollt ihr verflucht sein! ...

G.: Wie fühlst du dich jetzt?

J.: Hat sich unglaublich gut angefühlt, den Fluch von damals auszusprechen ... wie Genugtuung ... ein kleines Stück Gerechtigkeit.

G.: Ja, das ist ihre Macht, die einzige Macht, die ihr damals geblieben ist, das Verfluchen.

Pause ... abwarten ...

G.: Wie geht es weiter? Warum bist du da, wo du jetzt bist, im Keller der Kirche?

J.: Ich habe altes Wissen, kenne die Natur ... Ich kann Medizin machen und habe sie auch immer angewandt, obwohl ich wusste, wie gefährlich es ist. Ich habe mich nie behindern lassen in meinem Tun ... Ich wohne in einem kleinen Haus im Wald, habe immer Menschen mit meinem Wissen geholfen, ich wusste, ich tue das Richtige ... war mir der Gefahr bewusst ...

G.: Hast du Kinder?

J.: Hinten, am Rand ist ein blondes Mädchen, vielleicht acht bis zehn Jahre alt, aber sie ist nicht mehr da ... kann ich nicht ausmachen.

Ich fasse den bisherigen Prozess in meinen Worten zusammen und warte dann lange, damit sich das zeigen kann, was gesehen und geheilt werden will. Jeanne atmet und spürt weiter nach innen.

> G.: *Atme weiter und spür', was noch kommt, spür', was sich noch zeigen will.*
>
> J.: (stockend, unsicher) ... meine Zunge ... meine Zunge ...

Jeanne bewegt ihre Zunge immer wieder vor und zurück, ist sichtlich dabei irritiert.

> G.: *Was ist mit deiner Zunge? ... Spür' nach und achte alles, was sich zeigt. Achte alles als deine innere Wahrheit.*
>
> J.: So, als müsste ich mir meine Zunge abbeißen ...
>
> G.: *Spür', was mit der Zunge ist ... spür', was sie mit deiner Zunge gemacht haben ... atme und spür' es.*
>
> J.: Als würden meine eigenen Zähne meine Zunge abbeißen ... (Irritation) ... Da ist ein Druck von oben auf meinen Kopf und von unten ... Als wäre da von außen der Zwang, mir die Zunge abzubeißen ... um die Wahrheit nicht zu sprechen ...

Jeanne streckt die Zunge raus und nimmt sie zwischen die oberen und unteren Schneidezähne ...

> J.: Ich kann wahrnehmen, wie ich meine Zunge rausstrecken muss, Druck von oben und von unten auf meinen Kopf ... Ich muss mit meinen eigenen Zähnen meine Zunge abbeißen ... um die Wahrheit nicht sprechen zu können.

Ich halte Jeannes Kopf ... Würgen ... Spucken ... Würgen ... Spucken

> J.: Es ist ganz eklig, ich schlucke Blut, verschlucke mich am eigenen Blut ...

Jeanne muss weiter würgen, hat den Impuls zu erbrechen ... Gruppenteilnehmerinnen haben ebenfalls Würge- und Brechreize, rennen auf die Toilette. Ich halte Jeanne, bis das Verstümmelungstrauma durch ist, voll durchlebt und in Liebe gehalten. Das, was in die traumatische Spaltung geraten war, ist jetzt voll in Jeannes Bewusstsein. Das ist heilsam. Ich fühle Erleichterung und Dankbarkeit.

> J.: Widerwärtig, die Männer, das war die Bestrafung für den Fluch ...

Und dann kommt die alte Überlebens-Entscheidung, die bis heute ihr freies Sprechen blockiert:

J.: Ich will auch nie mehr die Wahrheit sprechen! ... Ich werde nie mehr die Wahrheit sprechen! ...

G.: Guck' noch mal nach, ob noch was hochkommen will, atme weiter ...

Ich gehe wieder in die Körperbewegung. Meine Arme schütteln sich, der Körper ist gebeugt, geht nach unten ... Es fühlt sich an, wie verbrannt werden, aber ich spüre nur Hitze, keinen Schmerz. Und ich spüre Würde. Ich habe meine innere Stärke bis zum Ende behalten. Da ist auch eine kleine Genugtuung, dass ich den Fluch vorher ausgesprochen habe ...

J.: Meinen Körper könnt ihr vernichten, aber nicht mich. Mich könnt ihr nicht vernichten. Ich habe meine Würde behalten, bei all eurer Grausamkeit.

G.: Leg' die Hand an die Stelle, wo du die Würde spürst, atme ein paar Takte da rein ... Atme und lass' die Seele weitergehen ... Gib ganz auf ... Lass' ganz los ...

Jeanne atmet ein und atmet lange tief aus. Die Frau von damals darf sterben – in Würde.

G.: Und jetzt bitte ich dich, Jeanne, komm' langsam in der Zeitspur zurück. Geht das?... Stell' dir eine Energiespur vor und komm' auf dieser Spur in dein jetziges Leben zurück. Jetzt ... Öffne langsam die Augen, spüre deinen Körper. Jetzt bist du Jeanne in ihrer Würde ... Jetzt bist du Jeanne, und als Jeanne von heute schaust du die Frau von damals liebevoll an. Und du bezeugst, was ihr angetan wurde ... damals.

J.: Ich sehe dich, du Frau von früher. Ich gebe dir meine Achtung, meine Liebe und mein Mitgefühl. Deine Qual ist heute vorbei. Deine Stärke, deine Würde und Heilkraft dürfen weiter in mir sein. Und ich bringe deine alte Heilkraft in Würde in die Welt, jetzt bin ich in Sicherheit, jetzt bin ich nicht mehr gefährdet ... Und ich diene wieder dem Leben, mit Freude, Dankbarkeit und Demut.

Gertrude gibt mir die Hausaufgabe, die Frau von damals noch manchmal zu besuchen, sie zu bezeugen und zu würdigen. Auch die Männer-Verflucherin in mir ist zu realisieren, damit auch sie geheilt werden kann. Wenn die Verflucherin gesehen wird, dann kann der Fluch angenommen und in Segen gewandelt werden. Dann werde ich meine volle sprachliche Ausdrucksfähigkeit wieder erlangen: Und ich werde die Wahrheit sprechen.

(Bericht von Jeanne W., Protokollantin Reimunde St., Mai 2017)

Alte Überzeugungen, Glaubenssätze und Überlebens-Entscheidungen

Alte Überzeugungen und Glaubenssätze entstanden in früheren schwierigen Lebensumständen, häufig in Präexistenzen, und sie liefern heute die Blaupausen für aktuelle Gefühls-, Denk- und Handlungsmuster. Damals, in der traumatischen Situation, hatten sie eine gewisse konstruktive Berechtigung, oft eine *Schutzfunktion:* Stellen wir uns ein Kind vor, das seinem eigenen Willen folgt und nicht dem seiner Eltern. Es wird als frech, ungehorsam gelten, bestraft werden oder gar als „böses Kind" Ablehnung erfahren. Die hieraus entstandene Überzeugung: „Wenn ich meinem eigenen Willen folge, dann wird mich niemand lieben", ist durchaus berechtigt und die Entscheidung für Anpassung schützt das Kind vor Bestrafung oder gar Verstoßung. Die Bildung von Überzeugungen und Glaubenssätzen dient in der *ursprünglichen Erfahrung* dem Leben und zuweilen dem Überleben.

Die Begriffe „Überzeugungen" und „Glaubenssätze" beschreiben etwa dieselbe innere Haltung, wobei eine Überzeugung fester verankert ist als ein Glaubenssatz. Beispiele für alte *Überzeugungen* oder alte *Glaubenssätze:*

- „Wenn ich meinem eigenen Willen folge, dann wird mich niemand mehr lieben."
- „Wenn ich mich zeige, wie ich bin, dann werde ich verstoßen."
- „Wenn ich nicht alles richtig mache, passiert etwas Schreckliches."
- „Wenn ich meine Hilflosigkeit zulasse, dann bin ich nicht lebensfähig."

Eine aus einer Überzeugung resultierende Entscheidung, die getroffen wird, um eine traumatische Erfahrung in der Zukunft zu verhindern, kann als *„Überlebens-Entscheidung"* bezeichnet werden.

In traumatischen und lebensbedrohlichen Situationen, häufig im Erleiden eines gewaltsamen präexistentiellen Todes, treffen Menschen korrigierende Entscheidungen. Diese dienen der Anpassung an schwierige Bedingungen und sollen das Überleben in der Zukunft sichern. Jeannes Entscheidung lautete: „Ich werde nie mehr die Wahrheit sprechen!" Eine solche in die Zukunft projizierte Entscheidung aber kann die zukünftige Existenz prägen und die Erfüllung der aktuellen Lebensaufgabe verhindern. Beispiele für typische *Überlebens-Entscheidungen,* wie ich sie aus der therapeutischen Praxis kenne:

- „Ich werde *niemals* mehr meine kraftvolle Männlichkeit zulassen, denn ich könnte sie destruktiv leben – möglicherweise wieder zum Mörder oder Vergewaltiger werden."
- „Ich werde *niemals* mehr meine weibliche Kraft und Schönheit zeigen, denn das ist gefährlich."
- „Ich werde *niemals* meine wahren Gefühle zeigen, denn dann mag mich keiner und ich werde verstoßen."
- „Ich werde *niemals* mehr mein Wissen, meine Heilkraft zeigen und anwenden, denn dann bin ich des Todes."

Wie alte Überzeugungen und Glaubenssätze entstammen auch die Überlebens-Entscheidungen den unterschiedlichen Erfahrungs-Ebenen:

- Eine *biografische* Überlebens-Entscheidung könnte lauten: „Ich werde *nie mehr* meinen Schmerz und meine Tränen zeigen, weil mein Vater mich sonst schlägt."
- Eine *intrauterine* Überlebens-Entscheidung könnte sein: „Ich werde *immer* alles tun, was meine Mama will, damit ich ein Lebensrecht habe."
- Eine *präexistentielle* Entscheidung wäre: „Ich werde *nie mehr* meine Macht und mein altes Wissen zeigen, damit sie mich nicht töten."

Jeder Überlebens-Entscheidung liegt zunächst eine *reale* traumatische Erfahrung zugrunde. Um das Überleben in der Zukunft zu sichern, wird eine korrigierende Entscheidung getroffen: „Ich werde nie mehr ..." oder: „Ich werde immer ..." Was zunächst als Entwurf für Sicherheit und Überleben geplant war, wird aber im weiteren Leben oder in weiteren Existenzen zu einem Hindernis für ganzheitliche seelische Entwicklung. Jede Überlebens-Entscheidung sollte daher in eine Heilungs-Entscheidung gewandelt werden, eine Entscheidung, die den *aktuellen Lebensumständen* entspricht:

Das folgende Beispiel zeigt verkürzt, wie eine präexistentielle traumatische Erfahrung sich zu einer Überlebens-Entscheidung gestaltet und zu einer Heilungs-Entscheidung wandelt:

Die alte präexistentielle, traumatische Erfahrung:
Ich bin eine schwarze, stolze Frau.
Ich bin mit einem Goldreif um den Hals angekettet.
Auf dem Marktplatz. Ich bin nackt und voller Scham.

Die hieraus resultierende Überlebens-Entscheidung:
Ich schwöre, ich werde nie mehr eine Frau sein,
denn dann werde ich verfolgt, gequält, getötet.

Die neue Heilungs-Entscheidung:
Ich bin in meiner Würde.
Ich werde als Frau leben
als die Frau, die ich bin,
als die Frau, die ich sein möchte,
als die Frau, als die ich gedacht bin.

(Elisabeth M., 2007)

Neben ganz persönlichen Überzeugungen, Glaubenssätzen und Überlebens-Entscheidungen gibt es auch solche, die von einem Eltern- oder Großelternteil *übernommen* wurden. Auch Familien, soziale Gruppen, Gesellschaften prägen ihre Mitglieder durch entsprechende Überzeugungen und Leit-Sätze, die einst das Überleben der sozialen Gruppe sichern sollten, nun aber das Leben der Menschen behindern. Beispiel: Flüchtlingsfamilien sind häufig extreme Bindungs-Familien, über Generationen von der alten Überzeugung beherrscht: „Nur wenn wir immer zusammen bleiben, nur dann können wir überleben."

Diese alten Überlebens-Muster existieren weiter, obwohl die schwierige Situation schon lange vorüber ist. Sie verhindern freie Entfaltung, Authentizität und Heilung. Alte Überzeugungen und Überlebens-Entscheidungen verdichten sich zu destruktiv wirksamen Denk-Mustern, die in die Zukunft projiziert werden und neue heilsame Erfahrungen und schöpferische Gestaltungen des Lebens verhindern. Damit die Schöpfungs-Energie wieder fließen kann, ist es notwendig, diese überflüssig gewordenen Denkmuster in konstruktive Haltungen und *konstruktive Leitsätze* zu verwandeln.

Zur Praxis der präexistentiellen Psychotherapie

Wie integrieren wir die Praxis der Präexistenztherapie in unsere therapeutische Arbeit? Noch einmal, wir sollten nicht versuchen, Präexistenzarbeit zu „machen", das wird kaum gelingen, selbst wenn wir gezielte Tranceinduktionen einsetzen. Wir sollten der Inneren Heilerin die Wahl der

Erfahrungs-Ebene überlassen. Jede Ebene ist gleich gültig und jede führt ins emotionale Zentrum.

Im Folgenden gebe ich einige Empfehlungen, Hinweise und Anregungen zur Praxis der Präexistenz-Therapie. Wer tiefer einsteigen möchte, dem empfehle ich das Buch von Roger J. Woolger „Die vielen Leben der Seele".

Heilung alter Leitsätze und Überlebens-Entscheidungen

Überzeugungen, Glaubenssätze und Überlebens-Entscheidungen bezeichne ich zusammenfassend als alte „Leit-Sätze". Denn sie leiten uns auf unserem Lebensweg, indem sie den freien Willen überlagern und unser Fühlen, Denken und Handeln entscheidend prägen. Die folgende Anleitung zur Heilung solch alter Prägungen sollte als Anregung verstanden werden und kann beliebig modifiziert werden.

Schritt 1

- Werden Sie sich bewusst, welcher destruktive Leitsatz – manchmal sind es auch mehrere – in einer aktuellen schwierigen Situation ihr Denken, Fühlen und Handeln bestimmt.
- Schreiben Sie diesen Satz (oder Sätze) in einen großen Kreis. Im Kreis ist er zunächst gehalten und wird nicht weiter destruktiv wirken.
- Das Papier mit dem Kreis hängen Sie an eine Stelle, wo Sie den Satz jeden Tag sehen und lesen, wo Sie ihm nicht ausweichen können. Da er aus dem Unbewussten heraus wirkt, muss er zunächst ganz ins Bewusstsein kommen: Durch die tägliche – oft unbehagliche – Konfrontation mit der alten Überzeugung, dem alten Glaubenssatz, der Überlebens-Entscheidung, können die Umstände ihrer Entstehung und die dazugehörigen inneren Bilder und Gefühle, oft auch über Träume, ins Bewusstsein treten.
- Fragen Sie sich:
  – Welche Gefühle sind mit der alten Überzeugung verbunden?
  – Wo und wie hat sich die alte Überzeugung verkörpert?
  Legen Sie die Hand auf diese Stelle im Körper und atmen Sie hier hinein. Wenn Sie die Augen schließen, sehen Sie vielleicht Bilder, Ereignisse, die mit der Entstehung der Überzeugung und dem damit verbundenen Leitsatz zu tun haben?

Schritt 2

- Nun fragen Sie sich: Habe ich diesen Leitsatz selbst erschaffen oder von einer wichtigen Bezugsperson, einem Elternteil, der Familie, übernommen? Bei biografischen und übernommenen Leitsätzen fragen Sie weiter:
  - Von wem, Mutter oder Vater, habe ich diese spezielle Überzeugung gelernt?
  - In welchem Lebensalter?
  - Was war die schwierige Erfahrung in dieser Phase meines Lebens?
  - Welchen konstruktiven Zweck, welche Schutzfunktion hatte damals dieser übernommene Leitsatz?
- Bei selbst erschaffenen Leitsätzen fragen Sie:
  - Aus welcher biografischen und/oder präexistentiellen Erfahrung kommt dieser Satz?
  - Was habe ich damals erlebt? Worin bestand die Schwierigkeit? Das Trauma?
  - Wozu war der Leitsatz damals nützlich?

Schritt 3

- Wie behindert dieser alte Leitsatz mein Leben jetzt? In welcher Weise?
- Konfrontieren Sie sich so lange mit dem alten destruktiven Leitsatz, über Wochen oder Monate (wie unter Punkt 1 beschrieben), bis Sie – ganz vom Selbst – fühlen, dass Sie ihn nicht mehr brauchen. Erst dann treffen Sie die Entscheidung, ihn in einen konstruktiven Leitsatz (Affirmation) zu wandeln.

Schritt 4

- Formulieren Sie nun einen *neuen* Leitsatz, indem der alte unheilvolle Satz inhaltlich übernommen und in eine neue heilsame Botschaft umgewandelt wird, zum Beispiel:
  Die alte Überlebens-Entscheidung: „Ich werde nie mehr meinem wahren Willen folgen, denn dann werde ich bestraft", wandelt sich in die neue Lebens-Entscheidung: „Ich werde meinem wahren Willen folgen, dann bin ich authentisch und manche werden mich dafür achten und schätzen."
- Der neue, heilsame Leitsatz sollte auf derselben Ebene liegen, sich auf dieselbe Erfahrung beziehen, wie der alte destruktive Leitsatz:

Der alte Glaubenssatz: „Ich darf keine Fehler machen, sonst passiert etwas Schlimmes" wandelt sich in den neuen Leitsatz: „Ich darf Fehler machen, ohne dass etwas Schlimmes passiert."

- Schreiben Sie den neuen, heilsamen Leitsatz wieder in einen Kreis und hängen Sie das Blatt an die Stelle des alten.
- Machen Sie Ihre Entscheidung öffentlich, indem Sie Ihren Heilungs-Satz einer Person Ihres Vertrauens – PartnerIn, FreundIn oder TherapeutIn mitteilen.
- Nehmen Sie alle zu dem neuen heilsamen Satz auftauchenden Gefühle und Bilder – auch die ängstigenden – zu sich, geben Sie ihnen Raum und bewegen Sie diese innerlich.
- Wichtig: Auch bei aktuellen Erfahrungen, welche die alte destruktive Überzeugung zu bestätigen scheinen, bleiben Sie bei Ihrer neuen heilsamen Entscheidung.
- Danken Sie der Geistigen Führung für die Unterstützung und bitten Sie um Begleitung und Segen.

Die symbolischen Resonanzen beachten

In einer ganzheitlichen Therapie *folgen* wir dem Individuationsweg vom Ich zum Selbst. Wenn ein Mensch *„reif"* ist für eine präexistentielle Erfahrung – und die Therapeutenpersönlichkeit ebenfalls –, dann wird sie sich ereignen. Da die Psyche multidimensional und im holistischen Sinne alles in allem enthalten ist, ist es völlig gleichgültig, auf welcher Ebene wir einsteigen. Ob wir mit der Kindheit beginnen, der Geburt oder einem früheren Leben ist nicht entscheidend.[(11)]

> „Ob wir mit einem Gedanken beginnen oder mit einer fragmentarischen Erinnerung, mit einem undeutlichen Gefühl, mit einem Traumbild, einem Schmerz oder mit der Qualität der Atmung, stets werden wir feststellen, dass wir uns mühelos zwischen den verschiedenen Ebenen der psychischen Realität bewegen und immer weiter in die ineinander verschachtelten Welten vordringen können."

Wesentliche therapeutische Aufgabe ist es, die *„symbolischen Resonanzen"* zu beachten, wie sie sich in der Wortwahl, den Bildern und der Körpersprache der Klienten zeigen, und diese zu verstärken, wie es in den Beispielen „Die andere Frau“ und „Hexen-Trance“ deutlich wird. Und – die vielleicht größte Herausforderung liegt im *Vertrauen,* dass die Weisheit der Seele es schon richten wird.

Eine Geschichte erzählen – den Seelen-Mythos erfinden

Präexistentielle Erfahrungen drängen dann ans Licht des Bewusstseins, wenn sie kein für die Seele befriedigendes Ende gefunden haben. Diese „unvollendeten Dramen der Seele“ hinterlassen unbefriedigte Gefühle, wie Geschichten, die nicht zu Ende erzählt wurden. Sie wollen erinnert, zu Ende erzählt und auf der Seelenebene vollendet werden. Nicht selten ist, wie Woolger betont, das psychische Grundproblem eines Menschen, in verdichteter Form, schon in einer einzigen Geschichte zu finden. Ich bezeichne solche Geschichten als den „Seelen-Mythos“ und sie sind ein wichtiger Aspekt meiner therapeutischen Arbeit.

> „Das Erzählen der präexistentiellen Geschichten hat also zum Ziel, das neurotischen Leiden des betreffenden Individuums auf seine authentischen psychischen Wurzeln zurückzuführen und es von der gegenwärtigen Situation abzulösen.“(12)

Es ist wirklich verblüffend, wie genau diese Mythen das aktuelle Leiden der Menschen spiegeln, es an ein vergangenes Ereignis koppeln und damit vom aktuellen Erleben entkoppeln, wie in der weiter oben zitierten Geschichte „Mariechen, die Unwürdige“. Mit dieser *Ent*-koppelung als einer E*nt*-identifizierung ist gewöhnlich eine große emotionale Befreiung verbunden.

In der therapeutischen Regression sollte unbedingt darauf geachtet werden, „dass der Klient die Geschichte des vergangenen Lebens *ganz sinnlich erfährt* – und nicht nur vom Standpunkt eines distanzierten Beobachters aus.“(13) Er sollte die Erfahrung nicht einfach nacherzählen, sondern wiedererleben und sich *vorübergehend* mit der vergangenen Persönlichkeit und ihrem Schicksal identifizieren. Denn erst in der *Identifikation* werden die im alten Trauma blockierten Energien freigesetzt und es kommt zu einer kathartischen Abreaktion mit Schreien, Weinen, Zuckungen, Zittern usw. – ähnlich wie im Holotropen Atmen.

Im Unterschied zur therapeutischen Arbeit mit Träumen braucht es hier keine Interpretationen, die Geschichten aus früheren Existenzen erklären sich selbst.

Drei Phasen im therapeutischen Prozess mit Präexistenzen[14]

Ein emotionaler Erkenntnis-Prozess durchläuft idealerweise, vereinfacht dargestellt, drei Stadien: Wir identifizieren uns mit einem Ereignis, gewinnen allmählich Abstand und können die Sache schließlich in einem Zusammenhang mit unserem Leben verstehen und annehmen. In ähnlicher Weise gestaltet sich der Ablauf einer therapeutischen Regression in eine andere Existenz:

Identifikations-Phase
Auf dieser Ebene werden alle Erfahrungen wörtlich genommen, denn das alte Trauma ist in der Psyche *gegenwärtig*. Wir achten die aufgeträumte Erfahrung so, „als ob" sie sich genauso ereignet hätte, wir achten sie als die innere Wirklichkeit der Klienten.

Im Prozess des Wiedererinnerns ist zunächst eine *dramatische Identifizierung* zu erreichen. Das innere Psychodrama wird aktiviert und emotional-körperlich ausgedrückt, indem wir das aktuelle Leiden therapeutisch verstärken. Eine Möglichkeit besteht darin, emotional *geladene Kernsätze* aufzugreifen und wiederholen zu lassen – in Jeannes Hexen-Trance ist es der Satz „Ich hasse es" – sowie alle emotionalen und körperlichen Ausdrucksformen spiegelnd zu verstärken. Durch die therapeutische Wiederholung bedeutender Sätze, das Aufgreifen wichtiger Bilder, das Verstärken zentraler Gefühle verbinden sich die Ebenen eines Komplexes und führen schließlich ins „emotionale Zentrum".

Für den Heilungsgewinn sind das bewusste *emotionale* Wiedererleben, die körperlich-energetische Reinigung des Traumas und das emotionale Realisieren der Todeserfahrung von großer Bedeutung. Nur in der emotionalen und körperlichen Abreaktion, in der Bewegung, kann sich die im Zell-Bewusstsein eingelagerte traumatische Energie befreien.

Zum heilsamen Wiedererinnern gehört nicht nur die Begegnung mit den Opfer-Gestalten, auch die eigenen Täter-Gestalten wie Folterer, Mörder, Vergewaltiger, Inquisitoren und so erbarmungswürdige Gestalten wie Krüppel, Behinderte, Verwahrloste, Bettler, Selbstmörder wollen gesehen und geachtet werden. Scham- und Schuldgefühle haben nicht selten hier ihre Wurzeln: „Das kann nicht sein", „Ich will das nicht sehen", „Ich will weg", so klingt die notvolle Abwehr.

Woolger[15] schreibt zur Begegnung mit den inneren Schatten: „Diese Konfrontation ist häufig ernüchternd und erniedrigend und erfordert außerdem unvermeidlich eine Art inneres Sterben“, eine Art Ego-Opfer. Es braucht die Bereitschaft, gerade das zu erinnern und zu fühlen, was so verzweifelt verdrängt wurde. Heilung erfordert immer wieder, die inneren Dämonen einzuladen und sich freiwillig der ‚Vernichtung‘ zu stellen. Jung sagte hierzu: „Wir finden die Erleuchtung nicht, indem wir uns Lichtfiguren vorstellen, sondern die Dunkelheit ins Licht des Bewusstseins bringen.“

Disidentifikations-Phase

Nachdem der/die KlientIn seine/ihre alten Teilpersönlichkeiten durch die vollständige Identifikation aufgeträumt hat, ist es nun erforderlich, sich im zweiten Schritt von den präexistentiellen Inhalten zu disidentifizieren und sie gleichzeitig zu integrieren. Auf jede Identifikation mit einer inneren Trauma-Gestalt hat unbedingt eine partielle *Disidentifikation* zu folgen, sonst hält uns diese Gestalt weiterhin energetisch und emotional gefangen. Wir anerkennen sie als inneren *Anteil* unserer Psyche: Sie gehört zu mir, aber *ich bin sie nicht,* sie beherrscht mich nicht.

Eine gezielte Disidentifikation ist absolut erforderlich. Sie wird erreicht, indem die Jetzt-Person *zu* der vergangenen Person spricht und ihr Liebe und Mitgefühl ausdrückt, ihr dankt für die alten Begabungen und Talente, die in das heutige Leben hineinwirken und es deutlich bereichern. Es geht nun um die *symbolisch-archetypische Bedeutung* der Erfahrung für das jetzige Leben und nicht mehr um deren Dramatisierung.

Transformations-Phase

Mit der Disidentifikation beginnt die Transformation. Die Frage: „Welche Bedeutung hat diese alte Erfahrung für mein Leben jetzt?“ *entkoppelt* das alte Drama vom aktuellen Erleben und es wird möglich, die unheilvollen Kräfte heilsam zu transformieren. Durch die distanzierte Betrachtung der Erfahrung entsteht Bewusstheit vom inneren *„Zeugen“*, der inneren *Beobachterin.* Jung hat darauf verwiesen, dass dieses Zeugenbewusstsein vor allem dann entsteht, wenn die beiden Pole eines archetypischen Gegensatzpaares – z.B. Opfer und Täter – sich miteinander verbinden und damit Bewusstsein auf einer höheren Ebene entsteht. Er spricht daher auch vom Zeugen als der „transzendenten Funktion“.

Auch ein biografisches Trauma kann in der distanzierten Beobachtung einen heilsamen Abschluss finden. Ich denke an eine durch sexualisierte Gewalt extrem verwundete Frau, die ich lange begleitete. Nun, in der Transformationsphase – nach jahrelangem Klagen und schmerzlichem Wüten – ist es ihr möglich, hinter dem dämonischen Mann, dem Täter, den verletzten kleinen Buben, das Opfer, zu erahnen. Erst jetzt kann sie auch die Kraft und Schönheit des männlichen Urprinzips erkennen: Ihr innerer Mann, ihr Animus, wird heilen, ihre eigene Yang-Kraft gestärkt und die Beziehung zum Mann und zum Männlichen insgesamt wird entlastet und transformiert.

In dieser Phase ist *ganzheitliche Erkenntnis* möglich: „Für das mystische Bewusstsein sind die Dinge zugleich eins und verschieden, und alles hat seinen Platz in dem endlos sich wandelnden Schauspiel der Schöpfung."[(16)] Hier erkennen wir die seelischen Bedeutungs-Zusammenhänge und verstehen die Botschaft für das jetzige Leben. Bewusst gewordene destruktive Gefühlsmuster wie: „Ich werde nie mehr meine Kraft, meine Macht gebrauchen" können sich nun neu strukturieren: „Diesmal werde ich meine Kraft, meine Macht heilsam gebrauchen." Denn Heilung bedeutet, „unsere Wunden in Kraftquellen zu wandeln", wie Anselm Grün einmal sagte. Jeanne disidentifiziert sich von der traumatisierten Frauengestalt und wandelt die alte Wunde in eine Quelle neuer Kraft, indem sie spricht:

> „Ich sehe dich, du Frau von früher. Ich gebe dir meine Achtung, meine Liebe und mein Mitgefühl. Deine Qual ist heute vorbei. Deine Stärke, deine Würde und Heilkraft dürfen weiter in mir sein. Und ich bringe deine alte Heilkraft in Würde in die Welt, jetzt bin ich in Sicherheit, jetzt bin ich nicht mehr gefährdet. Und ich diene wieder dem Leben, mit Freude, Dankbarkeit und Demut."

Die Grenzen der Präexistenztherapie

Die präexistentielle Arbeit muss erfolglos bleiben, wenn der Klient oder die Klientin vollständig mit einer karmischen Prägung identifiziert und nicht bereit ist, sich von ihr zu verabschieden. Hier kann das Aufträumen einer früheren Existenz die alte Prägung verstärken, die *aktuelle* Lebensaufgabe kann nicht erkannt und angenommen werden. So hatte ich, in Erinnerung an frühere Existenzen, die fixe Idee, dauerhaft in einer einsam gelegenen, kleinen Hütte leben zu wollen. Erst als ich erkannte, dass ich fixiert war in einer Prägung durch frühere Existenzen, war ich emotional und ökonomisch bereit und in der Lage, ein behagliches Haus zu erwerben.

Bei manchen Menschen ist es auch heilsamer, keine karmischen Erinnerungen zu aktivieren. Gerade wenn sie allzu gerne in andere Existenzen ausweichen und sich mit ihnen identifizieren, sollte die Verbundenheit mit diesem aktuellen Leben therapeutisch gestärkt werden. Denn in solchen Fällen steht die präexistentielle Erfahrung im Dienste der Ich-Abwehr, als Abwehr von schmerzlichen Erfahrungen in dieser jetzigen Existenz. So begegne ich manchmal Menschen, denen es leichter fällt, von ihren vergangenen Existenzen zu berichten, als von den Nöten ihrer Kindheit.

Auch für Menschen mit schizophrenen Tendenzen ist eine therapeutische Regression nicht immer heilsam, denn häufig sind sie ohnehin von ihren präexistentiellen Resten überschwemmt und mit ihren karmischen Subpersönlichkeiten identifiziert. Ihnen fehlt das stabile Ich, das als Mittler zwischen den Anteilen und Ebenen fungiert und sie miteinander in Balance bringen kann. Wir begleiten sie deshalb nicht *in* eine präexistentielle dramatische Regression, sondern lassen sie Geschichten *über* ihre Teilpersönlichkeiten schreiben und lassen diese Persönlichkeiten Dialoge miteinander führen. Das Erzählen von Seelen-Geschichten, Malen von Bildern, das Sprechenlassen der inneren Beobachter und Zeugen, Aktivieren der Träume, das alles dient der heilsamen Disidentifikation und *hält dabei gleichzeitig die traumatische Erfahrung im Bewusstsein,* sodass sie bearbeitet werden kann.

5. Die Reise zum Guru – Heldenreise oder Irrweg?

> Wenn Sie einen Lehrer nicht sehr genau prüfen, vergeuden die von verehrender Hingebung Erfüllten ihr ganzes Verdienst. Sie halten eine giftige Schlange für den Schatten eines Baumes und verlieren – einem Irrtum erlegen – die Freiheiten, die sie endlich gefunden hatten.
>
> Patrul Rinpoche

Suchende – und falsche Propheten

Der Held auf der Suche nach seinem Schatz, nach dem Wasser des Lebens, hat die Wahl zwischen vielen, sehr unterschiedlichen Wegen, inneren und äußeren. In den acht- und neunziger Jahren des vorigen Jahrhunderts führte die Heldenreise zahlreicher SucherInnen in die Ashrams und Klöster Südostasiens; sie suchten und fanden hier ihren Guru. Einige begegneten auf diesem Weg ihrem inneren Meister oder inneren Meisterin, andere verirrten sich, verloren ihre Freiheit, ihre Wahrheit und manche sogar ihre Würde.

Seit einigen Jahren ist es still geworden um die angeblichen Meister und Gurus, nicht wenige haben sich selbst ihr Ende bereitet, ein tragisches Ende. Die auf-regende Meistersuche im Außen ist nun vorüber. Es war die kosmische Zeitqualität von Chiron, die zum bewegenden spirituellen Aufbruch drängte. Nun, seit Jahren, ist saturnisches Innehalten und Innenschau das Gebot der Stunde; und mit Uranos will das Sakrale endlich ins Alltägliche kommen …

Es war ein durchaus stimmiger kollektiver Suchprozess, der in den Guru-Boom mündete: Nach zwei Weltkriegen, den gigantischen Verbrechen des deutschen Faschismus, einem sich über zwanzig Jahre erstreckenden amerikanischen Krieg in Vietnam mit über fünf Millionen vietnamesischer Kriegsopfer, bildete sich in der westlichen Welt eine breite gesellschaftliche Widerstands-Bewegung, die für Frieden, Freiheit und soziale Gerechtigkeit kämpfte. Die sechziger Jahre waren eine spannende und bewegende Zeit des Aufbruchs: Studenten-Bewegung, Kinderladen-Bewegung, Frauen-Bewegung; in den USA war es die Hippie-Bewegung, die für schöpferischen Aufruhr sorgte. Nachdem der empörte Widerstand sich langsam gelegt hatte, wandelte sich die einstige Protest-Bewegung allmählich in eine Such-Bewegung, welche nun die Psychoanalyse für sich entdeckt hatte. Die neuen humanistischen und erlebnisorientierten Therapieformen wurden populär, wie Körpertherapie, Gruppentherapie, Psychodrama, Systemische Therapie und andere.

Mit Hilfe dieser öffnenden Therapieformen kamen nun auch die personalen Schatten ans Licht und verfinsterten die bislang noch pseudo-harmonisch funktionierenden Beziehungen, Ehen und Familien. Die heldenhafte Suche nach Befreiung war mit Sozialismus, Psychoanalyse und freier Liebe nicht am Ende. Die tiefe Sehnsucht nach persönlicher und kollektiver Heilung drängte weiter, die Seelen sehnten sich nach geistiger und spiritueller Nahrung.

Genau passend in diese Zeit des spirituellen Vakuums kamen die ersten spirituellen Lehrer, Yogis und Gurus aus Indien, Pakistan und dem Himalaya in den Westen, die USA und nach Europa. Sie brachten die spirituelle Botschaft von Frieden, kosmischer Liebe und endgültiger Befreiung.

Damals begegneten die Beatles dem Yogi Maharishi Mahesh bei einem Vortrag in London und waren von ihm schwer beeindruckt: „Wow, Mann – wir haben ihn gesehen. Maharishi ist großartig!", soll George Harrison damals begeistert ausgerufen haben. Sie reisten 1968 nach Indien, um in der Anwesenheit ihres Meisters Transzendentale Meditation zu praktizieren. So wie sie, beeindruckt von Gurus und spirituellen Lehrern, machten sich damals viele Suchende auf die Reise gen Osten. Sie alle waren auf der Suche nach sich selbst und ihrer karmischen Befreiung.

Die mythische Heldenreise erfordert den Aufbruch in neue, unbekannte Räume. Die Helden betreten Neuland, machen Umwege, gehen Irrwege und können sich heil-los verlaufen. Der Wunsch nach verlässlichen Führern, welchen, die sich auskennen, weil sie den Weg selbst gegangen sind, ist verständlich. Denn der Heldenweg geht in die Untere Welt, hier ist die Sicht begrenzt, hier tappen wir im Dunkeln. Und wenn die Suche die Helden in das numinose Reich Neptuns führt, den Raum jenseits der materiellen Welt, dann verschwimmen die Konturen, lösen sich in Nebel auf. Vielleicht erscheint ein Licht in diesem Nebelland und der Suchende hält es für Erleuchtung. Was ist wirklich? Was ist Täuschung?

Im Reich Neptuns, wo die Halt gebenden und Richtung weisenden Grenzen Saturns ihre Gültigkeit verloren haben, geht die drängende Sehnsucht nach Befreiung, grenzenlosem Mitgefühl, bedingungsloser Liebe und absoluter Hingabe leicht Hand-in-Hand mit Täuschung und Selbsttäuschung. Hier werden die Suchenden leicht Opfer „falscher Propheten“:

> Es werden falsche Christi und
> falsche Propheten aufstehen,
> und große Zeichen und Wunder tun,
> dass verführet werden in den Irrtum (...)
> auch die Auserwählten.
>
> (Matthäus 24,24, neues Testament)

Der Guru als Manifestation des Universalen Selbst?

Wer sind – oder waren – diese beeindruckenden Meister, Gurus und spirituellen Lehrer, denen es gelungen ist, selbst anerkannte transpersonale Größen auf die Knie gehen zu lassen? Das Wort „Guru“ kommt aus dem Sanskrit und bedeutet gewichtig, altehrwürdig. Im Hinduismus und tantrischen Buddhismus ist der Guru ein spiritueller Lehrer, der als Erleuchteter seine Schüler auf dem Weg der Befreiung begleitet. Als solcher gilt er als Verkörperung eines göttlichen Wesens: Muktananda, ein indischer Guru, schreibt(1):

> „Das Bewusstsein des Guru ist allezeit identisch mit dem Bewusstsein des Universalen Selbst. Deshalb ist der Guru allerwärts, auch wenn er jeweils nur an einem Platze gegenwärtig zu sein scheint. Er wird als eine Manifestation das Höchsten Selbst angesehen, weil er der Kenner der höchsten Wahrheit ist. Da er die unmittelbare Erfahrung des Göttlichen erlangt hat, ist er fest in der höchsten Wirklichkeit verwurzelt.“

Der gläubige und hingebungsvolle Schüler ist tief überzeugt von der Göttlichkeit seines Gurus. Als Devotee unterwirft er sich seinem Meister freiwillig und in freudiger Ergebenheit(2):

> „Im selbstverwirklichten Zustand handelt der Guru aus dem höheren Selbst heraus spontan richtig, weil er absichtslos und frei von persönlichen Interessen ist. Durch Mitgefühl und segenspendende Akte

lässt er die Menschheit an seiner universellen Liebe teilhaben. (...) Deshalb darf die intensive Hingabe zum Guru nicht als kindliche Idealisierung eines Menschen falsch interpretiert werden, sondern als ausschließliche Verehrung der göttlichen Qualität, die durch die Meisterung des Lebens aufleuchtet."

Aber, kann es in einer polaren Welt verkörperte Wesen geben, die dauerhaft „frei von persönlichen Interessen" und dauerhaft im Zustand „universeller Liebe" sind? Für mich ist die Antwort eindeutig:

In dieser Welt von Licht und Schatten kann es keinen *dauerhaften* „selbstverwirklichten Zustand", keine *fortwährende* Erleuchtung geben. *Erleuchtung* ist eine momentane Erfahrung von zeitlicher Begrenzung, die im Idealfall weiter wirkt und sich in ganzheitlicher Liebe und tiefem Mitgefühl offenbart. Die Vorstellung aber, dass der Guru immer „spontan richtig", „absichtslos" und „frei von persönlichen Interessen" handelt, ist tatsächlich eine infantile Liebe-Gott-Projektion auf den idealisierten Guru. Diese kindliche Idealisierung des Gurus als des allzeit guten Vaters wird verständlich, wenn wir uns die Anfänge der Guru-Tradition verdeutlichen:

In der frühen vedischen Tradition war der „Guru" der leibliche Vater, der verantwortlich war für die religiöse Erziehung seiner *Söhne.* Als Ehemann war er der geistige Führer seiner Ehefrau – hier wird der autoritäre, patriarchale Ursprung dieses Titels deutlich. Der Vater als Guru seines Sohnes war zuständig für dessen religiöse, kulturelle und soziale Bildung und dessen Initiation. In späterer Zeit wurde diese väterliche Aufgabe an besondere religiöse Lehrer übertragen.

Wie die traditionelle Vater-Sohn-Beziehung gegebenermaßen hierarchisch ist, so ist auch die Guru-Schüler-Beziehung hierarchisch. So wie der Sohn dem Vater zu gehorchen hat, so hat der Schüler die Anweisungen seines Gurus zu befolgen – und bleibt dabei ein kleiner Junge. Und so wie traditionell der Sohn das Verhalten seines Vaters nicht kritisch hinterfragen darf, so hat der Schüler das Verhalten seines Gurus nicht in Frage zu stellen:

„Bei der Prüfung eines spirituellen Meisters sollte man allerdings nicht allein sein Verhalten heranziehen, sondern die erspürte Geisteshaltung. Da spirituelle Meister durch ihren Entwicklungsstand nicht in übliche Kategorien des Denkens und Handelns einzuordnen sind, wirkt ihr Verhalten nicht selten auf Außenstehende sonderbar."(3)

„An ihren Taten sollt ihr sie erkennen", heißt es doch. Im tatsächlichen Verhalten offenbart sich die dahinter liegende Geisteshaltung eines Menschen. Gerade bei spirituellen Lehrern ist die sichtbar gelebte Einheit von Sein, Denken, Sprechen und Tun von allergrößter Bedeutung für die Wirkkraft ihrer Botschaft. Wie könnte die Spaltung von Sein und Tun Befreiung und Heilung bewirken?

Wenn wir den Guru aber als „lebenden Gott" verstehen und verehren, dann allerdings ist er mit Maßstäben humanistischer Ethik nicht mehr zu begreifen, dann bleibt dem Sohn-Schüler nur die hingebungsvolle und *fraglose* Unterwerfung:

> In der tantrischen Guru-Schüler-Beziehung „wird der Guru als eine Verkörperung der göttlichen Inspiration gesehen und gilt als lebender Gott unter Menschen, ist dadurch an sich schon unfehlbar.
> Der Schüler unterwirft sich dem Guru in der Initiationszeremonie ganz und gar – von ihm wird erwartet, dass er alle Befehle des Guru befolgt und niemals an ihm zweifelt. Das gilt im hinduistischen wie im buddhistischen Tantra."(4)

Ein Guru, der Befehls-Gehorsam fordert, erinnert an den patriarchalen Vater-Gott, den jüdischen Jahwe. Dieser Gott stellte Abraham auf die Probe des absoluten Gehorsams(5): „Nimm deinen Sohn, deinen einzigen, den du liebst, Isaak, geh in das Land Morija (…) und bringe ihn dort (…) als Brandopfer dar." Der hingebungsvoll gläubige Abraham baute einen Altar, „fesselte seinen Sohn Isaak und legte ihn auf den Altar." Er streckte „seine Hand aus und nahm das Messer, um seinen Sohn zu schlachten." Da rief Gott ihn an, den Knaben zu schonen: „Denn jetzt weiß ich, dass du Gott fürchtest."

Ein solch archaisches Verständnis von Gottes*fürchtigkeit* existiert weiterhin im Bewusstsein zahlreicher Menschen. Noch im letzten Jahrhundert war „Fürchtegott" ein gebräuchlicher Vorname.

In diesem Narrativ, dem Mythos der Selbst-Verneinung angesichts eines vergöttlichten Gurus, waren – oder sind – zahlreiche tiefreligiöse Guru-VerehrerInnen gefangen: „Ich dachte, er wollte mich prüfen", sagen sie, nachdem sie ihrem Guru auch das Liebste, ihre Kinder, und auch das Letzte, ihre Würde, geopfert haben.

Spiritualität und Fortschritt – geht das?

> „Der echte Schüler hegt, nachdem er die geistige Größe des Guru erlebt hat, keinerlei Zweifel hinsichtlich der Lebensweise, des Benehmens, der Handlungsweise oder Lehrmethode des Guru. Solcher Skeptizismus verhindert des Schülers *Fortschritt in Richtung Vollkommenheit und Erlangen der Gurustufe.* Wer solcherart versucht, Fehler an Gurus zu finden, und denkt, dass sie – wie andere Menschen – noch von Leidenschaften wie Zorn und Haß beherrscht werden, verdient nicht, ein Schüler genannt zu werden. Jüngerschaft bedeutet, sich völlig dem Guru zu widmen und als Gegengabe alles zu bekommen, was der Guru geben kann.“[(6)]

> „Der Schüler, der sich dem Guru völlig zuwendet, ohne irgend etwas zurückzuhalten, wird als Folge des ständigen Reflektierens und der ununterbrochenen Meditation über den Guru zum Abbild des Guru selbst.“[(7)]

Dies sind die Worte von Swami Muktananda, einem bekannten indischen Guru. Was er dem „echten Schüler“ hier verspricht, ist nichts weniger als *„Fortschritt in Richtung Vollkommenheit und Erlangen der Gurustufe“*. Ein gewaltiges Versprechen! So manches spiritualisierte Größen-Selbst wird sich hiervon angesprochen fühlen: „Du wirst sein wie ich – wenn du mir bedingungslos folgst“, so locken die spirituellen Verführer. Ein hingebungsvoller Verehrer Muktanandas schreibt:[(8)]

> „Wenn jemand seinen Meister gefunden hat, kommt es in der Folge entscheidend darauf an, sich ihm voll und ganz hinzugeben. *Denn nur so können wir spirituelle Fortschritte erzielen.*“

Es ist wirklich erstaunlich, wie sehr es im Kontext der Guru-Schüler-Beziehung um *Fortschritt* geht und um *Erlangen* von spiritueller Größe. Das spiritualisierte Ego will, in kindlicher Identifikation mit dem Vatergott, so groß und so erleuchtet sein wie dieser. Dafür ist es bereit, alles zu geben, sich „voll und ganz hinzugeben“, zu unterwerfen „und als Gegengabe alles zu bekommen, was der Guru geben kann“, die Erlösung. Das kosmische Gesetz des Ausgleichs verkommt hier zum bloßen Handel: Als „Gläubiger“ wartet der Schüler hingebungsvoll auf seinen versprochenen „Erlös“.

Und schnell soll es gehen, das patriarchale, fortschritts-orientierte Ego duldet kein Verweilen auf dem Weg zum erstrebten Ziel der Erleuchtung: „In Indien wird auf die Frage, ob man einen Meister braucht, ein sehr einfaches Beispiel gegeben: In einer fremden Stadt kann man auf zweierlei Weise eine bestimmte Straße aufsuchen: Entweder läuft man so lange durch die Straßen, bis man zu der gesuchten kommt, oder man fragt einen Einheimischen, der einem den kürzesten Weg zu dem gewünschten Ziel zeigt. Ein Guru ist wie ein Einheimischer, der alle Wege auf dem Gebiet der Spiritualität kennt."[(9)] Der Guru zeigt „den kürzesten Weg zu dem gewünschten Ziel".

Ja, in der materiellen Welt ist es sicherlich vernünftig, einen Einheimischen zu fragen, um mit dessen Hilfe den schnellen Weg zum gewünschten Ziel zu finden. Für den inneren spirituellen Weg aber gilt doch die längst bekannte Weisheit: Der Weg ist das Ziel. Oder, wie Sloterdijk sagt: „Umwege sind die direktesten Wege zum Zentrum."[(10)] Solche Umwege, als Erkenntnis-Wege, können lange, einsam und mühsam sein, Heldenwege eben.

Im Kontext der Guru-Schüler-Beziehung aber ist der Guru der Wegweiser und Führer, den es zu verinnerlichen gilt. Manche bezweifeln gar, dass wir ohne die Hilfe eines Guru überhaupt Erlösung, Befreiung erfahren können: „... denn nach alter Tradition kann der Mensch ohne die Hilfe und die Gnade eines lebenden Gurus nur schwerlich Befreiung erlangen."[(11)]

Meine Erkenntnis ist eine andere, eher ist es eine Ahnung: Wir alle kommen aus dem schöpferischen Urgrund und kehren in diesen zurück. Wenn wir im Laufe unserer Seelen-Reise alle Erfahrungen von Opfer- und Täterschaft, von Geburt und Tod durchlaufen haben, dann erfahren wir, dass wir in allem sind und alles in uns ist. Dann sind wir am Ziel unserer langen Reise angekommen. Der mythische Heldenweg der Seele führt immer auch durch Umwege und das Land des Todes. Gerade die „Nacht-Meer-Fahrt", der einsame, lange Gang durch die Dunkelheit, führt ins Licht der Befreiung. Das zeigen alle Heldenreisen und auch die Lebensgeschichten selbstverwirklichter Meister und Meisterinnen.

Die mythische Reise ist nicht ungefährlich, daher kann es hilfreich und manchmal auch notwendig sein, einen kundigen Führer, eine Führerin, an der Seite zu wissen. Wirklich heilsame BegleiterInnen, MeisterInnen, TherapeutInnen aber würden niemals „vollständige Identifizierung"[(12)]

von ihren SchülerInnen erwarten. Die vollständige Identifikation mit dem Meister und dessen Lehre bedeutet Verrat am Wahren Selbst und Verlust der eigenen inneren Wahrheit. Wenn demütiges Sich-Hingeben zum Sich-Hergeben führt und schließlich zum Sich-Aufgeben, wird der Prozess heilsamer Selbst-Verwirklichung behindert. Selbstverrat und Abhängigkeit sind die Folgen, die innere Heilkraft erlischt. Verblendung und Täuschung behindern wahre Selbsterkenntnis.

Die Balance zwischen hingebungsvollem Vertrauen in einen Meister bei gleichzeitigem Horchen auf die Stimme der Inneren Wahrheit ist anspruchsvoll, einem ständigen Grenzgang vergleichbar.

Damit dieser Weg gelingen kann, ist ein freiwilliges Ego-Opfer erforderlich: Der freiwillige Verzicht auf spirituellen Fortschritt, Verzicht auf das Streben nach Erleuchtung und Erlösung, nach „Moksha". Und auch der Verzicht auf die kindlich-wohlige Identifikation mit dem Guru als gutem Vater.

Die Schatten der Gurus

Die Transpersonale Psychologie, als eine Synthese alter spiritueller Weisheitslehren und moderner wissenschaftlicher Psychologie, gründet auf dem Wissen östlicher und westlicher Lehren. Gerade die Botschaften und Schriften östlicher Lehrer hinduistischer und buddhistischer Tradition genießen in der Transpersonalen Psychologie großes Ansehen. In diesen Schriften gilt der Guru als Erleuchteter, als „Vertreiber der geistigen Dunkelheit".

Die Erfahrungen der letzten zwanzig Jahre aber haben mit erschreckender Klarheit gezeigt, dass Gurus nicht nur Licht-Träger und Licht-Bringer sind. Bereits vor mehr als zwanzig Jahren berichteten die Medien in Europa und den USA über die Vergehen zahlreicher Meister und Gurus. Viele von ihnen, so die Berichte, führten ein Doppelleben und wurden wegen sexueller Gewalt an Kindern und Vergewaltigungen ihrer SchülerInnen angeklagt und teilweise auch rechtmäßig verurteilt.

Immer mehr spirituelle Meister und Gurus verfielen ihrem personalen Schatten und brachten emotionale Dunkelheit in das Leben ihrer Devotees. Gewaltige Manifestationen des Guru-Schattens in Form körperlicher und sexueller Gewalt, Täuschung, Machtmissbrauch, geistiger und emotionaler Manipulation, Korruption, Veruntreuung von Spendengeldern, Verfolgung und Bedrohung von Abtrünnigen drängen ans Licht der Wahrheit. Zu den berühmt-berüchtigsten Gurus gehören – neben vielen anderen – die spirituellen Lehrer Muktananda, Satya Sai Baba und Sogyal Rinpoche. Zahlreiche Repräsentanten der transpersonalen Bewegung in Deutschland und den USA bekannten sich zu deren Anhängerschaft und berichteten in ihren Veröffentlichungen über bewegende und wundersame spirituelle Erfahrungen im Kontakt mit diesen Meistern. Immer noch – nach Jahrzehnten – erfahren diese Täter-Gurus große Wertschätzung im Kontext der Transpersonalen Psychologie: Ihre Texte werden zitiert, ihre Heilsbotschaften verkündet, ihre Taten aber werden verschwiegen oder geleugnet.

Es ist wie in Familien und anderen geschlossenen Systemen: Je näher wir uns den Tätern fühlen, je mehr wir in ihrem – auch tatsächlichen – Licht standen, umso schmerzlicher und peinvoller ist die Erkenntnis ihrer anderen dunklen Wahrheit. Häufig wird den Opfern nicht geglaubt und in fataler Umkehrung werden Opfer zu Tätern gemacht.

Wenn die Transpersonale Psychologie aber weiterhin Ansehen und Berechtigung erfahren will, dann hat sie jegliche Pseudo-Heiligkeit zu opfern und sich dem eigenen Schatten zu stellen. Wenn sie die „Psychologie der Zukunft" sein und nicht an ihrer idealisierenden Einseitigkeit zu Grunde gehen will, dann hat sie, dem homöostatischen Prinzip folgend, das Gleichgewicht von Licht und Dunkel in ihrem eigenen transpersonalen und personalen Raum wieder herzustellen.

Als transpersonale Trauma-Therapeutin bewegt mich die einseitige Darstellung der sogenannten Meister in transpersonalen Veröffentlichungen schon seit vielen Jahren. Wenn Wahrheit vor der Liebe kommt, dann dürfen gerade wir nicht länger schweigen, die Wahrheit drängt ins Licht des Bewusstseins: In der transpersonalen Gemeinschaft – so wie auch in anderen Gemeinschaften wie Kirchen, Klöstern, Heimen, Sportvereinen und überall – will das Schweigen endlich gebrochen werden. Die Klage der Opfer muss *verstärkt* werden, damit sie gehört werden kann.

Wenn ich im folgenden Kapitel die Klage der Opfer verstärke und damit zur Anklägerin werde, dann fühle ich mich damit keineswegs großartig, eher ohnmächtig und traurig. Ich begehe einen Tabu-Bruch: „Das eigene Nest beschmutzt man nicht." Dieses Tabu ist uralt, es entstammt der Lebensrealität der alten Stammeskulturen; bedingungslose Loyalität war damals wichtig für den Zusammenhalt und damit für das Überleben einer Stammesgruppe.

Heute aber leben wir in einer globalen Welt und gehören zu der einen großen Menschheits-Familie; Offenheit und bedingungslose Wahrhaftigkeit sind nun die wesentlichen Werte, welche dem Leben aller dienen.

Der Guru als Täter

„Dem Leid der Betroffenen Raum geben,
ihre Klage verstärken,
ihnen zuhören,
ihnen Glauben schenken."

Das fordert Anne Decker, eine Psychologin aus Berlin, in einem offenen Brief in Buddhismus Aktuell[(13)] – ihr ein großes Danke! Ihr Vorbild macht Mut und hilft, das ängstliche Schweigen endlich zu brechen.

Indem ich die Klage der Opfer verstärke, mache ich die Schatten von drei großen spirituellen Lehrern, Sogyal Rinpoche, Swami Muktananda und Sathya Sai Baba, öffentlich. So manchem mag das als Sakrileg, als Entheiligung erscheinen. Ja, es ist eine *Ent*heiligung, denn diese drei Meister sind so heilig wie Sie und ich, wie mein Kater Baubo und wie die Trauerweide in meinem Garten.

Ich beziehe mich im Folgenden vor allem auf die Veröffentlichungen der Opfer, deren erschütternde Leidensberichte ich als stimmig und glaubwürdig erlebe. Mit einer fast vierzigjährigen Erfahrung als therapeutische Begleiterin von Opfern sexualisierter Gewalt kann ich meiner Wahrnehmung trauen und Opfer-Inszenierungen von wirklichem Leid unterscheiden.

Sogyal Lakar Rinpoche (1948-2019)

Rinpoche ist der Titel für einen hochverehrten tibetischen Lehrer und bedeutet „Kostbarer". Sogyal Lakar (geboren in Tibet) ist einer der bekanntesten Vertreter des tibetischen Buddhismus. Bereits als Säugling im Alter von sechs Monaten wurde er in ein tibetisches Kloster gegeben und von einem spirituellen Meister erzogen. Ab 1971 studierte er in England vergleichende Religionswissenschaften, gründete in den siebziger Jahren das internationale spirituelle Netzwerk „Rigpa" und wurde 1992 weltweit bekannt durch sein Buch „Das tibetische Buch vom Leben und vom Sterben".

„Buddhismus Aktuell" veröffentlichte einen Brief vom 14. 07. 2017 unter dem Titel „Missbraucht, geschlagen, lächerlich gemacht – Schülerinnen und Schüler von Sogyal Rinpoche erheben schwere Vorwürfe", der nachrichtlich an den Dalai Lama gerichtet war. Namentlich unterschrieben ist der Brief von acht Männern und Frauen, die über einen Zeitraum von 16 bis zu 33 Jahren Sogyals persönliche Begleiter und Begleiterinnen waren, Schüler und Schülerinnen, Mönche und Nonnen, teilweise in hohen Positionen bei Rigpa. Aus diesem Brief zitiere ich nur auszugsweise; im Internet (www. buddhismus-aktuell.de) ist er in voller Länge nachzulesen.

> „Sogyal Lakar,
> die Rigpa-Sangha befindet sich in einer Krise. Seit langem schwelende Probleme mit deinem Verhalten können nicht länger ignoriert oder geleugnet werden. Als Schülerinnen und Schüler, die dir seit langem verpflichtet und ergeben sind, sind wir davon überzeugt, dass wir uns zu deinem gewalttätigen und missbrauchenden Verhalten äußern müssen. Dein Verhalten hat uns persönlich, unseren Brüdern und Schwestern in der Rigpa-Organisation und darüber hinaus dem Buddhismus im Westen geschadet. Wenn wir dir schreiben, folgen wir dem Dalai Lama darin, dass Schülerinnen und Schüler tibetischer Lamas dazu verpflichtet sind, Bedenken über ihre Lehrerinnen und Lehrer zu teilen: (...)
>
> Dein öffentliches Auftreten ist das des Weisen, des Freundlichen, des Humorvollen, des Warmherzigen, voll des Mitgefühls; dein privates Verhalten aber, deine Art, wie du dich hinter der Bühne zeigst, sind zutiefst verstörend und verunsichernd. (...) Und unser Unmut in dieser Sache steigert sich noch, wenn wir anschauen, welche Organisationskultur du um dich herum erzeugt hast, um zu gewährleisten, dass absolute Verschwiegenheit in Bezug auf deine Handlungen herrscht (...)
>
> Wir wollen diese Verschleierung durch Geheimhaltung, Betrug und Falschheit beenden. Wir können nicht länger schweigen. Unsere wichtigsten Sorgen sind: (...)
>
> 1. Physischer, emotionaler und psychischer Missbrauch
> (...) Du hast uns gehauen und getreten, an den Haaren und den Ohren gezogen, du hast uns mit verschiedensten Dingen geschlagen.

Mit deinem Rückenkratzer, mit Kleiderbügeln, Telefonen, Tassen, mit was auch immer gerade zur Hand war. (…) Deine körperlichen Misshandlungen – die unter der jeweiligen Rechtsprechung, unter der du sie begangen hast, einen Bruch des Gesetzes darstellen – haben deine Mönche, Nonnen sowie Laienschülerinnen und -schüler mit blutigen Verletzungen und Narben zurückgelassen. Das ist kein Wissen aus zweiter Hand, wir haben dein Verhalten über Jahre persönlich erfahren und können es bezeugen. (…)

Deine psychischen und emotionalen Misshandlungen waren aber vielleicht verletzender als die körperlichen Narben, die du uns zugefügt hast. Während wir für dich gearbeitet haben, (…) hast du einige deiner engsten Schülerinnen und Schüler so bloßgestellt und ihnen so gedroht, dass sie emotionale Zusammenbrüche erlitten. (…) Du hast uns und anderen angedroht, dass wir „Blut spucken wie Ian Maxwell", wenn wir dir nicht gehorchen. Du hast uns erzählt, dass wir die Gesundheit unserer Liebsten riskieren oder dass sie gestorben sind, weil wir dir in irgend einer Form missfallen haben. (…)

2. Sexuelle Vergehen
(…) Für manche von uns bestand die sexuelle Schikane darin, dass man angewiesen wurde, sich auszuziehen oder die eigenen Genitalien zu zeigen (Männer wie Frauen) oder dich mit oralem Sex zu beglücken oder dass man sich von dir begrapschen lassen musste, dass man angewiesen wurde, Fotos von den eigenen Genitalien zu machen, dass man Sex mit der eigenen Partnerin oder dem Partner in deinem Bett haben musste, dass man dir die sexuellen Beziehungen zum eigenen Partner beschreiben musste. Du hast Schüler damit beauftragt, deine Assistentinnen und Partnerinnen nackt zu fotografieren. (…) Du hattest und hast seit Jahrzehnten sexuelle Beziehungen mit einer Reihe deiner weiblichen Schülerinnen, die auch deine Assistentinnen sind. Manche von ihnen sind verheiratet. Du hast uns angewiesen zu lügen, um dich zu decken (…). Du und andere in deiner Organisation behaupten, dass dies das Verhalten eines buddhistischen Meisters der „verrückten Weisheit" sei, genau wie es tantrische Adepten der Vergangenheit taten. Wir glauben nicht, dass das so ist. (…)

3. Unersättlicher Lebensstil
(…) Viel von dem Geld, welches deine luxuriösen Bedürfnisse befriedigt, stammt aus Spenden von Schülerinnen und Schülern, die glauben, damit Weisheit und Mitgefühl in der Welt zu fördern.

Als Assistenten, Fahrer und Organisatorinnen entfällt der Großteil unserer Zeit und Energie darauf, einen steten Fluss sinnlicher Vergnügungen für dich bereit zu halten. Du verlangst jede erdenkliche Form von Essen – zu jeder Tages- und Nachtzeit – von deinen persönlichen Köchen und Bediensteten (...). Du verlangst alle möglichen Formen der Unterhaltung. (...) 24 Stunden am Tag abrufbereite Fahrer und Masseurinnen, um dich zu bedienen oder dich und deine Freunde ins Kino, in teure Restaurants, zum Shoppen oder an verschwiegene Orte zu bringen (…). Mit Ungeduld hast du stets nach solchen Vergnügungen und dekadenten sinnlichen Genüssen verlangt. Wenn diese nicht auf Fingerschnippen zur Verfügung standen oder nicht genau so, wie verlangt, wurden wir beleidigt, erniedrigt, als wertlos, dumm oder inkompetent bezeichnet und oft genug geschlagen oder geohrfeigt. (…)

4. Vergiftung unserer Wertschätzung der Dharmapraxis
Du solltest wissen, dass das Unglück, welches du über uns gebracht hast, auch unsere Wertschätzung des Dharma und seiner Praxis vergiftet hat. Während Jahrzehnten der Studien und der Praxis des tibetischen Buddhismus mit dir haben wir es uns zur Gewohnheit gemacht, dich als die „Verkörperung des Juwels“ zu sehen, als die „Quelle aller Lehren und des Segens“ des Buddhadharmas. Wir haben dir völlig vertraut. Trotzdem haben wir Jahre damit zurecht kommen müssen, dass dein Verhalten nicht mit deinen Lehren in Übereinstimmung zu bringen waren. (…)“

Der Rat der Deutschen Buddhistischen Union (DBU) hat im August 2017 in einer eindeutigen Stellungnahme die Verfasser des Briefes ermutigt, „geeignete Rechtsmittel“ zu ergreifen und hat sich „klar und unmissverständlich“ vom Verhalten Sogyal Rinpoches distanziert. Dieser hat inzwischen alle Funktionen als spiritueller Lehrer bei Rigpa niedergelegt und sich aus der Öffentlichkeit zurückgezogen; im August 2019 ist er in Thailand verstorben.

Swami Muktananda *(1908-1982)*

Muktananda (geb. in Mangalore, Indien) ist der Begründer des Siddha Yoga, eine dem indischen Kashmir-Shivaismus angelehnte philosophische Tradition. Zu deren alltäglicher Praxis gehören Meditation und Yoga, das Chanten von Mantras, insbesondere die „Guru Gita" zur Verherrlichung des Gurus sowie „Seva", das selbstlose Dienen im Ashram (Seva kann auch sexuelle Hingabe bedeuten), Anbetungsrituale und das Geben von „Dakshina", regelmäßigen Geldspenden. Im Zentrum des Siddha Yoga steht Shaktipat, die Übertragung göttlicher Energie durch den Guru auf seine Schüler.

Mit 15 Jahren verließ Muktananda sein Zuhause, folgte dem wandernden Yogi Bhagavan Nityananda und lebte selbst jahrelang als wandernder Bettelmönch, als Sadhu. In den sechziger und siebziger Jahren gründete er zahlreiche Yoga-Zentren in der ganzen Welt, 1975 den Siddha Yoga Ashram in Oakland, Kalifornien. Hier gab er seinen SchülerInnen Shaktipat-Einweihungen, bei denen die Kundalini-Energie geweckt werden sollte. Vor seinem Tod ernannte Muktananda Swami Chidvilasananda (Gurumayi) und ihren Bruder Swami Nityananda zu seinen Nachfolgern.

In den siebziger Jahren war Muktananda der angesehenste Yoga-Meister in den USA, bekannt als „Guru der Gurus". Zahlreiche bekannte Persönlichkeiten besuchten seinen Ashram und wurden von ihm nachhaltig inspiriert, darunter Carl Rogers, Ram Dass, Claudio Naranjo sowie Stanislav und Christina Grof.

Bereits 1983, ein Jahr nach seinem Tod, erschienen in amerikanischen Medien die ersten Berichte über körperliche und sexuelle Misshandlungen, die später von Lis Harris, einer amerikanischen Professorin und Autorin, in der Zeitschrift „The New Yorker" ausführlicher dargestellt wurden.

In einem offenen Brief(14) berichtet eine Gruppe von Menschen, die jahrelang seine engsten SchülerInnen und MitarbeiterInnen waren, über die dunkle Seite Muktanandas. Hier nur einige Passagen aus diesem langen Brief:

> „(...) Viele von uns wussten über die Fakten aus Harris' Bericht jahrelang Bescheid, aber wir hatten sie ignoriert oder geleugnet. (...) Wir kamen zu SY, weil wir unser geistiges Leben bereichern wollten. Anfangs machten einige von uns außergewöhnliche Meditationserfahrungen, andere fühlten, dass sie endlich eine Gemeinschaft verständnisvoller Wahrheitssuchender gefunden hatten. Als wir mehr

> einbezogen wurden, begannen wir zu glauben, dass Gurumayi und Muktananda gültigen Anspruch besaßen auf „vollständige Erleuchtung", „Vollkommenheit" und den „Heiligenstatus". Tatsächlich glaubten wir, sie seien lebendige Gottheiten. Mit Shaktipat, der Erweckung der Kundalini, glaubten wir die endgültige Stufe menschlicher Entwicklung vor der göttlichen Vollkommenheit erreicht zu haben. Alles was zu tun übrig blieb, war, den Guru zu lieben, an ihn zu glauben, ihn zu verehren, was auch passierte, und die Erleuchtung wäre uns sicher.
>
> Unser Glaube an diese Konzepte führte uns dazu, Siddha Yoga zum wichtigsten Teil unseres Lebens zu machen. Als wir dem Guru jedoch näher kamen, entdeckten wir, dass sowohl Muktananda als auch Gurumayi private Persönlichkeiten hatten, die in scharfem Gegensatz zu ihren öffentlichen Persönlichkeiten standen. Wir lernten schnell, dass unser Status als „Schüler" und unsere „Nähe zum Guru" davon abhängig waren, wie gut wir gelernt hatten, die Geheimnisse, die wir erfahren hatten, zu hüten und wie talentiert wir im Beschönigen waren und darin, Schaden unter Kontrolle zu halten. Auf Kosten unserer eigenen Integrität lernten wir den natürlichen Fluß unserer Gedanken und Gefühle zu ignorieren oder zu entstellen (…).
>
> Jahrelang wurde von Muktananda umfangreicher, sexueller Missbrauch und Ausbeutung junger Frauen, oft minderjährig, begangen, und später von George Afif (neben Gurumayi Leiter der SYDA-Foundation, er war 1983 wegen Unzucht mit Minderjährigen angeklagt, G.C.). Hunderte von Frauen wurden von diesen Männern im Ashram verführt, sexuell belästigt und missbraucht. (…) Man sagte ihnen, dass sie diese Misshandlungen selbst verursacht hätten und sie darüber schweigen und mit niemand reden sollten …"

Die Menschen, welche Siddha Yoga verlassen haben und diesen Brief veröffentlichten, beklagen dauerhafte körperliche und materielle Ausbeutung, physische und psychische Gewalt, Entmündigung, Überwachung durch versteckte Mikrofone und Kameras, therapeutische Manipulation durch abhängige Therapeuten, die selbst Anhänger sind oder waren, sowie systematische Verwirrung und Täuschung.

William Rodarmor, ein kalifornischer Rechtsanwalt und Journalist, hatte Interviews mit fünfundzwanzig ehemaligen und jetzigen Anhängern geführt und deren Erfahrungen in dem Artikel „Das geheime Leben von Swami Muktananda" zusammengefasst(15). Die Informanten berichten unter anderem über körperliche und sexuelle Gewalt, über sadistische Schläge, den Besitz von Schusswaffen, über Verfolgung und Todesdrohungen gegen Aussteiger und über die Tatsache, dass sich der Guru außerhalb jeglicher Moral befindet. Alle aber sind sich darin einig, dass Muktananda über „ungewöhnliche Macht" verfügte, die er in dieser Weise formulierte:

> „Es gibt keine Gottheit, die dem Guru überlegen ist, keinen Gewinn, der besser ist als die Gnade des Gurus … keinen Zustand, der höher ist als die Meditation über den Guru."

Ein ehemaliger Devotee, Stan Forelle, schreibt in einem offenen Brief: „Und wie alle Menschen, die die Macht anbeten, wurde er unweigerlich von ihr verdorben und zerstört. (…) Er endete als ein schwachsinniger sadistischer Tyrann, der jede Nacht fromme kleine Mädchen mit Versprechungen der Gnade und Selbstverwirklichung zu seinem Bett lockte."

Sathya Sai Baba (*1926/1929 - 2011*)

Sai Baba wurde in dem indischen Dorf Puttaparthi geboren und hatte ab 1950 hier seinen Ashram. Die von ihm gegründete „Sathya Sai Organisation" versteht sich als „nicht-religiöse spirituelle Vereinigung", welche die spirituellen Lehren aller Weltreligionen in sich vereinigt, mit dem Ziel, die Werte „Wahrheit, rechtes Handeln, Friede, Liebe und Gewaltlosigkeit" zu fördern. Sai Babas großes soziales Engagement, der Bau von Schulen, Krankenhäusern, Bewässerungsanlagen für die Region, die Förderung von Kultur und Bildung, das Postulat der Einheit aller Religionen, seine bedeutenden Vorträge und Schriften waren sichtbarer Ausdruck seiner spirituellen Botschaft von göttlicher Liebe.

Über einen Zeitraum von mehr als 50 Jahren war Sathya Sai Baba der bekannteste und mächtigste Guru Indiens mit schätzungsweise 10 bis 50 Millionen Anhängern in der ganzen Welt, darunter auffallend viele Reiche und Prominente, bekannte Politiker, WissenschaftlerInnen, KünstlerInnen und TherapeutInnen. Er wurde von seinen gläubigen Devotees als Avatar, als Inkarnation Gottes, verehrt und unzählige Bittgebete wurden täglich an ihn gerichtet. Aufgrund seiner Botschaft von universeller Liebe und seiner angeblichen Heil- und Wundertätigkeit wurde er auch als Wieder-Verkörperung von Christus betrachtet.

Zahllose VerehrerInnen aus der ganzen Welt lagen ihm – wortwörtlich – zu Füßen. Viele reisten jährlich nach Puttaparthi in seinen Ashram, um in seiner Nähe zu sein und hier einen Blick, ein Wort, eine Geste, eine Berührung ihres „Gottmenschen“ zu erhaschen. Ein „Privatinterview“ mit dem Guru zu erhalten, war die größte Sehnsucht vieler Gläubiger: „Es ist schwierig, die Atmosphäre der glühenden Hingabe zu beschreiben, die den Ashram durchdringt. (…) Die Leute jetten um Gunst und Position und recyceln endlos Geschichten seiner Wunder und Kräfte. Es ist ein Katalysator für jede vorstellbare Emotion – Frömmigkeit, Hoffnung, Verzweiflung, Eifersucht und Stolz“, schrieb eine kritische Besucherin.

Um 1990 hatte ein ‚spiritueller‘ Sai-Baba-Rausch viele Menschen, auch in meinem persönlichen Umfeld, ergriffen: FreundInnen, KlientInnen und KollegInnen waren gläubige VerehrerInnen Sathya Sai Babas. Fotos von ihrem Guru, in Gold gerahmt oder als Poster in Lebensgröße, hingen in Wohnungen, Praxen und Tagungshäusern. Die von ihm ‚materialisierte‘ heilige Asche, „Vibhuti“, wurde in Wasser verrührt getrunken, seine ‚materialisierten‘ Ringe wurden andächtig getragen, täglich wurde er in Gebeten angerufen, Mantras wurden ihm zu Ehren gesungen und viele verzweifelte Bittbriefe wurden an ihn geschrieben. Er galt als gottgleicher Guru, als Wunderheiler und Erlöser der Menschheit. Eine Art religiöser Wahn schien damals viele spirituell Suchende und Erlösungs-Süchtige ergriffen zu haben.

Können sich Millionen Menschen irren? Irren worin? Es gibt genug glaubwürdige Zeugnisse von Menschen, in deren Leben die Begegnung mit Sai Baba heilend gewirkt haben soll. Sie berichten, dass er sie bei schweren Unfällen vor dem Tod errettet habe, ihre tödlichen Erkrankungen heilte oder sie mit Geldsegen vor drohender Insolvenz bewahrte. Manche Devotees berichten von bemerkenswerten Synchronizitäten, von Wundern und von seiner großen spirituellen Macht. Und viele waren emotional ergriffen von der Liebesbotschaft ihres Gurus. So schreibt ein ehemaliger Devotee zu seiner Erfahrung im Ashram: „Ich erinnere mich, dass ich Frieden gefühlt hatte, wie ich es noch nie zuvor erlebt hatte.“ Das ist die eine Wahrheit.

Doch es gibt noch eine andere Wahrheit und vermutlich ergeben beide Wahrheiten die ganze Wahrheit: David Bailey, ein englischer Musiker, besuchte über Jahre den Ashram von Sathya Sai Baba und lehrte an dessen Schule. Somit hatte er persönlichen Kontakt zu Schülern und Anhängern, die ihm von ihren dunklen Erfahrungen mit dem göttlichen Baba berichteten. Es waren Erfahrungen, über welche die Kinder und Jugendlichen mit ihren Eltern nicht zu sprechen wagten, da sie befürchten mussten, dass ihnen nicht geglaubt würde. Und es waren Hilferufe von sexuell bedrängten und sexuell missbrauchten kleinen Buben und jungen Männern; David Bailey war irritiert und schockiert.

Um 1999 entschloss er sich, „Die Findings“[(16)] zu veröffentlichten, persönliche Erfahrungen aus einem Zeitraum von 1970 bis etwa 1999 von ehemaligen Devotees, Ex-Studenten, Mitarbeitern und jungen Männern aus der ganzen Welt: Sie alle berichten übereinstimmend von Masturbation ihrer Genitalien durch Sai Baba, angeblich, um die Kundalini zu erwecken. Manche berichten von der Nötigung zur Masturbation der Genitalien ihres Gurus, von erzwungenem Oralsex, von Schmuck- und Geldgeschenken für die sexuellen Dienste, von massiver Einschüchterung und Bedrohung durch den Guru.

Sai Baba werden hunderte oder tausende Fälle von pädophilem Missbrauch an jungen Männern und kleinen Jungen angelastet. Auch soll er in die Morde an vier seiner Schüler verwickelt sein, die nach einem Verhör von seiner Privatpolizei erschossen wurden. Der schwedische Schauspieler Conny Larsson veröffentlichte seine Erfahrungen mit Sai Baba in dem Buch „Hinter der Maske des Clowns“[(17)] und entlarvte ihn als einen gigantischen Betrüger und perversen Pädophilen.

Für manche war die Enttäuschung und Ernüchterung groß, so groß wie die vorherige Täuschung und suchtartige Verehrung des göttlichen Erlösers. Ich habe damals miterlebt, wie die Einsichtigen unter seinen Verehrern die Bilder ihres „Gottes“ abhängten, seine Bücher in den Papiermüll warfen und somit, vielleicht, ihrer eigenen göttlichen Wahrheit etwas näher kamen.

Mir offenbarte sich die dunkle Seite von Sai Babas Wahrheit in einem Tagungshaus, in dem ich um das Jahr 2000 gemeinsam mit einem Kollegen eine Gruppe leitete. Im Gruppenraum hing ein Bild von Baba, das ich während meiner Arbeit entfernte, um später mit der Hausleitung, einem sehr freundlichen Ehepaar, darüber zu reden. Sie erzählten mir, dass sie Anhänger von Sai Baba sind und über viele Jahre mit ihren beiden kleinen Jungen seinen Ashram besucht hatten. Und sie berichteten erstaunlich freimütig, dass ihre beiden Söhne von Baba mehrfach sexuell manipuliert worden waren, dass diese sich daraufhin dem Guru verweigerten, sie aber weiterhin seine Devotees seien. Ich war so schockiert, dass ich vergaß, sie nach dem Grund ihrer unbedingten Treue zu fragen.

Abhängige Devotees sagten häufig: „Er ist Gott und Gott kann tun und lassen, was er will." „Er will uns und unseren Glauben an ihn prüfen", sagten andere. „Und weil Sai Baba göttlich ist, ist alles, was er tut, jenseits unserer menschlichen Vorstellungsmöglichkeit, wir haben keine Möglichkeit und kein Recht zu urteilen."

Und tatsächlich ist das Phänomen Sathya Sai Baba jenseits unserer Vorstellungsmöglichkeit: Gottheit oder pädophiler, sexsüchtiger Dämon? Wunderheiler oder Schwarzmagier? Oder vielleicht beides? Die Erfahrung, „dass Sathya Sai Baba als göttliches Wesen aus einer jenseitigen Ebene heraus weitgehende Bewusstseinsveränderungen vornehmen kann", wird von manchen seiner Gegner geteilt. Manche halten ihn für eine „dämonische Wesenheit aus dem Astralbereich" und sprechen aus eigener eindrücklicher Erfahrung von „Bewusstseinsmanipulation durch einen in jeder Hinsicht überlegenen Geist."[(18)]

Trotz unzähliger Vorwürfe aus der ganzen Welt konnte Sathya Sai Baba nie rechtlich belangt werden.

Nach dieser lautstarken Klage gegen die Schattenanteile von drei männlichen Gurus stellt sich die Frage: Was ist mit weiblichen Gurus, haben die etwa keinen Schatten? Der Schatten der – wenigen – weiblichen Gurus ist zuweilen ihre Machtlosigkeit und Abhängigkeit von ihren männlichen Verwaltern. Weibliche Gurus sind oft Marionetten ihrer mächtigen Hintermänner. Hier ein Beispiel: Vor wenigen Jahren starb die Tochter einer nahen Freundin mit 21 Jahren bei einem Unfall in Indien. Meine Freundin suchte mütterlichen Trost in den Armen von „Amma" (Amritanandamayi, geb. 1953 in Indien). Angesichts ihrer großen Not hielt Amma sie ein wenig länger als vorgesehen und sofort wurden die beiden von einem ihrer Aufpasser getrennt.

Das Guru-Opfer – Ursachen des Selbst-Verrats

„In schwierigen Zeiten und Krisen" wandte sich Sogyal Rinpoche mit dieser flehentlichen Anrufung an seinen Guru:

> „O Guru Rinpoche, Kostbarer!
> Du bist die Verkörperung des Mitgefühls und Segens aller Buddhas, einziger Schützer aller Wesen.
> Meinen Körper und meinen Besitz, mein Herz und meinen Geist bringe ich dir ohne zu zögern dar!
> Von jetzt an bis zur Erleuchtung, in Glück und Leid, in guten wie in schlechten Zeiten, verlasse ich mich ganz auf Dich, Padmasambhava.
> Du kennst mich: Denke an mich, inspiriere mich, leite mich. Laß mich eins werden mit Dir."[(19)]

Wenn wir uns erinnern, dass Sogyal Rinpoche bereits mit sechs Monaten seiner Mutter genommen und einem Meister übergeben wurde, dann wird klar: Ihm wurde die Grundlage seiner vitalen menschlichen Entwicklungsmöglichkeit vorenthalten. Da erstaunt es wenig, dass ein Teil seiner Persönlichkeit in frühkindlicher, symbiotischer Bedürftigkeit, Gier und archaischer Wut gefangen war.

Wie aber kommt es, dass so viele kluge und aufgeklärte Menschen sich von einem Guru beeindrucken und verführen lassen? Warum sind sie bereit, ihm – wie in der oben zitierten Anrufung – Körper, Besitz, Herz und Geist ohne zu zögern darzubringen? Warum verleugnen sie die Schatten ihrer Gurus? Warum opfern sie sogar ihre Kinder? Warum glauben sie den Tätern mehr als den Opfern?

Die Ex-Devotees von Muktananda geben in ihrem offenen Brief Einblick in das Muster ihrer Abhängigkeit und unheilvollen Opferhaltung[(20)]:

> „Es ist schmerzhaft, nun zu erkennen, wie wir schrittweise dazu verführt wurden, unsere Wahrheit, unsere Moral, unsere Wirklichkeit und unser Selbstbewusstsein zu opfern, um Gurumayi und Muktananda zu schützen und zu verteidigen. Sie machten Jagd auf unsere Sehnsucht und unsere Verletzbarkeit, und wir versuchten, uns ihren Forderungen anzupassen. Wir dachten, wir müssten nur noch mehr

Guru Gitas singen, mehr Geld geben, mehr Seva machen, weniger schlafen, weniger essen, mehr lächeln, ein Intensiv mehr mitmachen (...), daß dann vielleicht der Guru uns mit seiner Zustimmung segnen würde und unsere Existenz wertschätzen. Als wir schließlich wieder zu Atem kamen, waren wir erschüttert zu erkennen, wie viele Lügen wir erzählt hatten, wie Siddha Yoga uns beigebracht hatte, unser Leben von Angst, Scham und Schuld regieren zu lassen ..."

In der erstaunlichen Opferhaltung der Guru-Verehrer wird deutlich: Es geht um Mangel an Selbst-Wert und um die verständliche Sehnsucht nach Gesehen-Werden, nach Anerkennung und Wertschätzung. Aber nicht auf die eigene Innenwelt, nicht auf das eigene Wahre Selbst richtet sich die Suche nach dem verloren geglaubten Wert, sondern auf den idealisierten Guru. Die Sehnsucht nach Befreiung und Einheit geht nach außen, in die Projektion; Selbstverleugnung und Selbstverlust sind die logischen Folgen. Die Ursachen und Aspekte dieses verstörenden Selbst-Verrates sind vielfältig:

Vergöttlichung des Gurus
Wir Menschen des 21. Jahrhunderts leben in einem spirituellen Mangelzustand. Wir sehnen uns nach der Erfahrung des Heiligen, nach tiefer spiritueller Hingabe, spiritueller Erkenntnis und spiritueller Erfüllung. Wir suchen nach dem Sinn unserer Existenz und dem Sinn des Lebens auf der Erde. Die Antworten der christlichen Religion und ihrer Institutionen aber sind über die Jahrhunderte zunehmend bedeutungslos geworden. Nach Kreuzzügen, Inquisition, Kolonialisierung, Holocaust und der generalisierten sexualisierten Gewalt an Kindern im Kontext der Kirchen ist die christliche Liebesbotschaft an ihrem eigenen Schatten zugrunde gegangen.

Die spirituelle Sehnsucht nach Transzendenz, Befreiung und Einheit aber bleibt. Sie ist ein wesentlicher Aspekt des menschlichen Seins und lässt sich nicht dauerhaft über materiellen Gewinn und Konsum befriedigen. In dieses Vakuum kommen die „spirituellen Meister" als die idealisierten „göttlichen Wesen" und bringen – scheinbar – das, wonach die ausgetrockneten Seelen hungern:

„Ich hielt ihn für den Gott der Götter, den Schöpfer aller Schöpfung, meinen Freund, mein Alles", schreibt ein Ex-Devotee über die Beziehung zu seinem Guru.(21)

Kindliche Bedürftigkeit

Die bekannte Traumatherapeutin Luise Reddemann(22) antwortet in einem Interview zum Thema „Menschen in spirituellen Abhängigkeitsbeziehungen“: „Ich frage: Wer in Ihnen hat solche Sehnsucht nach Liebe, dass Sie sogar Gewalt ertragen? Ist das der erwachsene Mensch oder ist das ein jüngerer Teil oder jüngere Teile von Ihnen?“

Sogyal Rinpoche war sechs Monate alt, als er seiner Mutter weggenommen und einem Mönch übergeben wurde! Dass dieser Mönch, sein Lehrer und Guru, für ihn zur vergöttlichten, schutzgebenden Mutter wurde, liegt nahe. Und so tat er alles, um ihm in symbiotischer Einheit und emotionaler Abhängigkeit gleich zu sein. Entwicklung und Reifung seiner Persönlichkeit blieben im Keller und auf der Stufe früher infantiler Abhängigkeit.

Gefühlszustände von Bedürftigkeit, Einsamkeit, Unsicherheit und Schutzlosigkeit in einer Welt voller Katastrophen erschweren die ersehnte Erfahrung von innerem Frieden und bedingungsloser Liebe. Das bedürftige Kind in uns sehnt sich nach Annahme, Liebe und Schutz, nach starken, liebevollen und idealen Eltern, die wir so nicht hatten. Von einem Gott oder einem gottgleichen Meister gehalten, getragen und beschützt zu sein wie von einer guten Mutter, das besänftigt die Angst und die kindliche Not. Der Guru lässt seine Schüler wissen:

> „dass alle, die ihm folgen, unter einem besonderen Schutz stehen. Für seine Gefolgschaft entsteht daraus das Gefühl, von Gott selbst geschützt zu werden. (…) Das Gefühl, total umsorgt und angenommen zu sein, stark und scheinbar furchtlos im Mittelpunkt des Universums zu stehen, all das wird um den Preis erlangt, dass die AnhängerInnen ihre Eigenverantwortung abgeben und so im Grunde Kinder bleiben.“(23)

Wunsch nach Gemeinschaft und Zugehörigkeit

In einer Gruppe Gleichgesinnter angenommen zu sein, schenkt das wohlige Gefühl von Geborgenheit und Beheimatung. Wir sind nicht mehr allein, die Gruppe hebt die Vereinzelung auf, bietet Schutz und Sicherheit; gemeinsam fühlen wir uns stark. Eine Gruppe ersetzt die heile Familie, die wir nicht hatten, und verbindet uns mit „Brüdern“ und „Schwestern“ im Geiste. Die spirituelle Gruppe, die Sangha, in der viele Menschen sich einem spirituellen Ideal, einem vergöttlichten Guru zuwenden, kann tatsächlich ein starkes energetisches Feld von Liebes- und Heilkraft entfalten – genauso aber auch das Gegenteil. Dem Angebot von Zugehörigkeit und Beheimatung verfallen gerade Menschen, die wenig in sich selbst beheimatet sind, die sich unsicher und einsam fühlen. Liebend gerne opfern sie ihre beängstigende Freiheit und verunsichernde Unabhängigkeit, um im Verband der Gruppe die ersehnte Sicherheit zu finden.

Sehnsucht nach Hingabe

In jedem Menschen existiert eine mehr oder weniger bewusste und mehr oder weniger ausgeprägte Sehnsucht nach Hingabe. Wir möchten uns – gelegentlich – hingeben an einen geliebten Menschen, an eine besondere Aufgabe, ein wichtiges Projekt oder einen spirituellen Meister. Und für eine begrenzte Zeit kann bedingungslose Hingabe an das Andere eine erfüllende, beglückende und sogar lustvolle Erfahrung sein.

Hingabe aber erfordert Aufgabe des Eigenen und Auflösung im Anderen. „Lass mich eins werden mit dir", heißt es in der anfangs zitierten Anrufung. In jedem Wunsch nach Hingabe liegt die spirituelle Sehnsucht nach Vereinigung mit dem göttlichen Ursprung, der Wunsch nach Einheit. Es ist die archetypische Neptun-Energie, welche Ich-Entgrenzung fordert, Ego-Auflösung und bedingungslos liebende Hingabe an das Göttliche in uns, an das Wahre Selbst.

Hingabe aber wird leicht zur Unterwerfung, wenn die innere Göttlichkeit nach außen, auf einen anderen Menschen gerichtet ist. „(...) Hingabe an einen anderen Menschen – der den Zugang zur Erlösung darstellt – hält die Menschen in Abhängigkeit, Kindlichkeit und einem Leben aus zweiter Hand."[(24)] Heilsame Hingabe ist bedingungslos und verbunden mit Selbst-Achtung. Hingabe ohne Selbstachtung ist Selbst-Verrat.

Erotisierung der Guru-Macht

Es ist so schön, verliebt zu sein! Wir alle kennen diesen euphorischen Gefühlszustand, er ist die reinste Wonne. Verliebtheit lässt die gesamte Welt in einem neuen Licht erscheinen, die alte Bedrängnis scheint wie weggeblasen. So erlebe ich zuweilen, dass Menschen in diesem manischen Zustand von Verliebtheit abrupt ihre Therapie beenden: „Jetzt geht es mir ja gut", sagen sie. Ein ähnlich euphorischer Zustand kann ausgelöst werden, wenn Menschen glauben, ihren einzigartigen spirituellen Meister gefunden zu haben. Sie fühlen sich anfänglich befreit und wie neu geboren. Sie befinden sich in einer spirituellen Liebes-Ekstase.

Je bedeutender und mächtiger der Guru erscheint, umso größer ist die erotisierte Bereitschaft zu bedingungsloser Verehrung und verliebter Hingabe. Von *Ihm* erkannt und auserwählt zu sein, ihm materiell, emotional und sogar sexuell dienen zu dürfen, befriedigt das tiefste Liebes-Bedürfnis.

Auserwähltheits-Vorstellungen
Macht-, Größen- und Auserwähltheits-Vorstellungen sind immer gefährlich. Wenn Völker, Kollektive und Individuen sich von einer machtvollen Instanz oder gar einer Gottheit auserwählt fühlen, neigen sie dazu, sich über andere zu erheben. Vor Jahren arbeitete ich mit einem Mann, einem „Zeugen Jehovas", der sich als einer der Auserwählten an der Seite Jesu erlebte. Seine Macht war tatsächlich sehr groß, auch seine Macht über mich, sodass es mir langfristig unmöglich war, therapeutisch mit ihm zu arbeiten.

Auserwählte SchülerInnen und Devotees machtvoller Gurus, gerade wenn sie in einem Ashram zum inneren Kreis der Erwählten gehören, werden sich zwangsläufig mit der Größe und Macht ihres vergöttlichten Meisters identifizieren. Wenn sie ihm in Hingabe dienen und ihm alles geben, was sie zu geben haben, dann werden sie selbst „zum Abbild des Guru", so das Versprechen.

Devotees fühlen sich groß und mächtig, solange ihr Guru groß und mächtig ist, ihre eigene Bedeutung und ihr Selbstwert sind abhängig von seinem Wert. Damit hat er sie in der Hand, sie sind manipulierbar. Der Guru-Schatten kann sie beliebig benutzen, denn nur die absolute Geheimhaltung seines Schattens garantiert die Besonderheit und Größe ihrer eigenen Existenz.

Streben nach Erleuchtung
Im Energiefeld eines erfahrenen Meisters und vieler hingebungsvoller Menschen zu verweilen und zu meditieren, kann die spirituelle Entfaltung enorm intensivieren und kann sich sehr „heilig" anfühlen. Im Sinne von „morphischer Resonanz" kann ein stark geladenes spirituelles Feld entstehen.

Das spiritualisierte Ego aber will mehr solcher Erfahrungen. Es will dauerhaft in diesem Zustand glückseliger Befreiung verweilen und ihn über spirituelle Praxis erreichen. Deshalb strebt es nach „spirituellem Fortschritt", es strebt danach, ans „spirituelle Ziel" zu gelangen, – was widersinnig ist, wenn mit Spiritualität das jenseits von Zeit und Raum existierende All-Ewige gemeint ist. Wir wissen, dass „der Weg das Ziel ist" und dass es nicht darum gehen kann, Erleuchtung zu erzielen. Und dennoch sind viele spirituell Suchende nicht auf der Suche nach ihrer Wahrheit, sondern auf der Suche nach Erleuchtung. Und diese Befreiung kann, so wird – irrsinnigerweise – behauptet, nur mit Hilfe eines erleuchteten Gurus erreicht werden.

Mit der Möglichkeit, die begehrte Erleuchtung zu gewähren oder zu verweigern, verfügt der Meister über ein wirkungsvolles Machtinstrument, er erscheint dem Schüler als Herr über dessen spirituelle Existenz zwischen Leben und Tod. Viele Meister nutzen dieses Instrument, um ihre SchülerInnen gewaltsam in Hörigkeit zu halten. So auch der Zenmeister und Abt Thich Thien Son im Kloster „Buddhas Weg" im Odenwald – in meiner Nähe, der Erleuchtung versprach und seine Schüler in sexueller Abhängigkeit hielt[25]. Als einer seiner männlichen Opfer begann, sich zu befreien, soll der Abt ihm gedroht haben, „dass ihm die Erleuchtung verwehrt bliebe, wenn er nicht weiter mitmache".

Manipulation durch „verrückte Weisheit"

„Verrückte Weisheit", entstanden aus der Tradition der hinduistischen Bettelmönche, beabsichtigt, durch aktive Verwirrung die starren Grenzen des menschlichen Bewusstseins zu sprengen. Wenn Mönche, Mystiker und spirituelle Lehrer bewusst die sozialen Normen umkehren oder in bizarrer Form zum Ausdruck bringen, dann arbeiten sie mit dieser Methode. Hinduistische und buddhistische Lehrer sind in der Lage, die verwirrende Kraft der „verrückten Weisheit" heilsam zu nutzen, um ihre SchülerInnen aus den Fixierungen kultureller Normen und unheilvoller psychischer Muster zu befreien. Sie können mit dieser Methode aber auch manipulieren und durch gezielte Verwirrung ihre SchülerInnen an sich binden. Vor allem aber ist es möglich, jedes eigene unethische Verhalten als „verrückte Weisheit" zu deklarieren.

Das Postulat der Non-Dualität

Vor der Zweiheit war die Einheit, von ihr kommen wir, zu ihr gehen wir. In der mystischen Einheits-Erfahrung ist es möglich, einzutauchen in den Urgrund allen Seins. Im mystischen Erleben des Eins-Seins, jenseits von Zeit und Raum, Schmerz und Freude, Geburt und Tod ist es möglich, vollkommenen Frieden und absolute Glückseligkeit zu erfahren. Wir fühlen uns von jeglicher Angst befreit, erleben uns jenseits dieser irdischen Existenz in kosmischer Einheit.

Nun aber leben wir in der Dimension irdischer Polaritäten. Und so wie es nicht möglich ist, im Wasser zu schwimmen, ohne nass zu werden, so ist es in einer polaren Welt nicht möglich, dauerhaft im Licht zu sein, ohne dem Schatten zu begegnen. Im irdischen Sein ist alles zyklisch, wandelbar und nicht von Dauer; hier ist Erleuchtung eine *Erfahrung,* ein vorübergehendes flüchtiges Ereignis, ein Einheits-Erlebnis, das im besten Fall in das alltägliche Leben ausstrahlt.

Im Postulat der Non-Dualität aber ist Erleuchtung ein *Zustand,* statisch und unveränderlich. In diesem Konzept gilt der vergöttlichte Guru als ein für alle Zeit Erleuchteter, „allezeit identisch mit dem Bewusstsein des Universalen Selbst", heißt es. In einem „höheren Bewusstseinszustand" ist er allen überlegen, und nur mit absoluter Hingabe kann der Schüler diesen begehrten Einheitszustand erreichen und dem Guru damit gleich werden.

Höhere Bewusstseinszustände aber sind nicht unbedingt gekoppelt an höhere Ethik, höhere Einsicht, höhere Liebesfähigkeit und größeres Mitgefühl, oft ist das Gegenteil der Fall. Denn das personale Ich, nun schmerzlich getrennt vom transpersonalen Selbst, versinkt in Spaltung. Hier im Reich der Schatten verfinstert es sich zunehmend, wird zum narzisstischen Ego mit Größenwahn und paranoiden Tendenzen. Nicht wenige ließen sich blenden vom Postulat der Non-Dualität, der Erleuchtung, die es im Hier und Jetzt zu erreichen gilt, und erwachten in tiefer Dunkelheit.[26]

Faszination paranormaler Phänomene

Wir Menschen lieben das Wunder. Wir reisen zu SchamanInnen und WunderheilerInnen, meditieren in Höhlen und begeben uns auf entbehrungsreiche Pilgerreisen mit dem tiefen Wunsch nach einem Wunder. Die alte Erfahrung des Wundersamen existiert auf der magischen Ebene des Bewusstseins und wartet darauf, sich emotional mit dem rationalen Bewusstsein zu verbinden. Der transpersonale Psychotherapeut Ingo Jahrsetz schrieb in „Heimkehr der Seele"[27]:

> „Damals (...) brauchte ich die *großen Geschichten* mit ihren Gefühlen, ihrer Dramatik, weil ich mich in ihnen spüren und die Möglichkeiten des Universums sehen konnte. Das machte es leichter, mein Herz zu öffnen."

Auch ich liebe die großen Geschichten und erzähle sie deshalb in meinen Büchern. Wir lieben die Wunder, wir lieben es, „Wenn Unglaubliches passiert", so der Titel eines Buches von Stanislav Grof. Das Wunder scheint der Beweis für das, was wir ahnen, der Beweis für die Existenz einer übergeordneten göttlichen Macht. Diese heilige Erschütterung und dieses andächtige Staunen angesichts des Unglaublichen ist mit keinem anderen Gefühl zu vergleichen und wird daher von manchen als „Gipfel-Erfahrung" erlebt. Wer eine solche Erfahrung einmal gemacht hat, kann süchtig werden nach diesem Hochgefühl. Ein mächtiger Schatten-Guru kennt diese Sehnsucht seiner Devotees, und so ‚beschenkt' er sie mit echten oder auch mit falschen Wundern und hält sie somit in hingebungsvoller Abhängigkeit.

Angst vor göttlichen Rache

Der Meister braucht den Schüler, ohne Schüler ist er kein Meister. Der Guru braucht seine Anhänger, sie bestätigen seine Existenz, seine Mission. Wenden sich die Devotees aber von ihm ab, verhalten sie sich trotz seiner ‚Heiligkeit', seiner Macht, seiner Wundertätigkeit nicht mehr devot, dann ist er existentiell auf allen Ebenen bedroht. In Abhängigkeit von seiner psychischen Spaltung, seiner personalen Störung, kommt nun seine dunkle Seite ans Licht: Er nutzt seine magische, scheinbar übermenschliche Macht, agiert, manipuliert, bedroht und verfolgt die Abtrünnigen. Sein tatsächlicher Zugang zu jenseitigen Dimensionen der Wirklichkeit, gerade das, was ihn einst so anziehend machte, lässt ihn nun so überaus gefährlich erscheinen. Seine Drohungen aktivieren die Urangst religiöser Menschen, die Angst, von Gott verdammt zu sein, die Angst vor ‚göttlicher' Rache. Der liebe Gott wird zum strafenden Gott, der göttliche Wunder-Mann zum Schatten-Magier, zum bösen Zauberer.

Ein Anhänger Muktanandas schreibt[(28)]: „Er wirkt unmerklich in die Lebenskonstellationen und schicksalhaften Ereignisse hinein, belastet den Schüler gemäß seinem Entwicklungsstand, löst Reinigungs- und Transformationsprozesse aus …" Dieses unmerkliche Einwirken fühlt sich vielleicht gut an, solange der Schüler seinem Meister vertraut und ihm bedingungslos folgt. Befreit er sich aber aus Abhängigkeit und Hörigkeit, dann hat er das Schlimmste zu befürchten. Ich hatte beruflich immer wieder mit Menschen zu tun, die es zuließen, dass ihr Meister unmerklich in ihr Leben hineinwirkte. Sie landeten häufig in Angst, Panik und einem Zustand paranoider Verfolgung.

Dem inneren Meister, der inneren Meisterin vertrauen

> Rück nahe an dein eigenes Licht heran
> und suche kein anderes Licht.
>
> Buddhistische Weisheit

Wenn bereits im Neuen Testament vor dem falschen Messias und den falschen Propheten gewarnt wird (siehe Seite 305), – woran können wir uns dann noch orientieren? Woran können wir noch glauben?

Ja, mit dem Glauben ist das so eine heikle Sache. Denn in Glaubensangelegenheiten gibt es eine äußere mächtige Instanz, die vorgibt, woran wir glauben sollen. Als Gläubige sind wir zwangsläufig fremdbestimmt, weshalb ich mich schon als Kind weigerte, das christliche Glaubensbekenntnis zu sprechen, in dem es zur Geburt Jesu heißt: „Empfangen durch den Heiligen Geist, geboren von der Jungfrau Maria." Ich bin eine Un-Gläubige, denn als Tochter eines Pfarrers hatte ich schon früh die Gelegenheit zu erkennen, dass zwischen postulierten Glaubensinhalten und gelebter Wirklichkeit tiefe Abgründe liegen können. So habe ich mich schon in jungen Jahren dafür entschieden, keine Gläubige, sondern eine *Erfahrende* zu sein, auf der Suche nach eigener Erfahrung und eigener Erkenntnis.

Der devote Glaube, dass „der Mensch ohne die Hilfe und die Gnade eines lebenden Gurus" nur schwerlich Befreiung erfahren kann, ist eine Annahme aus Unwissenheit und Hörigkeit. Das Postulat der Notwendigkeit eines erleuchteten und damit *unfehlbaren* Meisters für die eigene Verwirklichung ist ein patriarchales Dogma. Es dient vor allem dem Machterhalt der religiösen und ‚spirituellen' Führer, ähnlich wie das Unfehlbarkeits-Dogma des Papstes die Macht der katholischen Kirche festigen sollte. Jede autoritäre Macht aber ist wie alles Irdische einem zyklischen Wandel unterworfen und mündet zwangsläufig in polarer Ohnmacht.

So waren die Anfänge der drei Gurus Sai Baba, Muktananda und Sogyal Rinpoche – wie auch vieler anderer – zunächst sehr beeindruckend. Sie brachten bedeutsames Wissen und die spirituelle Weisheit der alten östlichen Traditionen in die westliche Welt und in die dürstenden Seelen der Suchenden.

Diese geistigen Geschenke behalten ihre Bedeutung, wirken segensreich, dort, wo sie heilsam integriert und sich mit westlichen – eher naturphilosophischen – Werten verbinden konnten.

In ihrer Absolutheit aber endeten viele der großen Meister erbärmlich, in Täuschung, Lüge und Schuld. In ihrer Tragik erinnern sie an die Helden der antiken Tragödien und an die verlorene Größe und Macht gescheiterter Gott-Könige. Die Meister und Gurus als die vermeintlich „großen Wesen" und angebeteten „Gottmenschen" erwiesen und erweisen sich selbst als kleine Figuren im Spiel des Grenzenlosen Bewusstseins. Die Schatten-Gurus wurden Opfer ihres Konzeptes von *dauerhafter* Erleuchtung, indem sie nicht verstanden, dass in der irdischen Welt der Polaritäten sich hinter jedem Über-Bewusstsein ein Unter-Bewusstsein verbirgt. Sie wollten nicht anerkennen, dass auch in ihnen ein Ego, eine untere Schattenwelt existiert, angefüllt mit menschlicher Bedürftigkeit, Maßlosigkeit und Gier. Tatsächlich mit großen spirituellen Gaben gesegnet, erlagen sie den Versuchungen der westlichen Welt und der Macht ihrer eigenen Trauma-Dämonen. Somit gehört den Meistern und Gurus unsere Wertschätzung *und* unser berechtigter heiliger Zorn, aber auch unser menschliches Mitgefühl.

Einseitige *Identifikation* mit Einheitsbewusstsein führt zur Leugnung irdischer Polarität und irdischer Realität, zu Ignoranz gegenüber der Natur und ihren Geschöpfen. Einseitige Identifikation mit Einheits-Bewusstsein mündet letztlich in *Ent*wertung und *Ent*heiligung der Schöpfung. In einer fatalen Spaltung wird das Heilige in den Himmel gehoben und das Alltägliche wird entheiligt und erniedrigt. Damit unterspült das Postulat von Non-Dualität – als Erleuchtung, die es im Hier und Jetzt zu erreichen gilt – das Gefühl für Ethik, für soziale Verantwortung und Verantwortung für den Zustand der Erde. Wenn der Spirit projiziert wird, folgt daraus nicht selten ein Mangel an Wahrheit, an Verlust von Mitgefühl und der Bereitschaft, dem irdischen Leben in Liebe und Hingabe zu dienen.

Wir erleben gerade den Zusammenbruch religiös-spiritueller Konzepte und Ideale wie auch anderer Heils-Vorstellungen und scheinbarer Werte. Ihre Schattenseiten kommen ans Licht, wir erleben eine kollektive Enttäuschung. Nun können wir uns getrost von ihnen verabschieden, denn sie verhindern die Erfahrung der inneren Wahrheit – und damit die Annäherung an die göttliche Quelle in uns.

Nach der Veröffentlichung des Briefes an Sogyal Rinpoche wurde mir erschreckend deutlich: Auch die letzte Illusion von spiritueller Befreiung durch *äußere* als göttlich erscheinende Kräfte ist dahin. Die große Buddhismus-

Begeisterung der letzten zwanzig Jahre unterliegt – wie jede Identifizierung mit etablierten Religionen oder esoterischen Konzepten – der Täuschung des menschlichen Geistes.

Wo nun findet der sehnsuchtsvoll gläubige Mensch Schutz, Halt und Orientierung?

Der innere Buddha. Mandala von Barbara B. 2000

Einzig und allein in der inneren Weisheit, in der Weisheit unserer Seele, liegt die Möglichkeit zur Befreiung und Erlösung. Das innere Wahre Selbst ist der Ort der Erkenntnis, der Weg und das Ziel der mythischen Reise. Das Selbst ist der Ort, an dem der Messias wohnt, der Buddha, der Guru, die innere Meisterin; es ist der Ort der Wahrheit.

Aus der Erfahrung innerer Meisterschaft entsteht *innere Weisheit.* Wir brauchen keine menschliche Brücke, keine Stellvertreter, keine Vermittler zum Spirituellen: Das göttliche Licht wohnt in uns allen, wenn wir nur nahe genug heranrücken, wird es unser Leben erleuchten.

Das göttliche Licht wohnt in uns und in allem, was ist: In jedem Baum, jeder Kröte, dem Gesang der Amsel und im nächtlichen Ruf der Eule; sie alle sind die Stimme des Himmlischen, sind Träger des universellen Bewusstseins, der schöpferischen Weisheit und der göttlichen Liebe:

Oh Baum, Göttliches Wesen!
Der Du das Große Unten mit
Dem Großen Oben verbindest
In Stille, Demut und Bescheidenheit.
Ich verneige mich vor Deiner Weisheit

(G.C.)

6. Des Herbstes Abend – Ein Ruf zur kollektiven Heldenreise

Auf hohles Astwerk
Hat sich die Krähe gesetzt
Des Herbstes Abend

Matsuo Bashô, 1644 - 1694

Im nächsten Sturm wird das hohle Astwerk brechen, wird fallen. Die Krähe wird sich erheben und davon fliegen. Nach der winterlichen Ruhe wird der Baum eine neue Wachstumsphase beginnen; frisches Grün, neues Astwerk wird sprießen … Und wir, die Menschheit?

Der „Baum des Lebens“ ist hohl und brüchig geworden. Ein Ast nach dem anderen bricht und fällt in heftiger Erschütterung und mit lautem Krachen. Die Erde bebt und die Elemente – Lüfte, Feuer und Wasser– toben in ohnmächtiger Wut. Bereits vor über einem Jahrzehnt erkannte die Altai-Schamanin Galbe(1):

„Die Welt ist überladen, zu schwer geworden.
Das alte Leben geht zu Ende und ein neues fängt an.
Manche sagen, es wird kein Grün, kein Gras mehr geben,
der Regen bleibt aus. Man muss alles erbeten.“

„Mehr Hitzewellen, mehr Hunger, Überschwemmungen, Artensterben – Experten des Weltklimarats zeichnen ein düsteres Bild für den Fall, dass es nicht gelingt, die Erderwärmung einzudämmen: Sie sehen die Menschheit in Gefahr.“(2)

Heute ist der 16. Juli 2021: Der seit langem erkannte, aber vielfach geleugnete oder bagatellisierte Klima- und Umwelt-Notstand ist in kürzester Zeit zu einer übermächtigen Natur-Katastrophe geworden: Südeuropa brennt, Nordkalifornien, große Gebiete Russlands, in Algerien sind zahlreiche Menschen in den Feuern umgekommen. Und auch uns hat eine gigantische Flutkatastrophe erreicht mit etwa 180 Toten und noch vielen Vermissten. Das Ausmaß der Feuer und dieser „Sündflut“ ist erschütternd; betroffen, hilflos und ohnmächtig stehen wir Menschen davor …

Die Weltlage ist ernst, todernst. Es liegt an uns, noch Schlimmeres zu verhindern, an unserer Ein-Sicht: „Mutation oder Tod", schrieb einst Jean Gebser. Greta Thunberg hatte sich beim UN Klimagipfel 2019 in New York in einer verzweifelt-wütenden Rede mit folgenden Worten an die Politiker und Wirtschaftsmächtigen gewandt[(3)]:

> „Ihr habt meine Träume und meine Kindheit mit euren leeren Worten gestohlen. Und doch bin ich eine der glücklichen Menschen. Menschen leiden. Menschen sterben. Ganze Ökosysteme kollabieren. Wir stehen am Anfang eines Massensterbens, und alles, worüber ihr reden könnt, sind Geld und Märchen über ewiges Wirtschaftswachstum. Wie könnt ihr es wagen! (…)
> Die Welt wacht auf. Und die Veränderung kommt, ob es euch nun gefällt oder nicht."

Auch die aktuelle Corona-Pandemie ist nur *eine* Erscheinung des globalen Zusammenbruchs. Mehr Epidemien, Seuchen, Erkrankungen als Folge der Erderwärmung werden uns heimsuchen.

Die dramatische Zerstörung der Naturreiche sowie die Aushöhlung ethischer Werte und der egomanische Mangel an sozialer Verantwortung werden zunehmend katastrophale Ereignisse provozieren. Falls wir nicht innehalten, nicht freiwillig verzichten, nicht bereit sind zu freiwilliger *konstruktiver Leidensfähigkeit,* wird sich der weltweite Zerfall weiter beschleunigen. „Wer nicht leiden will, muss hassen", schrieb einst der Psychoanalytiker Horst-Eberhard Richter. Denn die mutige Annahme von Schmerz und Leid erschafft Bewusstsein und Heilung. Dies ist die Magie der Wunde.

In der Maßlosigkeit des patriarchalen Anthropozentrismus haben wir Menschen uns über einen Zeitraum von mehr als dreitausend Jahren aus der Einheit des Lebens gelöst, die Natur verraten, Mutter-Erde geschändet. Der Baum des Lebens bricht und wird fallen, wenn wir nicht endlich bereit sind innezuhalten und uns daran erinnern, dass wir Menschen nur ein Teil der Natur sind.

Er wird fallen, wenn wir uns nicht an die höchste und heiligste Aufgabe des Menschseins erinnern: „HüterInnen des Heiligen Schreins zu sein, welcher die gesamte Erde ist".

Der kosmische Wille

„Um Himmels Willen", sagen wir in kritischen Momenten des Lebens. Der Kosmos, das Universum als Ort des Grenzenlosen Bewusstseins, hat einen Willen. Seit alters her spiegelt das hermetische Weltbild die Einheit von Mikro- und Makrokosmos: „Wie Oben, so Unten." Wir ‚Zivilisierten' aber haben schon seit langem verlernt, dem kosmischen Willen zu folgen; wir ignorieren die universelle Ordnung, die allen Lebensformen zugrunde liegt und das Leben auf der Erde im Gleichgewicht hält. Wir überhören die Stimme von Himmel und Erde, wir sind taub für die Botschaft der nicht-menschlichen Wesen, die uns ständig umgibt.

Die archetypische Astrologie mit ihren zwölf bekannten Seelenbildern spiegelt seit alters her die Einheit von Mensch und Kosmos. Diese Urprinzipien offenbaren den kosmischen Willen, den kosmischen Traum, in dem wir sowohl Träumende als auch Geträumte sind. Wir Menschenwesen sind – gemeinsam mit allen anderen Wesen – Subjekt und Objekt in diesem gigantischen kosmischen Ereignis, der Evolution. Wir sind schöpferische Aspekte des universellen Willens, daher haben wir Verantwortung, wir haben uns zu verantworten.

Die astrologischen Urprinzipien mit den Namen der Tierkreiszeichen und Planeten sind seit der frühen Antike ein bewährtes Erkenntnismodell, ein System, mit dem das Wirken des Himmlischen im Irdischen verdeutlicht werden kann. Im traditionellen Verständnis repräsentieren sie zentrale Gottheiten wie Sonne, Mond, Venus, Mars u.a. Im Raum der Seele wirken sie als Archetypen, als innere Kräfte, die uns auf dem Lebensweg begleiten. Wenn wir bereit sind, ihre Stimmen und Botschaften zu hören, dann werden sie zu FührerInnen auf dem Weg der Wahrheit.

Aktuell sind es vor allem zwei archetypische Kräfte, die den kosmischen Willen repräsentieren und das Leben auf der Erde entscheidend prägen: Saturn und Uranus[(4)].

Saturn – auch bekannt als Kronos, als „Hüter der Zeit" – ist das Urprinzip der Begrenzung, der Einschränkung, des Innehaltens und des Verzichts. Von Ende 2020 bis 2023 transistiert Saturn das Zeichen Wassermann, den kollektiven geistigen Bewusstseinsraum. Saturn fordert Disziplin, Struktur, Ordnung und Klarheit und mahnt zu Vorsicht, Pflichterfüllung und Zuverlässigkeit. Er repräsentiert das kosmische Gesetz, die Ordnung des Lebens und steht daher auch für Wahrheit und Gerechtigkeit.

Freiwillige Begrenzung, Disziplin, Verzicht – das klingt so gar nicht verlockend in einer Mehrwert- und Spaß-Gesellschaft. Unter Saturn fühlen wir Angst vor drohendem Verlust. Saturn kann unsere materielle und körperliche Existenz gefährden, unser Ansehen mindern, Mangel und Verzicht erzwingen. Unter Saturn werden wir, letztendlich, all das verlieren, was unsere seelische Reifung individuell und kollektiv behindert. Gleichzeitig hilft die gestaltende Kraft von Saturn, die Mühsal der irdischen Existenz zu akzeptieren und lehrt uns Konzentration auf das Wesentliche.

Im Widerstand gegen die notwendige Begrenzung manifestiert sich der *saturnische Schatten*. Er erschafft körperliche und seelische Verhärtung, geistige Verarmung, emotionale Enge und kindlichen Trotz. Saturn – im Bündnis mit Pluto im Steinbock, dem Herrscher der Unterwelt – erleben wir aktuell folgenschwer als Spaltung, Hass, Macht-Ohnmacht, Gewalt und Tod. Saturn als „Hüter der Schwelle", als kosmische Macht, lässt nur diejenigen passieren, die ihn und die Gesetze des Lebens anerkennen, die sich friedvoll dem Leben beugen. Den Demütigen, denen mit Mut zum heilsamen Beugen, öffnet er die Tür von äußerer Beschränkung in innere Freiheit.

> „Der Held ist der,
> der sich in Freiheit beugt."
>
> J. Campbell

Uranus (lat.) oder Uranos (gr.) bedeutet Himmel, Kosmos und ist das Urprinzip der Befreiung. Er wurde im Jahr 1781 zur Zeit der französischen Revolution entdeckt und gilt als Impulsgeber von Rebellion, Umbruch, schneller und radikaler Veränderung des Lebens. Uranus durchschreitet nun für etwa sieben Jahre das Sternzeichen Stier, das Urprinzip von Venus-Erde. Das Uranische will sich nun im Irdischen manifestieren. Sein *transpersonales* Ziel ist die Befreiung von irdischen Anhaftungen, Befreiung als Öffnung in die kosmische Dimension des Grenzenlosen Bewusstseins.

Auf der *personalen* Ebene fordert Uranus geistige Freiheit, emotionale Beweglichkeit sowie radikale Befreiung von unbrauchbar gewordenen Werten und Normen. Uranus liebt das Ungewöhnliche, das Originelle, Verrückte und Abenteuerliche und beflügelt somit den Heilungs-Weg der Individuation, die Reise des Helden und der Heldin.

Der *uranische Schatten* aber – unbewusst befeuert durch unerlöste existentielle Ängste – zeigt sich in gewaltiger innerer Unruhe, Orientierungslosigkeit, narzisstischer Überheblichkeit und einem kompensatorischen (kontra-phobischen) Drang zu zwanghafter Rebellion. Der Schatten-Uranus kann ziemlich explosiv und zerstörerisch daherkommen: Einst konstruktiv und ganzheitlich denkende Menschen verirren sich in irrationalen Vorstellungen und Handlungen.

Der uranische Schatten verdunkelt das Prinzip von „Recht und Freiheit“ für alle, zerstört das Ideal von globaler Verantwortung und Mitgefühl für alle Wesen.

Es ist nun eine große Herausforderung für den aktuellen Zeitgeist, die *polaren Kräfte von Saturn und Uranus*, von saturnischer Begrenzung und uranischer Befreiung, zu versöhnen und – jenseits von unbewusster gesellschaftlicher Hörigkeit oder pubertärer Rebellion – zu befrieden.

Wie kann das „um Himmels Willen“ gelingen?

Selbst-Erkenntnis und Heilungs-Opfer

Die Hilfe wird nicht von oben kommen; keine Gottheit, kein Himmelreich wird uns vor dem drohenden Untergang bewahren. Die Himmelreiche sind in uns: Das ganzheitliche Wahre Selbst ist der Ort des Göttlichen im Menschlichen, des Himmlischen im Irdischen. Einsicht und Öffnung des Bewusstseins sind gefordert – Selbst-Erkenntnis, wie Erich Fromm schrieb[(5)]:

> „Für die Überwindung der potenziellen psychischen Verrücktheit der Gesellschaft gibt es nur eines: das volle Gewahrsein seiner selbst.“

Selbst-Erkenntnis ist das Geschenk der mythischen Reise des Helden und der Heldin. Selbst-Erkenntnis ist der einzigartige Schatz, nach dem die Helden suchen. Der mythische Heldenweg aber bietet keine Sicherheit, gibt keine Garantie, er ist ungewiss. Er führt zunächst in den eigenen inneren Schatten-Grund und kann zutiefst verunsichern, ängstigen und unser personales Bollwerk radikal erschüttern …

Somit liegt der Fokus wahrhaftiger transpersonaler Psychotherapie nicht auf der Erfahrung lichtvoller Gottesbegegnung, sondern auf der heilsamen

Erkenntnis der eigenen Schattenwelt. Psychotherapie, als Dienst an der Seele, hat keinen Beschwichtigungs-Auftrag, sondern einen „Erschütterungs-Auftrag".[6] Es braucht die Erschütterung, damit alte Ego-Verkrustungen aufbrechen und ganzheitliches Bewusstsein sich entfalten kann: Das begrenzte anthropozentrische Paradigma hat sich zu öffnen und alle Wesen in allen Reichen und allen Welten mit einzuschließen, so wie es in dem bekannten buddhistischen Segen heißt:

> „Mögen alle Wesen,
> in allen Welten
> befreit und glücklich sein."

Im Netz des Lebens ist alles mit allem verbunden: Heilung ist daher ein ganzheitlicher, ein gesellschaftlicher und letztendlich ein globaler Prozess. Individuelle Heilung ist ohne kollektive Heilung nicht oder nur begrenzt möglich. Heilung, als Ganzwerdung, ist somit immer auch ein politischer Vorgang.

Um heil zu werden, haben wir dem eindringlichen Ruf der Krähe zu folgen: Seit Urzeiten ist die Raben-Krähe ein kraftvolles magisch-mythisches Symbol für Wahrheit und Weisheit, Wandlung, zyklisches Werden und Vergehen, Tod und Leben. Sie verkörpert die Einheit der Polaritäten von Dunkel und Licht, Mangel und Fülle, Tod und Erneuerung – erst ein christlicher Irrglaube machte den Glücks-Raben zum Unglücks-Raben.

„Koronis", (Plural Korona, in lat. Schreibweise „Corona") die alte Krähen-Göttin, war die Mutter von Asklepios, dem „Gott der Heilkunde". Mythologisch[7] verweist die Bezeichnung „Mutter" auf den Ursprung eines Kultes. So gibt Koronis, die Krähenmutter des Asklepios, Hinweise auf einen frühen matriarchal-totemistischen Heilkult, in dessen Mittelpunkt ein Krähen-Orakel stand. Dieser urzeitliche Krähenkult war ein Wandlungskult von Leben-Tod-Leben. In ihm war eine *Opfer-Gabe* die notwendige Voraussetzung für Heilung, sie war das „Pharmakon", die bittere Arznei, die Heilung bringt. Auch wir Heutigen haben etwas zu geben, damit wir heil werden können. Unsere Opfergaben sollten sein: Innehalten, Begrenzung, Verzicht und Demut.

De-Mut bedeutet, nach unten in die Knie zu gehen, um sich dann wieder mutig aufzurichten. Demut lehrt uns der Baum, der seine Blätter abwirft, der alles gehen lässt, um nach der winterlichen Ruhezeit im Frühling neu zu erwachen, zu ergrünen, zu blühen und Früchte zu tragen. Der Baum des Lebens lehrt uns „hohe Bescheidenheit“.[8]

Hier nun beginnt die persönliche und die kollektive mythische Heldenreise der „Zeitenwende“, die Reise in einen neuen Bewusstseinsraum: Wir alle haben dem Ruf von Himmel und Erde zu folgen, wir haben den ökonomischen Abstieg zu wagen in freiwilligem Verzicht, wir haben unsere Lebens- und Ernährungsgewohnheiten zu ändern. Wir haben freiwillig persönliche und gesellschaftliche Ego-Tode zu sterben. Der Ruf der Krähe ist eindringlich, er ist ein Schrei:

> „Haltet inne,
> bringt das notwendige Opfer,
> seid bereit zum Verzicht,
> wandelt Euch!“

Dann wird es Frühling werden auf Erden und der Baum des Lebens wird neu ergrünen. Die Krähe wird sich erheben und die Friedenstaube wird einen grünen Zweig in ihrem Schnabel tragen …

Gertrude-Raven Croissier
im Juli 2021

Eithinoha – Die Göttin Natur. artedea-Göttinnenkunst

Anhang

Quellenangaben und Anmerkungen

TEIL I – Die mythische Reise

Kapitel 1: Der Sinn des Lebens – das Mysterium der Reise

1. Allensbacher Archiv, veröffentlicht in „SinndesLebens24", Online-Magazin für Philosophie, Glück und Motivation
2. Peter Sloterdijk, Interview v. 23.12.2020
3. Dtv-Lexikon, Band 17, München 1966, S.73 und Kluge, Friedrich „Etymologisches Wörterbuch der deutschen Sprache", Berlin-New York 1989, S.673
4. Hermann Hesse: zit. in „SinndesLebens24", ebd.
5. Hermann Hesse: „Siddhartha" in „Die Romane und die großen Erzählungen" Band 4, Frankfurt/Main 1978, S.186 u.189
6. Hermann Hesse, ebd. S.186

Kapitel 2: Das Ich, das Ego und das Selbst

1. Sylvester Walch: „Dimensionen der menschlichen Seele", Düsseldorf/Zürich 2002
2. Stanislav Grof: „Geburt, Tod und Transzendenz", München 1985, S.144
3. C.G. Jung zit. in Helmut Hark: „Lexikon Jungscher Grundbegriffe", Zürich/Düsseldorf 1998, S.72 u. 73
4. Vgl. Erik H. Erikson: „Identität und Lebenszyklus", Frankfurt am Main 1973
5. Sylvester Walch in Bezug auf Assagioli, ebd., S.136
6. Paß auf! Internetprojekt von Michael Paschko, 2004, (zitiert nach dem Kinderliederbuch „Mit frohem Klang", Siegen 1977)
7. Vgl. S. Walch, ebd., S.141
8. S. Walch, ebd., S.142/143
9. Vgl. Stanislav und Christina Grof: „Spirituelle Krisen. Chancen der Selbstfindung", München 1990
10. Paul Rebillot hat die Pionierarbeit des Mythenforschers Joseph Campbells, „Der Heros in tausend Gestalten" in ein rituelles Konzept gefasst, „Die Heldenreise. Das Abenteuer der kreativen Selbsterfahrung", ein Psychodrama für Gruppen über mehrere Tage. Da der Gruppenprozess festgeschrieben ist und die Schritte vorgegeben sind, lässt es wenig Raum für die Entfaltung individueller Prozesse. Es kann allerdings nützliche Impulse setzen und kreative Anregungen geben. – Ich konnte Rebillots Ritual mit ihm persönlich kennenlernen.
11. Ronald Laing: „Das geteilte Selbst", Köln 1972, S.53
12. C.G. Jung, GW Bd.4, 1992, S.162/163
13. Etty Hillesum: „Das denkende Herz", Hamburg 1985, S.203/204
14. Vgl. Jung in Hark, ebd., S.151ff
15. C.G. Jung, GW Bd.4, 1992, S.166
16. Jean Gebser: „Ursprung und Gegenwart", Teil I, München 1988, S.122 u. S.125

Kapitel 3: Individuation – der Weg von Ich zum Wahren Selbst

1. C.G. Jung, GW Bd.2, S.112
2. Vgl. zu Archetypen Gertrude Croissier: „Die magische Wunde“, S.121-146 u. 147-189
3. C.G. Jung, GW Bd.3, S.56, kursiv im Original
4. C.G. Jung, GW Bd.8, S.342
5. Vgl. Gertrude Croissier: „Die magische Wunde“ ebd.
6. David Cooper: „Der Tod der Familie“, Reinbek bei Hamburg 1972, S.33

7 C.G. Jung, GW Bd.2, S.68, kursiv G.C.

8. C.G. Jung, GW Bd.3, S.188 und GW Bd.3, S.38/39
9. C.G. Jung, GW Bd.3, S.39, kursiv im Original
10. C.G. Jung zit. in Hark, ebd., S.81, kursiv im Original
11. Astrid Wichmann: „Newsletter zum Jahr 2018“
12. Gertrude Croissier, 2007, S.242 ff.
13. Wolfgang Bauer u.a.: „Lexikon der Symbole“, Wiesbaden 1985, S.528/529
14. C.G. Jung, GW, Bd.5, S.47/48 und Jung, GW, Bd.4, S.162
15. C.G. Jung zit. in Helmut Hark, ebd. S.152
16. Daniela Heisig: „Die Anima“, Zürich 1996, S.229
17. C.G. Jung, GW Bd.2, S.248
18. C.G. Jung, GW Bd.3, S.250

Kapitel 4: Das existentielle Abenteuer – Die Reise des Helden

1. Schamanin Galbe, in Amélie Schenk: „Gesang des Himmels“, Emmendingen 2010, S.153
2. Vgl. Joseph Campbell: „Der Heros in tausend Gestalten“, Frankfurt 1978
3. Pressenotiz, Darmstädter Echo, 2004
4. Darmstädter Echo, Februar 2007
5. Vgl. Gertrude Croissier: „Psychotherapie im Raum der Göttin“, S.168
6. Vgl. Heide Göttner-Abendroth: „Die Göttin und ihr Heros“, München 1984
7. Zum Königsopfer vgl. Frazer u. Ranke-Graves; zum Thema rituelle Blutopfer vgl. Croissier 2007, S.116/203/320-324
8. ARTE-Magazin, Oktober 2017
9. Vgl. zu „rituellem Grundmuster“ Joseph Campbell: „Der Heros in tausend Gestalten“ ebd. und „Mythologie der Urvölker. Die Masken Gottes“, Basel 1991, James George Frazer: „Der goldene Zweig, Das Geheimnis von Glauben und Sitten der Völker“, Hamburg 1989, Mircea Eliade: „Das Mysterium der Wiedergeburt“, Frankfurt 1988, sowie Eliade: „Mythen, Träume und Mysterien“, Salzburg, ohne Jahresangabe
10. S. Walch, ebd. S.139, in Bezug auf Karlfried Dürckheim
11. C.G. Jung GW Bd.3, S.113/114, kursiv im Original
12. Vgl. Kerényi, Lauenstein, von Uxkull, Greiner u.a., s. Literaturliste
13. Nach dem Orphischen Hymnus, in D. Lauenstein: „Die Mysterien von Eleusis“, aaO. S.198

14 Karl Kerényi: „Die Mysterien von Eleusis“, Rhein-Verlag, o. Jahresangabe, S.99

15 Diether Lauenstein: „Die Mysterien von Eleusis“, Stuttgart 1987, S.229

16. Pindar zit. in Woldemar von Uxkull: „Die Eleusinischen Mysterien“, Büdingen 1957, S.7

Kapitel 5: Die mythische Heldenreise als Lebens- und Individuationsweg

1. Vgl. die „Geburtsmatrizen" in Stanislav Grof: „Das Abenteuer der Selbst-Entdeckung. Heilung durch veränderte Bewusstseinszustände", Kempten 1987
2. Diesem Thema werde ich mein nächstes Buch widmen: „Das Mysterium von Weiblich und Männlich und die Heilkraft der Heiligen Hochzeit".
3. C.G. Jung, GW Bd.6, S.106/107
4. Joseph L. Henderson: „Die Gestalt des Helden" in C.G. Jung: „Der Mensch und seine Symbole", Olten 1987, S.121
5. C.G. Jung, GW Bd.9, S.15-16, kursiv im Original
6. C.G. Jung, GW Bd.9, S.16
7. Joseph Campbell: „Der Heros in tausend Gestalten", S.24
8. Paulo Coelho: „Der Alchimist", Zürich 1996, S.49
9. C.G. Jung, GW Bd.6, S.110
10. C.G. Jung, GW Bd.2, S.102
11. Vgl. Gertrude Croissier, „Psychotherapie im Raum der Göttin", S.152-220
12. Mircea Eliade: „Das Mysterium der Wiedergeburt", Frankfurt 1988, S.106/107
13. Jutta Voss: „Das Schwarzmond-Tabu", Stuttgart 1988, S.43 nach B. Walker, kurs. G.C.
14 Maureen, Murdock: „Der Weg der Heldin. Eine Reise zur inneren Einheit", München 1994, S.12
15. Vgl. Jean Shinoda Bolen: „Auf der Suche nach Avalon", München 1998
16. Maureen Murdoch, ebd. S.210
17. Vera Zingsem: „Der Himmel ist mein, die Erde ist mein", Schalksmühle 2008, S.55/56
18. Paulo Coelho, ebd., S.116ff, kurs. G.C.

Kapitel 6: Sterben und Tod, ein Einweihungs-Weg

1. The Book of the Craft of Dying, Comper's Edition, in „Das Tibetanische Totenbuch"
2. Evans-Wentz, W.Y., Hrsg: „Das Tibetanische Totenbuch", Zürich 1953, S.174
3. C.G. Jung in „Das Tibetanische Totenbuch", ebd., „Psychologischer Kommentar zum Bardo Thödol", S.LXVI/ LXVII u. LXI
4. Das Tibetanische Totenbuch, ebd., S.155, 175
5. Das Ägyptische Totenbuch, Frankfurt 2004, Vorwort v. Gregoire Kolpaktchy, S.18/19 u. 20/21
6. Das Ägyptische Totenbuch, ebd., Vor den Göttern der Unterwelt (Papyrus Nu), S.196/198/199
7. Das Ägyptische Totenbuch, ebd., Vom Heraustreten der Seele in das Tageslicht, S.116
8. Vgl. Olga Kharitidi: „Samarkand. Eine Reise in die Tiefen der Seele", Berlin 2006, S.222/223
9. Rosina Sonnenschmidt: „Exkarnation. Der große Wandel", Berlin 2012, vgl. S.54
10. R. Sonnenschmidt, ebd. S.67
11. R. Sonnenschmidt, ebd. S.72/73.
12. R. Sonnenschmidt, ebd. S.76/77
13. R. Sonnenschmidt, ebd. S.75/76
14. R. Sonnenschmidt, ebd. S.97

15. R. Sonnenschmidt, ebd. S.107
16. R. Sonnenschmidt, ebd. S.122, kursiv G.C.
17. Amélie Schenk, ebd. S.201
18 Olga Kharatidi: „Samarkand", S. 69/70
19. C.G. Jung im Vorwort zum Bardo Thödol, LXI
20. Olga Kharitidi, ebd. S.266/267, kursiv im Original

TEIL II – Wandlung und Heilung

Kapitel 1: Das Mysterium der Heilung

1. G. Croissier, Text von 1998, veröffentlicht in „Wege" 2/3, 1999, hier in überarbeiteter Fassung
2. Neale Donald Walsch: „Gespräche mit Gott", Bd.1, München 1997, S.295, kursiv im Original
3. Vgl. Richard Katz: „Num – Heilen in Ekstase", Interlaken 1985
4. Kaye Hoffmann: „Von Göttern besessen", München 1986
5. Kaye Hoffmann, ebd., S.42/43
6. Kaye Hoffmann, ebd., S.53
7. Kaye Hoffmann, ebd., vgl. S.96/98
8. Kaye Hoffmann, ebd., zitiert S.99
9. Kaye Hoffmann, ebd., S.100
10. Frankenberg von, Gisela: „Kulturvergleichendes Lexikon", Bonn 1984; S.510
11. Amélie Schenk, ebd., S.209
12. Amélie Schenk, ebd., S.118
13. Amélie Schenk, ebd., S.47/48
14. Amélie Schenk, ebd., S.166/167
15. Vgl. Croissier: „Die magische Wunde", Das magisch-mythische Bewusstsein, S.55ff
16. www.lentas-online.com/de/history.htm 02.07.2007
17. Ranke-Graves von, Robert: „Griechische Mythologie", Hamburg 1987, S.157
18. Vgl. Croissier: „Psychotherapie im Raum der Göttin", ebd., S.159ff
19. Antje Krug: „Heilkunst und Heilkult. Medizin in der Antike", München 1993, S.127
20. Hans Blüher: „Traktat über die Heilkunde", Dreieich 1985, S.33
21. zit. in A. Krug, „Heilkunst und Heilkult", ebd., S.130
22. Aristophanes zit. in „Heilkunst und Heilkult", ebd., S.133
23 Zit. in „Heilkunst und Heilkult", ebd., S.136 u. S.137
24. Blüher, ebd., S.102
25. Blüher, ebd., S.101ff
26. Vgl. Croissier 2007, S.320ff
27. Vgl. Croissier 2007, S.131ff
28. Blüher, ebd., S.77, kursiv G.C.

Kapitel 2: Ein Wandlungs- und Heilungsweg (von Reimunde S.)

1-4. Skriptmaterial von Gertrude Croissier zum Ausbildungs-Seminar: „Die schöpferische Macht der Schatten“
5. Gertrude R. Croissier: „Psychotherapie im Raum der Göttin – Weibliches Bewusstsein und Heilung“ 2007, Seite 95ff
6. Gertrude R. Croissier: „Psychotherapie im Raum der Göttin – Weibliches Bewusstsein und Heilung“ 2007, Seite 95ff
7. Stanislav Grof: „Das Abenteuer der Selbstentdeckung“, Seite 202, rororo 2009
8. Sylvester Walch: „Holotropes Atmen und Selbstverwirklichung“, Vortrag 2013

Kapitel 3: Ich bin viele – Die Mehrdimensionale Psyche

1. James Hillman, Begründer der archetypischen Psychologie, zit. in Woolger ebd., S.207, kurs. i.O.
2. Roger J.Woolger: „Die vielen Leben der Seele“, München 1992, S.25
3. Vgl. Woolger, ebd., S.108ff, S.120
4. Woolger, ebd., S.121
5. Woolger, ebd., S.338
6. Vgl. Woolger, ebd., S.120
7. Woolger, ebd., S.260
8. Vgl. Woolger, ebd., S.136/137
9. Woolger, ebd., S.140
10. Woolger, ebd., S.162ff
11. Woolger, ebd., S.176
12. Woolger, ebd., S.116/117
13. Woolger, ebd., S.254
14 Vgl. Woolger, S.240-244
15. Woolger, ebd., S.242/243
16. Vgl. G. Croissier: „Archetypen – Urbilder der Seele“ in „Die magische Wunde“, S.121 ff
17. Vgl. G. Croissier: „Die magische Wunde“, S.187

Kapitel 4. Präexistentielle Erfahrungen – Wege der Seele

1. Vgl. Woolger, ebd., S.56-58 u. S.75
2. Das Ägyptische Totenbuch, ebd., Kap. LXIV, S.115
3. Zit. in Hermann Bauer: „Wiedergeburt: Glaube der Urchristen – Tabu für Kirchenchristen?“, Pforzheim 1998, S.161/62
4. Vgl. Ian Stevenson: „Reinkarnation – Der Mensch im Wandel von Tod und Wiedergeburt“, Braunschweig 1976
5. Vgl. Woolger, ebd., S.49ff
6. Vgl. Woolger, ebd., S.59ff
7. Vgl. Woolger, ebd., S.29-31
8. Woolger, ebd., S.143
9. Grof zit. in Woolger, S.196
10. Woolger, ebd., S.181 u. S.284/285

11. Woolger, ebd., S.111/112
12. Woolger, ebd., S.103
13. Woolger, ebd., S.40, kursiv G.C.
14. Vgl.Woolger, S.303, Woolger unterscheidet in der Präexistenztherapie drei Phasen, die er als „realistisch-kathartisches Stadium", „symbolisch-archetypisches Stadium" und „integral mystisches Stadium" bezeichnet. Ich habe hier Bezeichnungen aus meinem eigenen Konzept verwendet.
15. Woolger, ebd., S.311
16. Woolger, ebd., S.303 u. S.315

Kapitel 5: Die Reise zum Guru – Heldenreise oder Irrweg?

1. Muktananda: „Von der Natur Gottes, Freiburg 1979, S.52, zit. in Walch 2002, S.259
2. Sylvester Walch: „Dimensionen der menschlichen Seele", S.257
3. Sylvester Walch: ebd., S.258
4. Silvio Wirth: „Guru und Initiation – Die Tantra Tradition", www.tantra-tradition.de
5. Altes Testament, Genesis, Abrahams Opfer, 22, 2-12
6. Muktananda: 1979, S.59, zit. in Walch, ebd., S.262, kursiv G.C.
7. Muktananda: 1979, S.59, zit. in Walch, ebd., S.261
8. Sylvester Walch, ebd., S.258, kursiv G.C.
9. Sylvester Walch, ebd., S.255/256
10. Peter Sloterdijk, Klappentext zum Buch „Den Himmel zum Sprechen bringen", Berlin 2020
11. Sylvester Walch, ebd., S.260
12. Vgl. Walch, ebd., S.254
13. Anne Decker in buddhismus-aktuell.de, Dokument 1
14 Vgl. www.LeavingSiddhaYoga.net. Ein offener Brief über Siddha Yoga
15. William Rodarmor: „Das geheime Leben von Swami Muktananda", www.LeavingSiddhaYoga.net
16. Faye und David Bailey: „Die Findings", exbaba.de, artikel
17. Conny Larsson: „Hinter der Maske des Clowns. Wahrheiten, Sekten und Sex", Verlag 20. Juli 2005
18. Meyer-Battyany, Elisabeth und Simon: „Gottmensch, Päderast oder Dämon? Zur Diskussion des Phänomens Bhagavan Sri Sathya Sai Baba, Teil III – Übergriffe aus dem Astralbereich durch eine dämonische Wesenheit" , Freie Übersetzung aus dem Englischen, 2006
19. zit. in Sogyal Rinpoche: „Das Tibetische Buch vom Leben und vom Sterben", ebd., S.178/179. Padmasambhava (zw. 8.u.9.Jh.) gilt als Begründer des Buddhismus in Tibet
20. offener Brief, www.LeavingSiddhaYoga.org
21. Meyer-Battyany, ebd.
22. Luise Reddemann: „Menschen in spirituellen Abhängigkeitsbeziehungen", Artikel in Buddhismus aktuell, 2018/01
23. Joel Kramer u. Diana Alstad: „Die Guru Papers, Masken der Macht", Frankf. 1995, S.88
24. Joel Kramer u.a. ebd., S.90
25. „Buddhas Irrweg", Der Spiegel Nr. 21, 19.05.2018

26. Vgl. zu diesem Kapitel Joel Kramer „Die Guru Papers“: Einheitslehre, Erleuchtung und die mystische Erfahrung, S.366ff
27. Ingo Jahrsetz in „Heimkehr der Seele“, Karl Maximilian Fischer (Hrsg), Linz 2003, S.240, kursiv im Original
28. Sylvester Walch, ebd., S.259

Kapitel 6: Des Herbstes Abend – Ein Ruf zur kollektiven Heldenreise

1. Schamanin Galbe, in Amélie Schenk: „Gesang des Himmels“, S.169
2. Berichtsentwurf des Weltklimarates vom 23.06.2021
3. Greta Thunberg beim UN Klimagipfel 2019, Kontrast.at
4. Saturn für ca. drei Jahre bis Ende 2020 im Steinbock und dann für ca. drei Jahre im Wassermann sowie Uranus ab März 2019 für ca. sieben Jahre im Stier
5. Erich Fromm, Quelle unbekannt
6. Der Frankfurter Intendant Oliver Reese, bekannt für die Inszenierung antiker Tragödien, sprach von einem Erschütterungsauftrag des Theaters, in Da. Echo, Juni 2017
7. Vgl. Ranke-Graves von, Robert: „Griechische Mythologie“, Hamburg 1987, 7.2/6.2/25.5/50.1
8. Begriff von Simone G., mit großem Dank

Bildnachweise

Titel: „Hyakinthos reitet auf dem Schwan“, rotfigurige Kylix, griech., ca. 500-490 v. Chr., Museum Oxford. Hyakinthos (Hyacinthus) war nach Ranke-Graves ein „kretischer Blumen-Heros“, der im mykenischen Griechenland verehrt wurde

S.4 „Aphrodite reitet auf der Gans“, weißgrundige, rotfigurige Kylix, griech., um 460 v. Chr., Britisches Museum London

S.16 „Sphinx“ mit geflügeltem Löwenkörper und Frauenkopf in einer Prozession, schwarzfigurige Amphora, griech., ca. 560-550 v. Chr., Tampa Museum of Art

S.32 „Der Gehängte“, 12. Karte des Tarot, Motiv aus dem BOTA-Tarot

S.33 „Kelch“, Detail eines Kirchenfensters der Kathedrale von Quimper, Frankreich

S.50 „Todes-Mutter“, Mandala von Rita N., Holotropes Atmen 1995

S.59 „Prometheus und der Adler“, schwarzfigurige Amphora, griech., um 530 v. Chr., Vatikanische Museen, Vatikanstadt

S.67 „Der innere Widersacher“, Mandala von Inga F., Tiefenprozess 2021

S.75 Foto v. Dimitris Valis, „Samos – Die Generation, die uns verlässt“, um 1970

S.78 Foto v. Dimitris Valis, „Samos – Die Generation, die uns verlässt“, um 1970

S.90 „Ruf aus der Tiefe“, Mandala von Gertrude C., Holotropes Atmen 1989

S.103 „Tunnel des Eupalinos“, Teil einer Wasserleitung, 6. Jh. v. Chr., Pythagorion, Samos

S.114 „Demeter und Persephone, den jungen Triptolemos weihend“, Weihrelief aus Eleusis, um 430 v. Chr., Archäologisches Nationalmuseum Athen, Zeichnung aus Meyers Konversationslexikon v. 1888

S.117 „Angerona“, Römische Göttin der Stille und Verschwiegenheit, artedea-Göttinnenkunst, by artedea.net

S.118 Katharina Sommer, Narziss – Performance im Wasserreservoir der Mathildenhöhe Darmstadt, 2001 und 2009; aus dem Postkartenbuch „Die Fähigkeit zur Verwandlung“, www.Katharinasommer.de

S.122 „Familien-Dämonen“, Zeichnung von Christopher D.

S.124 Foto von Sabine Rittner, www.sabinerittner.de

S.126 „Adler entführt Mensch in die Unterwelt“, Steindruck der Inuit-Eskimo, 1963, in J. Halifax „Schamanen, Zauberer, Medizinmänner, Heiler“, S.45

S.136 „Labyrinth“, Graffito in Pompeji mit der Inschrift: „Labyrinth, hier haust Minotaurus“, in Udo Becker, Lexikon der Symbole, S.164

S.150 „Kopf der Gorgo“, (Detail) Skulptur von Gertrude Croissier 2007, Foto v. Tim Besserer

S.152 „Gorgon Medusa“, rotfigurige Amphora, griech., um 490 v. Chr., Staatliche Antikensammlungen, München

S.167 „Portrait“, 2019, von Stella Braasch, stellabraasch.com

S.169 Geschnitzte Holzscheibe aus der schamanischen Tradition der Selisch Indianer, Nordamerika, gefunden 1884, in Jean Halifax, S.38, Nachzeichnung von Nicola Croissier

S.174 „Tibetischer Dämon“ aus „Calendar of Tibetian Dragons“, 1994

S.176 „Totengericht“, Papyrus der Hunefer, 19. Dynastie, um 1300 v. Chr. British Museum, London

S.192 „Prozession“, Nachzeichnung einer attischen Amphora, griech. um 675 v. Chr., Nachzeichnung in G. J. Bellinger „Lexikon der Mythologie“, S.445

S.194 „Hygieia mit Schlange“ Göttin der Heilkunde und Tochter des Asklepios, in „Orpheus, Altgriechische Mysterien“, S.1

S.198 „Heilerin mit Schlange“, Skulptur (Detail) von Gertrude Croissier 2009, Foto von Tim Besserer

S.205 „Gesichter der drei Welten“, Sandstein-Skulptur von Gertrude Croissier 2011, Foto von Tim Besserer

S.208 „Schamane mit Tiergeist“, Skulptur von Gertrude Croissier 2009, Foto v. T. Besserer

S.215 „Äskulapstab“, Symbol der WHO (World Health Organization)

S.237 Mandala von Theresia K, Holotropes Atmen 2004

S.238 „Die Eine und die Andere“, Skulptur von G. Croissier 2011, Foto von T. Besserer

S.249 „Licht und Schatten“, Mandala von Birgit B., Holotropes Atmen 1995

S.261 „Geburt und Tod“, Mandala von Gertrude C., Holotropes Atmen 1989

S.264 „Intrauterine Todesangst“, Mandala von Isabel D., Holotropes Atmen 1995

S.273 Kastentrommel der Yakutat, Alaska Museum of the American Indian Heye Foundation, New York: in Mariann Backa „Trommeln sind Schwestern“

S.280 „Fallen durch die Zeiten“, Mandala von Gertrude C., Holotropes Atmen 1988

S.332 „Der innere Buddha“, Mandala von Barbara B., Holotropes Atmen 2000

S.339 Pablo Picasso, Taube mit Olivenzweig, 1961 (Musée d'art et d'histoire (Saint-Denis)

S.340 „Eithinoha“, Schönheit der Göttin Natur – Mutter Erde, artedea-Göttinnenkunst, by artedea.net

Stichwortregister

U

V

W

Z

Literaturverzeichnis

Allensbacher Archiv, veröffentlicht in „SinndesLebens24“, Online-Magazin für Philosophie, Glück und Motivation

Arte-Magazin, Oktober 2017

Bächtold-Stäubli: Hanns (Hrsg.): „Handwörterbuch des deutschen Aberglaubens“, Bd.VII, Nachdruck von 1936, Berlin/Leipzig

Backa, Mariann: „Trommeln sind Schwestern“, Eigenverlag Königswinter 1992

Bauer, Hermann: „Wiedergeburt: Glaube der Urchristen – Tabu für Kirchenchristen?“, Pforzheim 1998

Bauer, Wolfgang: I. Dümotz, S. Golowin: „Lexikon der Symbole“, Wiesbaden 1985

Becker, Udo: „Lexikon der Symbole“, Herder, ohne Jahresangabe

Bellinger, Gerhard J.: „Knaurs Lexikon der Mythologie“, München 1989

Blüher, Hans: „Traktat über die Heilkunde“, Dreieich 1985

Bolen, Jean Shinoda: „Auf der Suche nach Avalon. Die Geschichte einer Einweihung in die keltischen Mysterien“, München 1998

Brinton Perera, Sylvia: „Der Weg zur Göttin der Tiefe. Eine Initiation für Frauen“, Interlaken 1985

Campbell, Joseph: „Mythologie der Urvölker. Die Masken Gottes“, Basel 1991

Campbell, Joseph: „Der Heros in tausend Gestalten“, Frankfurt/Main 1978

Campbell, June: „Göttinnen, Dakinis und ganz normale Frauen. Weibliche Identität im tibetischen Tantra“ Berlin 1997

Coelho, Paulo: „Der Alchimist“, Zürich 1996

Cooper, David: „Der Tod der Familie“, Reinbek b. Hamburg 1972

Croissier, Gertrude R.: „Psychotherapie im Raum der Göttin. Weibliches Bewusstsein und Heilung“, Schalksmühle 2007

Croissier, Gertrude R.: „Die magische Wunde. Wandlung und Heilung in der Transpersonalen Psychologie“, Schalksmühle 2017

Da. Echo: „Im Zweifel für das Gewissen“, Februar 2007

Da. Echo: kurze Zeitungsnotiz 2004

Dahlke, Rüdiger: Vortrag „Rituale“

Das Ägyptische Totenbuch, übersetzt v. Gregoire Kolpaktchy, Frankfurt/Main 2004

DeRohan, Ceanne: „Die Wahre Natur des Willen“, Halstenbek 1993

Der Spiegel Nr. 21: „Buddhas Irrweg“, 19.05.2018

Derungs, Kurt (Hrsg.): u.a.: „Tier und Totem“, Bern 1998

Dtv-Lexikon, Band 17, S.73, München 1966

Duerr, Hans Peter: „Traumzeit. Über die Grenze zwischen Wildnis und Zivilisation“, Frankfurt 1982

Ein offener Brief über Siddha Yoga, www.leavingsiddhayoga.net

Eliade, Mircea: „Schamanismus und archaische Ekstasetechnik“, Frankfurt/Main 1975

Eliade, Mircea: „Das Mysterium der Wiedergeburt“, Frankfurt/Main 1988

Eliade, Mircea: „Mythen, Träume und Mysterien“, Salzburg, ohne Jahresangabe

Erikson, Erik H.: „Identität und Lebenszyklus“, Frankfurt/Main 1973

Evans-Wentz, W.Y. (Hrsg.): „Das Tibetanische Totenbuch“, Zürich 1953

Fester, Richard; Marie König; Doris Jonas; David Jonas: „Weib und Macht“, Frankfurt/Main 1988

Feuerbach, Ludwig: „Das Wesen des Christentums“, Stuttgart 1969

Francia, Luisa: „Berühre Wega, kehr' zur Erde zurück“, München 1985

Francia, Luisa: „Zaubergarn“, München 1989

Frankenberg von, Gisela: Kulturvergleichendes Lexikon, Bonn 1985

Frankl, Viktor E.: „Der Wille zum Sinn“, Bern 2016

Frazer, James George: „Der goldene Zweig, Das Geheimnis von Glauben und Sitten der Völker“, Hamburg 1989

Freud, Anna: „Das Ich und die Abwehrmechanismen“, München ohne Zeitangabe

Gallegos, Eligio Stephen: „Little Ed und seine Reise zu den Tieren der Kraft“, Saarbrücken 1999

Gebser, Jean: „Ursprung und Gegenwart“, Teil I, München 1988

Göttner-Abendroth, Heide: „Die Göttin und ihr Heros“, München 1984

Göttner-Abendroth, Heide: „Das Matriarchat I“, Stuttgart 1988

Greiner, Wolfgang: „Eleusis – Göttermythos und Einweihungsweg“, Dornach 1982

Grof, Stanislav: „Das Abenteuer der Selbst-Entdeckung. Heilung durch veränderte Bewusstseinszustände“, München 1987

Grof, Stanislav: „Geburt, Tod und Transzendenz“, München1985

Grof, Stanislav: „Kosmos und Psyche“, Frankfurt/Main 1987

Grof, Stanislav und Christina: „Spirituelle Krisen. Chancen der Selbstfindung“, München 1990

Grof, Stanislav: „Die Welt der Psyche“, München 1993

Halifax, Joan: „Schamanen – Zauberer, Medizinmänner, Heiler“, Frankfurt/Main 1983

Harner, Michael: „Der Weg des Schamanen“, Reinbek b. Hamburg 1986

Hark, Helmut: „Lexikon Jungscher Grundbegriffe“, Zürich/Düsseldorf 1998

Heisig, Daniela: „Die Anima. Der Archetyp des Lebendigen“, Zürich 1996

Hesse, Hermann: „Siddhartha“, in „Die Romane und die großen Erzählungen“, 4. Band, Frankfurt/Main 1978

Henderson Joseph L., in C.G. Jung: „Der Mensch und seine Symbole“, Olten 1987

Hillesum, Etty: „Das denkende Herz“, Hamburg 1985

Hoffmann, Kaye: „Von Göttern besessen. Trance-Tanz als energetische Erfahrung“, München 1986

Hummel, Reinhart: „Gurus, Meister Scharlatane“, Freiburg 1996

Jahrsetz, Ingo in Fischer, Karl Maximilian (Hrsg.): „Heimkehr der Seele, Psychotherapie und Spiritualität“, Linz 2003

Jung, Carl Gustav: Grundwerk, Bd. 1-9, Düsseldorf/Zürich 1985-1996

Jung, Carl Gustav: Vorwort zum Bardo Thödol, Zürich 1953

Katz, Richard: „Num – Heilen in Ekstase“, Interlaken 1985

Kharatidi, Olga: „Samarkand. Eine Reise in die Tiefen der Seele“, Berlin 2006

Kerényi, Karl: „Die Mythologie der Griechen“, Bd. I u. II, München 1985

Kerényi, Karl: „Die Mysterien von Eleusis“, Rhein-Verlag, o. Jahresangabe

Kerényi, Karl: „Dionysos. Urbild des unzerstörbaren Lebens“, Stuttgart 1994

Kluge, Friedrich: „Etymologisches Wörterbuch der deutschen Sprache“, Berlin-New York 1989

Kramer, Joel und Alstad Diana: „Die Guru Papers. Masken der Macht“, Frankfurt/Main 1995

Krug, Antje: „Heilkunst und Heilkult. Medizin in der Antike“, München 1993

Laing, Ronald D.: „Das geteilte Selbst“, Köln 1972

Laplanche J., Pontalis J.-B.: „Das Vokabular der Psychoanalyse“, Bd. 1 u.2, Frankfurt/Main 1972

Larsson, Conny: „Hinter der Maske des Clowns. Wahrheiten, Sekten und Sex“, Verlag 20. Juli 2005

Lauenstein, Diether: „Die Mysterien von Eleusis“, Stuttgart 1987

Maslow, Abraham A.: „Psychologie des Seins“, Frankfurt/Main 1985

Matthäus, 24,24, „Die Bibel“, Freiburg 1995

Meyer-Battyany, Elisabeth und Simon: „Gottmensch, Päderast oder Dämon? Zur Diskussion des Phänomens Bhagavan Sri Sathya Sai Baba, Teil III – Übergriffe aus dem Astralbereich durch eine dämonische Wesenheit“ , Freie Übersetzung aus dem Englischen, 2006

Murdock, Maureen: „Der Weg der Heldin, Ein Reise zur inneren Einheit“, München 1994

Nauwald, Nana u.a.: „Ekstatische Trance – Rituelle Körperhaltungen und ekstatische Trance“, 2004

Nettesheim von, Agrippa: „De occulta Philosophia“, Auswahl, Einführung und Kommentar von Willy Schröder, Remagen 1967

Neumann, Erich: „Das Kind“, Zürich 1980

Otto, F. Walter: „Dionysos“, Frankfurt 1989

Orpheus: „Altgriechische Mysterien“, übertragen v. J.O. Plassmann, Köln 1982

Pennington: „Trommeln in der Therapie“, ein Seminar

Pindar in Uxkull, W.: „Die Eleusinischen Mysterien“, Büdingen 1957

Ranke-Graves von, Robert: „Griechische Mythologie“, Quellen und Deutung, Hamburg 1987

Rebillot, Paul u. Melissa Kay: „Die Heldenreise, ein Abenteuer der kreativen Selbsterfahrung“, München 1997

Reddemann, Luise: „Menschen in spirituellen Abhängigkeitsbeziehungen“, Artikel in Buddhismus Aktuell, 2018/01

Rodarmor, William: „The secret Life of Swami Muctananda“, Ein offener Brief über Siddha Yoga, Leaving Siddha Yoga

Rutherford, Leo: „Schamanismus“ Ibis-Verlag 1999

Schenk, Amélie: „Gesang des Himmels, Galbe – Schamanin des Altai“, Emmendingen 2010

Sheldrake, Rupert: „Das schöpferische Universum“, München 1983

Sheldrake, Rupert: „Der siebte Sinn der Tiere“, Wien 1999

Sheldrake, Rupert: „Das Gedächtnis der Natur“, Bern/München/Wien 2003

Sloterdijk, Peter: Interview in Augsburger Allgemeine (Kultur Journal) vom 23.12.2020

Sloterdijk, Peter: „Den Himmel zum Sprechen bringen“, Berlin 2020

Sogyal Rinpoche: „Das tibetische Buch vom Leben und vom Sterben“, Bern, München, Wien 1994

Somé, Malidoma P.: „Die Kraft des Rituals“, München 2000

Sonnenschmidt, Rosina: „Exkarnation. Der große Wandel“, Berlin 2012

Starhawk: „Der Hexenkult als Ur-Religion der Großen Göttin“, Freiburg 1987

Stevenson, Ian: „Reinkarnation – Der Mensch im Wandel von Tod und Wiedergeburt“, Braunschweig 1976

Stoll, Ingrid: „Schamanische Heilungswege für traumatisierte Menschen“, in „Lachesis“, April 2004

Streck, Bernhard (Hrsg.): „Wörterbuch der Ethnologie“, Köln 1987

Stumm, Gerhard und Pritz, Alfred: „Wörterbuch der Psychotherapie“, Wien 2000

Swami Muktananda: „Spiel des Bewusstseins“, Telgte 2000

Tellington-Jones, Linda, in K. Solisti u.a. (Hrsg.): „Ich spürte die Seele der Tiere“, Stuttgart 1987

Uxkull von, Woldemar: „Die Eleusinischen Mysterien. Eine Einweihung“, Büdingen-Gettenbach 1957

Van Gennep, Arnold: „Übergangsrituale“, (Les rites de passage), Ffm/New York 1999

Voss, Jutta: „Das Schwarzmond-Tabu. Die kulturelle Bedeutung des weiblichen Zyklus“, Stuttgart 1988

Walch, Sylvester: „Dimensionen der menschlichen Seele“, Düsseldorf/Zürich 2002

Walsch, Neale Donald: „Gespräche mit Gott“, Bd.1, München 1997

Walsh, Roger N.: „Der Geist des Schamanismus“, Olten 1992

Wichmann, Astrid: „Newsletter zum Jahr 2018“

Williams, Strephon: „Durch Traumarbeit zum eigenen Selbst“, Interlaken 1984

Woolger, Roger: „Die vielen Leben der Seele – Wiedererinnerung in der therapeutischen Arbeit“, München 1992

Zingsem, Vera: „Der Himmel ist mein, die Erde ist mein. Göttinnen großer Kulturen im Wandel der Zeiten“, Schalksmühle 2008

Die persönliche Leidensgeschichte von Frauen ist nicht getrennt von der schmerzlichen Kollektivgeschichte des Weiblichen im Patriarchat: Dem Schutz der alten Mutter-Göttin beraubt und von einem eifernden Vater-Gott dämonisiert, sind Frauen körperlich, emotional, geistig und spirituell heimatlos.

Ohne liebevolle Spiegelung in einem mütterlichen Gottesbild aber, ohne Kontakt zu den weiblichen Wurzeln des Lebens, sind sie geschwächt und sich selbst fremd geworden. Heilung von Weiblichkeit braucht daher Rückbindung an den weiblich-göttlichen Ursprung des Lebens. Das Weibliche will in seiner Wertigkeit erkannt, will geheilt und ermächtigt werden. Hiervon handelt dieses Buch.

Seit mehr als 30 Jahren forscht und arbeitet die Autorin zum Thema „verletzte Weiblichkeit". Dabei beantwortet sie die Frage nach den tieferen Ursachen der männlichen Gewalt am Weiblichen.

Wie auch in einer therapeutischen Heilungskrise der Weg vom Dunkel ins Licht, vom Schmerz in die Freude geht, so führt dieses Buch Frauen und Männer immer wieder durch Abgründe menschlicher Existenz in liebevolle Annahme und Lebenskraft.

Theorie, Erfahrungsbeispiele aus der Transpersonalen Psychotherapie sowie Anleitungen und Übungen für die persönliche und therapeutische Praxis fördern einen ganzheitlichen Heilungsweg und das Wiederentdecken der weiblichen Urkraft im Dienste des Lebens.

Gertrude R. Croissier:

Psychotherapie im Raum der Göttin

Weibliches Bewusstsein und Heilung

530 Seiten, zahlreiche Abb., z.T. farbig
– Hardcover mit Schutzumschlag; ISBN 978-3-935937-48-1, EUR 32,- (D)
– Softcover, ISBN 978-3-943304-48-0, EUR 24,- (D)

Die „magische Wunde", das ist die Ur-Wunde, ist der Verlust der kosmischen Einheit und der Schmerz des Lebens in einer polaren Welt. Jeder Schmerz hat seinen Ursprung in dieser primären Wunde.

Der Weg der menschlichen Seele erfordert die Anerkennung der Ur-Wunde und die Erfahrung der Polaritäten von Dunkel und Licht.

In der bewussten und fühlenden Annahme ereignet sich magische Wandlung. Die innere Heilkraft erwacht.

Nun wandelt sich:
Schmerz in Freude,
Angst in Liebe,
Tod in Leben.

Mit Theorie und Beispielen aus Psychologie, Mythologie und Anthropologie, mit Berichten aus Tiefen-Erfahrungen sowie Übungen und Anleitungen für die persönliche und therapeutische Praxis, weist dieses Buch einen Weg zu Selbst-Erkenntnis, Heilung und seelischer Ganzwerdung.

Gertrude R. Croissier:

Die magische Wunde

Wandlung und Heilung in der Transpersonalen Psychologie, Band 1

404 Seiten, zahlreiche Abb., z.T. farbig

– Hardcover mit Schutzumschlag; ISBN 978-3-943304-51-0, EUR 28,- (D)
– Softcover, ISBN 978-3-943304-49-7, EUR 22,- (D)

Weitere Bücher von Gertrude R. Croissier

Grenzgang – Krieg *oder* Frieden

Eine psychologisch-pazifistische Betrachtung am Beispiel des Ukraine-Krieges

Im Krieg wird alles, was Menschlichkeit ausmacht – Würde, Größe, Weisheit, Mitgefühl und Liebe –, auf den Kopf gestellt. Aus dem Überlebensgebot der Menschheit „du sollst nicht töten" wird ein Vernichtungsgebot „du sollst töten". Es verbinden sich Hass, Anmaßung, Größenphantasien und Realitätsverlust zum Kriegswahn, zu einer kollektiven psychischen Störung. Auch nach Kriegsende bestehen die Kriegstraumata weiter im Bewusstsein der Menschen. Das Leiden der Opfer wie auch die Schuld der Täter wirken fort und belasten das Leben der Nachfolgenden schwer. – *Ein Buch über die psychologischen und politischen Voraussetzungen kriegerischer Gewalt. Ein dringender Appell an Menschlichkeit und Vernunft.*

278 Seiten, kart., 20,- EUR (D), ISBN 978-3-943304-73-2

Tagebuch einer Alten

Auf der Schwelle von Dunkel und Licht

Ein Jahr der Wandlung in lyrischen Dreizeilern

Wandlungs-Krisen bestimmen in diesen Zeiten den persönlichen und kollektiven Alltag der Menschen. Denn wir leben in einer Zeit der Verdunkelung des Lichtes: Kriege, Naturkatastrophen, körperliche und seelische Nöte. Nichts scheint mehr sicher, nichts ist beständig, nichts bleibt ... Wo ist ein Anker? Was trägt in Zeiten von Dunkelheit und Not? – Dieses Tagebuch dokumentiert einen persönlichen Weg „durch das Land des Todes". Gleichermaßen könnte es andere ermutigen, Lebenskrisen anzunehmen, Schmerz auszudrücken und schöpferisch zu wandeln – in Licht und allumfassende Liebe.

136 Seiten, 16,- EUR (D), Klappenbroschur, ISBN 978-3-943304-35-0

Ausblick

Der 3. und letzte Band der Reihe „Wandlung und Heilung in der Transpersonalen Psychologie“ von Gertrude R. Croissier ist in Vorbereitung und trägt den Arbeitstitel

Das Mysterium von Weiblichkeit und Männlichkeit und die Heilkraft der Heiligen Hochzeit

Die Themen des dritten Bandes sind:
- Weibliche Ur-Kraft und die weibliche Wunde
- Männliche Ur-Kraft und die männliche Wunde
- Weibliche und männliche Archetypen
- Sexualität als kosmischer Schöpfungsakt
- Die Heilige Hochzeit – Integration der Polaritäten
- Dionysos, der Weib-Mann
- Die Macht der Sprache: Mutter-Worte und Vater-Worte
- Rituale der Heilung

... und wieder mit Erfahrungs-Beispielen und Anleitungen für die therapeutische Praxis.

5-26

Pomaska-Brand Verlag
Holthausen 1 · 58579 Schalksmühle · Tel. 02355-903339
E-mail: info@pomaska-brand-verlag.de
www.pomaska-brand-verlag.de